LA TRADICIÓN MANUSCRITA EN LA
«CRÓNICA DE ALFONSO XI»

BIBLIOTECA ROMÁNICA HISPÁNICA

Dirigida por Dámaso Alonso

II. ESTUDIOS Y ENSAYOS, 211

DIEGO CATALÁN

LA TRADICIÓN MANUSCRITA EN LA "CRÓNICA DE ALFONSO XI"

BIBLIOTECA ROMÁNICA HISPÁNICA

EDITORIAL GREDOS

MADRID

EDITORIAL GREDOS, S. A.

Sánchez Pacheco, 81, Madrid. España.

Depósito Legal: M. 22782 - 1974.

ISBN 84-249-0585-7. Rústica.
ISBN 84-249-0586-5. Tela.

Gráficas Cóndor, S. A., Sánchez Pacheco, 81, Madrid, 1974. — 3944.

INTRODUCCIÓN

En 1950, mis pesquisas respecto al suceso histórico (de 1328) que dio nacimiento al romance de *El Prior de San Juan*[1] me llevaron a descubrir un manuscrito de una obra medieval hasta entonces no tenida en cuenta: la *Gran Crónica de Alfonso XI*[2]. En vista de su extraordinario interés histórico, historiográfico y literario, dediqué a su examen mi tesis doctoral (1951)[3]. En años sucesivos, desgajé de la tesis algunos artículos[4] y, finalmente, presenté (en 1953 y

---

[1] «Un romance histórico de Alfonso XI» [mayo 1951], en *Estudios dedicados a Menéndez Pidal*, VI, Madrid, 1956, págs. 259-285. Véase ahora D. Catalán, *Siete siglos de Romancero*, Madrid, 1969, pp. 13-56.

[2] A través de los fragmentos de la *Gran Crónica* que he ido dando a conocer en diversas publicaciones y en una conferencia titulada «Estilos literarios en las Crónicas Medievales de España» (en «The Romance Philology Lectures» de la Universidad de California, Berkeley 5-IV-1956. Cfr. *RPh*, XI, 1957-58, 206), la *Gran Crónica* ha atraído ya la atención valorativa de A. Castro (*La realidad histórica de España*, 1954, «Apéndice II», pág. 653), C. Sánchez Albornoz (*España, un enigma histórico*, I, 1956, pág. 336); R. B. Tate (*HR*, XXV, 1957, 174); J. H. Herriott (*HR*, XXVI, 1958, 302); J. F. Montesinos (*NRFH*, XII, 1958, 81); P. Groult (*LR*, XII, 1958, 221), etc.

[3] *La Crónica de Alfonso XI. Una redacción amplia desconocida*, Madrid, 1951.

[4] «La oración de Alfonso XI en el Salado», *BRAH*, CXXXI (1952), 247-266; «Ideales moriscos en una crónica de 1344», *NRFH*, VII (1953), 570-582; «Una antirreina en Castilla (1330-1350)», *Clavileño*, VII (1956), núm. 39, 24-31.

1955) la parte filológica y literaria de mi investigación en dos monografías dedicadas al estudio de la *Gran Crónica*, la *Crónica* y el *Poema de Alfonso XI* [5]. Más tarde, con motivo de la publicación por Yo ten Cate de una nueva edición del *Poema* (1956) [6], presté nueva atención a esta obra [7]. Como

---

[5] *Poema de Alfonso XI. Fuentes, dialecto, estilo*, «Bibl. Rom. Hisp.» 13, Madrid, Gredos, 1953, 146 págs.; *Un prosista anónimo del siglo XIV. La Gran Crónica de Alfonso XI. Hallazgo, estilo, reconstrucción*, «Bibl. Filol.», La Laguna, 1955, 258 pp.

[6] *El Poema de Alfonso XI*. Ed. Yo ten Cate, *RFE*-Anejo 65, Madrid, CSIC, 1956, 700 pp. Esta edición concluye la que se había comenzado a publicar en Amsterdam: *Poema de Alfonso XI* publicado por Yo ten Cate, I: Estudio preliminar y vocabulario, Amsterdam, 1942, 194 páginas. Sustituye con ventaja a la vieja ed. de Florencio Janer, *Poema de Alfonso Onceno rey de Castilla y de León*. Ms. del s. XIV, publicado por vez primera de orden de Su Majestad la Reina con Noticias y Observaciones de ——, Madrid, Rivadeneyra, 1863, XX + 366 pp. En la ed. ten Cate las páginas pares (2-648) incluyen una edición paleográfica del ms. *E* hecha con cuidado (sólo es de lamentar la exclusión de las estrofas parcialmente ilegibles, cfr. el artículo citado en la n. 7); las páginas impares (3-685) contienen una edición, llamada crítica, que en verdad no merece este adjetivo, pues apenas difiere de la paleográfica sino en la simplificación de ciertos signos gráficos. Mi desencanto ante esta edición y ante el estudio que acompaña (pp. V-XLVI y 687-692), pues no hacía sino reproducir el ya publicado en 1942 (pp. I-XXXIII y 191-194), se tornó en malhumorada reacción (*NRFH*, XIII, 1959, pp. 363-372), cuya excesiva dureza hoy lamento, a causa de una advertencia publicada en *Neophilologus*, IV (1957), p. 222: «Dans le compte-rendu que nous avons donné de l'édition du *Poema de Alfonso XI* [en el mismo tomo de *N*, pp. 71-72] nous avons reproché à l'éditrice, Mme. Yo ten Cate, d'avoir laissé de côté un texte très important, la source même du *Poema*, la *Gran Crónica de Alfonso XI*, dont le ms. perdu avait été découvert par Diego Catalán Menéndez Pidal [...]. Or Mme. ten Cate m'écrit qu'elle aurait bien voulu étudier ce texte, mais qu'on lui en avait refusé l'accès, Catalán Menéndez Pidal s'étant réservé le droit d'en donner le premier une édition critique» (K. Sneyders de Vogel). Por envolver esta disculpa una afirmación inexacta que me atañía, aclaré en la n. 17 de mi reseña: «Quiero hacer constar que el ms. *1015* de la B. N. M. se halla en el Departamento de Manuscritos y no veo razón alguna para que el funcionario encargado de servir los

coronación de esta primera etapa de investigaciones preparé en 1960 la edición crítica de la *Gran Crónica de Alfonso XI*. Aquella mi edición nunca llegó a publicarse, pues en el curso del trabajo identifiqué un nuevo manuscrito de la *Gran Crónica* que me obligó a revisar desde sus cimientos toda mi construcción de los años 50. En 1962-63 inicié esta nueva etapa de investigación autocrítica, reflejada en publicaciones de 1964-65 [8]. Una vez aclarada la estructura de la *Gran Crónica*, acometí de nuevo la tarea de preparar su edición crítica, y durante el año 1966-1967 di cima al trabajo. Simultáneamente, emprendí el examen detenido de la tradición manuscrita de la *Crónica* concisa [9] y elaboré también

---

libros se tome en ningún momento la libertad de negar dicho manuscrito a una persona interesada en consultarlo. Por mi parte, desde luego, puedo afirmar que ni está en mi mano el limitar el acceso a un manuscrito de la B. N. M., ni jamás he deseado poner obstáculos a la labor de un filólogo, en nombre de unos supuestos derechos sobre la *Crónica* que tuve la fortuna de «descubrir» en una biblioteca pública». El estudio que en 1956 acompaña la edición de ten Cate sólo tiene, en verdad, un defecto grave: el haber sido redactado en 1942 y no llevar fecha de tal año (ya que no se intentaba su actualización); hecha esta aclaración, el resto de mi crítica a las páginas introductorias resulta innecesaria.

[7] «Hacia una edición crítica del *Poema de Alfonso XI* (El cerco de Algeciras)», en *Hispanic Studies in Honour of I. González Llubera*, Oxford, 1959, pp. 105-112; «Las estrofas mutiladas en el ms. *E* del *Poema de Alfonso XI*», *NRFH*, XIII (1959), 325-334.

[8] Bajo el título genérico de «La historiografía en verso y en prosa de Alfonso XI a la luz de nuevos textos» he publicado tres artículos: «I. El manuscrito de París de la *Gran Crónica*» y «II. La *Gran Crónica* nos es conocida en su integridad» en el *BRAH*, CLIV, 1964, 79-126 y CLVI, 1965, 55-87; «III. Prioridad de la *Crónica* respecto a la *Gran Crónica*» en *AEM*, 2, 1965, 257-299. Todos tres se incluyen en el presente libro.

[9] Véase «Mi edición de la *Crónica* y de la *Gran Crónica de Alfonso XI*. La muerte de los infantes en la Vega de Granada», *BRAE*, 184 (1968), 189-236, reeditado en el presente libro, y el estudio, ahora publicado por vez primera, «Dos arquetipos de la *Crónica de Alfon-*

su edición crítica. Por otro lado, mis estudios sobre las crónicas generales de España me permitieron hacer algún descubrimiento adicional tocante al *Poema* (1966) [10].

El conjunto de trabajos que aquí publico son representativos de la segunda etapa de mis investigaciones sobre la historiografía de Alfonso XI, correspondiente a la década 1961-1970 [11]. En ellos critico, a la luz de nuevos textos, mis publicaciones de la década anterior, y establezco las bases sobre las que se asienta mi edición crítica de la *Crónica* y de la *Gran Crónica*.

AGRADECIMIENTOS

Para la edición de la *Gran Crónica* que preparé en 1960 conté con la ayuda de una pequeña beca J. March, que ahora tengo ocasión de agradecer. También extiendo las gracias a mi colaboradora de entonces Ana Cela y a mi incansable mecanógrafa Hermógenes Alvarado. Por aquellas fechas, Carmen Durán escribió bajo mi dirección una tesina

---

so XI», donde aclaro las relaciones entre los manuscritos de la *Versión vulgata* y de la *Crónica de cuatro reyes* utilizados en mi edición.

[10] Cfr. las pp. 80-83 del estudio «El *Toledano Romanzado* y las *Estorias del fecho de los Godos* del s. xv», en *Estudios dedicados a J. H. Herriott*, Universidad de Wisconsin, 1966, pp. 9-102.

[11] Varios de ellos han tenido una edición anterior: El trabajo sobre «El arquetipo de la *Gran Crónica de Alfonso XI*. Autocrítica», que abarca los capítulos I a V, reproduce, con ligeros retoques, la serie de artículos titulada «La historiografía en verso y en prosa de Alfonso XI a la luz de nuevos textos», de los cuales se publicaron los subtitulados I: «El manuscrito de París de la *Gran Crónica*»; II: «La *Gran Crónica* nos es conocida en su integridad»; III: «Prioridad de la *Crónica* respecto a la *Gran Crónica*», en *BRAH*, 154 (1964), 79-126; 156 (1965), 55-87, y *AEM*, 2 (1965), 257-299, respectivamente. El titulado «Mi edición de la *Crónica* y de la *Gran Crónica de Alfonso XI* (La muerte de los infantes en la Vega de Granada)», que comprende los capítulos XI y XII, se publicó en el *BRAE*, 48 (1968), 189-236.

para la Universidad de La Laguna sobre ciertos capítulos de la *Gran Crónica.*

La revisión de esa edición durante los años 1961 y 1962 fue facilitada por la Graduate School de la Universidad de Wisconsin, que amplió para mí en cómodas fotocopias los mss. *A* y *C + G.* Continué la labor autocrítica en el Romanisches Seminar de la Universidad de Bonn, 1963-64, y en Madrid, otoño de 1964, merced a una beca de la Universidad de California, Berkeley.

La nueva edición crítica de la *Gran Crónica* y de la *Crónica* fue acabada de elaborar con una beca de la John Simon Guggenheim Memorial Foundation (1966-67). Aprovecho esta oportunidad para agradecer tan estimable ayuda. Por otra parte, conté con la eficaz colaboración de dos becarias del «Seminario Menéndez Pidal» de la Universidad de Madrid: Paloma Montero de Cela y Ana Valenciano.

El trabajo sobre los manuscritos de la *Crónica* independientes del traslado de 1376 me fue posible concluirlo gracias a la amable cooperación de Mari Sol de Andrés, colaboradora de la «Cátedra-Seminario Menéndez Pidal» (a quien se debe, sobre todo, buena parte de la descripción del ms. *Pa*, manuscrito sobre el que prepara un pequeño estudio).

ABREVIATURAS BIBLIOGRÁFICAS

Varios trabajos míos acerca de la *Crónica de Alfonso XI*, frecuentemente citados en este libro, figuran bajo las siguientes abreviaturas:

Un prosista anónimo: Un prosista (~ *cronista*) *anónimo del siglo XIV* (*La Gran Crónica de Alfonso XI. Hallazgo, estilo, reconstrucción*), La Laguna: Biblioteca Filológica, 1955.

Poema de A. XI: *Poema de Alfonso XI. Fuentes, dialecto, estilo*, «Biblioteca Románica Hispánica», 13, Madrid: Gredos, 1955.

«La historiografía»: «La historiografía en verso y en prosa de Alfonso XI a la luz de nuevos textos: I. El manuscrito de París de la *Gran Crónica;* II. La *Gran Crónica* nos es conocida en su integridad; III. Prioridad de la *Crónica* respecto a la *Gran Crónica*», BRAH, 154 (1964), 79-126; 156 (1965), 55-87, y AEM, 2 (1965), 257-99, respectivamente. Cito este trabajo por capítulos, apartados y notas (pues sus tres partes van numeradas consecutivamente). Se refunde en el presente libro bajo el título «El arquetipo de la *Gran Crónica de Alfonso XI*», pp. 13-180.

«Mi edición»: «Mi edición de la *Crónica* y de la *Gran Crónica de Alfonso XI*. La muerte de los infantes en la Vega de Granada», BRAE, 48 (1968), 189-236. Se reedita en el presente libro, pp. 281-337.

CrAºXI: Fernán Sánchez de Valladolid, *Crónica de Alfonso XI (1344)*, ed. crítica por — (de próxima publicación). Cito esta edición por capítulos y subpárrafos.

Gran CrAºXI: *Gran Crónica de Alfonso XI*, ed. crítica por — (de próxima publicación). Cito esta edición por capítulos y subpárrafos. Estos últimos son de dos tipos: la numeración en redondo se reserva para los pasajes derivados de la *Crónica* y coincide con la de su fuente; la numeración en cursiva es independiente y se utiliza para los pasajes o detalles originales de la *Gran Crónica*.

Poema: Borrador de una ed. crítica del *Poema de Alfonso XI* (que no sé cuándo concluiré). Corrijo la versión del ms. *E* usando [] y (). Los corchetes cursivos ⟨⟩ sirven, en cambio, para destacar las restauraciones de letras o palabras mutiladas por la acción del tiempo.

Chamartín, julio de 1971.

EL ARQUETIPO DE LA "GRAN CRÓNICA DE ALFONSO XI"

AUTOCRÍTICA

I

ESTADO DE LA CUESTIÓN EN 1960

a) INTRODUCCIÓN

En mis estudios de la década 1950-1960 sobre la historiografía en verso y en prosa de Alfonso XI consideré el texto de la *Gran Crónica* por mí descubierto (ms. *A* o de Madrid)[1] como gravemente defectuoso y tuve por inasequible para la crítica filológica la *Gran Crónica* en su extensión original. En cambio creí haber llegado a una solución definitiva en lo tocante a las relaciones de dependencia entre la *Gran Crónica,* la *Crónica* y el *Poema;* mi reconstrucción podría ser sumariada (prescindiendo de textos secundarios) mediante el siguiente árbol genealógico.

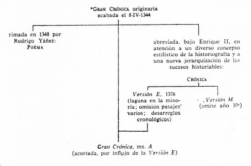

*GRAN CRÓNICA originaria
acabada el 8-IV-1344

rimada en 1348 por
Rodrigo Yáñez:
POEMA

abreviada, bajo Enrique II, en atención a un diverso concepto estilístico de la historiografía y a una nueva jerarquización de los sucesos historiables:

CRÓNICA

Versión E, 1376
(laguna en la minoría; omisión pasajes' varios; desarreglos cronológicos)

.Versión M
(omite año 10º)

Gran Crónica, ms. *A*
(acortada, por influjo de la *Versión E)*

<hr>

[1] Véase la «Descripción de manuscritos y ediciones» al fin de este libro.

Pero todo este edificio, que parecía sólidamente asentado, ofrece hoy sus cimientos al aire, socavados por la nueva investigación filológica que he emprendido a partir de 1960. El hallazgo de un nuevo texto de la *Gran Crónica*, el ms. *P* (o de París)[2], libre de las influencias laterales y lagunas que hacían sospechoso el texto del ms. *A*, ha venido a disipar por completo las brumas que ocultaban la original estructura de la *Gran Crónica*. Además, el manuscrito de París, al facilitarnos la restauración de la versión original de la *Gran Crónica*, ha venido a cambiar muy profundamente los datos de que disponía la crítica para evaluar las relaciones entre los tres grandes monumentos de la historiografía sobre Alfonso XI: La *Crónica*, el *Poema* y la *Gran Crónica*.

b) LA VERSIÓN VULGATA DE LA «CRÓNICA DE ALFONSO XI» Y EL MS. E (1376)

El más antiguo de los manuscritos conservados de la crónica, el ms. *E*, es sin duda un texto regio del tiempo de

---

2 El ms. de París *Esp.* *329* sólo llamó mi atención después de publicado *Un prosista anónimo;* las descripciones contenidas en los catálogos de E. de Ochoa (*Catálogo razonado de los Manuscritos Españoles existentes en la Biblioteca Real de París...*, París: Imprenta Real, 1844, p. 91) y de A. Morel-Fatio (*Catalogue des Manuscrits Espagnols et des Manuscrits Portugais par —*, Paris; Impr. Nationales, 1892, p. 50) no me hacían esperar que se tratase de un texto excepcional. Ochoa (ignorando la ed. Cerdá 1787) remitía a la ed. de la *Crónica* de Toledo 1595, que reputaba «libro rarísimo», para reconocer seguidamente: «no le tengo a la vista para cotejarle con este manuscrito»; Morel-Fatio comparaba, por su parte, el manuscrito con la ed. Cerdá de 1787, reeditada por Rosell en 1875, observando únicamente: «La division de chapitres de notre manuscrit diffère beaucoup de celle de la dernière édition». Fue grande mi sorpresa, en julio de 1960 (en que tuve al fin la oportunidad de consultar en París el manuscrito), cuando me hallé ante un texto que difería de la «última edición» no meramente en la capitulación, sino en el propio contenido, ya que añadía al impreso más de un centenar de capítulos.

Enrique II. En su prólogo se nos informa cumplidamente acerca de las circunstancias y fecha en que fue escrito: Enrique II mandó al «justiçia et alguazil mayor de la su casa» Juan Núñez de Villazán que hiciese «trasladar en pergamino» para su tesoro la Crónica; de orden del de Villazán, la escribió Ruy Martínez de Medina de Rioseco; se comenzó a trasladar en el año décimo del reinado de Enrique II, un Miércoles 28 de Julio de 1376[3]. La «segunda edición» de la *Crónica de D. Alfonso el Onceno*[4] publicada en 1787 por Cerdá, dio a conocer el texto de este manuscrito regio[5], y en el siglo siguiente, en 1875, la Biblioteca de Autores Españoles dio máxima divulgación a esa versión preparada por Cerdá (aunque omitió desconsideradamente los prólogos originales de la Crónica y las necesarias observaciones del primer editor)[6].

---

[3] Ms. *E*, f. 2 b-d. El ms. *E* fue localizado hacia 1787 por Cerdá, que reconoció ya en él al códice regio enriqueño citado en el prólogo de la Crónica: «Ultimamente descubrimos un exemplar en vitela, magníficamente escrito, y que segun se dexa entender, seria el que se traslado para el tesoro del Rey Don Enrique» (p. VIII, de la ed. citada en la n. 4).

[4] *Crónica de D. Alfonso el Onceno de este nombre...* Segunda edición, conforme a un antiguo ms. de la Real Biblioteca del Escorial, y otro de la Mayansiana... por don Francisco Cerdá y Rico, Parte I. Madrid: Sancha, MDCCLXXXVII.

[5] La edición Cerdá fue realizada con un esmero y un respeto hacia el original utilizado que habla muy alto de la erudición española del reinado de Carlos III, en comparación con la de un siglo después. No obstante, regularizó y modernizó en algunos detalles la ortografía original y echó mano en ciertas ocasiones del ms. Mayans, depositado en la Academia de la Historia. (En *Un prosista anónimo*, pp. 16-17, soy más negativo respecto a la fidelidad de la edición al ms. *E*.)

[6] Cayetano Rosell en el volumen LXVI de la *Biblioteca de Autores Españoles*, Madrid, 1875, se contentó con reproducir el texto establecido en 1787 por Cerdá; pero privó a la Crónica de los prólogos y capítulos iniciales (que precedían al año primero del reinado de Alfonso XI), dejando en cambio como parte integrante de ella (sin ninguna advertencia) un largo pasaje interpolado (con la muerte de

Con el manuscrito *E*, editado por Cerdá, se emparentan íntimamente la mayor parte de los conservados; muchos de ellos incluso reproducen el prólogo con todas las precisiones indicadas (Enrique II, Juan Núñez de Villazán, Ruy Martínez de Medina de Rioseco, año 10°, Miércoles 28 de Julio de 1376). Convencido de que el manuscrito regio *E* podía considerarse no ya sólo como el mejor de esta gran familia de textos sino como el prototipo de toda ella, consideré que todos estos manuscritos de la *Versión vulgata* eran de escaso interés [7].

Entre los numerosos manuscritos derivados del que en 1376 «trasladó» en pergaminos Ruy Martínez de Medina de Rioseco por orden de Juan Núñez de Villazán se destaca una copia, el ms. *S*, que termina con una subscripción en que se dice haber sido hecha entre el 4 de Abril y 16 de Setiembre de 1378 (léase 1379) [8] por mandado de Alfonso Gar-

---

la reina doña María de Molina) y los capítulos finales posteriores a la conquista de Algeciras, que Cerdá había adicionado (advirtiéndolo debidamente) al ms. *E* tomándolos de la edición del s. XVI.

[7] En *Un prosista anónimo* relegué el examen de estos manuscritos al «Apéndice I», pp. 231-246. Últimamente he reestudiado toda la tradición manuscrita de la *Crónica*. Frente a lo que creía en los años 50, varios manuscritos del texto más divulgado de la *Crónica* son independientes del ms. *E*. Véase aquí adelante el estudio titulado: «Dos arquetipos de la *Crónica de Alfonso XI*».

[8] En el ms. *S* (copia de *E*, con el prólogo de 1376 inclusive) una mano diversa de la que escribió la Crónica añadió una subscripción redactada en primera persona: «Yo Alfonso Ferrandes, criado de Alfonso Peres de los libros, escreui este libro por otro libro original Coronica del muy noble rrey don Alfonso de Castilla et de Leon que Dios perdone, por mandado de Alfonso Garcia de Cuellar, escreuano de camara que fue del rrey don Enrrique su fijo deste rrey don Alfonso que Dios perdone et es agora de nuestro señor el rrey don Iohan que Dios mantenga al su seruiçio; et començelo a escreuir...»; seguidamente precisa las fechas en que lo comenzó (4 abril, era 1416, año 1378, año 14 de Enrique II, contado «desde que primera mente fue rrescebido rrey en Calahorra») y en que lo acabó (16 setiembre,

cía de Cuéllar, escribano de Enrique II y de Juan I. En esta copia la *Crónica* aparece completada con una lista de los caballeros muertos en el cerco de Algeciras y con unos capítulos referentes a los años finales del reinado de Alfonso XI, tomados de la *Crónica de don Pedro* del Canciller Ayala. De la copia de 1379 realizada por mandado de Alfonso García de Cuéllar deriva, a su vez, otra copia acabada de escribir el jueves 28 de Marzo de 1415, durante la menor edad de Juan II, siendo tutores la reina doña Catalina y el rey don Fernando de Aragón y Sicilia, según se detalla en la doble subscripción característica de los textos basados en ella. Con esta copia de 1415 se relaciona la primera edición de la *Crónica* impresa en Valladolid en 1551 por Pedro de Espinosa y Antonio de Zamora [9]; al menos así se afirma en la doble

---

era y año dichos, año 1.º de Juan I, contado desde «el dia que su padre el rrey don Enrrique fino en Santo Domingo de la Calçada que fue Lunes segundo dia de Pasqua de Çinquesma que fue a veynte e nueue dias de Março de la era suso dicha de Çesar de mill e quatroçientos e dies e seys años e del año del nascimiento del nuestro Saluador Ihesu Christo de mill e tresientos e setenta e ocho años»). Estas precisiones cronológicas plantean curiosos problemas. La muerte de Enrique II (ocurrida en Santo Domingo de la Calzada) ocurrió en el año 1379 (14.º desde que fue recibido por rey en Calahorra a comienzos de 1366), en el mes de mayo; la Crónica (escrita tiempo después por Ayala) detalla que fue en lunes 29 de mayo, fecha falsa (cfr. L. Suárez Fernández, *Juan I rey de Castilla*, Madrid, 1955, p. 15 y n. 1). Alfonso Ferrandes, en esta subscripción, insiste una y otra vez en el año 1378 (era 1416), y el día que señala para la muerte de Enrique II, lunes 29 de marzo (apoyado en la doble precisión «lunes 29» por la Crónica), resulta coherente en ese año; pero el lunes de Pentecostés de 1378 cae en el 7 de junio, mientras el de 1379 en 30 de mayo. Véase adelante c. VII, n. 71.

9 Como singularidad más llamativa de esta edición primera puede citarse la adición de un pasaje en que se da noticia de la muerte de la reina doña María de Molina y el intento de hacer más comprensible el comienzo del capítulo siguiente (relativo a la rebeldía de Zamora contra la tutoría de don Juan) mediante un retoque inhábil (*Un prosista anónimo*, pp. 13-16).

subscripción (alusiva a los años 1379 y 1415) que sigue al «Amén» final [10].

La *Versión vulgata de 1376* tiene, a pesar de su antigüedad y de su carácter regio, muy notorios defectos. Por lo pronto, la cronología está en ella totalmente errada, ya que tiene como punto de partida una fecha falsa: se consigna el nacimiento de Alfonso XI como acaecido en el Viernes 13 de Agosto de 1308 (era 1346), en vez de en el mismo día del año 1311, y, consecuentemente, se señala como año primero del reinado el de 1309, en lugar del de 1312, etc. Durante la menor edad, la sistemática estructuración de la historia por años de reinado cesa bruscamente en el año 4.º (fechado en 1312) [*CrAºXI*, XIV] y no se reanuda hasta el año 13º (fechado ahora en 1322) [*CrAºXI*, XLIII]. Más grave es la laguna existente entre el capítulo relativo a la llegada del Cardenal legado a Valladolid (y sus tratos con la reina doña María, don Juan el Tuerto y don Juan Manuel para poner fin a la discordia por la tutoría) [*CrAºXI*, XXXI] y el que comienza «Et commo quier que los de la çiubdat de Çamora fizioron esto contra don Johan...» [*CrAºXI*, XXXII]: En efecto, entre uno y otro se echan de menos en la crónica noticias tan importantes como la muerte de la reina doña María de Molina, las cortes en que fueron al fin nombrados tutores el infante don Felipe, don Juan Manuel y don Juan

---

[10] La subscripción que sigue al *Amén* final cita primero un libro «sacado d'otra chronica original» por mandado de Alonso García de Cuéllar, escrivano de los reyes don Enrique («que Dios perdone») y don Juan («que Dios mantenga al su seruicio, amen»), comenzado «a fazer» el 4 de abril de la era 1417 reinando Enrique II y acabado el 16 de setiembre de ese mismo año bajo Juan I, del que luego se sacó un traslado acabado de escribir el jueves 28 de marzo de 1415 (año 9.º de Juan II, siendo tutores los reyes doña Catalina y don Fernando). Véase *Un prosista anónimo*, pp. 13-14. En el c. VII, apartados *f* y *h*, del presente libro aclaro el carácter y filiación de la versión impresa y el problema suscitado por las subscripciones de 1379 y 1415.

el Tuerto, el intento de matar a don Juan Manuel en Villa
Óñez (a que se hace referencia después, con motivo de los
sucesos de Zamora), así como aquello que contra don Juan
el Tuerto hicieron los de Zamora (a que alude el comienzo
del capítulo citado) [11].

c) OTRAS VERSIONES INTERESANTES DE LA «CRÓNICA DE ALFONSO XI»

Al lado de la *Versión vulgata* procedente del traslado en
pergaminos hecho en 1376 por Ruy Martínez de Medina de
Rioseco, identifiqué en mis estudios de 1951 y 1955 otra versión marcadamente divergente, cuyo más importante representante era el ms. *M*. Este manuscrito (emparentado con
los textos fragmentarios *N* y *Ñ*) contiene una versión más
completa de la *Crónica,* en que se subsanan los defectos más
llamativos de la *Versión vulgata*: los sucesos de la minoría
aparecen distribuidos sistemáticamente por años de reinado
desde el principio al fin; se incluyen varios pasajes y aun
capítulos enteros desconocidos del manuscrito de 1376, en
los que se cuenta, entre otras cosas, la muerte de la reina
doña María, la elección de los tutores en las Cortes de Valladolid, el intento del infante don Felipe de sorprender durante
la noche a don Juan Manuel en Villa Óñez y la sublevación
de Zamora contra la tutoría de don Juan el Tuerto a causa
de los desmanes que el tutor cometía en ella. El ms. *M*
tiene, en cambio, un defecto particular, la omisión de tres
capítulos que figuran en la *Versión vulgata* y que en su original constituirían el año 10º del reinado [*CrAºXI*, XXVIII.3
a XXXI.2] [12].

---

[11] *Un prosista anónimo,* pp. 12-13.
[12] *Un prosista anónimo,* pp. 18-21. Actualmente, puedo afirmar que
el ms. *M* contiene, como la ed. de 1551, la doble subscripción en que

Resultado del cruce de esta versión contenida en el ms. *M* con la *Versión vulgata* es un tercer tipo de la *Crónica* representado por tres manuscritos del siglo XVI: *Q, O* y su copia *O'*. Comienzan siguiendo el texto de Ruy Martínez de Medina de Rioseco, y hasta incluyen el prólogo de 1376; pero más adelante, tras alguna vacilación, aceptan el relato de *M*, no sólo en lo que tiene de más completo, sino incluso en su defectuosa omisión de los capítulos fechados en el año 10º del reinado [13].

Aparte se sitúa el ms. *C* que nos ofrece una *Versión vulgata de 1376* carente de la laguna que afea al manuscrito *E* y sus derivados; pero tal perfección se debe a la consulta adicional de un texto análogo a *M,OQ* ya que, precisamente en esos pasajes, *C* va de acuerdo con la cronología característica de este grupo de manuscritos, mientras en el resto de la *Crónica* coincide con *E* en todos los detalles cronológicos [14].

Todos los manuscritos de la *Crónica de Alfonso XI* hasta aquí considerados remontan, pues, a dos versiones fundamentales: La *Versión vulgata* y la que originó el ms. *M*.

---

se cita el «libro» que, por orden del escribano regio Alfonso García de Cuéllar, se comenzó a copiar el 4 de abril de 1379 (reinando Enrique II) y se terminó el 16 de setiembre siguiente (reinando Juan 1) y el «traslado» acabado el 28 de marzo de 1415 durante la minoría de Juan II. Para una más precisa y exacta valoración del ms. *M* y sus parientes véase adelante el c. VII.

[13] Más detalles en *Un prosista anónimo*, pp. 21-26. Véase ahora mejor el c. VII, apartado *f*, de este libro.

[14] No lo tuve en cuenta en mi tesis; pero sí en *Un prosista anónimo*, p. 27. Hoy lo considero de muy superior interés, ya que se relaciona íntimamente, a través de sus abundantísimas enmiendas (= *G*), con un texto de la familia de *M* más antiguo que este manuscrito. Véase adelante, c. VII, *g*.

d) LA «GRAN CRÓNICA DE ALFONSO XI»

Tanto la *Versión vulgata* como la contenida en el ms. *M*
son representantes de una misma redacción. Pero existe otra
redacción inédita, de extensión muchísimo mayor, a la cual
bauticé a raíz de su descubrimiento con el nombre de *Gran
Crónica* (para mejor distinguirla de la *Crónica*, tradicional-
mente manejada por todos); hasta 1960 sólo me era conocida
a través de un solitario manuscrito (*A*)[15] y de un resumen
incorporado a cierta historia de España del s. XVI (*R*)[16].

La *Gran Crónica*, tal como aparecía conservada en el
ms. *A*, abarcaba toda la narración incluida en la *Versión
vulgata*, así como los párrafos y capítulos característicos
de *M* y textos análogos[17]; pero además contenía un 30 %
de materia totalmente desconocida de los otros manuscritos
cronísticos. La fecha sumamente tardía del manuscrito *A*
no me pareció razón suficiente para asignar a la *Gran Crónica*
un puesto secundario en la historiografía de Alfonso XI: En
primer lugar, su texto era más perfecto que cualquiera de
las dos versiones de la redacción breve, toda vez que incluía
los episodios propios de *M* que echábamos de menos en la
Vulgata de 1376 y no presentaba la laguna del año 10º característica de aquella versión más completa. Además, entre
los numerosísimos detalles, párrafos y aun capítulos ente-

---

15 El hallazgo del ms. *A* (véase «Introd.») constituyó el punto de partida de todos mis estudios referentes a la historiografía de Alfonso XI.
La ulterior consulta de otros 25 manuscritos de la Crónica de Alfonso XI conservados en bibliotecas públicas españolas (en la Nacional,
en la Escurialense, en la de Palacio Real, en la Colombina, en la de
Menéndez Pelayo y en la de la Academia Española) dio resultados
negativos: el ms. *A* quedó como texto singular frente a los restantes.

16 *Un prosista anónimo*, pp. 31-35.

17 *Un prosista anónimo*, p. 30.

ros «adicionados» en la Gran Crónica abundaban las noticias cuya exactitud histórica resultaba comprobada por documentación contemporánea de carácter diverso [18].

e) LA «GRAN CRÓNICA» Y EL «POEMA» DE ALFONSO XI

El hallazgo de la Gran Crónica me llevó, ya en 1951, a replantear sobre nuevas bases la tradicional comparación entre las dos fuentes historiográficas contemporáneas de mayor interés para el conocimiento del reinado de Alfonso XI, el Poema en redondillas y la Crónica. Desde antiguo se venían destacando concomitancias y divergencias entre el relato poético y el cronístico; pero la nueva versión de la Crónica propia del ms. A trasplantaba las confrontaciones desde el terreno de las meras semejanzas al de la hermandad más íntima: efectivamente, la conexión entre uno y otro relato no se establecía ahora únicamente en el plano del contenido, sino en el de la expresión; la Gran Crónica y el Poema, tanto en pasajes puramente narrativos, como en aquellos que incluyen trechos en discurso directo, cuentan muy a menudo lo mismo y expresado con las mismísimas palabras [19]. En 1951 me pareció obvia la dirección en que se había operado la influencia. Aunque la hipótesis de una prosificación del relato poético por parte del cronista de Alfon-

---

[18] Un prosista anónimo, pp. 28-31. Sobre la exactitud histórica de los nuevos datos contenidos en la Gran Crónica he tratado sobre todo en mi tesis inédita de 1951; cfr., por el momento, Un prosista anónimo, pp. 75-76, 86-88, 97-98, 168 y n. 1, 253, y los trabajos citados arriba en las notas 1 y 4 de la «Introd.».

[19] Ya en BRAH, CXXXI (1952), pp. 233-245. Posteriormente, ejemplifiqué con numerosas confrontaciones la estrecha hermandad entre el Poema y la Gran Crónica en Poema de A. XI, pp. 9-17, Un prosista anónimo, pp. 141-147 y NRFH, XIII, 1959, pp. 369-371.

so XI me habría sido grata en mi calidad de discípulo de
Menéndez Pidal[20], la consideré pronto como inaceptable:
Las novedades que ofrecía la *Gran Crónica* constituían un
todo homogéneo (desde un punto de vista estructural y estilístico), donde lo explicable como prosificación del *Poema*
sería sólo una parte mínima; el caudal de información presente en la *Gran Crónica* rebasaba abrumadoramente al que
podía proporcionar el *Poema*. En consecuencia, concluí de
forma tajante: «Basta echar una mirada de conjunto a ambas obras para llegar a la conclusión de que la coincidencia
se debe a una versificación del texto cronístico y no a una
prosificación del poético»[21].

Admitido que la redacción cronística más amplia era
la original, señalé como fecha de composición para la *Gran
Crónica* el año 1344 (más exactamente, la consideré acabada
el 8 de Abril de 1344)[22]. Por otra parte, el análisis interno
del *Poema* me permitió fecharlo en 1348 (entre Enero y Se-

---

[20] Según observó, con razón, E. Li Gotti, *Quaderni Ibero-America-
ni*, 16 (1954), en su reseña a *Poema de A. XI*.

[21] *Poema de A. XI*, p. 16. Consideré entonces al autor del *Poema*
(Rodrigo Yáñez) como un precursor medieval de los eruditos roman-
cistas que, a mediados del s. xvi, pretendieron divulgar la historia
de España en verso rimando palabra por palabra el relato de la *Crónica General de España* (editada por Florián Docampo) o de algunas
otras obras históricas (*Poema de A. XI*, pp. 17-19; *Un prosista anónimo*,
pp. 147-149).

[22] La crónica termina sin concluir el reinado de Alfonso XI: «Et
este rrey don Alfonsso moro en Algezira fasta que paso la Pasqua et
el Jueues de las ochauas, et partio dende para yr a Tariffa, por que
las gentes non querian salir de la çiubdat nin podian dar vezindat a
los vezinos que auian y de fincar et de morar. Et en todo este tienpo
los moros venian del su real al real de los christianos, et esso mesmo
los christianos yuan al su real, por las treguas que eran puestas; et
yuan seguros los vnos de los otros. A Dios et a Sancta Maria su
madre demos gracias. Amen».

tiembre de 1348) [23]. Cronológicamente la sucesión de una y otra obra parecía, pues, también clara [24].

f) DEFECTOS DEL MS. A DE LA «GRAN CRÓNICA»

Todas estas excelencias del ms. *A*, no bastaban, sin embargo, para ocultar sus patentes defectos. Por lo pronto, saltaban a la vista toda una serie de pequeñas infidelidades al original medieval que hubo de servirle de base, naturales en una copia de principios del s. XVII [25]. Pero un atento examen del manuscrito me reveló pronto una característica de *A* que afectaba de forma mucho más grave al problema de la restauración de la originaria *Gran Crónica de Alfonso XI*: el texto descubierto no era la simple copia de un viejo manuscrito, sino el producto del cotejo de varios manuscritos representativos de versiones varias de la *Crónica* [26]. En efecto, las repetidas anotaciones marginales en que se compara el texto transcrito en el cuerpo de la crónica con otras «dos coronicas antiguas con las quales se corregio»

---

[23] *Poema de A. XI*, pp. 22-32. Sobre el suceso histórico que me proporcionó esta fecha tan precisa puede ahora verse el trabajo de P. E. Russell «Una alianza frustrada. Las bodas de Pedro I de Castilla y Juana Plantagenet», *Anuario de Estudios Medievales*, 2 (1965), 301-332.

[24] Yo ten Cate en su ed. de *El Poema de Alfonso XI*, Madrid, 1956, pp. xxvi-xxxii, parece inclinada a defender la prioridad del *Poema* sobre la *Crónica*. Insistí, por mi parte, en las dos fechas, arriba señaladas, en *NRFH* XIII (1959), pp. 367-369. Como se verá por las páginas que siguen, lo acabado el 8 de abril de 1344 fue el borrador de la *Crónica*, no de la *Gran Crónica*. La prioridad del *Poema* sobre la *Gran Crónica* me parece hoy indiscutible.

[25] En el ms. *A*, la *Gran Crónica* aparece afeada en su forma con una ortografía sumamente infiel a las normas tradicionales, con incongruentes transcripciones de los nombres propios poco comunes y en ocasiones (pero no sistemáticamente, por fortuna) con modernizaciones lingüísticas (*Un prosista anónimo*, pp. 177-178).

[26] *Un prosista anónimo*, pp. 182-185.

son evidentemente contemporáneas del acto de copia [27], y, lo que es más importante, a veces esa crítica comparativa se introduce en el texto mismo de la Crónica [28]; algunos graves deslices del formador de *A*, nos comprueban que incluso el propio relato está construido, en ciertos casos, incorporando pasajes de esas «coronicas antiguas» que sirvieron para corregir la narración de la fuente principal: Así, sólo por efecto de una descuidada mixtura de fuentes se explica la inclusión por duplicado de ciertos capítulos referentes al cerco de Tarifa, primero en redacción breve (capítulos 293 y 294), luego en redacción amplia (caps. 320, 321, 322 y 323), o la repetición del comienzo del año 4º del reinado (era 1351, año de Cristo 1313) encabezando dos capítulos de contenido bien diverso, el 9 y el 13 [29].

Comprobado que el manuscrito de la *Gran Crónica* (único por entonces conocido) había tomado de la versión breve *vulgata* ciertos pasajes [30] afirmé desesperanzadamente en

---

[27] En las notas marginales hallamos frecuentes citas de una «coronica antigua por donde esta se emendo» (llamada también «la obra cronistica antigua», «la historia donde esta se corrigio»), alguna vez se usa el plural «algunos libros» y en un caso se aclara «assi esta en dos coronicas antiguas con las quales se corregio esta». Las enmiendas son contemporáneas al acto de copia, pues una de ellas (análoga a tantas otras) dice: «esto esta desde aqui en otra historia capitulo por si y tiene diferencia en contar el hecho y en muchas palabras y por esto se pondra al fin del libro con tal señal» (sigue un signo) y, efectivamente, una vez acabada la Crónica el copista continúa escribiendo: «Estos capitulos se pusieron aqui porque en esta historia en las margenes se remite a ellos, o porque estan differentemente de como alli se contiene, o porque faltan y se sacaron de otra historia antigua» (*Un prosista anónimo*, pp. 182-184).

[28] Dentro del propio texto se nos advierte: «...la historia cuenta..., lo qual se hauia de hauer dicho atras quando contamos... e porque paresce que entrara aqui con alguna commodidad, ya que no se dixo atras...» (*Un prosista anónimo*, p. 184).

[29] *Un prosista anónimo*, pp. 184-185.

[30] Los capítulos 293 y 294, desde luego, y posiblemente el 13. También me pareció seguro que los dos capítulos iniciales numerados

1955: «en vista del carácter del ms. *1015* [= *A*], siempre que coincida con la versión escurialense [= *E*], habremos de plantearnos la duda de si en la redacción amplia originaria era o no más extenso este pasaje»[31], y, en consecuencia, llegué a sospechar que, por ser el manuscrito *A* «una versión mixta, este carácter de mixta nos priva de conocer la redacción amplia nada menos que de los 83[32] capítulos referentes al cerco de Algeciras (copiados en *1015* [= ms. *A*] de un manuscrito de la Abreviación [= *Crónica de Alfonso XI*, versión breve]) y lo mismo sucede con algunos más»[33].

Además de este influjo de la *Versión vulgata* noté otros importantes defectos en el ms. *A* que agravaban nuestro desconocimiento de la *Gran Crónica*: «Sobre ser mixta la versión de *1015* [= del ms. *A*] está además en otros casos mutilada por el copista redactor», observé en 1955[34] basándome en la omisión por parte del copista de todo el final del capítulo 326 (en que se detalla un largo sueño profético de la mujer de Albohacen, la reina horra doña Fátima)[35],

---

independientemente (años 15 y 16 del reinado de Fernando IV) eran ajenos a la *Gran Crónica*. Creí entonces que la coincidencia del ms. *A* con el ms. *E*, frente al ms. *M*, en la deficiente cronología y distribución de los años del reinado durante la menor edad de Alfonso XI se debía también al influjo sobre *A* de la *Versión vulgata*; pero ello no es cierto.

[31] *Un prosista anónimo*, p. 185.

[32] Por errata, dice en el libro: 53. En el cómputo de los 83 se incluyen algunos capítulos que preceden a la empresa de Algeciras, pero que son también idénticos en *A* y en *E*.

[33] *Un prosista anónimo*, p. 186. En *Poema de A. XI* (1953) había ya dicho: «El último centenar de capítulos [léase: folios] de la Crónica, los referentes al cerco de Algeciras, están en el ms. *1015* [= *A*] copiados de una versión abreviada [= *Crónica de Alfonso XI*] semejante a la publicada por Cerdá [esto es, a la *Versión vulgata*]; así que sólo conocemos una redacción de toda esta parte de la crónica» (c. I, n. 8).

[34] *Un prosista anónimo*, p. 187.

[35] Me constaba que el sueño de Fátima era bastante más largo debido a que el moro don Clarife, al interpretar paso a paso la tota-

y, en consecuencia, deduje: «este deseo de abreviar su tarea, que aquí muestra el copista, nos hace sospechar que en otros capítulos de la versión extensa pudo haber suprimido igualmente pasajes enteros»[36], por creerlos excesivamente «literarios» y de escaso interés histórico.

Tan graves defectos, como los que según mis deducciones caracterizaban al manuscrito *A*, me hicieron conceder gran importancia a la información suplementaria que sobre la *Gran Crónica* podían proporcionar toda una serie de fuentes de carácter muy diverso.

g) LA *GRAN CRÓNICA QUE HABRÍA CONOCIDO RODRIGO YÁÑEZ EN 1348

Admitida la prioridad de la *Gran Crónica* respecto al *Poema* parecía evidente que la tarea encomendada al poeta cortesano cantor de Alfonso XI (Rodrigo Yáñez) había sido la de rimar con un máximo de fidelidad la historia del reinado compuesta cuatro años antes en la cámara regia castellana[37]. Ese carácter de versión rimada de la crónica y la fecha tan temprana de su composición, me hicieron considerar al *Poema* como el mejor testimonio auxiliar para determinar la importancia de las sospechadas infidelidades del ms. *A* a la redacción originaria de la *Gran Crónica*. Consecuentemente afirmé en 1955: «El *Poema*, versión poética

---

lidad del sueño en el capítulo siguiente, aludía a una serie de episodios más allá de las últimas palabras de Fátima incluidas en el ms. *A*.

[36] *Un prosista anónimo*, p. 186. Pensaba entonces que la actitud despreciativa del formador del ms. *A* ante un relato excesivamente literario de la *Gran Crónica* podía extenderse a otros pasajes en que la omisión no resultaba patente con la sola lectura del texto.

[37] *Poema de A. XI*, pp. 16-17, 54; *Un prosista anónimo*, p. 141.

hecha en 1348 de la crónica, es para una serie de pasajes
la única redacción de la *Gran Crónica* que poseemos y, dada
su habitual fidelidad al texto prosístico de que es metrifica-
ción, no debemos dudar en darle el mayor crédito cuando
se trate de reconstruir la *Gran Crónica* tal como fue con-
cebida en la corte del propio Alfonso XI» [38].

Pero, aun admitiendo que el poeta hubiera versificado
con extrema fidelidad su fuente historiográfica, en cada caso
particular resultaba difícil decidir hasta qué punto el relato
poético podía ser considerado como reproducción del texto
cronístico y dónde empezaba la recreación personal de la escena por Rodrigo Yáñez en su calidad de testigo contemporáneo de los sucesos narrados. De aquí la importancia que
concedí en mis trabajos de esos años al testimonio comple-
mentario de algunas obras historiográficas de los siglos XIV-
XVI influidas por la *Gran Crónica*.

h) Huellas de la «Gran Crónica»
en la Historiografía posterior

La *Versión vulgata* trasladada en pergaminos para el tesoro de Enrique II en 1376 fue, desde aquella fecha, el texto oficial por todos manejado de la *Crónica de Alfonso XI;* dado el
carácter regio de ese traslado, no me pareció extraño que

---

[38] *Un prosista anónimo*, p. 200, como conclusión del razonamiento
expuesto en las pp. 188-200; cfr. también *Poema de A. XI*, pp. 20-21.
Posteriormente, ha vuelto a estudiar el tema de las relaciones entre
la historia cronística y la poética de Alfonso XI E. González López,
«El poema de Alfonso Onceno y el Condado de Trastamara», *Mis-
celânea de Estudos a Joaquim de Carvalho*, 9, 1963, 963-983. Sobre un
fondo a mi parecer algo desenfocado, se destacan en ese artículo
algunas sugerencias interesantes, que comentaré en otra ocasión.

hubiese venido a suplantar casi por completo a la supuesta redacción original de 1344 [39].

Con anterioridad a 1950, son contadísimos los historiadores de todos los tiempos que utilizaron la información característica de la *Gran Crónica*:

Hacia 1389 Fray García de Euguí, obispo de Bayona, trascribe en su crónica [40] (como apéndice a una breve referencia al reinado de Alfonso XI, con que concluye la historia castellana) una «copia de la carta que imbio Galifa de Baldac al rrey de Bellamarin» (ms. escurialense *X-II-22*, f. 130 v). Esta misma carta figura resumida en el capítulo 267 del ms. *A,* siendo desconocida de todos los manuscritos de la *Crónica de Alfonso XI* que conservan la redacción breve. El *Poema* la incluye también (estrs. 916-943), conservando la forma epistolar (con su protocolo inicial y preámbulo) y una serie de pormenores presentes en el texto de Euguí que han sido eliminados del resumen incorporado al ms. *A.* Como, por otra parte, resulta seguro que la semejanza entre las dos versiones de la carta que nos dan Rodrigo Yáñez y Euguí no es debida a un influjo directo de un autor en el otro [41], me pareció posible afirmar: «es evidente que existió una versión más extensa de la misiva, escrita en forma epistolar, fuente común del cronista navarro y del versificador del *Poema,* y esa fuente no puede ser otra sino la misma *Gran Crónica*

---

[39] *Un prosista anónimo,* pp. 5-6.

[40] Ms. *X-II-22* de la Biblioteca del Escorial y ms. *1524* (ant. *F-113*) de la Biblioteca Nacional (quizá copia del anterior). Hay una ed. debida a G. Eyzaguirre Rouse (en *Anales de la Universidad de Chile,* CXXI, 1907 y CXXII, 1908) no muy fiel a los manuscritos. Sobre Euguí véase S. Honoré-Duvergé en *BHi,* XLIV (1942), pp. 17-39.

[41] Rodrigo Yáñez no versificó la carta de Euguí, pues hay notables coincidencias bilaterales entre su versión y el resumen del ms. *A* (además, la cronología se opone ya de por sí a la hipótesis); la confrontación de la extensa carta copiada por Euguí con la poética, pone de manifiesto la imposibilidad de que se trate de una prosificación.

en su forma originaria, la cual incluiría íntegra la carta del Sultán» [42].

En 1419 Fernão Lopes comienza la *Coronica de Portugal o Crónica Geral do Reino* [43]. Para historiar el reinado de Alfonso IV utiliza, junto a fuentes portuguesas, la *Versión vulgata* de la *Crónica de Alfonso XI* [44]; pero en su relato aparecen, además, toda una serie de pormenores que revelan la consulta adicional ya sea de la *Gran Crónica* ya sea del *Poema de Alfonso XI*. Estudiando esta cuestión en 1955, no pude llegar a una conclusión definitiva respecto a cuál de estas dos historias del rey castellano habría en efecto influido en la *Crónica de 1419* [45]. Por una parte, la comparación se veía dificultada por el deficiente conocimiento que tenemos de la historia de Alfonso IV escrita por Fernão Lopes; la inmensa mayoría de los pasajes que de ella nos interesan no se nos conservan en su redacción de 1419, siéndonos únicamente conocidos a través de la refundición de Rui de Pina o del resumen de Cristovão Rodrigues de Acenheiro [46]. De otro lado, algunos de los trechos en cuestión se

---

[42] *Un prosista anónimo*, pp. 197-200 (cfr. también, pp. 92-98). Como aclararé en su día, hoy creo que Rodrigo Yáñez y Euguí utilizaron independientemente un texto de la «carta del Califa» y no la *Gran Crónica*.

[43] Sobre la identificación de la *Crónica de 1419* con los primeros reinados de la Crónica de Portugal compilada por Fernão Lopes, véase A. de Magalhães Basto, *Fernão Lopes, suas «Crónicas Perdidas» e a Crónica Geral do Reino: A propósito duma crónica quatrocentista inédita dos cinco primeiros reis de Portugal*, Porto, 1943, y *Estudos. Cronistas e Crónicas antigas. Fernão Lopes e a «Crónica de 1419»*, Coimbra: Acta Universitatis Conimbrigensis, 1960. (Tanto en *Un prosista anónimo*, 1955, p. 202 y n. 2, como en *De Alfonso X al Conde de Barcelos*, Madrid, 1962, pp. 216, 217 y n. 5 he dado como segura la atribución de la *Crónica de 1419* a Fernão Lopes.)

[44] *Un prosista anónimo*, pp. 203-204, 207, 211-212.

[45] *Un prosista anónimo*, pp. 201-227.

[46] El manuscrito de la *Crónica de 1419* utilizado para crear el códice facticio de la llamada *Crónica de Sete Reis* (ms. *Cadaval 965;* cfr.

corresponden con la laguna de 4 folios que ofrece en su interior el único texto conocido del *Poema*[47]. Finalmente, tropezamos con la incógnita de la amplitud originaria de la *Gran Crónica* (problema que nos interesa ahora especialmente).

Mayores precisiones sobre el contenido de la *Gran Crónica*, que las proporcionadas por estos textos antiguos, nos aporta una *Historia en Décadas* del s. XVI manuscrita, redactada por un autor cuyo nombre ignoramos, que se conserva fragmentariamente en el ms. *R*[48]. El anónimo historiador

---

ed. C. da Silva Tarouca, S. J., *Crónica dos sete primeiros reis de Portugal*, Lisboa: Academia Portuguesa da História, 1952-1953) era en este reinado muy incompleto: las manos que completaron a posteriori ese texto defectuoso utilizaron la nueva versión debida a Rui de Pina (no entiende así las cosas Silva Tarouca, pp. ix-xxv de la edición citada y pp. 38-40 del prólogo a su edición de la *Crónica de D. Dinis, Edição do texto inêdito do Cód. Cadaval 965*, Coimbra, 1947). Rui de Pina en su *Chronica de el rey Dom Afonso o quarto* (hay ed. de Lisboa, 1655), sigue, por lo común, de cerca el relato de la *Crónica de 1419* (modernizándolo en la expresión); pero a veces añade materia basándose en documentación o fuentes consultadas de primera mano. Acenheiro (1535) dice haber utilizado en su sumario la Crónica antigua para los cinco primeros reyes (Alfonso I-Alfonso III); pero sin duda tuvo también acceso a un texto de la *Crónica de 1419* que contenía el reinado de Alfonso IV (ed. en *Inéditos de Historia Portugueza*, V, Lisboa: Academia Real das Sciencias, 1926, 2.ª ed., 1936, pp. 1-364; véanse los libros de A. Magalhães Basto citados en la n. 43, especialmente las pp. 63-69, 89-99, 107-124 y 327-346 del libro de 1960; trato de las fuentes de Acenheiro en *De Alfonso X al Conde de Barcelos*, Madrid, 1962, pp. 214-218). Véase *Un prosista anónimo*, pp. 203-204 y 223-225.

[47] Faltan en el ms. *E* los folios antiguos 32-35 (entre los modernos 28 y 33). El ms. *M* copió a *E* cuando se habían perdido ya esos folios. Discurro sobre el probable contenido de esta laguna en *NRFH*, XIII (1959), pp. 332-333.

[48] El ms. *R* es el segundo volumen de la obra; por ello desconocemos su autor y muchos otros detalles que desearíamos saber. En el prólogo particular de esta parte, que abarca de Alfonso X a Alfonso XI, el historiador —dirigiéndose siempre a «Vuestra Magestad»—

utilizó para el reinado de Alfonso XI un manuscrito de la *Gran Crónica* y lo resumió por extenso. El resumen, escrito en lenguaje del s. XVI, no refleja, desde luego, la frase original de la fuente utilizada, pero sí el contenido y disposición de lo narrado en ella, ya que, por lo general, sigue paso a paso y con gran detalle la narración de la *Gran Crónica*, sobre todo en las empresas de reconquista [49]. Rara vez introduce pasajes tomados de otra fuente o explicaciones de carácter personal.

También de gran importancia para el estudio de la *Gran Crónica* son las *Ilustraciones de la casa de Niebla* (1541) de Pedro Barrantes Maldonado [50]. Barrantes, que escribía en la villa de Sanlúcar, conoció un manuscrito de la *Gran Crónica de Alfonso XI* perteneciente a la biblioteca del duque de Medina Sidonia, a cuyo servicio trabajaba, y lo aprovechó, casi capítulo por capítulo, para encuadrar en la historia nacional las escasas noticias particulares referentes a don Juan Alonso de Guzmán, señor de Niebla, que le proporcionaban los documentos familiares conservados en Sanlúcar. En los pasajes donde la *Gran Crónica* nombraba al de Niebla, el resumen de Barrantes se hace tan lento y pormenorizado que, a veces, hasta puede reconocerse la frase misma del original [51].

---

alude a «los cinco libros» anteriores «qu'es la primera parte de las Coronicas d'España»; esos cinco libros primeros, junto con los otros cinco que se incluyen en esta «segunda parte de las Coronicas d'España», completan «la primera decada». La historia de Alfonso XI abarca «el libro nono» (minoría) y el «libro deçimo» (mayor edad); finalmente el autor advierte: «con lo qual doy fin a mi primera decada».

[49] *Un prosista anónimo*, pp. 31-35, 188-196.

[50] Publicado por P. Gayangos en *Memorial Histórico Español*, IX-X, 1857.

[51] En 1955 (*Un prosista anónimo*) aún no tenía noticia de la utilización de la *Gran Crónica* por Barrantes. Averiguado este nuevo

Hasta aquí el resumen de mis averiguaciones e hipótesis de trabajo de la década 1951-1960. Los capítulos que siguen reproducen ya la autocrítica a mis trabajos de ese primer período realizada durante la década 1961-1970.

---

dato en 1956, lo consigné, de pasada, en *NRFH*, XIII, 1959, p. 328. Sería de gran interés el localizar otra obra de Barrantes Maldonado que sólo conocemos de nombre, *La Maldonada* (*Las crónicas de España, recopiladas desde los tiempos de Alfonso el Sabio hasta la toma de Granada por los Reyes Católicos*), presentada a Felipe II, quien la mandó al Consejo, siendo aprobada para su impresión por el doctor Castro (*Memorial Histórico Español*, IX, p. VI, y X, p. 483).

EL MANUSCRITO DE MADRID DE LA *GRAN CRÓNICA* A LA LUZ DEL MANUSCRITO DE PARÍS

a) EL MS. A NO MUTILÓ LA «GRAN CRÓNICA»

La aparición del ms. *P* ha venido a resolver en forma definitiva el más grave problema de cuantos nos hacían considerar como inasequible el texto completo de la *Gran Crónica*, ya que podemos ahora determinar con toda precisión el alcance de la supuesta infidelidad del ms. *A* a su fuente básica.

El ms. *P* confirma, desde luego, la existencia en el ms. *A* de una importante laguna en el episodio del sueño présago de Fátima (entre los caps. 326 y 327 de *A*) [*Gran CrA°XI*, CCXCVIII y CCXCIX][1] y nos da a conocer los pasajes omitidos[2]. Pero mi valoración de esa laguna del ms. *A* como

---

[1] A partir de la frase inconclusa (f. 430 v): «...e llebaua vna corona en la cabeça de vna piedra rubi que atan grande» con que acaba el capítulo 326. Véase *Un prosista anónimo*, pp. 185-186.

[2] El ms. *P* (c. 298) continúa: «...e llevava vna corona en la cabeça de vna piedra rrubi que atan gran rresplandor dava que la veyan muy gran tierra, e por las tierras por do yva yvase quexando e bramando como sy oviese alguna saña. E a las bozes que yva dando

un caso ejemplar de la despreciativa actitud del tardío formador de este texto «mixto» hacia los trechos de la *Gran Crónica* de carácter más literario [3], resulta desmentida: el ms. *P* nos evidencia por el contrario que el formador de *A* fue sumamente respetuoso con su original y que en ninguna otra ocasión se le puede atribuir un criterio de selección semejante al que nos hacía sospechar la mutilación del episodio del sueño présago; es más, si en este caso dejó interrumpido el relato a mitad de una frase, muy probablemente lo hizo por falta de original (debida, quizá, a la pérdida de algún folio en el manuscrito que manejaba) y no por considerar el pasaje como inesencial para la historia. Las restantes lagunas que presenta el ms. *A*, sobre ser mucho menos extensas, son sin duda alguna de carácter puramente mecánico [4].

---

esta leona, salio vn leon ançiano rribera de vn, mar e fuese derecho para la leona, e dio vn tal bramido que lo oyan muy gran tierra; e la leona, que lo vio, llegose a el muy omilldosamente; e el leon la abraço e le alynpiava las manos con la boca... [etc.]». El relato del sueño termina: «...E de çima del çielo llovya sobre nos las rreynas graniso de sangre e piedras con fuego, e cobrianos vna niebla escura e afogavanos a todas que nunca mas parecimos». Seguidamente, la reina pide al rey que no quiera sufrir deshonra «por vna villa de maldiçion». El capítulo inmediato, el 299, está dedicado a la respuesta de Alboaçen a doña Fátima la horra, en que, disimulando su espanto, acusa a la reina de ser medrosa y «que andava syenpre ymaginando en lo que non podrie ser e profetizando mucho mal como muger loca syn seso» y le recuerda «que hera defendido en la ley que non parase ninguno mientes por sueños ni por agueros ni por otros proverbyos ningunos» (ff. 287-289).

3 Véase atrás: I, *f.*

4 La más importante se halla al final del capítulo 354 de *A* (ff. 469-469 *v*) [*Gran CrA°XI*, CCCXXVII.37] que acaba incompleto con la frase: «...e el buen rey fue armado dellas por mano de / dos caualleros sus vasallos». El ms. *P* continúa: «el vno fue Joan Martinez de Leyua y el otro Yñigo Lopez de Horosco. E en todas las huestes los christianos armaronse de todas armas, e los rricos omnes e muchos de los caualleros. E desque el bien aventurado rrey don Alonso fue

El carácter «mixto» del manuscrito *A,* que señalé en 1951 (y 1955) después de analizar detenidamente el único texto de la *Gran Crónica* entonces conocido, resulta ahora bien claro una vez que podemos traer a colación otro texto de la *Gran Crónica* libre por completo de los retoques que se hicieron en el ms. *A* con base en las «dos coronicas antiguas con las quales se corrigio». Sin embargo, lo que en modo alguno se comprueba es mi temor de que la utilización por el formador de *A* de dos manuscritos de la *Crónica* breve con que enmendó la *Gran Crónica* hubiese tenido como consecuencia la supresión de extensos pasajes de la fuente prin-

---

armado, cavalgo en vn cavallo muy fermoso que dezian Valençia. E luego dixo el buen rrey que con ayuda de Dios Tarifa / seria descercada e la santa ley de los christianos seria enxalçada e Castilla quedaria con honrra e fama de que fablasen por tienpos del mundo. Non vos podria honbre contar que noble mente paresçia el rrey armado ençima de su cavallo asy que todo omne que lo non oviese conozçido bien podria dezir en su gesto ser rrey e señor natural. E alli venian a el escuderos sus naturales e tomavan del horden de caualleria, e teniase por bien andante aquel que rresçibia esta honrra por manos de tan acabado señor» (c. 327; ff. 333-333 v) [*Gran CrA°XI,* CCCXXVII.*38-42*]. La laguna de *A* resultaba ya evidente con sólo tener en cuenta la *Versión vulgata* (*E*) y, sobre todo, la *Historia en Décadas* (*R*); en *Un prosista anónimo,* pp. 189-192, destaqué ya su existencia, pero sobrevaloré una vez más sus consecuencias. También es de interés la ausencia en *P* (c. 244) de la laguna que afea el capítulo 245 de *A* [*Gran CrA°XI,* CCXLIV.*4-5*]. Donde el nuevo manuscrito dice correctamente: «...eran ya pasados de la conpaña del ynfante atantos que llegauan bien a siete mill cavalleros. E quando esto supo el almirante enbio sus mensajeros al ynfante Abomelique que toviese por bien no quebrantar las pazes...» (f. 230), el ms. *A* saltaba de un «infante» a otro: «...eran ya passados de la compaña del Infante Abomelique que tuviesen por bien de no quebrantar las pazes...» (f. 344). Otras lagunas son menores; por ejemplo: «a quien llamavan Bucar e hera cavdillo de Basta» (*P,* c. 258, f. 240 v), «a quien llamauan Bucar e era caudillo» (sin consignar de dónde, *A,* c. 259, f. 359 v); cfr. *R*: «un principal caudillo de Baça llamado Bucar» (f. 314 v) [*Gran CrA°XI,* CCLVIII.*17*]. En *Un prosista anónimo,* p. 189, restauré ya el texto defectuoso de *A.*

cipal, preteridos ante el relato más conciso de esos otros textos [5]. Gracias al testimonio de *P*, podemos afirmar ahora que en ningún caso la versión «corregida» desechó pasaje o pormenor alguno de la *Gran Crónica* por haber dado preferencia al escueto relato de la *Crónica;* bien al contrario, la técnica del formador de *A* fue compilatoria y su propósito interpolar los episodios o detalles de las «coronicas antiguas» que, según su estimativa, «faltaban» en el manuscrito de la *Gran Crónica* que le servía de fuente principal. Así, lo mismo los 83 capítulos finales (los más de ellos dedicados al cerco de Algeciras), que todos los otros que *A* tenía en común con la *Versión vulgata*, son tan propios de la *Gran Crónica* como los que presentan diferencias máximas con la redacción breve de la *Crónica.*

En consecuencia, y contra lo que esperábamos, el hallazgo de un texto «puro» de la *Gran Crónica* no ha aportado grandes novedades tocantes al contenido de la obra. La gran contribución del ms. *P* ha sido en este aspecto la mera revalorización del texto previamente conocido de la *Gran Crónica.*

Su importancia es, según vamos a ver, de orden distinto.

b) LA CRONOLOGÍA DEL MS. A, PARCIALMENTE INFLUIDA POR LA DE UN MANUSCRITO HERMANO DE M

Al examinar en *Un prosista anónimo* las anotaciones del ms. *A*, observé ya que una de las «dos coronicas antiguas» citadas pertenecía indudablemente a la familia del ms. *M;* pero no pensé entonces que esta versión hubiese influido en el texto mismo del ms. *A* [6]. Hoy, una vez precisado el carác-

---

5 Véase atrás: I, *f.*

6 «Algunas de estas notas marginales parecen indicar que conocía un manuscrito tipo MP [= *M*]: *aquí entra el quinto año en otro original; en otra historia dice en el VI año* (notas a los cc. 12 y 13

ter del ms. *M* y textos con él emparentados, y contando
como nuevo término de referencia con el ms. *P*, puedo afirmar que la mayor parte de las correcciones realizadas por
el formador de *A* en la *Gran Crónica* dependen de la cuidadosa consulta de una «coronica antigua» en todo similar al
ms. *M*, no de la utilización de la *Versión vulgata*.

En primer lugar, resulta ahora claro que la cronología
propia del ms. *M* y sus parientes fue parcialmente aceptada
por el formador de *A* en el cuerpo mismo de la obra (y no
sólo en anotaciones marginales), en substitución de la que
presentaba su fuente principal, el manuscrito de la *Gran
Crónica* hermano de *P*:

> Todas las versiones colocan el comienzo del año 2º del reina
> do en el capítulo que empieza: «la reyna doña Maria et el in
> fante don Pedro su fijo tornaron se para Auila...» [*CrAºXI*, X;
> *Gran CrAºXI*, VII], y el año 3º en el capítulo inmediato [*CrAºXI*,
> XI; *Gran CrAºXI*, VIII] que dice: «la reyna doña Maria tomo
> el rrey su nieto et tomo con el muy grand plazer...»; pero
> frente a *P* y la *Versión vulgata* (ms. *E*)[7] que fechan esos dos
> años de reinado en la era 1348 = año 1310 y en la era 1349 =
> año 1311, respectivamente[8], el ms. *A* aceptó la corrección de la
> versión representada por *M, N, G*, fechándolos en 1349 = 1311 y
> 1350 = 1312[9]. El capítulo siguiente [*CrAºXI*, XII; *Gran CrAºXI*,
> IX] no lleva indicación cronológica alguna en *P* y *E* («Luego
> que fueron ayuntados en Burgos los perlados et rricos om
> nes...»[10]), mientras *A* (c. 9) introduce aquí el año 4º del reinado,
> 1351 = 1313 y modifica ligeramente la frase inicial («...este año

de *1015* [= ms. *A*], que corresponden también a los 12 y 13 de [la ed.
de] Cerdá)» [*CrAºXI*, XIII y XIV; *Gran CrAºXI*, XII y XIII], *Un
prosista anónimo*, p. 182, n. 1.

[7] Sigo en texto las lecciones de *E*; variantes de *P*: «...e. ynf. d. P.
t. s. ...»; «...desque al rr. s. n. t. ovo c. e. ...».

[8] *E*, ff. 13 *a* y 14 *b*; *P*, cc. 7 y 8, ff. 8 y 9 v.

[9] *A*, ff. 15 v y 17. *M*, ff. 11 *d* y 13 *d*-14 *a*.

[10] Cito en texto a *E*: variantes de *P* (c. 9): «Despues q. f. ...»
(f. 10 v).

el rey y la reyna llegaron a Burgos, e luego que fueron ayuntados en Burgos los perlados e rricos hombres...») todo conforme al ms. *M* y sus parientes [11], a pesar de que en el interior
del capítulo sigue la redacción característica de la *Gran Crónica*, coincidiendo, por lo tanto, con *P* [12].

Esta preferencia del formador de *A* por la cronología
propia de la versión contenida en el ms. *M* cesa en seguida.
A partir del capítulo 12 [*CrA°XI*, XIII; *Gran CrA°XI*, XII]
sólo citará esa cronología en los márgenes del manuscrito,
mientras en texto concuerda con la de *P* (y, por tanto, con
la de la *Vulgata*, que es coincidente) [13].

Fiel a su nueva fuente cronológica, *A* incluso anuncia por
segunda vez el comienzo del año 4° del reinado en el capítulo
relativo a las Cortes de Carrión [*Gran CrA°XI*, XIII] [14], conforme lo hace *P* (y la *Vulgata*) [*CrA°XI*, XIV] [15], aunque fechán-

---

[11] *A*, f. 18 v. «En el quarto año del rreynado deste rrey don Alfonso que començo en la era...» 1351, año 1313, «este año el rrey e
la rreyna llegaron a Burgos, e luego fueron y ayuntados los perlados
e rricos omnes...», *M*, f. 15 *d*-16 *a*.

[12] En *A*, como en *P*, se cuenta detalladamente a lo largo de tres
capítulos (cc. 9-11), lo que en la *Versión vulgata* y en *M, N* se refiere
con mayor brevedad en uno solo.

[13] Así, frente a *M, N, G*, que introducen el comienzo del año 5.°
del reinado (fechado en 1352 = 1314) en el capítulo relativo al «ayuntamiento» hecho por los castellanos en Burgos para urdir cómo
«tirar la tutoria al infante don Pedro» (*M*, f. 19 *a*) [*CrA°XI*, XIII],
el ms. *A* comienza este capítulo [*Gran CrA° XI*, XII] sin indicación
cronológica alguna, conforme ahora con *E, P*: «Luego despues desto
los de las villas de Castilla...». Sólo en el margen se anota: «aqui
entra el quinto año en otro original» (*A*, f. 21).

[14] *M* (f. 19 *d*) *N, G* sitúan las Cortes de Carrión a comienzos del
año 6.° del reinado (1353 = 1315) [*CrA°XI*, XIV], según recuerda el
ms. *A* en la correspondiente nota: «en otra historia dize en el VI año»
(ms. *A*, c. 13, f. 21 v) [*Gran CrA°XI*, XIII].

[15] *A*, c. 13, f. 21 v; *P*, c. 13, f. 13; *E*, f. 17 *c*. En *Un prosista anónimo*, pp. 184-185, creí originaria la cronología y distribución de los
años de reinado característicos de *M, N*, pensando que la parcial
coincidencia de *A* con *E* era debida a la influencia de la *Versión vul-*

dolo (por fidelidad al punto de arranque antes aceptado) en $1351 = 1313$ (y no en $1350 = 1312$, como hacen *P* y la *Vulgata*) [16]. En los capítulos siguientes *A* abandona lo mismo que *P* (y que la *Vulgata*) el sistema analístico [17], mientras *M, N, G* siguen señalando metódicamente el comienzo de cada nuevo año de reinado [18], precisiones que el formador de *A* recoge ahora sólo en sus notas [19].

En contraste con todos esos capítulos en que el texto de *A* carece, como el de *P* (y la *Vulgata*), de las indicaciones cronológicas que caracterizan a la versión de *M* y textos relacionados, el capítulo 35 empieza con el anuncio del comienzo del año 12º, $1359 = 1321$ [20], igual que el capítulo corres-

---

gata sobre el ms. *A*. El testimonio de *P* nos obliga a invertir la imagen.

[16]   Esta diferencia de un año se mantendrá a lo largo de toda la crónica.

[17]   En *P*, lo mismo que en la *Vulgata*, no vuelve a señalarse el comienzo de los años de reinado hasta la mayor edad del rey [*CrAºXI*, XLIII; *Gran CrAºXI*, L].

[18]   [*CrAºXI*, XVI] «En el seteno... $(1354 = 1316)$... al ynfante don Pedro llegole mandado de la rreyna doña Maria...» (*M*, f. 23 *d*). [*CrAºXI*, XIX] «En el ochauo año... $(1355 = 1317)$..., pues que don Iohan, fijo del ynfante don Manuel, sopo en commo eran muertos...» (*M*, f. 31 *a-b*). [*CrAºXI*, XXI.23] «En el noueno... $(1356 = 1318)$... E desque don Iohan, fijo del ynfante don Iohan, sopo la avenençia...» (*M*, f. 35 *a-b*). El ms. *M* omite, por descuido, todo el año 10.º. [*CrAºXI*, XXXI] «En el honzeno... $(1358 = 1320)$..., e despues que el Cardenal llego a Valladolid...» (*M*, f. 41 *c*).

[19]   Notas marginales de *A*: «año VIIIº», en el capítulo 22 (que comienza «Algunos de los conçejos...», f. 34) [*Gran CrAºXI*, XXII]; «año IX», en medio del capítulo 24 («E desque don Joan, fijo del infante don Joan...», f. 38) [*Gran CrAºXI*, XXIV.23]; falta la nota relativa al año Xº debido a la omisión de todo este año en el ms. *M* (figura, en cambio, en *N* y en *G*); «año XI», en el capítulo 34 (que comienza «Entanto quel cardenal llego..., f. 49 v) [*Gran CrAºXI*, XXXIV].

[20]   *A*, c. 35 (continúa: «... los caualleros y hombres buenos de Valladolid que tenian al rey...», f. 53).

pondiente del ms. *M* [21]. La explicación de este momentáneo
cambio de criterio es obvia: En el ms. *P* (al igual que en la
Vulgata) falta no sólo la precisión cronológica, sino todo el
relato contenido en este capítulo; el formador de *A* lo tomó,
sin duda, íntegro (con su cronología y todo) de la «coronica
antigua» con que corrigió la *Gran Crónica*. El aprovecha-
miento por parte de *A* de un manuscrito hermano de *M* (al
cual llamaremos **M'*) en aspectos no cronológicos merece
estudio detenido.

c) EL MS. A INCORPORÓ A LA «GRAN CRÓNICA» PORMENORES, PASAJES Y CAPÍTULOS DEL MS. **M'*

El trabajo de «corrección» realizado por el formador de
A, no se limitó a la adición de observaciones marginales o
a la aceptación de la cronología de la fuente lateral; a menudo incorporó al relato de la *Gran Crónica* noticias que
encontraba exclusivamente en ese manuscrito **M'*. Las interpolaciones son, en general, fácilmente identificables ahora
que podemos confrontar el texto de *A* con el de *P;* pero hay
una serie de casos especialmente ilustrativos, en que una
torpe compilación deja claramente al descubierto la duplicidad de fuentes.

Así, en algunos casos el formador de *A*, dejándose llevar
por el criterio de que la mejor versión de una Crónica es
la más completa, elabora una lista de nombres en que se
suman los que, como variantes divergentes, aparecían en
las listas varias características de cada una de las versiones
consultadas:

---

[21] «En el dozeno... (1359 = 1321)... los caualleros e omnes buenos
de Valladolid que tenian al rrey...» (*M*, f. 44 *d*).

El ms. *P* (c. 30) [*Gran CrA°XI*, XXX.2] dice: «llegaron ay
çerca de la villa don Juan, hijo del ynfante don Juan e don
Fernando e Pedro de la Guerra e el Conde de Portugal» (f.
27 v), de acuerdo en todo con la *Versión vulgata* [22], mientras *A* (c. 30)
incrementa a esta lista dos nombres más: «...e Pedro de la
Guerra e don Lope e don Pedro de Castro...» (f. 44-44 v), por
tener en cuenta la enumeración propia de **M'*; cfr.: «llego y
çerca de la villa don Juan, fijo del ynfante don Juan e don
Lope e don Pedro de Castro e el Conde de Portogal» (*M*, f. 40 *b*);
el compilador de *A* no se percató que duplicaba la mención de
don Pedro, llamado de Castro por su solar, y de la Guerra
como sobrenombre [23]. Podríamos citar otros ejemplos similares [24].

El mismo criterio «inclusivo» es aplicado otras veces a
las precisiones toponímicas:

La *Versión Vulgata* [*CrA°XI*, XX.35] cuenta «et tornosse essa
noche a Pozaueo et andido vnos diez dias por essas aldeas»
(*E*, f. 24 *d*), mientras el ms. *M* dice «e t. esa n. a Adanero e
andouo...» (f. 33 *v*); *P* llama al lugar *Pozaldeas* (c. 23, f. 22 v),

---

[22] Variantes de *E*: «ll. y c. d. l. v. d. Johan et d. F. et don P. d.
l. G. et e. C. d. Portogal», f. 29 *d* [*CrA°XI*, XXVII.2].

[23] Cfr. por ejemplo, los versos del *Poema de Alfonso XI* (1348):
«Don Peydro noble señor... Castro fue el su solar, de la Guerra fue
llamado» (estrs. 2264-2265 de la ed. Ten Cate).

[24] *P* (c. 30) dice: «por que hallaron que don Juan, hijo del ynfante don Juan, avia tomado los maravedis que eran puestos a don
Fernando e a don Pedro... acordaron luego echar otros siete servi-
çios... para pagar a don Fernando e a doña Maria madre de don
Juan» (f. 28), donde la *Versión vulgata* cuenta: «et p. q. fallaron
q. d. Johan auia tomados todos los dineros q. e. p. a d. F. et a don
Felippe... a. l. d. e. o. s. seruiçios... p. p. a d. F. et a d. M. m. d. d.
Johan» (f. 30 *b*). *A*, en cambio (c. 30), amplía así la lista de nombres:
«...a don Fernando, a don Lope de Haro, a don Pedro..., p. p. a don
Hernando e a don Lope e a doña Maria, madre de don Joan» (f. 45 v),
basándose en las variantes de **M'*, que suprimiría toda mención de
don Pedro o *don Felippe* y de *doña María*, según hace *M*: «a don
Ferrnando de la Cerda e a don Lope de Haro... a don Ferrando e
a don Lope» (*M*, f. 41 *b*).

la *Historia en Décadas* (*R*, f. 252) *Pozales;* sólo *A* habla de dos lugares *Adanera* y *Pozaldeas* (c. 23, f. 36 v) yuxtaponiendo las dos lecciones que hallaba en sus fuentes [*Gran CrA°XI*, XXIII]. Otro caso: Al recordar los castillos que los moros entregaron a Fernando IV [*CrA°XI*, LVIII.18], el ms. *A* (c. 70, f. 96) [*Gran CrA°XI*, LXVIII] nombra junto al de *Balde Belmar,* los de *Quadras, Guadix, Crebillen* y *Chugin* doblando su número, por aceptar simultáneamente las lecciones de la *Gran Crónica* (*Quadras* y *Chugin*)[25] y de **M'* (*Guadix* y *Creuillen*)[26].

Las adiciones con base en el ms. **M'* son otras veces más extensas, según nos asegura la duplicación de todo un párrafo al final del capítulo 110 de *A.*

«...y basteçiolas de biandas y dende tornóse el rey para Seuilla con muy grande honrra e alegria por la vitoria que Dios le abia da/do en la conquista que hauia ydo hazer en las torres que tenian los moros y dexo por alcayde [de] Teba a Sancho Rodriguez de Mendoça, vn cauallero de Eçija su basallo; e dende el rrey tornose para Seuilla con muy grande honrra y alegre por la conquista que Dios le haui[a] ayudado a fazer en la guerra que tenia con los moros» (ff. 156 v-157).

A este pasaje corresponde sólo en *P* (c. 109) [*Gran CrA° XI*, CIX]:

«...e basteçio las de viandas e dende tornose el rrey para Sevilla con muy grande honrra e alegría por la conquista que Dios le avia dado a hazer en la tierra que tenian los moros» (fin del c. y del f. 95 v),

---

[25] El ms. *P* presenta una laguna: «y todos los castillos e lugares de Val de Belmar e otros. E en su tiempo deste rrey...» (c. 68) donde la *Versión vulgata* dice correctamente: «e t. l. castiellos et l. d. Bal d. Bedmar et Quadros et Chugiui. Et otrossi en s. t. d. rr. ...» (*E*, f. 51 v ~ 52 v).

[26] En el ms. *M* (f. 77 b): «Guadi... e Creuillen» (el resto es ilegible en el microfilm). El glosador (*G*) del ms. *C* añade «Guadix e Crevillen» a la lista original («Quadros e Chugin»).

texto que coincide, palabra más palabra menos, con el de
la *Versión vulgata* [*CrAºXI*, XCIII.18-19] [27]. El ms. **M'*, en
cambio, incluiría, sin duda, el dato adicional que figura en
M:

> «e basteçiolas de viandas; e dexo por alcayde de Teba a San-
> cho Rrodríguez de Mendoça, vn cauallero de Eçija su vasallo;
> e dende el rrey torrnose para Seuilla con muy grand onrra e
> alegre por la conquista que Dios le avia ayudado a fazer en la
> tierra que tenian los moros» (*M*, f. 123 *c*).

El formador de *A* quiso incorporar al relato la noticia que
le proporcionaba el ms. **M'*, pero lo hizo tan atropellada-
mente que duplicó sin darse cuenta la frase final, transcrita
ya anteriormente al copiar la fuente básica.

El más grave descuido compilatorio consiste en la interpolación de dos capítulos completos de **M'*, cuyo texto se
reproduce íntegramente más adelante tomándolo de la fuente
principal (la *Gran Crónica*) [28]: En los capítulos anteriores,
el formador de *A* venía recogiendo sistemáticamente en notas
marginales la versión breve de la *Crónica*:

> c. 290 (*Gran CrAºXI*, CCLXXXIX.3) «Todo lo que va rayado
> por la margen no esta en la coronica que se corrigio saluo
> lo que esta escrito en la margen desta oja a la vuelta della», se
> advierte en el f. 399, y, efectivamente, en el vuelto se copia
> la versión breve: «E por esto el rey fablo con Joan Alfonso de
> Benauides [..., etc...] enbiolo luego e de mas de las sus con-
> pañas». Más adelante, en el f. 400 v (CCLXXXIX.27) figura nueva
> advertencia: «Esto que va rayado hasta el fin del capitulo no
> esta en la historia donde se corregio esta, sino en la manera
> siguiente: E passados dias despues [..., etc...] doze galeas en

---

[27] «et b. los d. v. Et d. e. r. / tornosse p. Seu. c. g. onrra et muy
alegre p. l. c. q. D. l. auie d. a f. e. l. t. q. t. l. m.» (*E*, f. 80 *a-b*).

[28] De esta repetición me percaté ya en mis primeros estudios,
pero creí que el texto interpolado procedía de la *Versión vulgata*.
Véase atrás, I, *f*.

Algezira». C. 291 [*Gran CrA°XI*, CCXC] «Este capitulo y los dos que se siguen no estan en la dicha coronica» (f. 401).

Pero al acabar de copiar de su fuente principal los capítulos 291 y 292 (idénticos a los cc. 290 y 291 del ms. P [*Gran CrA°XI*, CCXC y CCXCI]), creyó que faltaba en ella el relato que en el ms. *M'* seguía inmediatamente, y lo trascribió en texto, cc. 293 y 294. La interpolación no contiene en este caso nada específicamente característico de la versión representada por el ms. *M* (y desconocido de la *Versión vulgata*); pero las variantes nos aseguran que el formador de *A* utilizó aquí también la crónica antigua hermana del ms. *M*[29]. Seguidamente, se incluyen en el ms. *A* 25 capítulos (extraños a la *Gran Crónica*) relativos a los reyes de allén mar [*CrA°XI*, CCXIX a CCXLIII]; sólo al acabar con este tema incidental, vuelve el formador de *A* a trascribir la *Gran Crónica*,

---

[29] He aquí algunas variantes significativas [*CrA°XI*, CCXLVI-CCXLVII]; para su mejor identificación señalo, en cada caso, los párrafos de mi ed. de la *CrA°XI* (y entre paréntesis las páginas de la ed. Cerdá): esta *E*, estaua *M A* [.2] (p. 421$_6$); aquel *E*, el *M A* [.3] (p. 421$_6$); quebrantauan *E*, quebrauan *M A* [.8] (p. 421$_{16}$); auian grand uoluntad *E*, a. v. *M A* [.11] (p. 421$_{20}$); algunos dellos eran mas fijos dalgo que Iohan Alfonso et muchos dellos eran tan fijos dalgo commo el *E*, a. d. e. tan f. (hijos, *A*) d. c. el dicho J. A. de Benauides *M A* [.12] (p. 421$_{21-23}$); tenian los moros puesto sus guardas *E*, tenia puestas s. g. *M A* [.15] (p. 421$_{30}$); qual dia los çercara aquel rey *E*, q. d. l. çercaron a. r. *M A* [.18] (p. 422$_{6-7}$); fue çercada otra vez esta villa *E*, f. ç. e. v. o. v. *M A* [.27] (p. 422$_{20}$); lauor *E*, torre *M A* [.40] (p. 423$_6$); por las otras cosas *E*, sobre l. o. c. *M A* [.42] (p. 423$_7$); con aquel I. M. *E*, c. J. M. *M A* [.3] (p. 423$_{18}$); estos perdones *E*, todos e. p. *M A* [.6] (p. 423$_{26}$); el almirante de Portogal *E*, e. a. del rey d. P. *M A* [.14] (p. 424$_6$); Tariffa *E*, la villa de T. *M A* [.16] (p. 424$_{13}$); eran grand seruiçio *E*, e. s. *M A* [.29] (p. 424$_{34}$). Aunque muy hermano de *M*, el manuscrito utilizado por *A* no era *M*: tenian engeños *E A*, tyrauan e. *M* [CCXLVI.7] (p. 421$_{13}$); de tierra tapiada *E*, d. t. y t. *A*, d. piedra e t. *M* [CCXLVI.30] (p. 422$_{25}$); venia de Corte de Roma *E*, v. d. C. Romana *A*, v. del Papa *M* [CCXLVII.3] (p. 423$_{17}$).

contando en los cc. 320-323, conforme a su fuente básica (en todo coincidente con el ms. *P*, cc. 292-295 [*Gran CrA°XI*, CCXCII a CCXCV]), los sucesos que había ya narrado en los cc. 293-294 siguiendo al ms. **M'*. La imperfección compilatoria es patente, ya que la narración de la *Gran Crónica*, si bien mucho más rica en escenas complementarias, reproduce íntegramente el texto de la *Crónica* [*CrA°XI*, CCXLVI-CCXLVII], distribuyéndolo entre los cc. 321 y 323 [*Gran CrA°XI*, CCXCIII a CCXCV] [30].

Estos y otros casos análogos, en que una torpe compilación deja al descubierto la duplicidad de fuentes, son claramente demostrativos de cómo el propósito del formador de *A* fue aprovechar toda la información que encontraba en aquella «coronica antigua» citada con frecuencia en los márgenes para componer así una versión más «completa» de la *Gran Crónica*. Naturalmente son mucho más numerosos los casos en que la interpolación de pormenores tomados del ms. **M'* se lleva a cabo en *A* sin que lo denuncie una duplicación.

d) LA DEUDA DEL MS. A PARA
CON EL MS. **M'*: RETOQUES

Los detalles procedentes del ms. **M'* que el formador de *A* interpoló en el texto de la *Gran Crónica* tienen carácter muy vario. El tipo más común de adición consiste en aclaraciones conducentes a la mejor identificación de los personajes o lugares nombrados:

---

[30] La división de los capítulos difiere en ambos textos: el c. 293 de *P*, 321 de *A* [*Gran CrA°XI*, CCXCIII] abarca el c. CCXLVI de la *Crónica* (Cerdá, c. 244) y el comienzo del CCXLVII (Cerdá, c. 245, hasta 423$_{29}$). El resto de este capítulo se encuentra en el c. 294 de *P*, 322 de *A* [*Gran CrA°XI*, CCXCIV].

Así, donde el ms. *P* dice (de acuerdo con *E* [31]): «el rrey de Aragon su suegro», «Juan Alfonso de Haro», «don Alonso y don Fernando» (c. 3); «vn moro que dezian Mahomat» (c. 66); «Abaadala Abentume» (c. 69), «Garci Alvarez» (c. 85); «Castro» (c. 130); «Granada» (c. 214); el ms. *A* aclara: «el rey *don Jayme* de Aragon su suegro», «don Juan Alfonso de Faro *el moço señor de los Cameros*», «don Alonso *de la Cerda* y don Fernando *su hermano*» (c. 3); «vn moro *alarbe* que dezian Mahomad *e Aben Alagrejar*» (c. 68); «Abdulaeque Abenarrumen *que paso de Tremeçen*» (c. 71); «Garçi Aluarez *de Aluornoz*» (c. 86); «Castro *el Rio*» (c. 131); «Granad*illa*» (c. 214). Todas estas explicaciones son características del ms. *M*: «el rrey *don Jaymes* de Aragon su suegro», «don Iohan Alfonso de Haro *el moço señor de los Cameros*» (f. 4 *b*); «don Alfonso *de la Çerda* e don Ferrando *su hermano*» (f. 4 *c*); «vn moro *alarue* que dezian don Mahomad *Aben Alagrejar*» (f. 75 *a*); «Abdalhaquem Abenhatumen *que paso de Tremeçen*» (f. 77 *d*); «Garci Aluarez *de Albornoz*» (f. 92 *b*); «Castro *del Rio*» (f. 157 *c*); «Granad*illa*» (f. 272 *a*).

Otros retoques procedentes de **M'* acogidos por el formador de *A* tienen por objeto completar o aclarar la narración:

CrAºXI, LVI.8 (*Gran Cr*, LXVI) «Et fallo en escripto que en el tienpo...» *E* (f. 50 *b* ~ 51 *b*), deformado por *P*, a partir de una lección idéntica, en: «E ffallo en este tienpo q. e. e. t...» (c. 66); mientras el ms. *M* y el ms. *A* aclaran: «e f. (h., *A*) e. el e. (escrito, *A*) *de las coronicas* (la coronica, *A*) *de España* (d'E., *A*) q. e. e. t. (*M*, f. 74 *d*; *A*, c. 68).

CrAºXI, XXVI.4-5 (*Gran Cr*, XXIX) «Por que los de la çiubdat (çibdad, *P*) de Leon sola miente (mente, *P*) eran en este fecho con los de Castiella (-illa, *P*) por rrazón de algunos mora-

---

[31] La *Versión vulgata* (ms. *E*) coincide con *P* en desconocer las adiciones aclaratorias: *CrAºXI*, VI.10 «el rey de Aragón su suegro»; VI.11 «Johan Alfonso de Haro» (f. 8 *d*); VI.18 «don Alfonso et don Ferrando» (ff. 8 *d*-9 *a*); LVI.14 «vn moro que dezien don Mahomad» (f. 50 *c* ~ 51 *c*); LIX. 9 «Abdalhaque Aben Atume» (f. 51 *d* ~ 52 *d*); LXIX.18 «Garci Aluarez» (f. 61 *d*); CXIII.4 «Castro» (f. 99 *d*); CXCI.4 «Granada» (f. 165).

dores de la çiubdat (çibdad, *P*) que eran de (*falta* de *en P*) don
Johan (Juan, *P*) fijo (hijo, *P*) del infante (ynf., *P*) don Joan
(Juan, *P*); e por que estos mismos (mesmos, *P*) fueron...»
dicen *E* (f. 28 *d*) y *P* (c. 29, f. 26 v); mientras el ms. *M* y el
ms. *A* corrigen la redacción del pasaje así: «E p. q. *algunos*
d. (los d., *A*) l. çibdad (çiud., *A*) d. L. *tenian con don Iohan*
(Joan, *A*) *fijo del ynfante* (inf., *A*) *don Iohan* (Joan, *A*) e e. e. e.
acuerdo c. l. d. C., e *aun* e. mesmos f. ...» (*M*, f. 39 v; *A* c. 29,
f. 43).

En algunas ocasiones las enmiendas contienen información
adicional (recuérdese el caso arriba citado del alcaide de
Teba):

    CrAºXI, CX.10 (*Gran Cr*, CXXVI) «diol a Bejar et Grana-
diella et Monte Mayor», «diole a Bejar e Granadilla e a M. M.»,
dicen de acuerdo *E* (f. 96 *b*) y *P* (c. 127, f. 118 v); mientras *M*
y *A* añaden entre *Bejar* y *Granadilla* el lugar de *Galiseo* ~ *Ga-
lesteo* (*M*, f. 151 v; *A*, c. 127, f. 195 v).

    El alcaide de Gibraltar, nos cuentan *E* y *P*, tenía desbaste-
cido el castillo porque habiendo tomado los dineros del rey
«compro dellos heredades» (*CrAºXI*, CX.23; *Gran Cr*, CXXVII;
E, f. 96 *c*; *P*, c. 128, f. 119 v); pero sólo la versión representada
por el ms. *M*, seguida por el ms. *A*, sabe dónde realizó el alcaide la inversión: «c. d. h. (ered., *A*) en *Xerez* (*Gerez de la Frontera, A*)», *M* (f. 152), *A* (c. 128, f. 196).

    También es incompleta, respecto a *M*, *G*, *A*, la versión que
nos dan *E* y *P*, en *CrAºXI*, XV.26 (*Gran Cr*, XIV), del pasaje:
«llego a tres leguas de Granada cuydando que los moros saldrian a el» (*E*, f. 19, y *P*, c. 14, f. 14 v), pues parece haber omitido, por homoiographon, la frase que en *M*, *G*, *A* se añade
tras *Granada*: «*e echose en çelada e enbio* (emb. a, *A*) *correr
a Granada*» (*M*, f. 22 *b*; *A*, c. 14, f. 24).

    De mínima importancia, pero significativa, es otra pequeña
«adición» de *M*, *G*, *A*, en *CrAºXI*, XVII.27 (*Gran Cr*, XX), al
pasaje «et fizo (e mando, *P*) fazer muchos picos et (e, *P*) labro
y (ay, *P*) quatro engeños (yngenios, *P*)» de los mss. *E* (f. 20 v)
y *P* (c. 20). Tanto *M* (f. 27 *b*) como *A* (c. 20) añaden «picos *et*
(y, *A*) *açadones*».

Los ejemplos hasta aquí citados nos muestran cuán minuciosamente realizó el formador de *A* la confrontación del texto de la *Gran Crónica* con la «coronica antigua por donde esta se corrigio», procurando no perder detalle alguno que pudiera completarlo. El criterio compilatorio, que percibimos en cuestiones de detalle, se aplica, claro está, igualmente cuando se trata de episodios de mayor importancia.

e) LA DEUDA DEL MS. A PARA CON
EL MS. *M'*: PASAJES ADICIONADOS

El manuscrito *M'* contenía en ocasiones información de gran interés desconocida de la *Gran Crónica*.

Así, por ejemplo, el ms. *P* (*Gran CrA°XI*, VI) cuenta:

> «E desque el ynfante don Pedro oyo su mandado, partio luego de Palençia para se ir alla; e yendo por su camino, levolo Hernan Berdugo, vn cauallero de Arevalo, con parientes que avie, a Coca e metio lo en la villa y entregogela, e el ynfante don Pedro apoderose en la villa» (f. 7).

sin apartarse en nada esencial del texto de *E* (*CrAºXI*, IX. 9-11):

> «Et desque el infante don Pedro ouo su mandado, vinose; et en veniendose, Fernand Uerdugo, vn cauallero de Areualo, con parientes que auia, leuolo a Coca, et metiolo en la villa et apoderose della» (f. 12 v).

En cambio, el ms. *M* (y otros textos con él relacionados) sabe algo más:

> «desque el ynfante don Pedro ouo su mandado, fuese para Avila; e en viniendo, vn cauallero que dezian Ferrand Verdugo de Areualo con parientes que avia leuado al ynfante don Pedro a Coca e metiolo en la villa e apoderose della *e tomaronle*

luego por tutor; e salio luego dende e fuese para Alua, e
Diego Gomez de Castañeda que tenia el alcaçar aco/giole por
el alcaçar, e metiose por la villa e apoderose della» (M, ff. 10 v-
11).

El formador del ms. *A* (c. 6) manejaba una *Gran Crónica*
análoga al ms. *P*, de la cual tomó la redacción del pasaje;
pero incorporó a ella el episodio propio exclusivamente de
M y sus parientes:

> «e desque el infante don Pedro obo su mandado, partio
> luego de Palencia para se yr alla; e yendo por su camino
> lleuolo Hernan Verdugo, vn. caballero de Arebalo, con parientes
> que abia, a Coca e metiolo en la villa y entregosela, e el in-
> fante don Pedro apoderose en la villa *e tomaron lo por tutor;*
> *e salio luego dende e fuese para Alua, e Diego Gomez de Cas-*
> *tañeda que tenia el alcaçar acogiole por el alcaçar e metiole*
> *en la villa e apoderose della»* (f. 14 v).

También es característico de *M* y textos con él relacionados el pasaje que cuenta:

> «E en este tienpo que estos ynfantes eran en la frontera,
> don Iohan, fijo del ynfante don Manuel, que era adelantado
> en el rreyno de Murcia/entro por aquella parte dos vezes a
> correr a tierra de moros e fizoles mucho mal e mucho daño.
> E los de la frontera que vieron este mal tan grande que avia
> acaesçido en ser muertos aquellos dos ynfantes e ayuntaronse
> todos los rricos omnes e ynfançones e caualleros e procurado-
> res de las çibdades e villas de los rreynos de Seuilla e de
> Cordoua e de Jahen e posieron postura de non tomar tutor
> sy non todos en vno a vn acuerdo, e enbiaron sus mandaderos
> al rrey de Granada a poner treguas con el fasta que el rrey
> fuese de hedad. E las treguas otorgolas el rrey de Granada
> con jura e pleito que le fizieron que aquel que tomasen por
> tutor que / otorgase primera mente esta tregua» (M, f. 30 a-c) [32].

---

[32] En *M* figura este párrafo entre las frases «...a do se el mando
enterrar» y «E quando la rreyna doña Maria que era en Toro con

Ni la *Versión vulgata*, ni el ms. *P* lo incluyen [33]; en cambio figura en el c. 21 del ms. *A* (f. 33). El pasaje se basa en noticias que la propia *Crónica* proporcionaba incidentalmente en capítulos posteriores [34]; y, es de notar, que en el

---

el rrey su nieto le llego este mandado...» (*CrAºXI*, XVIII.71-72 y *adic.*). El párrafo figura también en este lugar en la familia mixta *Q, O;* no así en el ms. *N* que lo coloca al final del capítulo, entre «...enbiaron cada vno de los conçejos sus cartas» y «En el octauo año...» (*CrAºXI*, XVIII.89 y *adic.* - XIX.4 *adic.*). El glosador (*G*) del ms. *C* parece vacilar entre una y otra colocación, pues copia el párrafo en los márgenes y hace una llamada detrás de *enterrar* y otra detrás de *cartas*. *A* coloca el párrafo donde *M*. Véase en «Mi edición», capítulos XI (*Crónica*) y XII (*Gran Crónica*) de este libro, los pasajes correspondientes y las variantes.

[33] Barrantes en su rápido resumen de esta parte de la *Gran Crónica*, que sólo lateralmente interesaba a la historia del señor de Niebla, alude al acuerdo de los de Andalucía basándose en la noticia incidental originaria (que describimos en la nota 34) contenida en el ms. *P* y en la *Vulgata*, no en el párrafo añadido por *M, N*, etc.: «muertos estos dos infantes, uvo grandes rebueltas en el reino sobre quien serian tutores; todos los pueblos del Andalucia se confederaron, diziendo que no querian tener ni tuviesen tutor hasta quel rrey uviese catorze años e hizieron treguas con los moros. Y en esta sazón la cibdad de Cordova enbio por don Juan Manuel, hijo del infante don Manuel, y tomaronlo por tutor contra lo capitulado con los otros pueblos del Andaluzia» (*B*, pp. 268-269).

[34] En el capítulo siguiente (*CrAºXI*, XIX.5) *E* decía: «luego que don Joan, fijo del infante don Manuel, que era en el reygno de Murcia, qua auia entrado a tierra de moros dos vezes en el tienpo que los infantes don Joan et don Pedro eran en la frontera, sopo en commo eran muertos estos dos infantes...» (f. *23 a*); semejante *P* (*Gran CrAºXI*, XXII). Más adelante, en el fol. *32 a-b*, el ms. *E* comentaba: «Los del rreygnado de Seuilla et los del rreygno de Jahen, quando sopieron que los de Cordoua auian acogido a don Johan / fijo del infante don Manuel en la çiubdad, ouieron ende muy gran pesar, lo vno por la jura et pleito que auian con ellos que non tomassen tutor los vnos syn los otros, et lo otro por el pleito que auian todos los de la frontera con el rey de Granada de quel fizieron jura de que non tomassen tutor fasta que otorgasse(n) la tregua et el pleito que ellos auian puesto con él» (*CrAºXI*, XXX.2-4); semejante *P* (*Gran CrAºXI*, XXXIII).

ms. *M* la inclusión, en este punto, de la referencia a las entradas de don Juan Manuel desde Murcia conlleva la ulterior modificación del párrafo en que originariamente se hacía mención de ese suceso (*CrA°XI*, XIX.5)[35], mientras el ms. *A*, de acuerdo con su técnica compilatoria, prescinde de este segundo retoque por tratarse de una omisión (*Gran CrA°XI*, XXII.5)[36].

Otro episodio desconocido de *P*, que *A* interpoló en la *Gran Crónica*, es el siguiente:

> «En este tiempo la noble reyna doña Maria vinose con el rey don Alfonso su nieto para Çiudad Rodrigo, e fue a Fuente Guinaldo, / aldea de Çiudad Rodrigo a uerse con el infante don Alfonso, heredero de Portugal, e con la infanta doña Beatriz su muger, fija desta reyna doña Maria; e desque las vistas fueron pasadas tornose la reyna doña Maria con el rey para Toro» (*A*, f. 29-29 v).

Su inclusión en medio del c. XX resulta impertinente, pues viene a interrumpir el relato de los sucesos ocurridos en la Frontera: va precedido de la conquista de Tiscar por el infante don Pedro (*Gran CrA°XI*, XX.12-26 y 30-40), y seguido del párrafo que comienza: «Segun dize la historia, que estando el infante don Joan en la çiudad de Cordoua con los ricos homes y caualleros de Castilla y de Leon supieron en como el infante don Pedro avia ganado el castillo de Tistar [... etc.]» (*Gran CrA°XI*, XX.27-28). En la *Crónica* (*Versión vulgata* y prototipo de *M*, *N*) la noticia de las vistas de Fuente Aguinaldo (*CrA°XI*, XVII.41-43) va colocada también tras la conquista de Tiscar (XVII.29-40), pero no interrumpe el relato, ya que precisamente aquí se da fin a

---

[35] En *M* se dice solamente ahora: «pues que don Iohan, fijo del ynfante don Manuel, sopo en commo eran muertos estos dos omnes buenos tutores del rrey...» (f. 31 *b*).
[36] *A* coincide aquí con *P* (y *E*), no con *M*.

un capítulo, anunciando: «Et agora la estoria contara de commo el infante don Pedro, estando en Tiscar [... etc.]» (XVII.44-45). Aunque el pasaje no es exclusivo de *M* y sus parientes el formador de *A* lo tomó seguramente del manuscrito hermano de *M* con que «corregía» la *Gran Crónica*[37]. Indudablemente, la deuda más importante del ms. *A* respecto al ms. **M'* es la inclusión del extenso relato que colma en estos textos la llamativa laguna existente en la *Versión vulgata* antes del capítulo que comienza «Et commo quier que los de la çiubdat de Çamora fizioron esto contra don Johan...» (*CrAºXI*, XXXII)[38].

El ms. *E* termina el relato anterior a la laguna con la frase:

> «Et don Johan rrespondiol que esta boz de la tutoria que la tomara el con acuerdo de aquellos conçeios de aquella comarca» (*CrAºXI*, XXXI.28),

y el anuncio de cambio de capítulo (XXXI, 29):

> «Et de las otras cosas en commo passaron la estoria las contara» (f. 33 *d*).

La *Gran Crónica* trascrita por el ms. *P* coincide aquí en todo con la *Vulgata*:

> «E don Juan rrespondiole que esta boz de la tutoria que la tomara el con acuerdo de aquellos conçejos de aquella comarca. E de las otras cosas en como pasaron la ystoria las contara» (c. 34, f. 31 v).

---

[37] Las variantes, aunque no muy significativas, apoyan la conclusión: el rey *E*, e. r. don Alfonso *M A*; Çibdat *E*, Ç. Rodrigo *M A*; la reyna *E*, l. (esta *M*) r. doña María *M A* (*E*, f. 21 *a*; *M*, f. 28 *a*; *A*, f. 29-29 v). Véase «Mi edición», cc. XI y XII del presente libro.

[38] Véase atrás, I, *b* y *c* (pp. 20-22).

Los resúmenes de R [39] y de B [40] confirman esta versión de
la *Gran Crónica* (c. XXXIV).

El ms. *A*, en cambio, continúa:

> «E don Joan respondio le que esta voz de la tutoria que la
> tomara el con acuerdo de aquellos conçejos de aquella comarca
> y de los maestres de Ucles y de Calatraua. E desi el Cardenal
> afinco le mucho [... etc.]» (c. 34, f. 51),

advirtiendo sólo en nota marginal:

> «Desde aquí todo esto de este capítulo hasta el fin falta en
> algunos libros».

Sin duda, entre esos «libros» se hallaba el propio manuscrito de la *Gran Crónica* que venía copiando.

En este final de capítulo ajeno a la *Gran Crónica*, el ms.
A (ff. 51₂₀-52 v) cuenta, de forma en todo similar a *M* [41], las

---

[39] En la *Historia en Décadas* (lo mismo que en *P*) inmediatamente después de la respuesta de don Juan Manuel al Cardenal, sigue
la invasión de Guipúzcoa por los navarros (*R*, f. 256).

[40] En las *Ilustraciones de la Casa de Niebla*, pp. 270-271, no hay
huella de la narración, común, a los mss. *M* y *A*, que desconoce el
ms. *P*.

[41] El texto de *A* marcha de acuerdo con el de *M*, difiriendo notablemente del contenido en *C* (y también del impreso en 1551); desy
(desi *A*) el Cardenal *M A*, [des]pues e. C. *C* + [*G*]; quel a. m. *M A*,
que a. m. *C;* que... acordarian *M A*, que... que a. *C;* dixole *M A*,
dixo *C;* diziendole *M A*, diziendo *C;* quisiese fazer *M*, q. *A*, fiziese
C; grand daño *M A*, d. *C;* dixole *M A*, dixo *C;* avn que *M*, halli q.
A, a. *C;* que... el fuera *M A*, q. ... e. que f. *C;* teniendose por afyncado (afinc. *A*) del Cardenal *M A*, afin. d. *C;* se ayuntasen *M A*, s. a.
a Cortes *C;* que el r. *M A*, q. r. *C;* llamar a Cortes a los de la tierra...
a Cortes *M A*, ll. a todos l. d. l. t. ... a C. *C;* e aquesto asy (esto asi
A) ordenado recresçiole (recreç. *A*) a la reyna doña Maria vna muy
(*A omite* muy) grand (gran *A*) dolençia la qual se le alongo mucho
M A, e a I. r. començole v. d. que s. a. m. *C;* e el Cardenal cuydando
que se mejoraria su dolençia fuese adelante para P. el (*A omite* el)
M A, e c. q. m. f. el Cardenal a. a P. *C;* E la rreyna afyncole (y a

últimas gestiones del Cardenal hasta conseguir de don Juan Manuel que consienta en renunciar al título de tutor cuando se reúnan todos en las Cortes de Palencia y el fracaso de

---

l. r. afin. *A*) la dolençia *M A*, e afinco mucho a l. r. l. d. *C;* ella entendio *M A*, entendia ella *C;* mortal *M A*, de muerte *C;* E por ende (tanto *A*) mando *M A, C incluye aquí el párrafo:* E tomo todos los sacramentos de la Santa Yglesia commo rreyna muy catolica e mandose enterrar en el monesterio que ella fizo en Valladolit que dizen Santa Maria la Real que es de dueñas de la Orden del Çistel. E ante que finase, mando (*cfr. M A más abajo*); caualleros e (y *A*) regidores *M A*, caballeros *C;* en commo *M A*, c. *C;* estaua ya en las manos de Dios *M A*, e. e. la merçed d. D. *C;* et (y *A*) por tanto que *M A*, e q. *C;* al rrey (r. *A*) don Alfonso *M A*, a. r. *C;* para que *M A*, q. *C;* ellos en aquella villa *M A*, en la v. *C;* e (y *A*) que les rogaua e (y *A*) mandaua commo a buenos e (y *A*) leales que lo non diesen nin entregasen *M A*, e lo n. d. *C;* fuese *M A*, el f. *C;* de hedad (ed. *A*) conplida (cump. *A*) *M A*, de hedat *C;* mandase por sy (si *A*) a sus reynos *M A*, m. el p. s. *C;* que eso mesmo les encomendaua *M A*, e. m. *C;* la noble reyna doña Maria les ouo (hobo *A*) fecho este ruego e (y *A*) mandamiento *M A*, este m. o. f. *C; M A añaden aquí:* confesose muy debota (deu. *A*) mente e (y *A*) tomo todos los sacramentos de Santa (de la S. *A*) Eglesia (Ygl. *A*) commo reyna muy catolica (*cfr. C arriba*); e (y *A*) vistiose *M A*, tomo *C;* e (y *A*) luego dio el alma a Dios nuestro señor *M A*, en que morio e d. e. a. a D. *C; M A añaden aquí:* E (Y *A*) mandose enterrar en el (*omite* el *A*) su monesterio que ella mando fazer en Valladolid que dizen Santa Maria la Real que es de las dueñas de la Orden (hord. *A*) de Çistel (*cfr. C. arriba*); e (y *A*) aquesta noble (*A añade* y) e bendita e (y *A*) virtuosa reyna de quien tantos bienes e (y *A*) noblezas e (y *A*) grandes fechos avedes (ab. *A*) oydo fino *M A*, e fino *C;* en el monesterio *M A*, en casa de los flayres *C;* de la dicha villa de V. *M A*, en V. *C;* que fue en la era *M A*, era *C;* dicho monesterio *M A*, m. *C;* e (y *A*) despues *M A*, e *C;* del rrey (r. *A*) *M A*, r. de Castilla *C;* monesterio de Santa [*dejado en blanco*] *M A*, m. d. Santa Agostin *C;* otras muchas (*A adiciona aquí* buenas) obras (*A añade* y) en otros monesterios *M A*, muchos m. *C;* en otros *M A*, e. los o. *C;* dixiesen *M A*, dixeron *C;* çinco Pater Nostres (Noster *A*) e (y *A*) çinco Aue Maria *M A*, P. Nostres e A. M. *C;* quarenta *M A*, çinquenta *C. Noto sólo un caso en que M se distancie por su lado:* vio se el Cardenal con don Juan otra vez *M*, v. s. e. C. o. v. c. el *A* y *G* (*en el ms. C está como nota marginal*). Véase la edición crítica incluida adelante en el cap. XIII.

esta avenencia al ocurrir la muerte de la reina doña María de Molina en Valladolid el Martes último día de Junio.

A continuación comienza en el ms. *A* un nuevo capítulo que lleva la cronología característica de la familia de manuscritos a que pertenece *M* («En el doçeno año del reynado... era de mill y treçientos y çinquenta y nueue años... año del nasçimiento... de mill y treçientos y beinte y un años»); en él se cuenta, igual que en el correspondiente capítulo del ms. *M*, cómo los de Valladolid que guardaban al rey toman la iniciativa de convocar cortes para el día primero de Enero; cómo, ante la negativa de don Juan Manuel y del infante don Felipe a renunciar previamente a la tutoría, don Juan hijo del infante don Juan es elegido también tutor por los de Castilla; los intentos fallidos de lograr una avenencia entre los tres tutores, y cómo el infante don Felipe intenta sorprender y dar muerte a don Juan Manuel en Villa Bañes (ff. 53-55) [42].

---

[42] Confronto seguidamente las variantes de *M*, *A* y *C*: en la era *M A*, en el mes de Setienbre de l. e. *C*; nuestro señor Ih. Ch. *M A*. Ih. Ch. *C*; al rrey don Alfonso *M A*, a. rr. *C*; departidos los vnos de los otros... e los otros de la frontera *M A*, d. los vnos... e los d. l. f. *C*; todos estos *M A*, estos *C*; la tutoria *M A*, esta tituria *C*; el primero *M A*, primero *C*; çibdades (çiubd. *A*) e villas *M A*, villas *C*; *C añade aquí*: posaron en la villa; dentro en V. *M*, que estauan d. e. V. *A*, en V. *C*; cada vno *M A*, c. vnas *C*; del ynfante (inf. *A*) d. F. *M A*, d. F. *C* (*y así siempre en adelante*); *C omite entre dos* Juan: Manuel e a (y de *A*) don Juan (Joan *A*) fijo del ynfante (inf. *A*) don Juan (Joan *A*) *M A*; ordenaron *M A*, acordaron *C*; el e don Iohan (Joan *A*) *M A*, *C añade, por error*, el ynfante, *y omite* e *antes de* don Juan; *M A omiten, por error*, contra don Felipe. E por que los de la villa de Medina del Campo querian tomar por tutor a don Felipe e otrosy algunos dende querian a don Juan Manuel *C*; con el el arç. *M A*, c. e. a. *C*; que los tomauan (-aban *A*) por tutores *M A*, q. l. t. *C*; çibdades (çiubd. *A*) e villas *M A*, villas *C*; *C omite* el pleito (pley. *A*) *M A*; ocasion *M A*, la o. *C*; rricos omnes (r. hombres *A*) e tutores *M A*, t. *C*; fizieron *M A*, faziendo *C*; *C omite* de noche *M A*; llego el ynfante (inf. *A*) don Felipe salio don Juan. (Joan *A*) *M A*, llegaron

Todo este relato, al igual que el del capítulo anterior, no formaba parte de la *Gran Crónica*, por más que nos parezca muy pertinente y necesario en la historia de la minoría; el testimonio concorde de *P*, *R* y *B* no deja lugar a la duda. El ms. *A* lo tomó, seguramente, del texto de la «coronica antigua» con que corrigió la *Gran Crónica*, según nos prueban las indicaciones cronológicas que encabezan el capítulo, y, además, la existencia, más adelante, de dos breves capítulos en que se vuelve a relatar de forma muy rápida lo que aquí se ha contado con abundancia de pormenores: En efecto, el c. 39 cuenta brevemente que la reina doña María, viendo cómo los pretendientes a la tutoría estragaban la tierra, reúne Cortes en Valladolid, en las cuales son elegidos tutores el infante don Felipe, don Juan hijo del infante don Juan, y don Juan Manuel; y en el c. 40 se dedica a exponer cómo la reina, al comprobar que los pueblos lo pasaban con los tutores peor aún que en el comienzo, muere de pesar. Estos dos capitulillos (*A*, ff. 57 v-58 v) son característicos de la *Gran Crónica* (XXXV-XXXVIII) según nos asegura el testimonio cuádruple de *A* (cc. 39 y 40), de *P* (cc. 37 y 38, ff. 32 v-33), de *R* (f. 256 v) y de *B* (pp. 271-272); y fueron indudablemente escritos para un texto carente de los capítulos contenidos en *M*, *C*, *A* [43].

La interpolación en el ms. *A* del relato procedente de la «coronica antigua» hermana del ms. *M* comprende aún otro

d. J. salioles *C;* otero alto *M A*, cabeço muy a. *C;* que era en Çigales quando lo sopo (supo *A*) *M A*, quando l. s. que e. e. Ç. *C;* acorrer con *M A*, a. *C;* don Juan (Joan *A*) Manuel e (y *A*) don Juan (Joan *A*), fijo del ynfante (inf. *A*) don Juan (Joan *A*) *M A*, d. J. e d. J. *C*. *Sólo se aparta M de C A en una minucia*: a Symancas *M*, para S. *C A*. Véase la edición crítica de este capítulo que publico aquí adelante, cap. XIII.

[43] Más adelante insistiré sobre las importantes consecuencias que esta conclusión tiene para la historia de la historiografía, en verso y en prosa, de Alfonso XI.

capítulo (*A*, c. 36) necesario para la comprensión de los sucesos ocurridos posteriormente en Zamora, que todas las versiones de la crónica han de contar: Los caballeros quieren tomar por tutor a don Juan y los del pueblo al infante don Felipe; los partidarios de don Juan le dan entrada por el alcázar, pero los zamoranos resisten en la villa y logran echarle de ella, reduciéndole al alcázar (ff. 55-56) [44].

La más extensa adición procedente de **M'* abarca los cc. 293-319 del ms. *A*, todos ellos sin correspondencia en el ms. *P*. Los dos primeros (293-294) son los ya citados capítulos relativos al cerco de Tarifa (*CrAºXI*, CCXLVI-CCXLVII), que duplican lo contado en los cc. 320-323 (*Gran CrAºXI*, CCXCII-CCXCV). Sin duda, el formador de *A*, una vez iniciada la interpolación de esta materia extraña a su fuente principal, decidió aprovechar la ocasión para dar entrada a la historia de los reyes benimerines, que figuraría más atrás en el ms. **M'*. El propio compilador nos explica su actitud en el texto de la Crónica:

> «E porque este rey Alboaçen y su hijo el Infante Abomelique houieron lid con el rey don Alonso [...] la historia cuenta qual fue el comienço destos reyes que bienen del linage de los marines donde este Alboacen viene; *lo qual se hauia de hauer*

---

[44] *Variantes*: ynfante (inf. *A*) don Felipe *M A*, d. F. *C* (*y así en todo el capítulo*); tomasen *M A*, tomaron *C*; que lo (la *A*) non *M A*. q. n. l. *C*; faziendo todos *M A*, f. *C*; Rodrigianes de los [*en blanco*] *M*, Rodriguyañes de los *A*, Rodrigo Yanes del Follente *C*; Barrientos *M A*, Barranos *C*; aviendo fecho pleito e (pleyto y *A*) omenaje (-ge *A*) *M A*, a. desto f. o. *C*, mal e (y *A*) daño *M A*, mal *C*; pelearon con ellos muy de rrezio (-çio *A*) *M A*, p. c. e. *C*; muchos dellos *M A*, d. m. *C*; conpañas *M A*, gentes *C*; mal e daño *M A*, m. *C*; e avn *M*, y haun *A*, e *C*, en otros muchos lugares *M*, e. o. l. m. *A*, e. los o. l. *C*; çibdad *M*, çiudad *A*, villa *C*; y (i *A*) eran con el *M A*, y auia *C*; mucho todo aquel mal que fazia *M A*, mucho *C*; tocaua mucho *M A*, tenia *C*; ninguna de aquellas (d'aq. *A*) cosas que don Juan (Joan *A*) fazia e (faç. y *A*) mandaua fazer *M A*, n. cosa desto. *C añade*: E de las otras cosas en commo pasaron la ystoria lo contara.

> dicho atras quando contamos del rey Alboaçen y de su linage,
> e por que paresce que entrara aqui con alguna commodidad, ya
> que no se dixo atras. Y por contar esto contara primero la his-
> toria [...]» (ff. 405 v-406).

Y en una nota marginal (al f. 406) insiste:

> «Esto entraba bien en principio del cap. CCLXXXVI, que es
> fol. CCCLXXXXV. Y tambien entrara y mejor en donde habla
> del linaje donde viene el Rei Alboaçen, que es cap. CCXV, fol.
> CCCXX, y asi el que copiare esta historia vaya advertido desto
> por que lo ponga en su proprio lugar».

De acuerdo con estas sugerencias, en el c. 287, f. 395 v figura
la siguiente:

> «Nota. Si lo que esta puesto adelante en las fojas CCCCVI,
> y cap. CCLXXXXV no se puso atras fol. CCCXX, cap. CCXV,
> pongase aqui por que estos son los proprios lugares donde se
> ha de poner».

El anotador considera que éstos son «los proprios lugares»
donde debiera ir la Historia de los Benimerines, porque
precisamente aquí (delante del capítulo que comienza: «Viendo el rrey Alboaçen como era señor...», *CrA⁰XI*, CCXLIV;
Gran Cr, CCLXXXVI) figuraba en todos los manuscritos de
la *Crónica* (el ms. *M* incluido).

La historia de los reyes benimerines no contiene materia
exclusiva de la versión representada por el ms. *M*, pues todos
esos capítulos figuran también en la *Versión vulgata* de la
Crónica; pero el estudio de las variantes nos evidencia una
vez más que el formador de *A* se basó en la «coronica antigua» hermana del ms. *M* y no en un texto de la *Versión
vulgata* [45].

---

[45] He aquí algunas variantes significativas; para su más fácil
identificación remito a los párrafos de mi edición (y entre paréntesis
a las páginas de la ed. Cerdá): CCIX.14 reys de Çaragoça *E*, rreyes

f) POSIBLE INFLUENCIA DE LA VER-
SIÓN VULGATA EN EL TEXTO DEL MS. A

Según se hace constar en alguna nota marginal, fueron
dos las «coronicas antiguas» que cotejó el formador del
ms. *A* para corregir el texto de la *Gran Crónica* [46]. Quizá la

de Xaragoar *M A* (p. 400$_{13}$); .40 trae este cuento *E*, cuenta e. c. *M A*
(p. 400$_{22}$); CCXX.11 abdaluedes *E* abdalues *M A* (p. 401$_9$); CCXXI.2
omnes rehalis *E*, omnes (hombres *A*) reales *M A* (p. 402$_9$); CCXXV.8
fue vençido et muerto *E*, f. m. e (y *A*) v. *M A* (p. 405$_{9-10}$); CCXXIX.14
M A omiten mando (p. 408$_{2-3}$); CCXXXII.5 Morcarmeda *E*, *en blanco
en M A* (p. 410$_6$); .6-9 peleo con su padre et vençiolo et fue ferido el
rey Aboçayd de vna ferida et fuxo *E*, p. c. el e (y *A*) v. e (y *A*) fue
en pos (empos *A*) del (el *A*) en (en el *A*) alcançe fasta la villa de
Ribate e (y *A*) alcançole e diole vna ferida e fue fuyendo *M A* (p.
410$_{6-8}$); .13 alhages *E*, almohades *M A* (p. 410$_{10}$); .15 contra R. *E*, que
es c. R. *M A* (p. 410$_{12}$); CCXXXV.8 *M A omiten* et torno a Sujulmença
(p. 412$_{15}$); CCXXXVI.5 el rey A. su hermano diol en rehenes a su
fijo *E*, diol A. s. h. en rehenes a vn s. f. (h. *A*) *M A* (p. 412$_{22-23}$);
CCXXXVIII.2 acaesçio *E*, fue *M A* (p. 413$_5$); .8 gentes *E*, omnes *M*,
hombres *A* (p. 413$_{16}$); .10 su hueste *E*, sus gentes *M A* (p. 413$_{19}$);
CCXXXIX.2 ovo fabla *E*, o. fablado *M A* (p. 414$_{19}$); .3 vna de las puertas de la villa *E*, v. puerta de las d. l. v. (*A omite* de las) *M A*
(p. 414$_{20}$); CCXLI.2 tregua por mas tienpo *E*, mas t. e p. m. t. *M A*
(p. 416$_{3-4}$); CCXLIII.6 fue muerto el almirante don A. I. *E*, f. m. A. J.
el (*A omite* el) a. del rrey de Castilla *M A* (p. 417$_{17-18}$); .9 lo contara
de aqui adelante *E*, agora adelante lo (*A omite* lo) c. *M A* (p. 417$_{24}$).
Pese a tantas coincidencias entre *M* y *A*, el manuscrito utilizado por
A no fue *M*: CCXXI.15 Abdalhac *E*, Abdelhac *A*, Abenhut *M* (p. 402$_{25}$);
CCXXIX.21 padre de Aboyuçaf *E*, p. d. [*seguido de un blanco*] *A*,
p. d. Aborrabe (*sin duda llenando mal una laguna previa*) *M* (p.
408$_{14}$); CCXXXIII.12 en esta manera *E*, desta m. *A*, e. e. avenença
M (p. 410$_{16}$); CCXXXV.4 Beabdarrahamen *E*, Beas de Rahame *A*,
Abderrahmen *M* (p. 412$_3$); .9 tornando se... ouo (houo *A*) *E A*, torrno-
se... [e] ouo *M* (p. 412$_8$); CCXL.2 tomado *E A*, sojudgado *M* (p. 415$_{14}$).

[46] En el capítulo 287, f. 396 v se anota: «dizen que traya sesenta
mill de a cauallo y quatroçientos mil de a pie y assi esta en dos
coronicas antiguas con las quales se corrigio esta». El texto de la
Gran Crónica, CCLXXXVI.21, dice solamente: «passaron (pasaron *P*)

segunda fuese una *Versión vulgata* y de ella procedan los tres primeros capítulos, referentes a los años 15° y 16° del reinado de Fernando IV [47]. Estos tres capítulos llevan en el ms. *A* numeración aparte y no se hallan en el ms. *P* (ni se hallaban tampoco en el manuscrito de la *Gran Crónica* utilizado por Barrantes Maldonado) [48].

No es, sin embargo, fácil el llegar sobre esta cuestión a conclusiones ciertas [49], pues generalmente el formador de *A* aprovecha o cita en nota las variantes de una sola crónica,

---

con el muy grandes gentes de cavalleros (cauallo *A*) e mas de quatro çientas (zientas *A*) vezes mill omes (hombres *A*) de a (*falta a en P*) pie (*P*, c. [2]86, f. 271; *A*, c. 287, f. 396 v); mientras la *Versión vulgata* y *M* (*CrA°XI*, CCXLIV.21) expresan la cifra de caballeros anotada en los márgenes de *A*: «passaron (pasaron *M*) con el sessenta (sesenta *M*) mill caualleros et quatro çientas vezes mill omnes de (a *M*) pie» (*E*, f. 169 *b*; *M*, f. 321 *d*). Otra cita en plural, que figura en el c. 34, t. 51 (*Gran CrA°XI*, XXXIV), hemos aducido ya más arriba («Desde aqui todo esto deste capitulo hasta el fin falta en algunos libros»); en este caso la versión de *M* figura en texto (por ser la más completa) y los dos libros citados en la nota son la *Gran Crónica* y, quizá, la *Versión vulgata*.

[47] Es probable que al cambio de fuente se deba la incongruencia cronológica de dar como fecha de la muerte de Fernando IV la era 1347, año 1309 (en el último de estos 3 capítulos iniciales), y situar, en cambio, el comienzo del reinado de Alfonso XI en la era 1348, año 1310 (en el primer capítulo del nuevo reinado). Nótese, sin embargo, que *A* dio preferencia a la cronología de **M'* sobre la tradicional, común a *P* y la *Versión vulgata*.

[48] Barrantes Maldonado (*Ilustraciones*, p. 258) observa: «en la coronica deste Rey Don Fernando dize que nasçio el hijo año del Señor de mill e trezientos y diez y en la coronica del Rey Don Alonso XI, el hijo, se dize que començo a reynar año de mill e trezientos y nueve, siendo de un año de edad: de manera que si ansi es, el avia nasçido el año de 130?». Si la *Gran Crónica de Alfonso XI* que manejaba incluyese el año 15° de Fernando IV (en que se cuenta el nacimiento del infante don Alfonso), este razonamiento sería diferente.

[49] La omisión en *P* y *B* de los dos años últimos del reinado de Fernando IV no implica necesariamente que sean desconocidos de la *Gran Crónica*, pues es una mutilación muy natural.

sin especificar de cuál de ellas se trata, y cuando alguna que otra vez aduce el testimonio de las dos crónicas es precisamente porque ambas coinciden frente a una lección admitida en el texto [50].

g) RETOQUES PARTICULARES DEL FORMADOR DE A

El formador de *A*, además de aprovechar cuantas adiciones aclaratorias le proporcionaba el ms. **M'*, en ocasiones introdujo otras por su propia cuenta. Por ejemplo:

> *CrA°XI*, LXXIX.6 (*Gran Cr*, XCV) doña Juana, *E* (f. 69 *d*), *P* (c. 95); d. J. *su muger que fue de don Hernando*, *A* (c. 96).— *CrA°XI*, LXXXIV.4 (*Gran Cr*, C) el papa Johan, *E* (f. 72 *d*), e. p. Juan, *P* (c. 100); e. p. J. *...el bicesimo segundo que en este tienpo del noble rey don Alonso de Castilla regia la silla apostolica*, *A* (c. 101).—*CrA°XI*, CII.55 (*Gran Cr*, CXVIII) doña Costança, *E* (f. 86 *d*), *P* (c. 118); d. C. *la que dexo el rey don Alonso de Castilla*, *A* (c. 119).—*CrA°XI*, LXXIII.14 (*Gran Cr*, LXXXIX) alli do estaua, *E* (f. 65), a. a d. e., *P* (c. 89), a *Escalona* a d. *el rey* e., *A* (c. 90).—*CrA°XI*, XCII.3 (*Gran Cr*, CVIII) Teba, *E* (f. 79 *c*), *P* (c. 108), Teba *Ardales*, *A* (c. 109).—*CrA°XI*, CXCVI. 7 (*Gran Cr*, CCLI) para Corte, *E* (f. 168 *c*), *P* (c. 251); p. C. *de Roma*, *A* (c. 252), etc. [51].

---

[50] No hay más citas en plural que las reseñadas en la n. 46.

[51] Estas aclaraciones suelen ser correctas; pero no siempre: *CrA°XI*, LIV.41-42, 43 (*Gran Cr*, LXIV), «partio de Segouia; et seyendo llegado a Madrid... Et era en esta villa con el el infante don Felippe...» *E* (ff. 49 ~ 50) y, semejante, *P* (c. 64); *A* añade: «en esta villa *de Segovia*» (c. 66). Creo todas estas adiciones obra del propio formador de *A*, en el tránsito del s. XVI al XVII, a pesar de que el copista incomprendiese en un caso una de las aclaraciones: Donde *E* (f. 68 *d*) y *P* (c. 93) hablan de «el maestre» de la Orden de San Juan *CrA°XI*, LXXVII.2 (*Gran Cr*, XCIII), *A* (c. 94) aclara «e. m. *de rrogas*» por * *de Rrodas* (según se explica otras veces).

Aparte de estas aclaraciones respecto a la onomástica, la adición más repetida es la de carácter cronológico: Siempre que la crónica sitúa un suceso en cierto tiempo sin indicar expresamente la fecha el formador de *A* intentó completar el dato, aunque a menudo desacertadamente. Por ejemplo:

> *Gran CrAºXI*, CIX.13: «e fue entregada esta villa al rrey en el mes de Agosto», *P* (c. 109, f. 95 v); «y ansi f. e. e. v. a. r. e. e. m. d. A. del año del señor de mill e treçientos e beinte e nuebe», *A* (c. 110, f. 156 v).

> *Gran CrAºXI*, CXIV.7: «el rrey seyendo en Truxillo hizo bordenamiento», *P* (c. 114, f. 99); «e. r. siendo e. Truj. el año del señor de mill CCCXXX h. h.», *A* (c. 115, f. 162 v).

> *Gran CrAºXI*, CCCXXVII.2 + 3: «En este dia Lunes XXVIII dias andados del mes de Otubre», *P* (c. 327, f. 332 v); «E. e. d. L. veinte y nueue d. a. d. m. d. O. del año del Señor de mill y trezientos y quarenta años en que la batalla se hauia de dar», *A* (c. 354, f. 468) [52].

El mismo deseo de clarificar o completar la narración justifica algunos otros retoques de carácter vario hechos en el texto de la *Gran Crónica* por el formador de *A*. He aquí algún ejemplo:

> *Gran CrAºXI*, XXII.15: «e la rreyna, por que no tomase don Juan otra *vez* que seria manera de discordia en la tierra...» (*P*, c. 22, f. 21) [53], «e l. r. p. q. n. *tornase* d. Joan o. *uez a hazer algo que fuese* manera de discordia en la tierra» (*A*, c. 22, f. 34 v).

---

[52] En *E*: «et f. esta v. entregada a. r. e. e. m. d. A.» (f. 80); «e. r. s. e. Trugiello, f. ord.» (f. 82 *b*); «Otro d. L. veynte et ocho d. a. d. m. d. Octubre» (f. 207 *d*). Respectivamente, *CrAºXI*, XCIII.13, XCVIII.7 y CCLVI.3. *M* no apoya las lecciones de *A*.

[53] En *E* (*CrAºXI*, XIX.15): «E l. r. p. q. non tomasse d. Joan o. boz q. s. m. d. departimiento e. l. t. (f. 23 *b*). Nótese que el retoque de *A* es un intento de clarificar una lección errónea común a *P* y *A* (*vez* por *boz*).

Gran CrAºXI, CCCVI.32 + 3: «enbyauan los los de Taryfa aquellos dos cavalleros al rrey Alboaçen. E estos cavalleros mensajeros llegaron antel rrey» (*P*, c. 306, f. 297-297 v) [54]; «embiauan l. d. Tariffa *como ya se dixo* a. d. cau. *por que los hauia embiado a pedir* el r. A. E e. cau. *que venian por* mensag. *de Tariffa e* ll. a. e. r.» (*A*, c. 333, f. 438).

Gran CrAºXI, CCCXX.13: «E a estos mensajeros moros non los quisyeron enbiar luego e mandaron los guardar» (*P*, c. 320, f. 317) [55]: «E e. mensaj. m. no l. quisieron emb. l. e m. l. *luego* g. *por que no se fuessen luego, por que no diessen algun auiso al rey Alboaçen*» (*A*, c. 347, f. 458 v).

h) DEFECTOS DEL MS. P

Todos estos retoques e interpolaciones hechos en el texto de la *Gran Crónica* por el formador del ms. *A* convierten al ms. *P* en el de mayor autoridad a la hora de restaurar la frase de la *Gran Crónica*. Sin embargo, el ms. *P* está lejos de ser un buen manuscrito.

Con cierta frecuencia el copista de *P* deja blancos en el texto por ser incapaz de leer una palabra, que hallamos, en cambio, trascrita correctamente en *A*: el caso más común es el de nombres propios [56]; pero también tropieza alguna que otra vez con voces de carácter diverso [57]. Otros blancos

---

[54] Cfr. en *E* (*CrAºXI*, CCL.32): «enbiaron aquellos dos caualleros al rey Albohaçen. Et desque llegaron antel» (f. 202 *b*).

[55] En *E* (*CrAºXI*, CCLIII.13): «Et estos mandaderos non los quisieron enbiar luego, et mandaron los guardar» (f. 204 *d*). *M* (f. 336) no explica el texto de *A*.

[56] Por ejemplo: *Gran CrAºXI*, CV.12, *Taron* (*A*, c. 106; cfr. *P*, c. 105, f. 92 v); *Gran CrAºXI*, CCXXV.6, *Bugia* (*A*, c. 226; cfr. *P*, c. 225, f. 220 v); *Gran CrAºXI*, CCCXXIV.14, *Cautiño* y *Christos* (*A*, c. 351; cfr. *P*, c. 324, f. 319 v); etc.

[57] Por ejemplo: *Gran CrAºXI*, LXXXIX.3, *açorado* (*A*, c. 90; cfr. *P*, c. 89, f. 74 v); *Gran CrAºXI*, CXCVII.10, *orguello* (*A*, c. 198; cfr. *P*, c. 197, f. 195); etc.

más extensos de *P* quizá se deban a que su original se hallase
en mal estado cuando se sacó la copia [58]. No siempre se abs-
tiene el copista de *P* en los casos en que comprende mal el
texto leído; abundan también en su trascripción los desati-
nos [59]. Las trascripciones insensatas llegan a extremos como
el de leer *f* por *s* larga (*ſ*) y viceversa en frases de sentido
muy claro [60]. Hay, además, en *P* lagunas por omisión entre
palabras iguales [61]; más grave es, desde luego, la eliminación

---

[58] Donde *A* (c. 60) dice (*Gran CrAºXI*, LVIII.*12-14*): «entraron
por tierra de moros sus pendones tendidos y *llegaron sobre Antequera e quisieronla conbatir, sino que se temieron del lugar que era
fuerte e que se perderian* muchas gentes en el combatimiento», *P*
(c. 58, f. 48 v) trascribe: «... p. t. e de [*un blanco*] m. g. ...». Quizá
el original del que deriva *P* decía: * «... e de [que llegaron sobre
A. quisieronla...]».

[59] Así, en *Gran CrAºXI*, LVIII.*8*, *P* escribe «la *haz* del rrey» por
la * *boz* (c. 58, f. 48 v; cfr. *A*, c. 60: *voz*), mientras en el capítulo
siguiente (LIX.*7*) comete el error inverso poniendo «*boz* postrimera»
(*P*, c. 59, f. 49; cfr. *A*, c. 61: «*haz* postrimera»); donde *A* (c. 194)
dice correctamente «*passo a Miño* e entro por Portugal» (*Gran CrAºXI*,
CXCIII.*15*), *P* trascribe «*puso camino*...» (c. 193, f. 193); la expresión
(*Gran CrAºXI*, CCIX.*7*) «de *luengas* tierras temian la su lança» (*A*,
c. 220) aparece transformada por *P* en «de *buenas* tierras...» (c. 219,
f. 216 v); la frase (*Gran CrAºXI*, CCLXV.*17*) «porque estaua demu-
dado que pareçia doliente» (*A*, c. 264) resulta en *P* incomprensible
bajo la forma «que *thodos ellos estaua demandados e p. d.*» (c. 265);
sin preocuparse de que lo escrito haga sentido, en *Gran CrAºXI*,
CCXCI.*15-16*, el copista de *P* escribe «que tenien las espadas tintas
en sangre de los moros *y* mataron e que las non alinpiarian fasta que
las *vieran benamase* en la sangre dellos» (c. 291, f. 276), mientras
A nos aclara «... moros *que ay* m. ... q. l. *agora bañasen* e. l. sangre...» (c. 292); en *Gran CrAºXI*, CCXCVI.*4*, «gran pesar *sobre esto*»
sustituye en *P* (c. 296) a «e sobejo» (*A*, c. 324); y en *Gran CrAºXI*,
CCCVI.*17 P* deforma (c. 306) «que se queryan *ynformar* a la villa»,
donde el original diría * *yr e tornar* (cfr. *A*, c. 333: «querian tornar»).

[60] Las frases (*Gran CrAºXI*, CCXXVI.*23* y CCLXXIV.*15*) «y *anssi
lo hizo* el traydor que sea perdido con Judas» (*A*, c. 227), «la *fe* de
los christianos» (*A*, c. 275) rezan así en *P*: «e *afilo luego* el traydor...»
(c. 226), «la *se* de los christianos» (c. 274, con *s* corta).

[61] En *Gran CrAºXI*, CCXXXIV.*5*, *P* (c. 234, f. 226) omite entre dos

por descuido de un capítulo completo, *Gran CrAºXI*, LV (*P*, c. 55)[62].

En suma, las inexactitudes del ms. *P* en la trascripción de la *Gran Crónica* dependen todas de la inatención[63] e ineptitud de los copistas; no hay, según ocurre en el ms. *A*, retoques conscientemente introducidos en el relato original[64].

i) LA RECONSTRUCCIÓN DEL PROTOTIPO DE LOS MS. P Y A

Según hemos visto, ninguno de los dos manuscritos conocidos de la *Gran Crónica* es de por sí un buen texto; pero el testimonio conjunto de ambos puede considerarse, en general, satisfactorio.

El ms. *P* reproduce, libre de influencias laterales y sin retoques, el texto de la *Gran Crónica* que copiaba, si bien

---

Teza (ms. *A*: *Tezar*) la frase «T. por deshonrra de los reyes de Benamarin, e dio con la su lança en las puertas de la villa de T.» (conservada por *A*, c. 235); en *Gran CrAºXI*, III.*8* (*CrAºXI*, VI.*8*) *P* (c. 3, f. 3 v) omite entre dos *reyna* la frase: «r. doña Costança que era y, et traxo la para Valladolid; et la r. d. M.» (que se halla en *E*, f. 8 *d* y *A*, c. 3, f. 9 v).

[62] Correspondiente al c. 58 de *A* y al XLVIII de *CrAºXI* (ms. *E* ff. 44 *d*-45 *a*).

[63] La inatención de los copistas de *P* se muestra también en la foliación (omiten el número CCLXVII y saltan del CCCXIX al CCCXXX, sin que falte texto) y en la capitulación (la mano segunda deja de escribir las centurias en los primeros capítulos que copia: [CC]LII-[CC]LV; el cap. CCCXXVII se asigna a dos capítulos consecutivos).

[64] Sólo a fin de modernizar ligeramente la expresión introduce en ocasiones algún retoque. En *Gran CrAºXI*, CCXCVI.*8*, la frase de *A* «con los quales tenia e creya que podria dar batalla... a quantos moros creyan en Mahomad» (c. 324, f. 426 v) ayuda a enmendar la de *P* «con los que le tenia el que darie b. ...» (c. 296) considerándola un falso desarrollo de un original * «con los *quel* tenie q. d. b.», si no se trata, simplemente, de una mala lectura de * «con los *quales* tenie el q. d. b.».

lo estropea a menudo en el pormenor al trascribirlo con inatención e ineptitud extremas.

El ms. *A* es, en cambio, bastante cuidado, y cuando se aparta del texto de la *Gran Crónica* que tenía presente suele ser por deseo de mejorarlo, ya con simples aclaraciones, ya mediante la adición de noticias complementarias que le proporcionaban otras versiones de la crónica (en especial, un manuscrito muy semejante a *M*). En consecuencia, una vez descontados en el ms. *A* (con ayuda del testimonio de *P* y la confrontación con *M* y *E*) todos los pormenores y pasajes introducidos en el texto de la *Gran Crónica* por el tardío formador de este manuscrito, remontamos a un original semejante en todo al ms. *P*, pero libre de los errores de trascripción característicos de este manuscrito.

Evidentemente, puesto que ninguno de los dos manuscritos es un buen representante de su prototipo, resulta imposible elegir uno de ellos como texto base para la edición de la *Gran Crónica*. Si se desea contar con una versión depurada de esta obra, todavía inédita, habrá que intentar la restauración del prototipo de *P* y *A*, en el cual queden eliminadas las graves imperfecciones y alteraciones particulares de cada uno de los dos textos conservados. Esta tarea puede llevarse fácilmente a término sin necesidad de aventurarse apenas en el terreno de lo hipotético, ya que *P* y el original de *A* eran dos manuscritos muy hermanos.

III

LA *GRAN CRÓNICA* ORIGINAL

Según acabamos de decir, la restauración crítica del prototipo de los manuscritos *P* y *A* no es tarea difícil. Una vez realizada (en la actualidad la tengo ya concluida), podemos en adelante manejar una *Gran Crónica* depurada de las graves imperfecciones y alteraciones particulares de los dos únicos textos conservados.

Sin embargo, ese prototipo de *P*, *A* está lejos de proporcionarnos en cada caso las lecciones correctas, originales, de la *Gran Crónica*: Los dos manuscritos comparten, en ocasiones, errores evidentes[1], y son en conjunto tan seme-

---

[1] He aquí algunos ejemplos significativos: Aunque *P* y *A* en el titular del capítulo XI nombran correctamente al castillo de *Canbil*, luego en el texto escriben: «fue çercar *el castillo de Alcabir* (*A*) ~ *Alcaebil* (*P*)», donde *E* (f. 16 *d*) dice: «fue çercar a *Cambil*» (*CrA°XI*, XII.49). La frase de *E* (f. 32 *b*) «por el pleito que auian todos los de la frontera con el rey de Granada, de quel fizieron jura de que non tomassen *tutor fasta que otorgasse(n)* la tregua et el pleito que ellos auian puesto con el» (*CrA°XI*, XXX.4), aparece mutilada en *P*, *A* (*Gran CrA°XI*, XXXIII): «...G. que f. j. q. non. (no *A*) tomasen la tregua

jantes, que su similitud no es explicable como un caso de extraordinaria fidelidad a la redacción primera de la *Gran Crónica;* es preciso admitir que se hallan íntimamente emparentados. La hermandad de *P, A* se manifiesta claramente en los casos en que ambos manuscritos refunden la expresión primitiva. He aquí algunos ejemplos:

> *CrAºXI,* IX.32 *(Gran Cr,* VI) «pusieron su pleito en grand poridat que fuessen tutores cada vno de los que les tomaron por tutores», *E* (f. 12 *d*-13 *a*), «...en gran secreto que ellos fuesen tutores cada vno dellos de las çibdades (çiud. *A*) e villas que los avian tomado por t.», *P, A* (c. 6, ff. 8 y 15).

> *CrAºXI,* XXIII.26 *(Gran Cr,* XXVI) «et auia los ya abenidos», *E* (f. 27 *d*), «e avia los ya avenidos (avian se ya abenido *A*) de su contienda en que andauan, de que la historia (yst. *P*) lo a contado *(A añade:* ya de suso)», *P, A* (c. 26, ff. 25 v y 41 v).

e pleito». El titular del capítulo 295 de *P,* 323 de *A (Gran CrAºXI,* CCXCV): «como enbio (emb. *A*) el rrey don Alfonso (Alon. *A*) al prior (de Sanct Joan, *añade A*) don *Fernando Rodriguez (Fernan A*) con la *(omite* la *A*) su flota al Estrecho», contiene una aclaración errónea, pues el prior que iba en lugar de almirante se llamaba «don frey Alfonso Ortiz» Calderón, sucesor de «don frey Fernan Rodriguez» de Balbona, muerto años atrás (según consta en la propia crónica). El *Poema de Alfonso XI* cuenta que los mensajeros de los reyes de Castilla y Portugal proponen a Albohacen como lugar preferible para la batalla «los canpos de la Albofera» (estr. 1345), y añaden: «Sv vos sodes rrey guerrero / e buen cauallero en siella / .. // salide *desta marisma* / si bien queredes lidiar...» (estrs. 1352, 1354); el mensaje figura deformado, de manera idéntica, en *P* (c. 314) y *A* (c. 341): «si sodes buen rrey que salgades de *vuestra morisma* con vuestro poder e vos vayades (vades *A*) a la Albuhera (alabuhera *P*)» *(Gran CrAºXI,* CCCXIV.*19*). En el capítulo 324 de *P,* 351 de *A (Gran CrAºXI,* CCCXXIV.*22*), ambos manuscritos hablan de «don Pero Alonso de Sequera e el obispo de Astorga» cuando don Pedro es el titular de la silla de Astorga. En uno y otro manuscrito habría que enmendar la frase «desque (de que *A*) vio... e otrosy vio que[l] dexaua[n] los suyos desanparado(s) (desmanp. *A*), salio de alla (alli *A*) fuyendo» *Gran CrAºXI,* CCLXIII.*23* (*P,* c. 263; *A,* c. 264). A estos ejemplos deben sumarse los que citamos en III, *b* (nn. 13-18).

CrAºXI, VII.14 (*Gran Cr*, IV) «enbiolo dezir al infante don Pedro», *E* (f. 10 *b*), «enbiole a dezir al dicho infante don Pedro en como le demandauan todos aquellos que alli eran (estauan *A*) ayuntados treguas (tregua *P*)», *P*, *A* (c. 4, ff. 5 y 11 v).

CrAºXI, IX.2-3 (*Gran Cr*, VI) «la reyna doña Maria sopo por çierto que... querian venir a Auila a do estaua el rrey por le cuydar cobrar, et enbio dezir al infante don Pedro que queria yr a Auila», *E* (f. 12 *b*), «...el rrey por lo auer si pudiesen, e todo esto enbio (gelo *añade P*) a dezir la rreyna doña Maria al infante don Pedro su hijo; e otrosi enbiole a dezir que pues esto sabia ella (p. ella s. esto *A*) por çierto que querian los otros hazer, que ella queria yr a Auila», *P*, *A* (c. 6, ff. 7 y 14).

CrAºXI, IX.9 (*Gran Cr*, VI) «desque el infante ouo su mandado, vinose; et en veniendo...», *E* (f. 12 *b*), «...su mandado, partio luego de Palencia para se yr alla, e yendo por su camino...», *P*, *A* (c. 6, ff. 7 y 14 v).

CrAºXI, XXXVI.2 (*Gran Cr*, XLIII) «apellido gentes de Vizcaya, et en Castiella todos sus vasallos et sus amigos, et ayunto grandes gentes», *E* (f. 38 *a*), «apellido en Vizcaya e en Castilla quantas gentes de vasallos e amigos pudo aver, por lo que (qual *A*) fueron ayuntados (-as *A*) grandes conpañas», *P* (c. 43, f. 37 v), *A* (c. 45, f. 65) [2].

---

[2] Más ejemplos: *CrAºXI*, VII.9 (*Gran Cr*, IV) «Los personeros de las uillas», *E* (f. 10 *a*), «l. procuradores d. l. v.» *P*, *A* (c. 4, ff. 4 v y 11, respectivamente); *CrAºXI*, VIII.13 (*Gran Cr*, V) «procuradores de los conçeios» *E* (f. 11 *a*), «p. d. las çibdades (ciud. *A*) e villas e lugares del rreyno» *P*, *A* (c. 5, ff. 5 v-6 y 12 v); *CrAºXI*, XXXIX.2 (*Gran Cr*, XLVI) «Pero Lasso... era muy sin Dios», *E* (f. 39 *c*), «...muy sin mesura», *P* (c. 46, f. 39), *A* (c. 48, f. 67 v); *CrAºXI*, XXVII.6 (*Gran Cr*, XXX) «non le teniendo desafiado nin se catando del», *E* (f. 29 *d*), «non le teniendo fecho por que nin desaguisado ni se catando (acatando *A*) del», *P*, *A* (c. 30, ff. 27 v y 44 v); *CrAºXI*, LXXIV.71 (*Gran Cr*, XC) «fue en muy grand dubda», *E* (f. 67 *c*), «...duda y en gran pensamiento e non sabiendo que fazer», *P* (c. 90, f. 77), *A* (c. 91, f. 127); *CrAºXI*, XII.23 (*Gran Cr*, VIII) «Et moviendol el infante don Johan algunas pleitesias por que gelo partiesse, nunca pudo», *E*

Tan estrecho parentesco, disminuye, claro está, la autoridad del prototipo de ambos manuscritos. Pero, una vez esclarecida la verdadera composición del ms. *A* (cfr. II, *a-g*) [3], no tenemos motivos para desconfiar de la fidelidad (en términos generales) de ese prototipo a la estructura originaria de la obra.

La razón fundamental que me había llevado en el pasado a suponer la existencia de una **Gran Crónica* más amplia y perfecta que la conservada fue el hallar en el *Poema* toda una serie de escenas historiográficamente más completas que las correspondientes de la *Gran Crónica* conocida [4]. Pero,

---

(f. 14 *d*), «E estonçe el infante don Joan començoselo a estoruar e cato muchas maneras e mouio muchas pleitesias para ello, pero al cabo non pudo», *P, A* (c. 8, ff. 10 y 17 v); *CrAºXI*, XXXVII.10 (*Gran Cr*, XLIV) «algunos caualleros de la orden... desauenioronse del; entre los quales freyres que se partioron del maestre fue vn cauallero...», *E* (f. 38 *c*), «...desauenieronse con el; e tomo la boz desto espeçialmente vn c.», *P* (c. 44, f. 38), *A* (c. 46, f. 66); *CrAºXI*, XV.6-7 (*Gran Cr*, XIV) «partio la su yda et de don Joan su fijo et al infante don Felippe para la frontera a la guerra de los moros, et esso mismo fizo a don Fernand Ruyz de Saldaña et a don...», *E* (f. 18 *c*), «dexo la su yda que avia de yr a la frontera a ayudar al infante don Pedro a (y *A*) fazer guerra a los moros e la de don Joan su hijo, e otrosi estoruo que no fuesen (fuese *P*) alla tanpoco a la guerra de los moros el infante don Felipe e don Fernan Ruyz de Saldaña e don...», *P, A* (c. 14, ff. 14 y 23).

[3] Según ya hemos dicho, gracias al testimonio de *P* podemos ahora afirmar que el formador del ms. *A* no desechó pasaje o pormenor alguno de la *Gran Crónica* que copiaba; bien al contrario, intentó completarla interpolando pequeños detalles y algunos episodios tomados de «dos coronicas antiguas con las quales se corrigio» (que se identifican con un ms. **M'* hermano del ms. *M*, y, quizá, con un manuscrito de la *Versión vulgata*, como el ms. *E*).

[4] Ya sea por su mayor coherencia (cfr. *Un prosista anónimo*, páginas 194-196), ya por su mayor riqueza informativa. Esta superioridad del *Poema* (versificado en 1348 por Rodrigo Yáñez) respecto a la versión conocida de la *Gran Crónica*, se justificaba a mis ojos solamente considerando que los manuscritos *A* y *R* remontaban a un prototipo que en ocasiones recortaba ya (cfr. I, *g*) el texto original cronístico acabado el 8 de abril de 1344 (fecha del abrupto final de la historia

antes de considerar que esa superioridad informativa del
Poema de 1348 es una prueba de la existencia de abrevia-
ciones en el prototipo de *P, A*, sería preciso comprobar que
entre la *Gran Crónica* y el *Poema* no caben otras relaciones
de dependencia [5].

En apoyo de la supuesta tendencia abreviadora de la
Gran Crónica conservada aduje en estudios anteriores [6] el
capítulo del ms. *A* en que se describen las últimas acciones
de los cristianos antes de desplegarse para empezar la batalla
del Salado (c. 354, *Gran CrA°XI*, CCCXXVII). Al observar
que el resumen de la *Gran Crónica* incluido en la *Historia
en Décadas* (*R*) confirmaba el carácter cronístico de varios
pormenores del relato poético, ausentes del texto conservado
por el ms. *A* [7], me creí autorizado a atribuir a la **Gran Crónica* primitiva los restantes detalles de la narración de Rodrigo Yáñez que «faltaban» tanto en *R* como en *A*: el contenido de la arenga que el arzobispo don Gil de Albornoz
dirige al rey y a los hidalgos castellanos (estrs. 1530-1540)
y el pormenorizado episodio de los cuatro escuderos —iden-
tificados con sus nombres y todo— que acuden a ser armados caballeros por Alfonso XI (estrs. 1541-1547). Convencido
de que la escena cronística referente a los preparativos cristianos para la batalla estaba malamente acortada, consideré
natural que la escena paralela del campo moro (c. 356 del

---

de Alfonso XI, tanto en la *Gran Crónica* como en la *Crónica*), original
que habría servido de fuente al poeta.

[5] Sobre esta importante cuestión volveremos más adelante, trayen-
do a consideración argumentos nuevos.

[6] *Un prosista anónimo*, pp. 189-192.

[7] Nombre del caballo de Alfonso XI (Valencia); arenga de Alfonso XI; escena en que varios escuderos se acercan a Alfonso XI, cuando el rey se dispone ya a cabalgar, para recibir de sus manos orden
de caballería. *R* consignaba además el nombre de los dos caballeros
que arman al rey (Juan Martinez de Leyva e Yñigo Lopez de Horozco),
detalle desconocido por el *Poema*.

ms. *A*) hubiese sufrido mutilaciones aún mayores, y, en consecuencia, atribuí a la **Gran Crónica de 1344* las detalladas conversaciones estratégicas de Albofaçen con el rey de Granada y con los infantes Abohomar, Audalla, Naaçar y don Antara(n), que sólo figuran en el *Poema* (estrs. 1575-1642). Hoy, gracias al ms. *P*, puedo precisar el verdadero alcance de las omisiones de *A*: Ninguno de los detalles extraños a *R* y a *A* de las dos escenas poéticas aparece en el nuevo texto de la *Gran Crónica*. En cambio, todos los pormenores que la confrontación de la *Historia en Décadas* nos hacía echar de menos en el ms. *A* (c. 354) figuran reunidos en unos párrafos (*Gran CrA°XI*, CCCXXVII.36-42) al final del capítulo correspondiente de *P* (c. 327)[8], evidenciándonos así que su ausencia en el ms. *A* se debe a un mero descuido y no a un proceso de sistemática abreviación.

En fin[9], mientras nuevos argumentos no vengan a demostrarlo, nada nos autoriza a suponer que el prototipo de *P, A* cercenase o abreviase metódicamente el original cronístico que transcribía.

---

[8] Véase II, *a*, n. 4.
[9] Las lecciones defectuosas del ms. *A* comentadas en las pp. 181-182 y 189 de *Un prosista anónimo* nada tienen de extraordinario (para «caudillo *de Baça*» véase II, *a*, n. 4; sobre las restantes trataremos en III, *b*). Actualmente no considero tampoco demostrativo el caso aducido en las pp. 193-194 de *Un prosista anónimo*: El resumen de la *Historia en Décadas* no evidencia que la **Gran Crónica* desarrollase la escena del consejo moro reunido por Albohacén en Algeciras con una pluralidad de intervenciones (discursos del rey, de Botexefin y de don Clarife) según hace el *Poema* (estrs. 1039-1064). El paralelismo con otro consejo moro reunido por Albohacén ante Tarifa, que la *Gran Crónica*, CCCXVI-CCCXIX (*P*, c. 316-319; *A*, c. 343-346) cuenta con todo detalle y el *Poema* (estrs. 1363-1402) con menos intervenciones de personajes, no elimina la posibilidad de que los discursos en el consejo de Algeciras sean creación de Rodrigo Yáñez.

b) LA «GRAN CRÓNICA» RESUMIDA
POR LA «HISTORIA EN DÉCADAS»

La hermandad de los dos únicos textos conservados de
la *Gran Crónica* confiere un gran interés a la *Historia en
Décadas* (ms. *R*) [10], toda vez que el autor de este sumario
manejó en el s. XVI un manuscrito desconocido de la *Gran
Crónica*, no sólo distinto de *P* y de *A*, sino incluso independiente del prototipo de ambos. La independencia y superioridad del texto de la *Gran Crónica* resumido en la *Historia
en Décadas* resulta patente con sólo aducir dos casos notables:

En los dos manuscritos conservados de la *Gran Crónica*,
el infante don Pedro, decidido a emprender la conquista
del reino granadino, exclama, «con fortaleza de su coraçon»
(*Gran CrA°XI, XX.3-4*):

> «que no era hijo del rrey don Sancho si en pocos años, dandole
> Dios vida, no fiziese que la casa de Granada no fuese tornada
> a la *casa* d'España, e que los fijos dalgo de Castilla *se nonbra-
> sen* todos y *creyesen estas palabras*».

Ante lo cual, el cronista comenta:

> «E destas palabras que dixo el infante peso mucho a caste-
> llanos» (*XX.5*) [11].

---

[10] Cfr. I, *h*.

[11] *P*, c. 20, f. 17; *A*, c. 20, f. 27 v (*variantes*: hera, *P*; rey, *A*;
hiziese, *A*; y, *A*; hijos, *A*; Y, *A*; ynf., *P*; i. don Pedro, *A*; a los, *A*).
Véase la edición de este capítulo y del siguiente en el c. XII del
presente libro. No mucho después la *Gran Crónica* (*XXI.9*) refiere
cómo, estando ambos infantes, juntos pero no de un corazón, ante
las puertas de Granada, los hidalgos castellanos, al oir la orden de
acometer a los moros dada por don Pedro, «callaron todos e estauan
oteando con malos ojos» (*P*, *A*, cc. 21). El ejército cristiano, por su
desorganización, fue vencido y los dos infantes muertos.

A la vista sólo de los mss. *P* y *A*, este comentario no hace
sentido. La escena resulta mucho más coherente en el resumen que nos da la *Historia en Décadas*:

> «No sere yo hijo del rrey don Sancho si, dandome Dios salud,
> en pocos años no conquisto el rreyno de Granada y hago que
> los hijos dalgo de Castilla *se ocupen en arar la tierra*. Los hijos
> dalgo, sintiendose quel ynfante dezia esto por los baldonar, le
> tomaron odio» (*R*, f. 249)[12].

Sin duda alguna el manuscrito de la *Gran Crónica* que
manejó el autor de este sumario era aquí más correcto que
el prototipo de *P*, *A* y conservaba una lección análoga a la
que nos trasmite el ms. *M* (cuyo prototipo utilizó en varias
ocasiones la *Gran Crónica*):

> «et el que non seria fijo del rrey don Sancho sy en dos años,
> dandole Dios vida, non fiziese que la casa de Granada fuese
> tornada a la *corona* d'España, et que los fijos dalgo *labrasen*
> todos et *criasen*» (*M*, f. 26 d).

La amenaza a los hidalgos castellanos que venían obstacu-
lizando las empresas reconquistadoras de don Pedro aparece
ahora clara, y muy comprensible también el resentimiento
de los castellanos a quienes el infante amenazaba con reducir
a la condición de labradores.
En otra ocasión (*Gran CrA°XI*, CCLVIII.24), el ms. *P*,
copiando un texto al parecer mutilado, dice:

> «e por fazer çierto de la batalla al rrey don Alfonso de Castilla,
> enbiole el maestre sacos llenos *de las* de los moros que mata-
> ron *jelas* en la su villa de Madrid» (c. 258, f. 240 v).

---

[12] Al contar la insubordinación de los castellanos en la batalla
(conforme al relato de la *Gran Crónica* citado en la nota anterior),
el historiador del s. XVI comenta: «creese que lo hizieron por la palabra que se le avian soltado diziendo que avia de hazer arar a los
hijos dalgo de Castilla» (*R*, f. 250).

El original de *A* no debía ser muy distinto, ya que este manuscrito retoca torpemente el pasaje, diciendo:

> «e por hazer çierto al rey don Alonso de Castilla de la batalla, embiole el maestre sacos llenos *de las cosas* de los moros que mataron a la su villa de Madrid, donde el rey estaua» (c. 259, f. 360).

La *Historia en Décadas* especifica, en cambio, con toda claridad, cuáles fueron los trofeos de la batalla enviados por el maestre al rey:

> «mando *cortar las orejas* de los moros que avie muerto y salarlas y embiolas en çiertos saquillos presentadas al rrey» (*R*, f. 314 v).

Su lección está confirmada por el *Poema* de 1348:

> 731   e las orejas tajaron
> a los moros, bien syn falla,
> de aquellos que fallaron
> que morieran en batalla,
> 732   e al noble rrey las dieron
> que estaua en Madrid[e],
> e del maestre le dexieron
> commo venciera la lid[e].

No menos ilustrativos de la independencia y superioridad de *R* respecto a *P*, *A* son ciertos pasajes en que la *Historia en Décadas* va de acuerdo con la *Versión vulgata* de la *Crónica* (ms. *E*), frente a los dos manuscritos de la *Gran Crónica* conservados.

> Ejemplos: *R* y *E* nombran a don *Alfonso*, hijo del infante don Juan, donde *P* y *A* hacen figurar a otro hijo del infante más famoso en la historia, don *Juan* (el que solemos llamar el Tuerto)[13]; el Pero Fidalgo que escala la Peña Negra de Tiscar

---

13   *CrAºXI*, XII.29 (*Gran Cr*, X): «la mayordomia del rrey... die-

se nos asegura en *R, E* que era un hombre muy pequeño del maestre de *Calatraua,* mientras *P* y *A* afirman que era del maestre de *Alcántara*[14]; *R* y *E* llaman «Juan Alonso de *Salzedo»* a cierto heroico escudero, que elige el martirio antes de renegar de su fe, apellidado «de *Azevedo»* por *P* y *A*[15]; el castillo, que tanto *E* como *R* denominan correctamente *Alhauar,* recibe en *P, A* el nombre de *Albehar*[16]; «las *Loças»* nombra *R* al topónimo que *E* llama bien *Locas* y *P* y *A* deforman en *Bocãz* (o *Bõcaz*)[17]; *R* y *E* conservan la lectura correcta *Barbate,* mientras *P* y *A* estropean poniendo *Barute*[18]; etc.

Los casos aducidos bastan, sin duda, para dar como seguro el siguiente árbol genealógico:

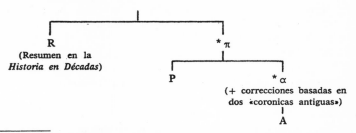

ronla a don Alonso hijo del ynfante don Juan», *R,* f. 245 v; «dieron el mayordomadgo del rey que tenia a don Alfonso fijo del infante don Joan», *E,* f. 16; «dieron la mayordomia del rrey (rey, *A*) que tenia a don Joan (Juan, *P*) hijo del infante (ynf., *P*) don Joan (Juan, *P*), *P, A,* c. 10.

14 *CrAᵒXI,* XVII.33 *(Gran Cr,* XX) *R,* f. 249 v; *E,* f. 20 *c; P, A,* c. 20.

15 *CrAᵒXI,* CCL.23 *(Gran Cr,* CCCV.37) *R,* f. 327; *E,* f. 202 *b; P,* c. 305, f. 296 v; *A,* c. 332, f. 437 v.

16 *CrAᵒXI,* XII.49 *(Gran Cr,* XI) *R,* f. 246; *E,* f. 16 *d; P* y *A,* c. 11 (*A* dos veces; *P* una, la otra: *Halbear*). Cfr. en *B: Harabal.*

17 *CrAᵒXI,* CCLIII.19 *(Gran Cr,* CCCXIII) *Locas* en la carta del arzobispo don Gil al Papa (véase c. IV, n. 48). *R,* f. 329; *E,* f. 205 *a; P,* c. 313, f. 308; *A,* c. 340, f. 449.

18 *CrAᵒXI,* CCLIII.35 *(Gran Cr,* CCCXXI) *R,* f. 330 v; *E,* f. 205 *c; P,* c. 321, f. 317 v; *A,* c. 348, f. 459. *Barbate* también en el correspondiente pasaje del *Poema* (estr. 1335). En el mismo lugar (*CrAᵒXI,* CCLIII.36; *Gran Cr,* CCCXXI) «mesa de Benalu», *E;* «mesa de Benavi», *R;* «mesta de Bençibi», *P;* «cuesta de Bençibi», *A.*

Este árbol nos hace conceder especial importancia al testimonio de *R*, frente al de *P*, *A* [19].

Por ejemplo. Según la *Historia en Décadas*, Albohacén, al ver desplegarse con las primeras luces del alba el ejército cristiano a orillas del Salado, comenta amargamente:

> «de mañana quiere començar la pelea el rrey de Castilla y de veras se nos ha tornado este juego, porque yo por burla lo tenia hasta aqui».

Estas palabras nos obligan a corregir el texto de *P*, *A* en *Gran CrAºXI*, CCCXXIX.16.

> «paresçeme que non (no, *A*) quiere el rrey (rey, *A*) don Alonso de Castilla fazer (hazer, *A*) mañana (esta maña, *A*) esta pelea, e este juego tornado es en (*omite* en *A*) verdad» (*P*. c. 328; *A*, c. 356),

suprimiendo el (*non*) y añadiendo un [*de*] *mañana*.

---

[19] Los dos mss. *P* y *A* de la *Gran Crónica* nombran (en el c. XX) de forma poco satisfactoria a los embajadores que el infante don Pedro envía a Tiscar (escrito *Tistar* en *P* y *A*): «y los mensajeros fueron alla P[er]o Juan de Berrio e Rramos de Xerez adalides», *P* ~ «e los mensajeros que fueron alla eran Pero Joan de Uerrio e Ramos de Xerez adolides», *A*. La *Historia en Décadas* llama, por su parte, a los «dos adalides» *Juan de Berrio* y *Pedro de Rramos* (*R*, f 249 v), lección quizá correcta. En otros casos resulta más difícil el determinar cual de las dos ramas de la *Gran Crónica* conserva la variante original. En *Gran CrAºXI*, XXI.*8* el ms. *P* (c. 21, f. 19) y el ms. *A* (c. 21, f. 30 v) dan el nombre de *Juan Martinez Guerrero* ~ *Joan Nuñez Guerrero* al alférez del infante don Pedro (cuando la desastrosa entrada por la Vega granadina); *R* (f. 250) lo denomina *Juan Martinez Aguero*. En *Gran CrAºXI*, XXI.*10*, el caballero de la frontera que amonesta a los hidalgos castellanos desobedientes a don Pedro se dice en *P* (c. 21, f. 19) y *A* (c. 21, f. 31) que era *Joan Ponçe de Cordoua*; *R* (f. 250 v) lo nombra (posiblemente mal) *Pero Ponce de Cordoua*. Véanse uno y otro pasaje en «Mi edición», c. XII del presente libro.

Junto a este caso evidente, creo ilustrativo poner otro más problemático. Al dar cuenta de los principales moros y moras muertos o presos en el Salado, *P* y *A* dicen:

> «fueron presos otros dos infantes, a quien no sabemos los nonbres» (*Gran CrAºXI*, CCCXXX, *121*)[20].

La *Historia en Décadas* habla en cambio de dos infantitas:

> «...entre ellas dos hijas de Alboaçen, que embio a la rreyna doña Maria su muger» (*R*, f. 334 v).

El *Poema de Alfonso XI* alude también a las dos infantitas presas, y aunque su versión es contradictoria con la de la *Historia en Décadas*, se relaciona íntimamente con ella:

> E dos infantes troxieron,
> muy apuestas fiera miente,
> e a doña Lionor las dieron
> las infantas en presente,
> de aquel rrey fijas eran
> don Ali Albofaçen,
> e lo que despues fezieron
> yo vos lo contare bien[21].

---

[20] *P*, c. 329, f. 339 v; *A*, c. 357, f. 479 v.

[21] Estrofas 1800-1801. La *Estoria del fecho de los Godos* recoge una noticia referente a las infantas moras: «E esto asi fecho [el «casamiento» de don Pedro y la hija del rey de Inglaterra, que no llegará a tener efecto por muerte de la novia en Setiembre de 1348], este noble rey don Alonso, teniendo las fijas del rey Alboacen, que tomo en la pelea de Benamarin, e las pudiera matar si quisiera, fue la su nobleza de las mandar apostar de muy ricas vestiduras e de nobles caualgaduras, e diolas joyas de gran valia, e embiolas al rey Alboacen su padre... [etc.]. Este rey Alboacen embio al rey don Alonso un noble presente... E levaron este presente dos moros, el uno decian Abdalla Afar, e al otro Abiterbo. E fallaron al rey en Villareal... [etc.]» (ed. en «Colección de Documentos Inéditos para la Historia de España», CVI, Madrid, 1893, p. 68). Me parece evidente que el *Poema* pensaba contar este generoso rasgo de Alfonso XI y

¿Figuraba este detalle en la *Gran Crónica* manejada por el historiador quinientista?

c) ADICIONES DE LA «HISTORIA EN DÉCADAS» A LA NARRACIÓN DE LA «GRAN CRÓNICA»

Evidentemente, en todos aquellos casos en que *R* nos parezca más correcto o más completo que *P, A* habrá primeramente que considerar la posibilidad de que el autor de la *Historia en Décadas* haya reformado el relato de la *Gran Crónica* en atención a sus particulares puntos de vista historiográficos o en vista de datos de otra procedencia, y sólo una vez que hayamos tenido en cuenta este tipo de modificaciones podremos entremeternos a corregir el prototipo de *P, A* utilizando la versión de *R*.

Aunque el historiador quinientista se limitó por lo general a resumir el texto de la *Gran Crónica,* en ocasiones retocó evidentemente el relato de su fuente básica.

Una de las innovaciones más visibles consiste en la incorporación de breves referencias a lo ocurrido en otros reinos (Granada, Portugal, Navarra, Francia, etc.). Con frecuencia, esas noticias proceden de otros pasajes de la misma crónica, pues el cronista de Alfonso XI proporciona abundante información sobre los reinos vecinos al referirse a los antecedentes de ciertos sucesos que atañían a la historia

---

que si hoy no figura en el ms. *E* del *Poema* ello se debe a la pérdida de su último o últimos folios. Véase D. Catalán, «El Toledano Romanzado y las Estorias del fecho de los Godos del siglo xv», *Estudios dedicados a J. H. Herriott*, Universidad de Wisconsin, 9-101 (especialmente pp. 80-83).

del reino castellano[22]; pero en algún que otro caso las referencias tienen otra base:

> «En este año, a los çinco dias del mes de Março, segund la Cronica de la Oliva afirma, fueron coronados en Panplona por rreyes de Navarra doña Juana, hija de Carlos el hermoso rrey de Françia, juntamente con Filipo, su marido» (*R*, f. 277).

> «En el año pasado murio don Donis, rrey de Portugal, subçediole en el rreyno don Alonso su hijo, que fue quarto deste nombre de los de Portugal, y hera casado con doña Ysabel, hermana del rrey don Fernando, con quien tenia hijos a don Pedro su primogenito y a doña Maria» (*sic*, *R*, f. 266).

Las interpolaciones de este tipo son fácilmente reconocibles. También se separan netamente del contexto ciertas aclaraciones que el historiador considera oportuno introducir: Las hay, aunque en número muy escaso, atañentes a personajes de la nobleza[23]; otras se refieren a los antiguos se-

---

[22] Así, por ejemplo, en el f. 256 v (durante las segundas tutorías) dice: «En este año mismo, por muerte de Luys rreyno en Françia y en Navarra Filipo el Luengo, su hermano». En el f. 261 v incorpora varias noticias procedentes de la historia de los reyes de Granada: entrega de Algezira, Ronda, Castellar, Ximena, Estepona y Marvella al rey de Marruecos; entrada del rey granadino por el reino de Murcia y conquista de Guescar, Orenes y Aguilera, lugares de la orden de Santiago; toma de Martos y muerte de un nieto de Ozmín; asesinato del rey de Granada y proclamación de un nuevo rey. En el f. 262 v (antes de la llegada de don Juan Manuel como adelantado a la frontera) refiere la toma de Rute por el rey de Granada. En los ff. 271 v-272 (detrás de la petición al conde Alvar Núñez de los castillos del rey) añade: «Este año murio sin dexar hijo varon Carlos rrey de Françia y de Navarra llamado el hermoso. Por falta de subçesion de varon rreyno en Françia Filipo conde de Boloys y en Navarra su sobrina doña Juana ...Esta doña Juana rreyna de Navarra caso con Filipo... conde de Anbros y Longavilla en Françia, de manera que la corona de Navarra salio de la de Françia con quien avia estado junta espeçie de quarenta años». Etcétera.

[23] «Este don Pero Ponçe fue hermano de don Fernan Perez Ponçe, señor de Marchena, y fueron hijos de don Fernan Perez Ponçe, adelan-

ñoríos [24]. Más interesante es la explicación de la diferencia entre vasallaje y señorío (*R.* ff. 303 v-304) [25] o la extensa disquisición acerca del valor de los maravedís de aquellos tiempos en relación con la moneda que al presente circulaba en

tado del Andalozia, el qual dexo a su segundo hijo don Hernan Perez la villa de Marchena, de quien obo origen la casa del duque de Arcos, que permanesçe, y la qu'estos tenian en el rreino de Leon y Asturias se perdio» (*R*, f. 245).

[24] «Tuvo este don Juan Nuñez tan prinçipal gente consigo porque hera señor de las casas de Lara y Vizcaya, que heran las prinçipales de Castilla, en espeçial la de Lara, que hera cabeça de los hijosdalgo della y hablava en cortes por ellos y le rreconosçian señorio la mayor parte de los nobles de Castilla y davan al señor della ayantar quando pasava por sus pueblos y beetrias dellos... [etc]» (*R*, f. 306-306 v).

Comentando las explicaciones del cronista alfonsí acerca de las libertades de Alava («Acaesçio que antigua miente, desde que fue conquista la tierra de Alaua et tomada a los Nauarros, siempre ouo señorio apartado; et este era qual se le querian tomar los fijos dalgo et labradores naturales de aquella tierra de Alaua: Et a las vezes tomauan por señor alguno de los fijos de los reys, et a las vezes al señor de Vizcaya, et a las vezes al de Lara, et al señor de los Cameros a las vezes», *CrAºXI*, CII.2-12, *E*, f. 85 v; *P*, *A* son semejantes, *Gran CrAºXI*, CXVIII), el historiador declara: «Quando los godos perdieron a España, como he dicho, los moros fueron señores della salvo de Asturias y parte de Galizia y de las montañas de Castilla y Vizcaya y Alaba. Cada vna destas gentes tuvo sus caudillos y gente por si, salvo estos de Alaba que como muria vn señor rresçibian otro. Y segund yo he visto en muchos previllegios y escripturas estos de Alaba tuvieron por sus Condes y señores algunos de la casa de Mendoça y de la de Guevara y de la de Vizcaya y al Conde Hernan Gonçalez, el qual quito el señorio della al Conde don Vela que hera de la casa de Guevara. De manera que muerto su señor tomavan el que querian...» (*R*, f. 277).

[25] «Algunos tendran duda como este hera vasallo del rrey de Portugal, y es menester que sepan que vasallage y señorio son diversas cosas, avnque al presente lo tienen por vna. Y vasallage es en dos maneras dar o rresçebir: el villano que paga tributo es vasallo de aquel a quien lo paga y el noble que rresçibe salario o acostamiento de vn prinçipe o señor es su vasallo. Y porque don Juan Nuñez rresçibio su acostamiento del rrey de Portugal, le llamo su vasallo. Y ansi veran por previllegios de los rreyes pasados d'España qu'estan

España (*R*, f. 246 v). Ninguna de estas actualizaciones puede oscurecernos la estructura de la *Gran Crónica* resumida por la *Historia en Décadas*.

Otros retoques no son tan manifiestos: El historiador no siempre se contenta con la exposición de los hechos; a veces introduce comentarios[26], y en algunos casos llega incluso a reformar el relato de acuerdo con sus particulares inclinaciones. El caso más claro y repetido está en conexión con la simpatía que le inspira don Juan Manuel (a quien el cronista de Alfonso XI trataba, en bastantes ocasiones, con mal disimulada hostilidad).

Así, al referir la vuelta de don Juan Manuel a Córdoba, después de su victoriosa entrada contra Antequera (*Gran CrAoXI*, LX.*16-18*), comenta:

> «Don Juan Manuel quisiera çercar a Teva, mas fue avisado que los que governavan al rrey tratavan de lo deshazer, a el y a don Juan señor de Vizcaya, y antes que se partiese de Cor-

---

confirmados de Condes de Fox y de Arminaque y de otros muchos señores gascones y a[u]n de Condes de Vrgel de Aragon, porque tenian acostamiento de los rreyes de Castilla, como le tenia este Vizconde Gascon que se hallo en el çerco de Lerma. Y los nobles antiguamente llamavan se vasallos del rrey o de los grandes con que bivian y ansi es vna cosa ser subdito y otra vasallo. Y si miran en ello, muchos pueblos ay en Castilla que son juridiçion de vn señor y vasallos de otro» (*R*, ff. 303 v-304).

[26] Puede servirnos de muestra el razonamiento con que remata la historia de la pérdida de la flota mandada por Alfonso Jufre (*Gran CrAoXI*, CCLXXXI): «De manera que por poco secreto perdio el rrey treynta y tress galeras y otros navios; que, avnque fuera verdad lo que del almirante se dezia, no se avia de publicar, ni preguntallo el rrey por su persona a nadie, lo qual fue cavsa de su perdiçion y lo que dello se pudiera subçeder» (*R*, f. 321). O el comentario final de la batalla del Salado (*Gran CrAoXI*, CCCXXX): «El rrey don Alonso dio a su paje este dia la lança bien ensangrentada, porque en la verdad lo hizo muy esforçadamente por su persona» (*R*, f. 334 v).

dova, escrivio a don Juan que le faboresçeria si le quisiesen
quitar su estado» (*R*, f. 263 v).

El cronista de Alfonso XI (*CrA°XI*, L.41-44; *Gran Cr*, LVI)
se había referido a esta promesa de ayuda a don Juan el
Tuerto como una clara muestra de la insidiosa conducta
de don Juan Manuel (quien hacía poco había desposado su
hija con el rey). El historiador del s. xvi, preocupado por
presentar la noticia a una luz favorable para don Juan Manuel, inventa el propósito de cercar a Teba frustrado por
culpa de los privados del rey.

También se detiene a justificar la conducta de don Juan
Manuel al dar cuenta de la alianza que establece con el rey
de Granada para hacer guerra a Alfonso XI (*Gran CrA°XI*,
LXXII.20):

> «desesperado don Juan Manuel con el afrenta quel rrey le avia
> hecho en dexar a su hija y temiendose no le hiziese guerra,
> procuro de hazer liga con el rrey de Granada» (*R*, f. 265).

La *Gran Crónica* (*P*, c. 95, *A* c. 96), tras referir el matrimonio de Alfonso XI con María de Portugal, comentaba:

> «E como quier que este casamiento contradixo el papa
> Juan, apostolico de Rroma, despues lo otorgo e les enbio legi-
> timaçion a la villa de Madrid a do el rrey fazia sus cortes...»
> (*Gran CrA°XI*, XCV.3-4; *P*, f. 80 v; *A*, f. 132).

El historiador explica:

> «Esto fue contra voluntad del Papa, y no quiso dispensar,
> al prinçipio, por no perjudicar a doña Costança, hija de don
> Juan Manuel» (*R*, f. 272).

Según la *Crónica* y la *Gran Crónica*, don Pedro Fernández
de Castro se presentó ante Peñafiel a demandar a don Juan

Manuel los daños que hacía en tierra del rrey y a decirle que saliese a «auer lid con el»; pero don Juan le contestó:

> «que gelo non auia el de demandar, nin queria yr a lidiar con el sobresto» (*CrAºXI*, CLXXI.11; *Gran Cr*, CXC).

El cronista, aunque justifica la actitud de don Juan Manuel aduciendo que «siempre tenie et cuydaua que el rey estaua en aquella conpaña o que estaua tan çerca quel podrian auer en su ayuda», no deja por ello de complacerse en su desairada posición:

> «E don Pero Ferrandes enbiol dezir que grand verguença le era estar el alli tan çerca del et de la su villa, et non salir a pelear con el. Et don Iohan enbiol a dezir que ya otras vezes acaesçiera en Castiella llegar los ricos omnes con assonada a los logares do estauan los otros, et non salieron a ellos nin ouieron pelea de consuno»[27] (*CrAºXI*, CLXXI.12-13; *Gran Cr*, CXC).

La *Historia en Décadas* consigna, desde luego, la causa por la cual don Juan Manuel no salió a batalla[28], pero omite los últimos mensajes y, en su lugar, pone en boca de don Juan una altanera disculpa:

> «Y rrespondio a don Pero Fernandez que quisiera aver sabido su venida para tener alli vn cavallero de su casa que saliera a darle batalla, porque su persona no avia de entrar con la suya en campo, ni el hera parte para le demandar ninguna cosa» (*R*, f. 303 v).

Aunque tales palabras se ajustan bien al orgullo linajístico del hijo de infante, es claro que fueron ideadas por el his-

---

[27] *E* (f. 148 *c-d*). El relato de *P* (c. 190, ff. 188 v-189) y *A* (c. 191, f. 286-286 v) no difiere sustancialmente del conservado en *E*.

[28] *R* dice: «don Juan saliera, sino se temia el rrey no estuviese en alguna çelada como solia» (f. 303 v).

toriador quinientista, dado el perfecto acuerdo de las dos
redacciones de la crónica. El interés por don Juan Manuel,
que tan insistentemente patentiza el autor de la *Historia
en Décadas*[29], explica asimismo la adición de un curioso
pormenor: Donde el cronista se limitaba a contar que «doña
Iohana fue al Castiello de Garci Muñoz a enbiar a dezir a

---

[29] Casos menos llamativos de la afición manuelina del historiador
quinientista son abundantes. Así, donde la *Crónica*, XXI.4-5 (*E*, f. 25 *b*)
y la *Gran Crónica*, XXIV (*P*, *A*, c. 24) presentan a don Juan Manuel
acompañado de don Lope y de «algunos conçejos de Estremadura»,
la *Historia en Décadas* nos habla de «procuradores de los pueblos
que le avian tomado por tutor, que heran los rreynos de Toledo y
Murçia y obispados de Cuenca y Çiguença y Segovia y Avila» (*R*,
f. 252). Durante la guerra con el rey, el historiador quinientista se
complace en destacar, por su cuenta, el poder de don Juan Manuel:
Al dar cuenta que se refugia en el reino de Murcia (*Gran CrAºXI*,
LXIV), añade «donde hera señor de mucha parte del» (*R*, f. 264 v);
si habla de los robos que los Albornoz le hacen (*Gran CrAºXI*,
LXXXV), aclara que era «en la tierra que agora llaman el marquesa-
do de Villena, que hera de don Juan» (*R*, f. 268 v); al contar la
defensa de Escalona por los vasallos de don Juan (*Gran CrAºXI*,
LXXXVI), introduce el comentario de que «al rrey pesole por aver
çercado Escalona, por que conosçio que avia menester mucho tiempo
para la ganar y en Toledo le avian hecho creer que se entregaria
luego» (*R*, f. 268 v); en vez de quitar importancia al cerco de Huete,
según hace el cronista regio (*Gran CrAºXI*, LXXXV), subraya que el
rey tuvo que enviar algunos caballeros de su casa a la villa «temien-
do no le ganase don Juan a Huete» (*R*, f. 268 v). La simpatía por la
causa de don Juan le induce a explicar el fracaso de la mediación
papal por intermedio de un Cardenal (*Gran CrAºXI*, LXXXVIII)
diciendo: «Como este vio la yntençion del rrey no le hablo mas en
ello y fuese a Aviñon, donde rresidia el Papa con su corte, y no
apreto mas en el negoçio por que hera muy amigo del Conde y vno
de los privados del rrey, que tuvo su sello y se llamava maestre
Pedro antes que fuese obispo de Cartagena» (*R*, f. 269). Comentando
el fracaso de unas vistas entre el rey y don Juan Manuel, allí donde
el cronista acusaba a un amigo fiel de don Juan Manuel, al prior
Hernán Rodríguez, por haber hecho imposible el encuentro (*Gran
CrAºXI*, XCVIII), nuestro historiador denuncia a los privados regios:
«A los privados del rrey peso mucho que don Juan viniese a la
corte, por que no serian señores...» (*R*, f. 273).

don Iohan en commo los pleitos eran firmados, et que se veniesse de Aragon para Castiella» (*CrA°XI*, CLXXXII.25-26; *Gran Cr*, CCIII)[30], el historiador quinientista añade:

> «y doña Juana de Lara al Castillo de Garçi Muñoz, *donde esta‑ va su hija doña Blanca, muger de don Juan Manuel*» (*R*, fo‑ lio 308).

Junto a estos retoques, hay que consignar ciertas libertades interpretativas. El historiador del s. XVI sustituye con frecuencia el discurso indirecto, por discurso directo[31]; y el deseo de dramatizar los pasajes más llamativos de la historia, le arrastra algunas veces a notables amplificaciones retóricas. Así, mientras la *Gran Crónica*, CCCXXIV.*33-34*, se limita a contar:

> «E don Joan dixo a Joan Alfonso de Benauides e a todos los otros muchas buenas rrazones, conosçiendoles por el rrey la grand lealtad que auien fecho» (*P*, c. 324, f. 330 v; *A*, c. 351, f. 464 v)

la *Historia en Décadas* improvisa «la habla siguiente» en boca de don Juan Manuel:

> «Por çierto no se esperaua de vos otros ni de vuestro es‑ fuerço ni animo al, sino lo que aveys fecho, por ende bien supo

---

[30] *E*, f. 158 *d*; *P*, c. 203, f. 204; *A*, c. 204, f. 306 (cito con la ortografía de *E*).

[31] Por ejemplo. Donde la *Gran Crónica*, CCCXXI.*11-12*, dice: «E en aquel lugar conbido don Joan Manuel a los rreyes e dixoles que el dia de la batalla, con el ayuda de Dios e del apostol Santiago, les queria dar de comer a estos rreyes de Castilla e de Portugal en la tienda del rrey de Benamarin» (*P*, c. 321, f. 317; *A*, c. 348, f. 459), la *Historia en Décadas* pone en boca de don Juan Manuel las siguientes palabras: «Señores, no tengays en nada el poder de Alboaçen que mayor es el de Dios, y con su ayuda y del apostol Santiago desde agora os combido a comer el dia de la batalla el escote de la victoria dentro de la tienda de Alboaçen» (*R*, f. 330 v).

la merçed del rrey a quien encomendo a Tarifa. Y digovos quel galardon vos sera dado en su tiempo» (*R*, f. 332).

Tal inclinación a la amplificación retórica explica que, al referir los actos del arzobispo don Gil de Albornoz antes de comenzar la batalla del Salado, diga:

> «Acabada la misa, asolvio a todos los presentes por virtud de la facultad quel Papa le dio y dixo que todos se esforçasen y no tuviesen en nada la grand multitud de sus enemigos, pues hera mayor el poder de Dios por quien ellos peleavan» (*R*, f. 332 v)

donde la *Gran Crónica* CCCXXVII.*31-32*, se limitaba a narrar:

> «E desque la misa fue acabada, el arçobispo don Gil dixo muchas e muy buenas palabras de esfuerço contra el rrey e los christianos, e asoluiolos a todos de los pecados que auian fecho fasta en aquel dia» (*P*, c. 327, f. 333; *A*, c. 354, f. 469).

Evidentemente, el texto de *P*, *A* no es aquí defectuoso [32].

Ocasionalmente, el relato de la *Historia en Décadas* es algo más explícito que el de las crónicas. Por ejemplo, donde la versión cronística decía:

> «Et luego pusieron su pleito en grand puridad que...» [33] (*CrAºXI*, IX.32; *Gran Cr*, VI)

nuestro historiador aclara:

> «...esto se hizo muy secreto, porque no lo supiese don Juan Nuñez» (*R*, f. 243 v)

sin duda en vista del contexto.

---

[32] Frente a lo sospechado por mí en *Un prosista anónimo*, pp. 190-191, sobrevalorando una laguna del ms. *A*, que el ms. *P* no comparte (cfr. II *a*, n. 4 y III *a*, p. 74).

[33] Texto de *E*, f. 12 *d*. Semejante *P* (c. 6, f. 8) y *A* (c. 6, f. 15), con la variante: g. secreto.

Aunque no podamos excluir la posibilidad de que *R* nos conserve una lección mejor que la de *P, A,* también creo que es una deducción del historiador del s. xvi la referencia a que el infante don Pedro, para mejor caer por sorpresa sobre Tiscar, «salio la buelta de Baça» (*R,* f. 249 v); *P* y *A* (*Gran CrAºXI,* XX.22) se limitaban a consignar que «tomo otro camino»[34].

A un conocimiento directo del escenario andaluz puede atribuirse asimismo la precisión de que los infantes don Pedro y don Juan

> «se fueron la via de Alcala, *donde asentaron su rreal en la Cabeça de los Ginetes*» (*R,* f. 250)

mientras los restantes textos cronísticos consignaban tan sólo:

> «llegaron a Alcala de Bençayde et moraron y otro dia» (*CrAºXI,* XVIII.12-13; *Gran Cr,* XX)[35].

Pero en ciertos casos es preciso admitir que la *Historia en Décadas* contiene información desconocida de los textos cronísticos:

Los manuscritos de la *Gran Crónica* (CCLXX) coinciden con la *Versión vulgata* de la *Crónica,* en dejar en blanco el nombre del «fijo de Garci Peres de Grijalua» que tenía una de las torres de Alcántara cuando el rey cerca el castillo[36];

---

[34] «E hizo ynfinta en boz que yva a otro lugar e tomo otro camino, por que no entendiesen las gentes que yvan alli. E despues boluio el su camino derecho, e sin sospecha fuese a echar sobre el dicho castillo de Tiscar» (*P,* c. 20, f. 17 v; *A,* c. 20, f. 21 v). Véase «Mi edición» en el c. XII del presente libro.

[35] *E,* f. 21 *b; P,* c. 20, f. 18 v; *A,* c. 20, f. 30.

[36] «et dio otra torre a [*blanco*] fijo de Garci Peres de Grijalua», *E,* f. 180 *d;* «e dio otra a [*blanco*] fijo de Gil Perez de [*blanco*]», *P,* c 270, f. 255; «e dio otra a [*blanco*] hijo de Garçi Perez de Guijalua», *A,* c. 271, f. 378; «e dio otra torre a [*blanco*] fijo de Garci Perez de Grijalua», *M,* f. 297 *d.*

la *Historia en Décadas* asegura que se llamaba «Garçi Mendez» (*R*, f. 318 v).

Según la *Crónica*, XX.47, y la *Gran Crónica* (XXIII) el infante don Felipe dijo a don Juan el Tuerto y a la madre de éste:

> «que la meryndat de Gallizia non la diessen sinon a quien el quisiesse»[37].

La *Historia en Décadas* precisa más:

> «el [adelantamiento] de Galizia *que tenia Pero Lopez de Padilla*, se avie de dar a quien el quisiese» (*R*, f. 252)[38].

Las dos redacciones cronísticas marchan de acuerdo (*CrAºXI*, LXXXI.18-27; *Gran Cr*, CXII) en silenciar el objeto de la entrevista tenida en Xerez de Badajoz por Alfonso XI con Santa Isabel de Portugal, su abuela[39]; la *Historia en Décadas* aclara que la reina:

> «afeole los nuevos amores que avia tomado. Y el prometio a su ahuela de no boluer mas a doña Leonor de Guzman» (*R*, f. 276).

La noticia es cierta, según nos informa la historiografía portuguesa[40].

---

[37] Ortografía de *E*, f. 25 *a*. Idénticas palabras en el capítulo 23 de *P* (f. 23) y *A* (f. 37).

[38] La frase en cursiva fue posteriormente tachada en el ms. *R*. Cfr., sobre el personaje, D. Catalán, «Un romance histórico de Alfonso XI» en *Estudios dedicados a Menéndez Pidal*, VI, Madrid, 1956, pp. 280-282 o, mejor, en *Siete siglos de romancero*, Madrid, 1969, páginas 42-44.

[39] Tanto *E* (f. 81 *c*) como *P* (c. 112, f. 97 v) y *A* (c. 113, f. 160 v) se limitan a decir: «...et que fablaria con el algunas cosas que (que le, *P*, *A*) auia de dezir por su (e era su, *P*, *A*) onrra... Et moraron y tres dias en estas vistas» (Cito con ortografía de *E*).

[40] Rui de Pina, en su *Crónica de Alfonso IV*, tras hablar del concubinato de Alfonso XI con la Guzmán resumiendo la *Crónica de*

También es ajena a la *Crónica* (CLXXXIV) y a la *Gran Crónica* (CCV) la nómina de villas portuguesas que Alfonso XI reclama a Alfonso IV de Portugal como reparaciones de guerra:

> «el Campo de Moya y Sant Feliz de los Gallegos y Oliuençia y Vngueda, que avian sido de la corona de Castilla y se los tomo el rrey don Donis de Portugal, con otros pueblos» (*R*, f. 308).

Los textos cronísticos se contentaban con hablar de

> «villas et castiellos... en aquella comarca de... Badaioz, los quales le señalo luego por nonbres» (*CrAºXI*, CLXXXIV.15) [41].

La *Historia en Décadas* da detallada noticia del trágico fin del Conde Alvar Núñez:

> «Rramir Flores de Guzman, estando en casa del Conde, subçedio que andavan çierto dia paseandose el Conde y el por el muro de la fortaleza de Belver hablando en secreto, y Rramir Flores se detuvo un paso atras y tomo vn palo algo gordo que alli estaua y dio vn golpe en el çelebro al Conde con el que lo aturdio y lo hecho de las almenas abaxo y cayo muerto en la barrera del adarue. Y no oso ningund criado del Conde llegar a Rramir Flores. El rrey fue avisado desto estando en Valladolid... Y partiose luego a Tordehumos, a donde Rramir Flores

---

Alfonso XI, dice: «A quall causa sabida em Purtuguall, a Rainha D.ª Ysabell... auo que hera destes Rei D. Afomso e Rainha D.ª Maria sua molher... teve vistas com elRei seu neto em Xeres de Badajoz, a quem acomselhou... como se esperaua de Rainha tam vertuosa... E d'aly se partio elRei com promesas que fez de se nom dar tamto a afeição de D.ª Lianor» (cito a través de *Crónicas dos sete primeiros reis de Portugal*, I, ed. C. da Silva Tarouca, S. J., Lisboa, 1952, páginas 155-156, pues en esta sección el ms. Cadaval sigue el texto de Rui de Pina).

[41] *E* (f. 159 *d*), *P* (c. 205, f. 205), *A* (c. 206, f. 307 v). Cito con la ortografía de *E*.

mando llevar el cuerpo del conde sobre vn asno, la cabeça hazia la cola» (*R*, f. 272-272 v).

La *Crónica* (LXXXI) y la *Gran Crónica* (XCVII) coinciden en su silencio:

«et Ramir Florez, por mandado del rey, cato manera commo feziesse matar aquel Conde Aluar Nuñez; et enbio luego al rey sus cartas, que era en Valladolid, en quel enbio dezir de commo era muerto... Et en quanto estaua en Oter de Fumos, mandol que traxiessen y al Conde Aluar Nuñez que era muerto. Et traxioron lo y» (*CrAºXI*, LXXXI.3-4, 11)[42].

La versión de la *Historia en Décadas* coincide, en todo, con la contenida en la *Crónica de 1344*:

«don Ramiro Flores, que tenia el castillo por el, dexolo entrar, e diole con vna maça en la cabeça, de guisa que lo mato, e lançolo del muro ayuso... E despues que fue muerto, pusieron le ençima de vn asno, la cabeça para el rabo, e asi lo leuaron para el rey don Alfonso...» (ms. *U*, c. 453)[43].

---

[42] *E* (f. 71 *a-b*). Igual *P* (c. 97, f. 82) y *A* (c. 98, f. 134 v). En el ms. *F* (B. Nac. *829*, ant. *F* 31) de la *Crónica de Alfonso XI* figura una versión muy distinta del asesinato. Contra lo que supuse en *Un prosista anónimo*, p. 180, se trata de una interpolación del que hizo y anotó este curioso manuscrito, acabado el 20 de marzo de 1489. (Para más detalles, véase adelante VIII, *b*).

[43] También coincide la *Historia en Décadas* con la *Crónica de 1344* al atribuir como razón del abandono de Constanza Manuel por Alfonso XI «que no hera su honrra casar se con hija de don Juan Manuel *siendo su basallo*» (*R*, f. 264 v, argumento esgrimido por Alvar Núñez). En la *Crónica de 1344*: «Fizo este don Aluar Nuñez al rey don Alfonso, que prendiese la fija a don Johan fijo de don Manuel, e el mandola prender e meter en el castillo de Toro, deziendo que non queria casar con fijo de su vasallo» (ms. *U*, c. 453). El argumento reaparece en la *Crónica de Afonso IV* de Rui de Pina: «Se diz que ho dicto Alluaro Nuñez... dise a elRey que... D.ª Costamça, por ser filha de seu vasalo e tall com que nam guanhaua homra... nom hera rezam que casase com ella» (*Crónicas dos sete primeiros reis de Portugal*, ed. C. da Silva Tarouca, vol. I, Lisboa, 1952, p. 148).

A pesar de su pertinencia, todas estas noticias conservadas por la *Historia en Décadas* deben ser extrañas a la **Gran Crónica* que utilizó el historiador quinientista. La frecuente coincidencia de la familia *P, A,* de la *Gran Crónica,* con la *Crónica,* parece excluir que se trate de defectos del prototipo de *P, A* (semejantes a los estudiados en *III b*).

d) LA «GRAN CRÓNICA» UTILIZADA POR LA «HISTORIA EN DÉCADAS» NO ERA MÁS EXTENSA QUE LA CONOCIDA

A pesar de las singularidades que hemos venido comentando, el relato de *R* procedente de la *Gran Crónica* puede considerarse coincidente en todo con el de *P, A.* El sumario de la *Historia en Décadas* no nos denuncia ninguna omisión extensa del prototipo de *P, A.* La versión de la *Gran Crónica* utilizada por el historiador del s. XVI concuerda con el texto conocido de la *Gran Crónica* incluso en los pasajes donde el relato del *Poema* se muestra historiográficamente superior.

Estas observaciones resultan especialmente importantes en vista de la independencia del testimonio de *R* respecto al de *P, A.* La coincidencia estructural del manuscrito de la *Gran Crónica* resumido en *R* con el prototipo de *P, A,* hace sumamente improbable la existencia de una **Gran Crónica* más extensa que la conservada.

También el *Poema* (estr. 250) pone en boca de «los privados» el mismo razonamiento: «ca la eglesia, nuestra madre, / tal cassamiento non ama: / don Iohan, que es ssu padre, / vuestro vassallo sse lama».

e) LA «GRAN CRÓNICA» APROVECHADA EN
LAS «ILUSTRACIONES DE LA CASA DE NIEBLA»

La «Coronica del Rey Don Alonso el Onzeno» que, en 1540-1541, tuvo presente Pedro Barrantes Maldonado para escribir en Sanlúcar («en el aposento alto del muy Ille. señor Don Juan Claro de Guzman, conde de Niebla») sus *Ilustraciones de la casa de Niebla* (cfr. I, *h*, p. 34), coincidía en desarrollo con la *Gran Crónica* que conocemos a través de los manuscritos hermanos *P*, *A* y del resumen incluido en la *Historia en Décadas*.

La conexión de la *Gran Crónica* utilizada en *B*, con *P*, *A* y *R*, no es fácil de determinar a partir de los extractos de las *Ilustraciones*. Desde luego, su texto era, en algunos casos, mejor que el de los manuscritos *P* y *A*[44], según muestran ciertas variantes de detalle:

CrA°XI, XII.49 (*Gran Cr*, XI) «el castillo de Cambil y el Harabal» *B* (p. 262), «a Cambil et Alhauar dos castiellos» *E* (f. 16 *d*), «los castillos de Canbil y Alhauar» *R* (f. 246), «el castillo de Alcaebil y el castillo de Halbear» *P* (c. 11, f. 12 v), «el castillo de Alcabir e el castillo de Albehar» *A* (c. 11, f. 21). *CrA°XI*, XV. 28 (*Gran Cr*, XIV) Asnallos *B* (p. 264), Hazualaus (*por* Haznalaus) *E* (f. 19 *a*), *en blanco en P* (c. 14, f. 14 v), Castiallos *A* (c. 14, f. 24), «y otros pueblos» *R* (f. 248). *CrA°XI*, XII.43 (*Gran Cr*, X) Alencun *B* (p. 261), Alicũ *E* (f. 16 *d*) *correcto*, Aliçan *P* (c. 10, f. 12), Abiçen *A* (c. 10, f. 20 v), Aviñayn *R* (f. 246). *Gran*

---

[44] Dejo a un lado las variantes en que *B* se muestra superior a uno solo de los dos manuscritos, como por ejemplo: Gran *CrA°XI*, CCLXXIII.*10*, *10*, *13*, liodres, andaliadres, moroqueros, *B* (p. 340); liodris, andaliadres, moroqueros, *P* (c. 273, f. 258 v); baliodris, andabiades, marqueros, *A* (c. 274, f. 382). *CrA°XI*, XVII.40 (*Gran Cr*, XX), Bazca, *E* (f. 21 *a*, *por* Bazta, *S*); Baca, *B* (p. 267), *R* (f. 249 v); Vaza, *A* (c. 20, f. 29); Baeça, *P* (c. 20, f. 18).

CrAºXI, CCCXXIV.*14*, «Don Gonçalo Vasquez Cautiño, maestre de Cristus» *B* (p. 349), «don Gonçalo Vazquez Cautiño, maestre de Cristus» *R* (f. 331 v), «don Gonçalo Vazquez [*blanco*] maestre de [*blanco*]» *P* (c. 324, f. 319 v), «don Hernan Vazquez Cataño (*corregido en letra menor*: Coatiño) maestre de Christus» *A* (c. 351, f. 462 v).

Sin embargo, por algunas variantes sueltas, *B* se asocia, de una forma difícil de justificar, ya con *P* (frente a *R*, *A*) [45], ya con *A* (frente a *P*) [46], ya con *P*, *A* (contra *R*) [47]. Menos problemáticas son ciertas lecciones erradas de *B* compartidas por los varios textos de la *Gran Crónica* [48].

---

[45] *CrAºXI*, XVIII.8 (*Gran Cr*, XX), Alcante *E* (f. 21 *b*), *S;* Alcaudete *H*, *R* (f. 150), *A* (c. 20, f. 29 v), *quizá influido por M* (f. 28 *c*); Cañete *B* (p. 267), *P* (c. 20, f. 18), *C* (*tachado y corregido por el enmendador G en*: Alcabdete). Creo que se trata efectivamente de Alcaudete (punto natural de encontrarse don Juan, que venía de Baena, y don Pedro, que venía de Jaén, antes de avanzar sobre Alcalá).

[46] *CrAºXI*, CXXI.32 (*Gran Cr*, CXXXVIII) «e Lope Ruiz de Baeça e Dia Sanchez de Benavides e Garci Melendez de Sotomayor con muchos otros cavalleros» *B* (p. 312), «e Lope Ruiz e Dia Sanchez e Garcia Melendez de Sotomayor e otros caballeros» *A* (c. 139, f. 224), «et Lope Ruyz e Dia Sanches e otros caualleros» *E* (f. 109 *b*), «e Lope Rruis e Dia Sanchez e otros cavalleros» *P* (c. 138, f. 138).

[47] *CrAºXI*, CCLV.20-21 (*Gran Cr*, CCCXXIV.20 + 22) «Et don Joan Nuñez maestre de Calatraua et don Nuño Chamiço maestre de Alcantara» *E* (f. 206 *b*); «y los maestres de Calatrava y Alcantara y don Pero Alonso de Sequera obispo de Astorga» *R* (f. 331 v); «e Don Juan Nuñez maestre de Calatrava e Don Per Alfonso de Sequera» *B* (p. 350), «e don Juan Nuñez maestre de Calatraua e don Pero Alonso de Sequera e el obispo de Astorga» *P* (c. 324, f. 319 v), *A* (c. 351, f. 463).

[48] Frente a *CrAºXI*, CCXLVIII.13 «don Martino arçobispo de Santiago... don Lop Diaz de Almãça» (*E*, f. 199 *b-c*), los varios textos de la *Gran Crónica* (CCXCVI) dicen: «don Nuño arçobispo de Santiago... don Luys de Almaçan» *B* (p. 345) «don Nuño arçobispo de Santiago... don Luys Diaz (Dias *P*) de Almaçan (Almãçan, *con la* n *tachada, A*)», *P* (c. 296, f. 281-281 v), *A* (c. 324, f. 424-424 v) y *R* (f. 324 v), *en P* y *R* nuño *podría, quizá, leerse* miño. A la luz de este ejemplo, pierden valor, como signo de parentesco, otros casos en que *B* comparte con *P*, *A* lecciones erróneas: Barrantes (p. 347) dice en una

f) COINCIDENCIAS DE LAS «ILUSTRACIONES DE LA CASA DE NIEBLA» CON LA «CRÓNICA», FRENTE A P, A, R

Una cuestión especialmente interesante suscitan ciertos pasajes en que el texto de *B* se aproxima al del ms. *E* de la *Crónica*, separándose del de *P*, *A* y aún del de *R*. Al historiar la batalla de Alicún, Barrantes consigna:

> «e hallose que avian, muerto en esta batalla mill e quinientos moros de cavallo, e gran numero de moros de pie, e *quarenta cavalleros principales moros*» (p. 262);

mientras *P* y *A* (c. 10, ff. 12 y 20 v, respectivamente) declaran tan sólo:

> «e dizese que murieron en esta batalla bien mill e quinientos cavalleros moros honrrados de grand cuenta, e la gente de pie que murieron fue mucha sin guisa» (*Gran CrAºXI*, X. 47 + *17*).

R (f. 246) apoya esta versión:

> «y murieron mas de mill y quinientos moros de cauallo y perdieron muchos pendones (*sic*)».

---

ocasión: «estando en la mar Don Hernan Rodriguez Ortiz Calderon con la armada de Castilla...», reuniendo en un nombre los de dos priores de San Juan sucesivos, don Fernán Ruiz de Balbona (muerto años atrás) y don Alfonso Ortiz Calderón. La confusión parece relacionarse con el titular de un capítulo (*Gran CrAºXI*, CCXCV.*1*) en que el prototipo de *P*, *A* daba al almirante Alfonso Ortiz el nombre de su antecesor en el priorazgo: «como enbio el rrey don Alfonso (Alonso, *A*) al prior (de Sanct Joan, *añade A*) don Fernan (Fernando, *P*) Rrodriguez (*omite A*) con la (*omite A*) su flota al Estrecho» (*P*, c. 295; *A*, c. 323). Tanto *B* (p. 308), como *P* (c. 119, f. 106 v) y *A* (c. 120, f. 175) hablan de «Ali Alboaçen de Marruecos hijo del Rey Albohali» ~ «Ali Alboaçen hijo del rrey Alboali» (*Gran CrAºXI*, CXIX) donde la *Crónica*, CIII.20, dice mejor: «Albohaçen fijo del rey Boçayde», *E* (f. 87 *b*). En estos dos ejemplos el resumen de *R* no aclara nada.

En cambio los «quarenta cavalleros principales» figuran en la *Crónica*:

> «et mato dellos bien mill et quinientos *et quarenta* moros de grand quantia et señores de cauall[er]os» (*CrAºXI*, XII.47; *E*, f. 16 d)⁴⁹.

La *Crónica* era muy parca en noticias respecto a los preparativos del cerco de Tiscar por el infante don Pedro:

> «acordo luego et dixo que queria yr çercar a Tiscar, que era la mas fuerte cosa que tenian los moros, que era señor della Mahomad Handon» (*CrAºXI*, XVII.29-30; *E*, f. 20 c-d).

Los manuscritos conocidos de la *Gran Crónica* cuentan, en cambio, que don Pedro, mientras el infante don Juan se disponía en Córdoba para hacer la entrada de la Vega,

> «enbio dezir a vn cauallero, que avie nonbre Mahomad Handon, que era señor de vn castillo que dezian Tistar, que tuviese por bien de ser vasallo del rrey don Alonso» (*Gran CrAºXI*, XX.*12* + 30 + *12-13*).

Seguidamente, refieren la ida al castillo de dos adalides portadores del mensaje, a quienes había encomendado don Pedro que examinasen bien la fortaleza, y consignan la respuesta negativa del moro (*Gran CrAºXI*, XX.*15-18*). Vueltos los mensajeros,

> «el ynfante don Pedro mando luego pregonar talegas para doze dias... e hizo ynfinta en boz que yva a otro lugar... e despues

---

⁴⁹ El ms. *C* decía, igual que *E*: «...mill e quinientos e quarenta moros de grand quantia e señores de caualleros»; el corrector *G* tachó *grand quantia* y puso «cuenta» e interlineó al fin: «e de los de pie muchos sin cuenta». *M* (f .18 *b-c*) ofrece la misma lección que *G*: «...m. e q. e q. m. d. cuenta s. d. c. e de los de pie muchos syn cuenta». Sin duda el formador del prototipo de *M*, *G*, etc. corrigió usando la *Gran Crónica*.

boluio el su camino derecho e, sin sospecha, fuese a echar
sobre el dicho castillo de Tistar, e sobre aquel cauallero Handon que lo tenie e estaua dentro» (*Gran CrAºXI*, XX.20-24; *P*,
c. 20, f. 17 v; *A*, c. 20, f. 28-28 v. Véase adelante en el c. XII la
edición de todo el capítulo).

La *Historia en Décadas* sumaría un texto en todo semejante.
Los dos párrafos citados se reflejan en las frases siguientes:

> «embio dos adalides... a saber por donde podia combatir vn
> castillo llamado Tiscar, de que estaua apoderado vn moro lla-
> mado Mahomad Handon... so color quel ynfante los enbiava
> a este moro que fuese vasallo del rrey de Castilla».

> «proveydo su exerçito por diez o doze dias, salio... y luego
> bolvio sobrel» (*R*, f. 249 v).

Barrantes Maldonado (pp. 266-267) resume mucho; pero
muestra seguir una versión de la *Gran Crónica* cuando afirma que don Pedro organizó el ataque a Tiscar en tanto que
venía don Juan y también al consignar cómo

> «tomando talegas para doze dias, fue secretamente a cercar el
> castillo de Tiscar»,

pero, a continuación, conserva una frase que sólo se lee en
la *Crónica*:

> «que es la cosa mas fuerte que ay en el reino de Granada»

antes de continuar:

> «donde estava un valiente moro señor del castillo llamado
> Mahomat Handon».

También es notable que Barrantes aluda a la conquista
del castillo de Priego por Alfonso XI:

> «Fue luego sobre los castillos de Priego e Cañete, los quales
> tomo a partido» (p. 289)

que la *Crónica* cuenta [50]:

> «Fue el rey luego a los castiellos de Priego et de Cañete, et los moros que y estauan entregarongelos» (*CrA°XI*, XCIII.14-15; *E*, f. 80 a)

pero que la *Gran Crónica* (CIX) omitía (por descuido):

> «Fue el rey al castillo de Cañete, e los moros que ay estavan entregarongelos (entregaron selo *A*) [51].

En los ejemplos hasta aquí citados la falta en *P, A* y *R* de algunos pormenores comunes a *B* y *E* podría explicarse suponiendo que la familia *P, A* y la *Gran Crónica* resumida por la *Historia en Décadas* remontaban a un prototipo defectuoso, y que Barrantes Maldonado manejaba un manuscrito de la *Gran Crónica* independiente. Tal explicación no es aplicable a algunos otros casos en que *B* se asemeja a *E*, distanciándose de los varios textos de la *Gran Crónica*:

En cierto lugar Barrantes dice:

> «...çerco dos castillos de moros muy fuertes que son el castillo de Cambil y el Harabal» (p. 262)

de perfecto acuerdo con la *Crónica* (XII.49):

> «fue el Infant don Pedro çercar a Cambil et Alhauar dos castiellos de moros muy fuertes» (*E*, f. 16 *d*),

mientras los textos de la *Gran Crónica* (XI) coinciden en contar:

---

[50] El *Poema* (estr. 357) dice igualmente: «e gaño desta entrada / (a) Priego, Cañete e Toron».

[51] *P*, c. 109, f. 95 v; *A*, c. 110, f. 156. *R* conoce también un texto de la *Gran Crónica* con omisión de Priego: «Y de alli se fue sobre Cañete, la qual y Ortexicar y las Cuebas le entregaron luego los moros» (f. 275 v. La conquista de los otros dos lugares indicados se cuenta en la *Crónica* y en la *Gran Crónica* inmediatamente después).

> «fue çercar el castillo de Alcaebil y el castillo de Halbear y el de Benaxixar» *P* (c. 11, f. 12 v).

> «fue çerca del (*tachada la* d) castillo de Alcabir e el castillo de Albehar e el de Benaxixar» *A* (c. 11, f. 21).

> «çerco los castillos de Canbil y Alhabar y Benagijar» *R* (f. 246).

Al hablar del concubinato de Alfonso XI con doña Leonor de Guzmán, la *Crónica* (XCV.20-21) dice sobriamente:

> «...el rey la amo et la precio mucho bien, tanto por el seruiçio quel fazia, commo por el otro pagamiento» (*E*, f. 80 d)

mientras *P* y *A* comentan [52]:

> «...el rrey la amo e la presçio mucho en su coraçon. E por cierto no fazie sinrrazón, que tal era ella e tal la fizo Dios quel rrey fiziera gran derecho en la mucho amar e presçiar» (*Gran CrA°XI*, CXI.20 + 2) [53].

Barrantes va de acuerdo con la *Crónica*:

> «...el Rey la amo e la preçio mucho, tanto por el serviçio que le hazia, como por el amor que le tenia» (p. 291).

Más notable es la coincidencia de las *Ilustraciones* con la *Crónica* en el episodio de la muerte del infante Abomelique [54]:

La *Crónica* (CCV.52-54, 58-59) dice:

> «et ellos non catauan por pelear, et desamparauan el real et los cauallos et lo que tenian et fuyen contra Algezira et a la sierra que estaua y çerca; et otro si nengunos dellos non cata-

---

[52] El resumen de *R* no aclara en este caso nada.

[53] *P*, c. 111, ff. 96 v-97; *A*, c. 112, f. 159.

[54] *B* comienza por llamar *Alicazar,* exactamente igual que *E* (*Alicaçar,* f. 176 d; *CrA°XI*, CCV.41), al infante moro que *P* y *A* (*Gran CrA°XI*, CCLXIII) nombran *Alicantar* (*P*, c. 263, ff. 246 v-247; *A*, c. 264, f. 367) y *R* (f. 316) *Alicār ~ Alicar* (en el *Poema* recibe el nombre de *Alicaca*, estrs. 804 a, 904 a, 1640 b).

ron por su señor Abomelique, et finco desamparado et salio
ende fuyendo de pie... Et aquel rey Abomelique, desque salio
del su real, canso luego et non pudo andar, et metiosse en vna
breña de çarças çerca del arroyo» (*E*, ff. 176 *d*-177 *a*).

Los manuscritos *P* y *A* comienzan por contar cómo, al oir
los gritos de los cristianos y de los moros combatientes,

> «salio de la su tienda el infante Abomelique e caualgo en vn
> cauallo que tenia çerca de la su tienda, e dio bozes por su
> conpaña llamando: Benamarin!» (*Gran CrAoXI*, CCLXIII.*11-12*).

Y sólo después de dejar al infante sobre su caballo, nos
describen la huida de los moros, con palabras casi iguales
a las de la *Crónica*:

> «E ellos non tornauan cabeça nin catauan por pelear e
> desmanparauan el rreal e todo lo que tenian e fuian contra
> Algezira e a la sierra que estaua ay çerca; e otrossi ningunos
> dellos non catauan por su señor el infante Abomelique, que
> los estaua llamando a muy grandes bozes» (*Gran CrAoXI*,
> CCLXIII.*13* + 52-53 + *14*).

La *Gran Crónica* continúa entonces refiriendo que Abomelique logró reunir unos 600 caballeros y mandó tañer los
atabales; pero los cristianos, formando un tropel, hicieron
sobre ellos una espolonada poniéndolos en fuga. El infante
fue entonces herido de tres lanzadas, pero se vengó del que
le había herido descargando sobre él tres golpes mortales
(CCLXIII.*15-22*). Finalmente:

> «desque vio que mas no podia sofrir, e otrosy vio que[l] de-
> xaua[n] los suyos desanparado(s), salio de alla fuyendo... El
> infante Abomelique, desque salio de su rreal, canso luego por
> las feridas que levaua e no pudo andar, e descaualgo del cauallo,
> e metiose en vna breña de çarças çerca de vn arroyo» (CCLXIII.
> *23*, 58 + *30* + 58 + *31* + 59) [55].

---

[55] *P*, c. 263, ff. 247 v-248; *A*, c. 264, f. 367-367 v.

El resumen de *R* apoya la versión de *P*, *A* en todos sus detalles [56].

Barrantes, aunque en el conjunto del episodio muestra conocer una serie de pormenores característicos de la *Gran Crónica* [57], al contar la muerte de Abomelique parece seguir una versión más semejante a la de la *Crónica* que la característica de *P*, *A*, *R*:

> «los moros no miravan por pelear, sino por salvarse, e desamparando el real huyan unos para Algezira e otros para la sierra que estava çerca. El infante Abomelique salio solo e a pie de su tienda para yrse a la sierra; e canso luego, que no pudo andar, e metiose en una breña de çarças çerca del rio» (*B*, p. 338).

El recibimiento dispensado a Alfonso XI por la ciudad de Sevilla se cuenta en las *Ilustraciones de la casa de Niebla* reproduciendo textualmente la narración cronística («e las palabras que dize la coronica deste Rey Don Alonso sobre este paso son estas»). La versión transcrita se aparta notoriamente de la que caracteriza a *P*, *A* (*Gran CrA°XI*, LXV.

---

[56] «El ynfante armose muy apriesa y salio de su tienda y cavalgo en su cavallo. Y començaron de apellidar en aravigo: Belamarin! Y los moros no cataron de juntarse al apellido, antes començaron a huyr y desamparar el rreal y vnos se fueron la via de Algezira y otros se subieron a la sierra...» (sigue el resumen de cómo el infante juntó 600 caballeros, de cómo tocan los atabales, de la arremetida cristiana y huida de los moros, de las heridas que recibe y da Abomelique). «Y como se sintio desamparado de los suyos salio se huyendo... El ynfante no se pudiendo ya tener en el cavallo, se apeo y metiose en un sarçal çerca de vn arroyo...» (*R*, f. 316 v).

[57] Por ejemplo: «fueronlo a dezir al infante Abomelique, que estava echado con una christiana que avia robado en Val de la Yna... [etcétera]». Cfr. *Un prosista anónimo*, p. 101.

12 + 2 + 14-15 + 3 + 15) [58], para coincidir casi por entero con el texto de *E* (*CrAºXI*, LV. 12-15):

> «ovo muchas danças de omes e de mugeres, con tronpas e atavales que traia cada uno dellos, e otrosi avia muchos bestiales fechos por manos de omes que parescian vivos, e muchos cavalleros que bofordavan a lança y escudo, e otros muchos que jugavan cañas» (*B*)
>
> «ouo muchas danças de ombres et de mugeres, con tronpas et atabales que trayen cada vnos dellos; et otrossy auie y muchos bestiales fechos por manos de omnes que parescien biuos; et muchos caualleros que bofordauan a escudo et lança, et otros muchos que jugauan la gineta» (*E*, f. 49 ~ 50 *d*)
>
> «ovo muchas danças de omes e de mugeres, con muchos juglares de boca y de peñola que trayan cada vnos dellos, e otrosi auia ay muchos juegos fechos por manos de omes, con figuras de alimanias estrañas que paresçian biuas, e muchos caualleros que andauan bofordando a lança e a escudo e otros que echauan a tablados e otros que jugauan a las cañas» (*P*, c. 65, f. 55; *A*, c. 67, f. 92-92 v).

Teniendo en cuenta el carácter de las variantes de *P*, *A*, *R* no compartidas por *B* parece imposible admitir que las *Ilustraciones de la casa de Niebla* conserven en estos casos la redacción original de la *Gran Crónica* y que el supuesto prototipo de *P*, *A* y *R* represente un texto retocado. Más fácil me parece pensar que la *Gran Crónica* manejada por Barrantes fuese un texto mixto que acogía variantes de un manuscrito de la *Crónica;* o que Barrantes mismo haya tenido presente, junto al manuscrito de la *Gran Crónica*, otro manuscrito de la *Crónica*.

En favor del conocimiento de una *Crónica* habla muy especialmente la utilización por Barrantes de las noticias contenidas en la «Historia de los benimerines» (*CrAºXI*, CCXIX-CCXLIII; ff. 188-195 v del ms. *E*), sección ajena originaria-

---

[58] El resumen de *R* (f. 265) es tan breve que no interesa para la comparación.

mente, según creo (cfr. II *e*, pp. 60-61), a la *Gran Crónica*[59]: En los capítulos de las *Ilustraciones* referentes a los hechos de don Alonso Pérez de Guzmán el Bueno en África, Barrantes aprovecha y cita insistentemente «la Coronica del Rey Don Alonso el Onzeno» «quando habla del linage de los Reyes de Benamarin y de Marruecos»[60]; y en una ocasión declara más explícitamente:

> «quien por curiosidad o por plazer holgare de leer esta ystoria con otra muy galana que es de todos los Reyes de Benamarin y de Marruecos que uvo, ansi del linage de los almohades como del linage de los marines, Reyes que fueron en Africa, hallarlo a en la Coronica del Rey Don Alonso el Onzeno, padre del Rey Don Pedro, leyendo en el año de mil y tresçientos y quarenta antes que diese la batalla de Tarifa, donde cuenta el linage de los Reyes de Africa» (p. 100).

Como en ninguna de estas citas alude a la consulta de dos «Coronicas del Rey Don Alonso el Onzeno» quizá debamos inclinarnos a suponer que la única citada era ya un texto de la *Gran Crónica* «completado» con la *Crónica*[61].

---

[59] En vez de la «Historia de los benimerines», la *Gran Crónica* (CCIV-CCXXXIX) incluía una «Historia del rey Albohacen» (*P*, cc. 214-239; *A*, cc. 215-240). *R*, aunque no la resume, muestra tener conocimiento de ella, cuando alude a la toma de Tremecén: «...supo como el rrey Alboaçen de Marruecos avia ganado la çiudad de Tremeçen sobre la qual avia estado veynte y dos meses. Y Abotexefin rrey de Tremeçen defendiendo su alcaçar avia muerto. Este mato a su padre Aboaliamo por que mando a vn su moro que se descalçase el çapato y le diese con el en la cara y despues le escupiese en ella. Estos rreyes de Tremeçen deçendian del grand Gomaraçan, el braçero, que llego a las puertas de Teza, a pesar del rrey Belamarin, donde arrojo su lança y metio el hierro della grand parte, Gomaraçan abuelo deste» (f. 310). Este párrafo reúne noticias de los capítulos CCXXV-CCXXVII, CCXXXIV y CCXXXVIII de la *Gran Crónica* (*P*, cc. 225-227, 234 y 238; *A*, cc. 226-228, 235 y 239).

[60] *B*, pp. 64, 65, 72, 99, 100, 103-104, 105, 106, 113-114, 116.

[61] Recuérdese, a este respecto, el carácter «mixto» del ms. *A* (*II, b-f*).

g) LA «GRAN CRÓNICA» UTILIZADA POR BARRANTES MALDONADO NO ERA MÁS EXTENSA QUE LA CONOCIDA

Cualquiera que fuese la relación del manuscrito de la *Gran Crónica* manejado por Barrantes respecto a la familia *P, A* y al manuscrito resumido por la *Historia en Décadas*, lo que sí podemos asegurar después de leer las *Ilustraciones de la casa de Niebla* es que ese manuscrito no contenía pasajes extensos que hubieran sido suprimidos por los demás textos de la *Gran Crónica*. El testimonio de las *Ilustraciones* depone, también, contra la hipótesis de la existencia de una **Gran Crónica* más completa que la conservada.

h) EL PROTOTIPO DE P, A, R, B Y LA «GRAN CRÓNICA» ORIGINARIA

Concluyendo:

Desde que sabemos con certeza que el ms. *A* reprodujo completo, sin mutilaciones conscientes, el texto de la *Gran Crónica* que utilizaba como fuente principal, carecemos en absoluto de motivos para poner en duda la fidelidad del prototipo de *P, A* a la estructura y contenido originales de la *Gran Crónica*.

Además, los resúmenes de la *Gran Crónica* que figuran en la *Historia en Décadas*, y en las *Ilustraciones de la casa de Niebla*, basados, al parecer, en dos manuscritos independientes del prototipo de *P, A*, reflejan el conocimiento de una versión idéntica a la conservada. Ante el triple, o a veces cuádruple, testimonio de *P, A, R* y *B* la suposición de que el texto primitivo de la **Gran Crónica* fuese más extenso que el conocido resulta ahora, si no inadmisible, al menos sumamente improbable.

Consecuentemente, mientras no haya argumentos de peso que lo contradigan, consideraremos en adelante que la versión de la *Gran Crónica* transcrita por *P*, utilizada como texto base por *A*, sumariada en *R* y aprovechada como fuente por *B*, reproduce la redacción original de la *Gran Crónica* en toda su extensión.

Una vez identificada la **Gran Crónica* originaria con la *Gran Crónica* conocida, se hace preciso revisar la hipótesis de que la versión primera de la historia de Alfonso XI, acabada (o interrumpida) el 8 de abril de 1344, fuese una *Gran Crónica*. Antes de seguir teniéndola por válida, debemos confrontar de nuevo detenidamente el prototipo de *P*, *A*, *R*, *B* con la *Versión vulgata* o regia de la *Crónica* trasladada en pergaminos en 1376, y con el *Poema* en redondillas compuesto en 1348.

PRIORIDAD DE LA *CRÓNICA* RESPECTO A LA *GRAN CRÓNICA*

a) LOS PASAJES CARACTERÍSTICOS DE LA «GRAN CRÓNICA» PUEDEN SER INTERPOLACIONES

La redacción más breve (*Crónica*) y la redacción más extensa (*Gran Crónica*) de la historia del reinado de Alfonso XI sólo difieren básicamente en la ausencia o presencia de toda una serie de capítulos, párrafos y frases que caracterizan al texto más amplio. En todo el resto de la narración ambas coinciden casi a la letra [1]: La ausencia o inclusión de la materia propia exclusivamente de la *Gran Crónica* rara vez va acompañada de modificaciones en los párrafos inmediatos comunes a las dos redacciones. Son escasísimos los pasajes en que la *Gran Crónica* y la *Crónica* presentan dos relatos divergentes sobre un mismo episodio, uno más desarrollado y otro más resumido. Tan singular forma de relacionarse las dos versiones me parece ahora muy poco favorable a la hipótesis de una abreviación del texto amplio por parte del formador de la redacción breve; más propia

---

[1] El prototipo de *P, A* moderniza ligeramente la frase.

sería del caso inverso, de la ampliación de un texto conciso original por mano de un interpolador.

En apoyo de esta posibilidad habla también el marcado contraste estilístico, por mí notado desde antiguo, entre la sobria y descarnada narración propia de las secciones que la *Gran Crónica* tiene en común con la *Crónica* y la jugosidad literaria de los capítulos y párrafos exclusivos de la redacción amplia [2].

Esta sospecha de que la *Gran Crónica*, lejos de identificarse con el supuesto original de 1344, sea una *Crónica* adicionada con nuevos materiales, añade especial interés a la tarea de confrontar el prototipo de *P, A, R, B* con la *Versión vulgata* de 1376.

b) OMISIONES INTENCIONADAS DE LA «GRAN CRÓNICA»

Según acabamos de hacer constar, el texto de la *Crónica* entra en su casi totalidad a formar parte de la *Gran Crónica*. Las excepciones son pocas [3]. Pero estos casos minoritarios en que la versión breve nos ofrece alguna información

---

[2] *Un prosista anónimo*, pp. 130 y 170-173.

[3] Una de ellas es, sin embargo, notabilísima. La *Crónica* incluye toda una «Estoria del linage de los marines» (25 capítulos: CrA°XI, CCXIX-CCXLIII) que creo es ajena a la *Gran Crónica;* falta, desde luego, en el ms. *P* y aunque figura en el ms. *A* (desplazada de lugar), se trata de una interpolación evidente, tomada de un manuscrito hermano de *M* (cfr. II, *e*, pp. 60-61). La *Historia en Décadas* no la resume en el lugar correspondiente (f. 322) y creo que tampoco utiliza de un modo disperso las noticias que en ella se agrupan. Sin embargo, Barrantes Maldonado tuvo conocimiento de estos capítulos (cfr. III, *f*, pp. 105-106). En vez de esta «Estoria del linage de los marines», que se interesa por la historia del Maghreb desde los tiempos almohades hasta el reinado de Albohacén, la *Gran Crónica* incluye, en otro lugar, una «Historia de Albohacen» en África, de horizonte más reducido, pero mucho más rica en pormenores (CCXIII-CCXXXIX).

histórica ajena al contenido de la versión más amplia pueden resultar interesantes para el estudio de la relación genética existente entre la *Crónica* y la *Gran Crónica.*

La *Crónica* [4], después de consignar la trágica muerte de Felipe el Grande, o el Bel, de Francia y la sucesiva desaparición de todos sus herederos varones, enumera las «razones» que al decir de algunos, explican este «desfallesçimiento» de su linaje; la tercera y última que aduce (antes de hacer constar piadosamente «pero la razon por que acaesçio, Dios sabidor») es muy curiosa:

> «et algunos dixioron que por que este rey Phelippe echo los judios de todo su regno, que por esto le venieron todas estas cosas» [*CrAºXI*, CLXXVIII.23].

En la *Gran Crónica* [5] esa última justificación no aparece consignada. Teniendo en cuenta el carácter del pasaje, me parece seguro que se trata de una intencionada supresión en el prototipo de *P, A* y no de un añadido en la *Versión vulgata.*

También parece una omisión consciente la falta en *P, A, R* de una larga noticia sobre los mensajes que se cruzan los reyes de Navarra y Castilla con motivo del alzamiento de un rey por los navarros. En la *Crónica* [6] el pasaje se halla ligado al conjunto de la historia a través de una indicación topográfico-temporal, conforme a la técnica historiográfica utilizada por nuestro «estoriador» alfonsí:

> «Et en este año tomaron rey en Nauarra que ante non lo auian. Et desque el rey partio de Trugiello fue a Talauera; et seyendo y, llegaron le mandaderos del rey de Nauarra, con quien le enbio dezir, que commo quier que los nauarros non

---

[4] *E*, f. 153 *b-d.*
[5] *P*, c. 198, f. 197; *A*, c. 199, f. 297 (*Gran CrAºXI*, CXCVIII).
[6] *E*, f. 82 *c-d.*

auian auido rey luengos tienpos auia et fasta en aquel tienpo
el reyno se auia proueydo de justiçia por gouernador, pero que
por su muger heredaua a Nauarra, et por esto que tomaran
a el por rey...» [etc.] [*CrA°XI*, XCVIII.19-31].

La *Gran Crónica* [7] remata el capítulo (CXIV) sin la menor
alusión a Navarra, haciendo únicamente constar

E desque el rrey partio de Truxillo fue a Talavera

Sin embargo, mucho más adelante la *Gran Crónica* (CLII)
dice, de acuerdo con la *Crónica*, CXXXV.2-3 [8]:

«Contado vos a la ystoria como los navarros tomaron por
rey a don Felipe et de como este don Felipe ovo el rreyno por
la muger con que era casado...»

La existencia de algunas omisiones comunes, no ya sólo a
P, A, sino también al manuscrito utilizado por la *Historia en
Décadas*, es una interesante constatación [9]; pero el dato,
considerado aisladamente, admite varias explicaciones. Una
de ellas podría, desde luego, ser que el prototipo de la *Gran
Crónica* se apartase ya, en ciertos detalles, del texto cronís-

_____

[7] *P*, c. 114, f. 99; *A*, c. 115, f. 163. En el resumen de *R* (f. 276 v) se
dice también únicamente: «De Truxillo el rey se partió para Talavera».
[8] *P*, c. 152, f. 157 conserva la remisión en falso (*A*, c. 153, f. 246,
enmienda: «Cuenta l. hist. que l. n. ...E este d. F. ...), de acuerdo
con la *Crónica* (*E*, f. 123 *a*)· «C. a l. est. de c. ... c. e. o. ... c. quien...».
[9] Otro caso: Al enumerar los caballeros que en Burgos recibieron
caballería de mano del rey, la *Crónica*, CVI.42-44, nombra a «Ruy
Diaz de Rojas fijo de Ruy Sanches, et Ruy Ferrandes de Touar, et
Ruy Dias fijo de Pero Dias de Roias» (*E*, f. 91 *c*); la *Gran Crónica*, por
omisión entre palabras iguales (*Díaz de Rojas*), sólo cita al primer
«Ruy Diaz de Rojas». Esta evidente laguna es compartida por *P*, c. 122,
f. 113, *A*, c. 123, f. 184 y *R*, f. 281. Análoga es la omisión, común a
P, A, R, de «Diego Gonçales Daça», el cual figura en *E* a continuación
de «Fernand Aluares Daça» en la lista de los ricos hombres armados
caballeros [*CrA°XI*, CVI.25].

tico original; sin embargo, también cabría pensar que el manuscrito conocido por la *Historia en Décadas* estuviese emparentado con *P, A* y entonces las omisiones no necesitarían remontar a la forma primera de la *Gran Crónica.*

c) OMISIONES DE LA «GRAN CRÓNICA» VINCULADAS A RETOQUES DE LA NARRACIÓN

De mayor trascendencia que las omisiones anteriormente consignadas son otros olvidos de la *Gran Crónica* que parecen dependientes de la reorganización del relato característico de su versión:

Así, por ejemplo, según el texto del ms. *E* (f. 93 *c-d*):

«el rey estando en Burgos, eran y con el don Johan Alfonso de Haro señor de los Cameros et Aluar Diaz su hermano. Et por que el rey auia sabido que este don Iohan Alfonso traya fablas encubierta miente con don Johan fijo del infante don Manuel para deseruir al rey, el rey nol auia buen talante; et otrossy auia el rey saña de Aluar Diaz, hermano deste don Johan Alfonso, por que fue dezir a don Iohan que el rey le mandara quel matasse, non seyendo uerdat. Et auia en casa del rey vn escudero que dizian Pero Ponçe, que era fijo de don Johan Ponçe de Cordoua, et fiziera lo el rey estonçe caualllero, et fazial mucha merçed a este Pero Ponçe commo quiera que non era legitimo. Et acaesçio que el rey andando vn dia por la aguilera de Burgos, et yendo con el rey aquel don Iohan Alfonso de Haro, Pero Ponçe entro en departimiento con el, et ouieron palabras ante el rey, sobre que ovo a dezir Pero Ponçe a don Johan Alfonso que era tan bueno commo el» [*CrAºXI*, CVII.5-14].

La *Gran Crónica* prescinde de toda esta detallada explicación previa (sobre los motivos que tenía el rey para desamar a los de Haro y sobre el favor que con él gozaba el

bastardo andaluz) y se conforma con un escueto informe
de la disputa:

> «el rrey estando en Burgos e estando ay con el don Joan Al-
> fonso de Haro e don Pero Ponçe e otros muchos caualleros
> e escuderos, ovieron a aver don Joan Alfonso de Haro e don
> Pero Ponçe, en departiendo, malas palabras, de guisa que ovo
> a dezir don Pero Ponçe a don Joan Alfonso de Haro que era
> tan bueno como el. E esto era delante del rey» [*Gran CrAºXI*,
> CXXIII.5-11] [10].

La mayor fidelidad de la *Crónica* a la redacción original
está aquí comprobada por los párrafos inmediatos, comunes
a las dos redacciones, donde se cuenta, como remate de una
escena muy violenta, que Alfonso XI «non le quiso dezir
ninguna cosa de las maneras que el rey sabia que don Iohan
Alfonso tractaua con don Johan, pero llamo a Aluar Diaz su
hermano et dixol: Vos fuestes a dezir a don Johan fijo del
ynfante don Manuel que yo vos mandara quel matassedes;
et sabedes que le dixistes muy grand mentira...» [*CrAºXI*,
CVII.25-28] [11].

La supresión de las explicaciones previas podría ser debida a un afán moralizador; pero, al mismo tiempo, me
parece claro que el prototipo de *P*, *A*, *R* fue retocado, sobre
todo, por razones sintáctico-estilísticas [12].

---

[10] *P*, c. 124, f. 115 v, *A*, c. 125, f. 189. *R* dice: «Estando el rrey en
Burgos... [sigue la fecha]... subçedio que hablando delante el rrey,
don Juan Alonso de Haro señor de los Cameros y don Pero Ponçe
señor de Marchena vinieron a palabras, y don Pero Ponçe dixo a don
Juan Alonso que hera tan bueno como el» (f. 282 v).

[11] Texto de *E*, f. 94 *a*. Variantes de la *Gran Crónica*, CXXIII:
«no ... q. e. s. ... *A*. se trabajaua c. d. Joan hijo del ynfante don
Manuel p. ... dixole ... fuistes ... hijo ... que lo ... sabe Dios q. d. ...
gran ...» (*P*, f. 115 v, *A*, ff. 189 v-190).

[12] El retoque estilístico es evidente dentro de este mismo episodio de la *Gran Crónica*, después que los ballesteros del rey hieren
con sus mazas a un vasallo de don Juan Alfonso que había osado

Otro ejemplo más claro: En el pasaje relativo al asesinato del rey de Granada por los hijos de Ozmín, las dos redacciones marchan inicialmente de acuerdo [13], pero sólo la *Crónica* detalla cómo era la ropa vestida por el rey que vino a
ser causa de su muerte. La omisión por la *Gran Crónica* de
este detalle significativo me parece que está vinculada a la
reordenación sintáctica de lo que sigue:

> «*Et el rey de Granada tenia vestido una crocha que el rey
> de ,Castiella le diera, que era de muy buen paño et con muy
> buenos adobos.* Et Abotabe et Abrahen fijos de Ozmin, auiendo
> uoluntat de matar aquel su rey, dexioron que por que el co-
> miera con el rey de Castiella et otrossi que por que traya ves-
> tidos los sus paños que era christiano. Et esto fablaron lo

---

desmentir a Pero Ponce delante del rey. Frente a la *Crónica*, CVII.20-
23, que dice «Et por que don Johan Alfonso se quejaua por lo que
fizieran los ballesteros contra el su vassallo, estonçe el rey tornosse
a don Johan Alfonso et dixol que fazia mal en querer pelear antel
con ninguno que fuesse, et que sabia don Johan Alfonso que sy non
fuesse en riebto, ninguno non deuie desmentir a otro antel rey...»
(ms. *E*, ff. 93 *d*-94), la *Gran Crónica* reelabora así el relato: «E d. J. A.
de Haro fue luego acorrerlo e tornose muy sañudo contra l. b. dizien-
doles muy fuertes palabras p. l. q. avien fecho c. aquel s. v. E e. r. t.
contra d. J. A. e dixole que f. m. e. q. p. a. c. n., e dixole: Bien
sabedes vos q. s. yo n. f. enfinto que n. d. d. a o. delante del r. ...»
(*P*, f. 11⁵ v; *A*, f. 189-189 v). El manuscrito de la *Gran Crónica* conocido
por la *Historia en Décadas* ofrecía idéntico retoque: «Y don Juan
Alonso de Haro fuelo a socorrer y dixo malas palabras a los que le
avian herido. El rrey se fue para don Juan Alonso de Haro y le dixo
que hera mal mirado y desacatado, quel podia mandar matar aquel
pues desmentia a otro delante de su persona no teniendolo rretado
o çitado en su corte» (*R*, f. 282 v).

[13] *CrAºXI*, CXXXII.4-5: «Desque el rey de Granada ouo su real
sessegado (fue sosegado en s. r., *Gr. Cr.*) çerca del rio de Guadiaro
(en vn valle que es ç. d. G., *Gr. Cr.*)... enbio por su alguazil para
acordar con el por quales de los sus (*omite* los, *Gr. Cr.*) lugares yria
a la villa de Malaga, et otro si commo enbiaria aquellas gentes que
alli auia traydo para Granada et a los otros logares donde auian
venido cada vnos dellos (t. p. sus lugares *solamente*, *Gr. Cr.*)». *E*,
f. 120 *c*; *P*, c. 148, f. 153 v; *A*, c. 149, f. 241.

con algunos de aquellos que entendioron que los auian de
ayudar» (CrAᵒXI, CXXXII.6-8; E, f. 120 c-d).

«E Abobete e Abraen el beodo hijos de Ozmin, auiendo
voluntad de matar a su rrey, fablaron con algunos que entendian que les auian de ayudar e dixeronles que aquella fabla
e amistad que el rrey de Granada auia fecho con el rey de
Castilla que no les paresçia buena, e otrosi que el rrey de
Granada traya vestidas rropas (joyas, A) que el rrey de Castilla
le diera, e por que comiera con el e traia vestidas sus rropas
que era christiano» (Gran CrAᵒXI, CXLVIII) [14].

La redacción más lógica de la Gran Crónica no es aquí
preferible, aunque seguidamente la Gran Crónica se muestre
mucho mejor informada que la Crónica sobre los detalles
del asesinato [15].

En otra ocasión la ausencia en la Gran Crónica de
una noticia consignada por la Crónica parece depender

---

[14] P, c. 148, f. 153 v; A, c. 149, f. 241. El resumen de R (f. 292 v)
es bastante libre; pero, además de conocer los detalles de la narración propios exclusivamente de la Gran Crónica, parece ignorar la
«crocha», ya que sólo al contar la entrada de los moros a presencia
del rey dice: «El rrey estaua bestido de las rropas que le avia dado
el rrey don Alonso, y como entraron prinçipales moros y vieron a su
rrey en abito de christiano, creyeron lo que les dezian los hijos de
Ozmin».

[15] El asesinato propiamente dicho se cuenta en la Crónica, CXXXII.
9-11, en muy pocas palabras: «Et venioron a la tienda do estaua
aquel su rey. Et luego que y llegaron, sacaron sus espadas et mataronle. Et fue muerto a veynte çinco dias de Agosto» (E, f. 120 d).
En la Gran Crónica el asesinato va precedido de un extenso diálogo
entre los hijos de Ozmin y el rey, que acaba con una escena de una
gran viveza: «E dixo Abrahen al rey que no dezia verdad. E quando
el rey vido que lo desmentia su vassallo, ouo muy grande pesar, e
con la saña que ouo, quisole echar mano de la barba. E quando
esto vido Abraen tiro una espada de la vayna e firio al rrey con
ella; e bien ansi lo fizieron los otros cavalleros traydores a Dios y al
mundo, los que mal siglo ayan sus animas»; en cambio, no se consigna la fecha del asesinato (Gran CrAᵒXI, CXLVIII.6-23; P, ff. 153 v-
154; A, f. 241-241 v; resumen en R, f. 292 v).

de la diferente capitulación propia de esa redacción más amplia.

La *Crónica*, después de contar la conquista de Tiscar por el infante don Pedro, concluye el capítulo [16] añadiendo una breve referencia a la actividad en Castilla de la reina doña María [XVII.40-43]:

> «...et pusoles en saluo fasta en Bazta. Et en este tienpo la noble reyna doña Maria venose con el rey su nieto para Çiubdat Rodrigo, et fuesse a Fuente Aguinaldo, aldea de Çibdat, a uersse con el infante don Alfonso, heredero de Portugal, et con la infanta doña Beatriz su muger, fija desta reyna doña Maria; et desque las vistas fueron passadas, tornose la reyna con el rey para Toro» (ms. *E*, f. 21 *a*) [17].

Y da comienzo al siguiente capítulo (*CrA°XI*, XVIII) [18] diciendo:

> «Estando en Tiscar este infante don Pedro llegol mandado en commo el infante don Joan que estaua en Baena que queria entrar a la Vega de Granada...»

La noticia sobre las vistas de Fuenteaguinaldo interrumpe momentáneamente el relato de la actuación de los infantes en la frontera; pero su incorporación al final de un capítulo es técnicamente impecable.

---

[16] Titulado: «De commo el infante don Pedro et el infante don Joan se apercebieron para yr a la frontera a la guerra con los moros, et de las otras cosas que acaescioron» (*CrA°XI*, XVII. Véase su edición crítica en el c. XI de este libro).

[17] Seguidamente viene el anuncio: «Et agora la estoria contara de commo el infante don Pedro, estando en Tiscar que auie ganado de los moros, ouo mandado del infante don Joan que estaua en Baena; et de commo morioron amos infantes don Pedro et don Joan en la Vega de Granada» (XVII.44-45).

[18] Titulado: «De commo morioron los infantes don Pedro et don Johan en la Vega de Granada, et de las otras cosas que acaesçieron adelante en Castiella».

La *Gran Crónica* refiere los sucesos de la frontera con importantes pormenores adicionales. Entre otras cosas se preocupa en señalar la actuación del infante don Juan antes de llegar a Baena: Inicialmente nos cuenta cómo

> «llego el ynfante don Joan a Cordoua e enbio a dezir con sus mensajeros al ynfante don Pedro que le enbiase a dezir en como tenie por bien de fazer en fecho de la entrada de la Vega» (*Gran CrAºXI, XX.9-10*) [19],

pero que don Pedro, «entanto que los mensajeros yuan e venian» (*XX.12*), se apoderó de Tiscar. Después, concluido el relato de la conquista de Tiscar [20] («...e pusolas en saluo fasta en Baça» [21]), el cronista comenta:

> «E segund dize la historia, que estando el ynfante don Joan en la çibdad de Cordoua con los rricos omes e caualleros de Castilla e de Leon, sopieron en commo el ynfante don Pedro avia

---

[19] *P*, c. 20, f. 17 v; *A*, c. 20, f. 28; cfr. *R*, f. 249 v: «y el ynfante don Juan vino a Cordoua... y enbio a dezir y saber del ynfante don Pedro por donde entrarian en la Vega de Granada»; y *B*, p. 266: «e porque el infante don Juan avia de venir... para entrar anbos a hazer la guerra a los moros, en tanto que venia...» (Véase la edición de este capítulo de la *Gran Crónica* en el c. XII de este libro).

[20] La *Gran Crónica* (*P*, c. 20, ff. 17 v-18; *A*, c. 20, ff. 28-29; *R*, f. 249 v) cuenta esta conquista con pormenores ajenos a la *Crónica*: Antes de atacar a Tiscar, don Pedro envía a Mahomad Handón dos mensajeros (cuyos nombres se consignan) exigiéndole que se reconozca vasallo del rey de Castilla; el moro se niega, pero los mensajeros cumplen su propósito de reconocer la fortaleza. Don Pedro pregona talegas para doce días y simula otros propósitos bélicos antes de echarse por sorpresa sobre Tiscar. Los cristianos combaten el castillo durante trece días, calzados todos, incluso el infante, con abarcas de esparto (*Gran CrAºXI, XX.12-26*; *B*, pp. 266-267 no incluye el primer episodio, pero sí los detalles del segundo).

[21] *P* pone *Baeça*; *A*: *Vaza* y continúa con una interpolación cronológica (cf. II, *g*): «e ansi gano el infante don Pedro este castillo muy fuerte de Tistar en el mes de Junio del año de la era de Çesar de mill y CCCLII y del nasçimiento de Christo de mill CCCXIIIIº»; *R* (f. 249 v) y *B* (p. 267) dicen bien: *Baça*.

ganado el castillo de Tistar; e segund dize la ystoria, que
non plugo dello al ynfante don Joan» (XX.27-29).

Y, a continuación, refiere la ida de don Juan a Baena, sin
abrir nuevo capítulo:

> «E luego partio de la çibdad de Cordoua con todas sus con-
> pañas e fuesse para Baena[22]. E estando en Tistar el ynfante
> don Pedro llegole mandado en como el ynfante don Joan estaua
> en Baena e que queria entrar a la Vega de Granada...» (*Gran
> CrAoXI*, XX.30 y 3).

Es indudable que la inexistencia en este lugar de una
división de capítulo está relacionada con la presencia de
las noticias relativas a la estancia de don Juan de Córdoba
antes de ir a Baena. Pero esta diferente capitulación[23], propia de la redacción cronística más extensa, conlleva la desaparición de la referencia a las vistas de Fuenteaguinaldo[24].

---

22 El ms. *P* dice aquí también, por error, *Baeça*.

23 El relato de la guerra con Granada está diferentemente capitulado en la *Gran Crónica* y en la *Crónica* a causa de la muy diversa
extensión que aquí tienen las dos redacciones: La *Gran Crónica* ha
abierto un capítulo para contar «Como el ynfante don Pedro entro
a tierra de moros e tomo el castillo de Tistar» (XX; *P, A*, c. 20). Se
inicia con un pasaje desconocido por la *Versión vulgata* de la *Crónica* —aunque no por el ms. *M*—, que comienza: «Quando el ynfante
oyo la rrespuesta del rrey de Granada, con fortaleza del su coraçon
dixo que non era hijo del rrey don Sancho si...» (XX.2-5; *P*, f. 17;
A, f. 27 v), y no comenzará el siguiente hasta dejar a los infantes a las
puertas de Granada (*P, A*, c. 21: «Como Ozmin salio de la çibdad
de Granada con çinco mill caualleros moros, e como fueron muertos
los ynfantes don Pedro e don Joan sin feridas ningunas». El nuevo
capítulo se inicia también con un pasaje ajeno a la *Crónica*: «Gran
pesar ovo el rrey de Granada quando supo que los ynfantes estauan
atan çerca del...» (XXI.3-7; *P*, f. 18 v; *A*, f. 30 v). Véase la edición de
los capítulos XIII-XXI de la *Gran Crónica* en el c. XII de este libro.

24 La ausencia del pasaje en la *Gran Crónica* nos consta por el
ms. *P* y el resumen de *R* (ff. 249 v-250). Su falta en *B* (p. 267) no es
muy significativa. El ms. *A* lo interpoló por su cuenta (sin preocupar-

Una vez suprimido el final de capítulo en que se apoyaba, su presencia resultaba intolerable, pues cortaba el ininterrumpido relato de los sucesos de la frontera.

Estas omisiones, relacionadas, a nuestro parecer, con la estructura y disposición del relato propios de la *Gran Crónica,* deponen contra el carácter originario de la redacción más amplia e informada y en favor de la prioridad del texto breve contenido en la *Crónica.*

d) ALTERACIONES EN EL ORDEN DEL RELATO

El orden de la narración es generalmente idéntico en las dos redacciones. Por eso mismo las ocasionales divergencias resultan muy interesantes para la determinación de la mayor o menor fidelidad de la *Crónica* y de la *Gran Crónica* a la estructura originaria de la obra.

Un caso bastante sencillo de reorganización de los elementos que componen un episodio ocurre en el relato de la huida de los reyes moros tras la derrota del Salado.

La *Crónica* [25] cuenta primero cómo Albohacén consigue pasar el Estrecho antes que llegue a Marruecos noticia de su derrota:

> «Et el rrey Albohaçen et el rrey de Granada, que yuan fuyendo del campo, llegaron a Algezira; et era el dia passado et la noche venia çerca. Et luego en aquella noche salioren dende, ca reçelaron que los christianos vernian luego a los çercar; et el rey Albohaçen fue a Gibraltar et el rey de Granada fue a Marbela. Et desque aquel rey Albohaçen fue en Gibraltar, penso que si fuesse sabido allende la mar commo era vençido,

---

se de colocarlo al final de un capítulo), tomando del ms. **M'* con que «corregía» la *Gran Crónica* (según vimos en II, *e,* pp. 54-55).
[25] *E,* f. 211 *a-c.*

que Abdarrahamen su fijo que se le alçaria con el reyno de
Marruecos, et por esto quisiera luego passar allende. Et ouo
reçelo de la flota de los christianos que vernian guardar aquella
noche el estrecho de la mar; et por esto espero ally fasta que
fue passada una grand parte de la noche, et cada ora enbiaua
zabras et bateles armados que supiessen si era ally venida la
flota de los christianos. Et por que sopo que non veniera, entro
en vna galea, et passo en aquella noche allende la mar; et passo
consigo todo el auer quel auia fincado en Algezira, et vna de
las horras que auia dexado en Algezira» (CCLVI.131-143).

Y, seguidamente, explica la razón por la cual no le fue im-
pedido el paso:

«Et el rrey don Alfonso de Castiella, desque ouo vençida
aquella batalla, pensso que el rey Albohaçen en aquella noche
querria passar allende de la mar, et por esto enbio rogar a
don Pero de Moncada, almirante del rey de Aragon, que fuesse
aquella noche guardar el estrecho de la mar en derecho de
Algezira et de Gibraltar con las galeas que alli tenia del rey de
Aragon; et non lo quiso fazer, maguer que aquella flota venia
armada de los dineros del rey de Castiella. Et por esto ovo la
passada desenbargada el rey Albohaçen» (CCLVI.144-147).

Terminada esta digresión, el cronista pone fin al relato de
la huida de los reyes moros, diciendo:

«Et el rey de Granada fuesse para su tierra» (CCLVI.148).

E inmediatamente insiste en el mal comportamiento del
almirante, recordando hechos anteriores:

«Et non tan solamiente fue este almirante desmandado en
esto al rey de Castiella, mas avn en aquel dia desta sancta
batalla non salio de la galea, nin consentio a nenguno de los
que y venian que saliessen en ayuda de los christianos» (CCLVI.
149).

La *Gran Crónica*, CCCXXX [26], comienza también contando la entrada en Algeciras de los reyes fugitivos:

«E el rrey Alboaçen e el rrey de Granada que yuan fuyendo del canpo llegaron a Algezira»,

pero, a continuación, anticipa la noticia del mal comportamiento del almirante aragonés:

«E el rrey de Castilla, luego en tornandose del alcançe, penso que el rrey Alboaçen que en aquella noche querria pasar allende la mar, e por esto enbio a rrogar a don Pedro de Moncada...» [etc. [27]]
«E no solamente fue este almirante desmandado en esto al rrey de Castilla, mas...» [etc. [27]]

antes de continuar hablando sobre el temor de los reyes moros a ser cercados en Algeciras:

«E desque el rrey Alboaçen e el rrey de Granada llegaron a Algezira, era el dia pasado e la noche venia çerca...» [etc. [27]]
(*Gran CrAºXI*, CCCXXX.*126* y siguen 132-133)

motivo que aparece enriquecido con una noticia desconocida por la *Crónica*:

---

[26] *P*, c. 329, ff. 339 v-340; *A*, c. 357, f. 480-480 v.
[27] Variantes de la *Gran Crónica* (no ortográficas): a guardar; e el almirante n. l. q. f.; aquellas galeas venian armadas; desembargadamente (.144-147); de la s. b.; q. saliese ninguno d. l. q. v. con el (.149); s. d. e no se atreuieron a quedar en la villa, por que r. (.131-143). El resumen de *R* (f. 334 v) apoya el orden de *P*, *A*: «Como el rrey llego al rrea! embio a rrogar al almirante de Aragon que luego se fuese con sus galeras a Algezira para escusar que no pasase(n) a Africa Alboaçen; *mas este* (ms.: maestre) se escuso de manera que no fue. Llegados a Algezira, Alboaçen mando luego adereçar çinco galeras y otros navios y luego se paso con el rrey de Granada para Gibraltar, donde mando que le llevasen los navios... Llegados a Gibraltar, el rrey de Granada se fue para su rreyno...»

«e mando llamar el rrey de Benamarin a Alaçafi, su alcaide,
e mandole que guisase luego çinco galeas que ay estauan e
yaquantos leños e que gelos enbiasen al puerto de Gibraltar
por que luego queria passar la mar» (CCCXXX.*127-129*).

A continuación cuenta la salida de los reyes de Algeciras y
la ida del de Granada para su reino (agrupada en un solo
párrafo):

«e luego partio dende e fuese a Gibraltar e el rey de Granada
fue a Marbella e de alli fuesse a su tierra» [27].

A diferencia de la *Crónica,* la *Gran Crónica* [28] se interesa
después vivamente por las acciones todas de Albohacén,
desde que llega derrotado a Gibraltar, hasta que pasa a su
reino de Marruecos: El rey de Benimerín intenta primero
confortar a los suyos con un ponderado discurso (CCCXXX.
130-135); pero luego se aparta en una cámara, a solas con
don Clarife (o don Alarife), para dar rienda suelta a su
pesar (CCCXXX.*136-142*). A esta escena del duelo [29] sigue un
pasaje coincidente con la *Crónica* donde se nos cuentan
los temores contrapuestos de Albohacén, que recela perder
el reino de Marruecos si no se anticipa a las nuevas de la
derrota, pero que teme, por otra parte, caer en manos de
los cristianos en caso de aventurarse a cruzar el Estrecho.
El pasaje se encuentra enriquecido con un motivo adicional:
el rey marroquí envía por delante un leño ligero a Ceuta
anunciando que vuelve victorioso [30]; motivo que se enlaza
con la escena final:

---

[28]   *P,* f. 340-340 v; *A,* ff. 480 v-481 v (resumen breve en *R,* f. 334 v).
[29]   Citaré por extenso este episodio al estudiar las relaciones entre
la *Gran Crónica* y el *Poema* de Rodrigo Yáñez.
[30]   «E p. e. hizo luego guisar un leño ligero e enbiolo a Çebta,
e mandole que dixese que el yva honrrado, que auie vençido al rrey
de Castilla; e bien anssi lo fizieron los del leño. Y el rrey Alboaçen
espero a. h. ...» (*Gran Crónica*).

«e passo consigo todo el auer que le auia quedado en Algezira
e vna de sus mugeres que auia dexado en Algezira. E llego a la
villa de Çebta, do fue rresçibido con grande honrra, y fuesse
al su alcaçar. E el conçejo de la villa salia a la rribera de la
mar preguntando por el rrey don Alonso de Castilla, que los
del leño dixeron que llevauan preso; e quando vieron el pleyto
de otra manera, non osauan hacer duelo en plaça, e metiense
en sus posadas e hazian los mayores duelos e llantos que omes
pudien hazer» (*Gran CrAºXI*, CCCXXX. 142-143 + *147-151*).

El orden de la *Crónica* me parece el primitivo: Un abreviador que se hubiese propuesto recortar la narración de la
Gran Crónica, omitiendo ciertas escenas y detalles a su
parecer superfluos, no tenía por qué alterar la ordenación
original. En cambio, un interpolador, que desease incorporar
al relato de la *Crónica* los pasajes característicos de la *Gran
Crónica*, estaba obligado a hacerlo: Sin desembarazarse primero de la referencia al comportamiento del almirante aragonés, no podía seguir los pasos del rey fugitivo, desde Algeciras a Ceuta, con la detención deseada. En consecuencia,
la mayor fidelidad de la *Crónica* al orden primitivo de la
narración, que en este episodio sospechamos, prueba, a la
vez, el carácter no originario del relato, más rico en detalles,
que caracteriza a la *Gran Crónica* [31].

La diferencia más llamativa, en cuanto a ordenación del
relato, entre las dos redacciones cronísticas, afecta a los
sucesos que precipitan la caída del privado Alvar Núñez
Osorio. La *Crónica* y la *Gran Crónica* comienzan el año 17

---

[31] Interesa, a este respecto, notar que la escena del duelo, adicionada por la *Gran Crónica*, se relaciona claramente con un pasaje
del *Poema* de 1348 (estrs. 1845-1879) referente a la huida de Albohacén,
a pesar de las grandes diferencias que separan a uno y otro relato.
En un trabajo posterior comentaré esta extraña relación. Los restantes motivos propios de la *Gran Crónica* nada tienen que ver con
el *Poema*.

del reinado (era 1364, año 1326)[32] relatando que Alfonso XI, después de hacer Conde a Alvar Núñez, envía desde Sevilla mandaderos para que firmen en Portugal el pleito de los casamientos regios (*CrA°XI*, LXVII.2-7; *Gran Cr*, LXXVII)[33]. A continuación la *Gran Crónica* introduce dos capítulos (LXXVIII-LXXIX; *P*, cc. 78-79; *A*, cc. 79-80)[34] que no figuran en la *Crónica*: El Conde, viéndose poderoso pero escaso de riquezas, aconseja al rey que ponga tributo a las propias órdenes militares; ante este hecho desacostumbrado, el prior de San Juan, Fernán Rodríguez de Balbona, se queja al Conde, pero el privado le recrimina y le amenaza; el prior anda desde entonces en la Corte temeroso de ser muerto y sus amigos le aconsejan que se alce contra el rey hasta conseguir el apartamiento del Conde[35]. La *Crónica*, continuando

---

[32] La cronología cronística, común a ambas redacciones (cfr. II, *b*), es errónea (cfr. adelante c. IV, *i*, nn. 94, 95 y 101). El año 17 comenzó en setiembre de 1328, y en setiembre de 1326 se inició el año 15. Sin duda se trata aquí de setiembre de 1327, año 16 del reinado. En octubre de 1327 Alfonso XI puso en prisión a la reina doña Constanza (antes de divulgar el acuerdo de los matrimonios portugueses); en noviembre se desnaturó don Juan Manuel, y el 16 de diciembre dio desde Zafra órdenes a todos sus vasallos de hacer al rey «la mas cruel guerra» que pudiesen y remitió cartas blancas para firmar una alianza con el rey de Granada. La presencia de Alfonso XI en Córdoba nos consta el 20-XI-27, el 10 y el 25-I-28 y el 15-II-28. El 10-I-28 el rey felicita a Pero López de Ayala por haber apresado (el 26-XII-27) las cartas de don Juan Manuel. El 17 de marzo está ya el rey en Santa Olalla y el 19 cercando Escalona. El 8-IV-28 don Juan Manuel ha recibido ya, estando en el cerco de Huete, las posturas firmadas por el Prior y los del concejo de Zamora alzados contra el rey. Alfonso XI levanta el cerco de Escalona a comienzos de julio.

[33] La *Gran Crónica* (LXXVII.4-5) añade un detalle ignorado por la *Crónica*, el nombre de los mandaderos: *Pero Rruyz de Villegas* y *Fernán Fernández de Pina* (cfr. *Poema*, estrs. 255-256) y atribuye a Alvar Núñez el consejo de concertar el pleito del casamiento.

[34] *P*, ff. 66-67; *A*, ff. 109-110 v. Resumidos también por *R*, f. 267 v.

[35] Puede leerse una noticia más completa de estos pasajes en D. Catalán, «Un romance histórico de Alfonso XI», *Estudios dedicados*

el mismo primer capítulo (LXVII.8-17; *E*, ff. 59 *d*-60 *a*) [36], y la *Gran Crónica*, en un cuarto capítulo (LXXX; *P*, c. 80; *A*, c. 81) refieren que el rey va de Sevilla a Córdoba (donde hace varias justicias). A partir de este punto las dos redacciones ordenan los acontecimientos en forma diversa: La *Crónica*, todavía en el mismo capítulo (LXVII.18-54; *E*, f. 60 *a*-*d*) [37], comienza a contar cómo el rey, sabedor de las correrías de don Juan Manuel, prepara desde Córdoba la guerra contra su ex-vasallo [38]. Los dos capítulos (*CrAºXI*, LXVIII-LXIX) que siguen tratan ya de esa guerra, cuyo hecho principal es el cerco de Escalona por Alfonso XI [39]; y los dos inmediatos (LXX y LXXI.1-51) refieren la sucesiva llegada al real de Escalona de unos embajadores venidos desde Portugal para combinar las próximas bodas regias, y la del Cardenal nombrado por el Papa para mediar entre el rey y don Juan Manuel (*E*, ff. 61 *a*-63 *d*). Toda esta narración, centrada sobre el cerco de Escalona, figura también en la *Gran Crónica* [40], pero situada más adelante (LXXXIII-LXXXVIII;

a *Menéndez Pidal*, VI (Madrid, 1956), pp. 259-285 (en especial: 273-274) y, mejor, en *Siete siglos de Romancero*, Madrid, 1969, pp. 30-32.

[36] Ed. Cerdá, pp. 118.23-119.7.

[37] Ed. Cerdá, pp. 119.7-120.33.

[38] En vista de que cada día recibía nuevas de los males que don Juan hacía en la tierra, el rey convoca por cartas a todos sus vasallos, dispuesto a cercarle «do quiera que lo fallasse»; pero, entre tanto, manda por delante a Garcilaso para que, sacando gentes de Soria, haga frente al rebelde. Garcilaso es asesinado en Soria.

[39] Alfonso XI va de Córdoba a Toledo. Pone cerco a Escalona, villa de don Juan. Gentes del rey recobran las fortalezas de Cuenca y Huete, que don Juan tenía en rehenes por el casamiento de Alfonso XI con su hija; en cambio Lorca es defendida por un vasallo de don Juan. Don Juan cerca Huete; pero acaba por retirarse al castillo de Garcí Muñoz.

[40] Con la adición de un pequeño capítulo (LXXXVI; *P*, c. 86; *A*, c. 87): Iñigo López de Orozco defiende bien Escalona; muere en el real Alfonso Sánchez de Alburquerque. (Resumido en *R*, f. 268 v, y *B*, p. 286.)

P, cc. 83-88; *A*, cc. 84-89)[41]; antes, la *Gran Crónica* cuenta la sublevación de Zamora y Toro con el prior de San Juan y las gestiones realizadas por los frailes de la orden fieles al rey para deponer a Fernán Rodríguez (LXXXI-LXXXII; *P*, cc.81-82; *A*, cc. 82-83)[41], sucesos que la *Crónica* sólo refería (LXXI.52-74 y LXXII; *E*, ff. 63 *d*-64 *c*) después de dar cumplida cuenta de la guerra con don Juan Manuel. Las dos redacciones vuelven a coincidir en el capítulo dedicado a la sublevación de Valladolid (*CrAºXI*, LXXIII; *Gran CrAºXI*, LXXXIX)[42].

La distinta ordenación del relato responde a dos criterios expositivos historiográficamente admisibles. En la *Crónica* los antecedentes del alzamiento del prior no son considerados de por sí noticia historiable, sólo interesa recordarlos en la medida que ayuden a explicar los sucesos de Zamora; por ello, toda referencia a los actos del prior se reserva para el momento en que su rebeldía le coloca en un primer plano histórico, esto es hallándose ya el rey sobre Escalona. Además, según la concepción de este cronista, la sublevación del prior no es un suceso independiente de la guerra entre don Juan Manuel y el rey, sino uno de sus capítulos:

> «Este don Iohan fijo del infante don Manuel auie grand amiztad con don frey Fernand Rodriguez prior de Sant Johan desde el tienpo que este don Johan era tutor deste rey don Alfonso. Et estando el rey en Seuilla desque veno a tomar a Oluera, el prior ovo fabla con Pero Rodriguez, vn cauallero de

---

[41] El mismo orden en el resumen de *R*, ff. 268-269.

[42] Hacia este suceso convergen todos los anteriores: Alfonso XI, para enviar a buscar a la infanta portuguesa con que ha de casarse, manda venir de Valladolid, al real de Escalona, a su hermana doña Leonor; Valladolid se alza en armas para impedir la salida de la infanta castellana y acoge al prior rebelde. La rebelión de Valladolid significará el fin del cerco de Escalona y el triunfo del prior Fernán Rodríguez sobre el Conde.

Çamora que tenie por el Conde Aluar Nuñez el alcaçar et la
villa de Çamora, et con otros algunos caualleros et çiubdadanos
desta çiubdat que acogiessen y al prior, et que non acogiessen
y al rey saluo sy tirasse de la su casa et de la su merçed al
Conde Aluar Nuñez. Et el acuerdo auido en su poridat, desque
el rey fue venido a çercar la villa de Escalona, el prior dexo
de venir en seruiçio del rey su señor do el estaua et fuesse
para Çamora...» (*CrAºXI*, LXXI.52-58; ms. *E*, ff. 63 *d*-64 *a*).

La *Gran Crónica* expone, en cambio, por lo largo, los
motivos que impulsan al prior a la rebeldía, independientemente de su amistad con don Juan Manuel, y, por lo tanto,
va contando cada uno de los acontecimientos, que preceden
al alzamiento de Zamora, en su propio lugar, antes de que
el rey salga de Andalucía:

«Quando el Conde Aluar Nuñez se vio en tal manera e
estado,

(esto es, después de hecho Conde en Sevilla)

penso de llegar aver con que pudiese cunplir aquella honrra en
que era puesto, e aconsejo al rrey que echase pecho por las
tierras... [etc.]. E vn cauallero bueno que llamauan Fernan
Rodriguez de Balbona, prior de la horden de Sanct Joan,
quando vio que el fecho ansi yva para mal, e que por culpa
del rrey non era, fablo con el Conde...» [etc.] (*Gran CrAºXI*,
LXXVIII).

«En quanto el rrey estaua en Cordoua, don Fernan Rodriguez,
prior de Sant Joan andaua alli con gran rresçelo, segund vos
lo a ya contado la historia. E este don Fernando Rodriguez
avia muy gran amistad con don Joan fijo del infante don Manuel desdel tienpo que era tutor del rey don Alfonso; e agora,
mientra estaua en Cordoua, hablo con Pero Rodriguez vn cauallero de Çamora... E el acuerdo auido en su secreto, el prior
partio de Cordoua vna noche con poca conpaña, e andouo
tanto por sus jornadas hasta que llego a las sus tierras, e
aperçibio sus lugares de guerra, e fizo fabla con los conçejos

que se alçasen contra el rrey su señor, e dende fuese para
Çamora...» (*Gran CrAºXI*, LXXXI.2 + 52 + 3 + 54...57 + 46 +
58...).

El alzamiento de Zamora y Toro con el prior, así como las
gestiones de los frailes de San Juan para conseguir la deposición de Fernán Rodríguez del priorazgo, resultan así
consecuencias del acto de rebeldía iniciado con la huida
nocturna del prior desde Córdoba y no tenían por qué subor-
dinarse al relato de la guerra del rey con don Juan Manuel.

Una vez aclarados los criterios historiográficos que justifican el orden expositivo preferido por cada uno de los dos
redactores, creo que podemos defender una vez más la prioridad del texto de la *Crónica*. Si consideramos la versión de
la *Gran Crónica* como un arreglo, la anticipación de los sucesos relacionados con el alzamiento del prior en Zamora
queda explicada como consecuencia de la interpolación de
la escena relativa al conflicto que en Andalucía enfrenta a
Fernán Rodríguez con el privado; en cambio, me parece
muy poco probable que un abreviador, interesado en omitir
la polémica sobre el tributo de las órdenes militares, hubiese
rechazado la noticia de la huida del prior desde Córdoba a
las tierras de la orden con el solo propósito de encerrar en
unos párrafos introductorios a la noticia del alzamiento de
Zamora todos los antecedentes que del suceso le interesaba
retener (vieja amistad del prior con don Juan Manuel; tratos
con Pedro Rodríguez y los zamoranos). El resultado de esa
supuesta labor refundidora responde demasiado bien a un
molde muy grato al primer «estoriador» de Alfonso XI, quien
suele presentar muchas noticias encabezadas por una detenida exposición de los acontecimientos todos que explican
el suceso que va a narrar [43]. Por el contrario, en la *Gran*

---

[43] El «estoriador» acaba de hacer uso de esta técnica expositiva

Crónica resulta desprovista de justificación la referencia a
la vieja amistad de Fernán Rodríguez con don Juan Manuel,
que en la *Crónica* constituía el necesario enlace entre la historia de la rebelión del prior y los capítulos anteriores dedicados a contar la guerra del rey con don Juan Manuel.

e) ALTERACIONES EN LA SECUENCIA DE LOS SUCESOS

Sólo recuerdo un caso en que el orden divergente del
relato en las dos redacciones cronísticas suponga, a la vez,
una alteración en la secuencia de los propios sucesos narrados. Se trata del ir y venir de los mensajeros cristianos y
moros que conciertan el lugar y el tiempo de la batalla del
Salado.

En la *Crónica*, los reyes de Castilla y Portugal, tan pronto
como tienen noticia de la llegada ante Tarifa del rey granadino y deducen a través de este hecho que Albohacén está
decidido a esperar batalla,

> «cataron luego dos mandaderos que enbiaron al rey de Marrue-
> cos et al rey de Granada con quien les enbiaron dezir que ellos

en la primera mitad del capítulo (*E*, ff. 62 *d*-63 *a*; cfr. *P*, c. 88; *A*, c. 89):
A fin de contar la llegada, al real sobre Escalona, del Cardenal comi-
sionado por el Papa para mediar entre don Juan Manuel y el rey, la
Crónica y la *Gran Crónica* refieren primero con detalle las razones
que movieron al Papa a conceder el cardenalazgo al obispo de Cartagena: Estando en Aviñón los embajadores enviados por Alfonso XI
para pedir ayuda en la guerra de los moros, los cardenales amigos
de don Juan Manuel hacen creer al Papa que es imprescindible lograr
previamente el fin de la guerra civil en Castilla; el Papa decide nom-
brar un cardenal castellano, pensando encomendarle la mediación,
pero antes consulta a los embajadores de Alfonso XI sobre quién sería
persona idónea para la dignidad del cardenalazgo; siguiendo los consejos de los embajadores, el Papa envía las cartas y el sombrero de
Cardenal a don Pedro, obispo de Cartagena, que los recibe en Toledo
(*CrAºXI*, LXXI.2-15; *Gran CrAºXI*, LXXXVIII).

yuan a acorrer aquella villa del rey de Castiella que ellos
tenian çercada; et que pues Albohaçen era rey tan poderoso
et tenia consigo el rey de Granada, que grand mengua les seria
sy les non esperassen ally» (*CrAºXI*, CCLII.25-26; ms. *E*, folio 204 *a-b*).

En el capítulo siguiente se nos hace saber cómo

«ante que los reyes saliessen de Seuilla venieron los mandaderos que estos reys auian enbiado al rey de Marruecos et al
rey de Granada, et venieron con ellos dos moros mensageros
daquellos reys, con qui enbiaron dezir al rey don Alfonso de
Castiella et de Leon et al rey don Alfonso de Portogal que
venia con el, que oyeran lo que les enbiaran dezir con aquellos
sus mandaderos, et que dixiessen al rey de Castiella que el
passara la mar et çercara la primera villa que fallara suya, et
que sy otra fallara primero que la çercara, et que fuesse acorrer
su villa ca alli lo fallaria, et sy el non la fuesse acorrer, que
desque la ouiesse tomado, que yria çercar otra mas adelante;
et al rey de Portogal que dixiessen que bien sabia el que con
el rey de Castiella venia el; et que non creyessen lo que les
dixiesen mas lo que uiessen. Et estos mandaderos non los
quisieron enbiar luego, et mandaron los guardar» (CCLIII.4-13;
E, f. 204 *d*).

Y, por último, hacia el final de este mismo capítulo, al referir
las disposiciones que toman los reyes cristianos estando
acampados allende Guadalete, se nos aclara:

«Et otro sy los reyes desde alli enbiaron los mandaderos
moros que auian venido a ellos de parte del rey de Marruecos
et del rey de Granada; et enbiaron dezir a aquellos reyes
moros con aquellos mandaderos que los gradesçian por que
los querian alli esperar et que querian creer lo que viessen et
non lo que les dixieran» (CCLIII.31-33; *E*, f. 205 *b-c*).

La *Gran Crónica* presenta una secuencia de acontecimientos muy distinta: el envío de los mensajeros cristianos ocupa

el lugar (en el c. CCCXIII) reservado en la *Crónica* al regreso («E ante que partiesen los reyes de Sevilla...»)[44]; a su vez, la venida de estos mensajeros acompañados de otros moros, ocurre estando los reyes en el real de cerca de Guadalete (CCCXX)[45]; finalmente, los mensajeros moros sólo son devueltos cuando la hueste llega a Almodóvar (CCCXXI)[46].

---

[44] «E ante que partiesen los reyes de Seuilla, llamaron a dos escuderos byen rrazonados para que fuesen por mensajeros al rrey de Benamarin... e que le dixesen de su parte como yuan de camino para yr acorrer aquella villa que ellos tenien çercada e a se ver con el; que touiese por bien, pues era tan poderoso e tenie consigo al rrey de Granada e se llamaua rrey conqueridor e vençedor de las lides, que gran verguença le seria sy los non esperasen...» (*P*, c. 313, f. 307 v; *A*, c. 30, f. 448-448 v. En el resumen de *R*: «Y los rreyes de Castilla y Portugal se salieron luego de Sevilla... y embiaron sus embaxadores al rrey Alboaçen... El rrey don Alonso de Castilla salio primero de Sevilla...», f. 329; la alusión de *B*, p. 348, es demasiado breve para juzgar el momento en que se sitúa el envío).

[45] «Alboaçen... enbio por los mensageros del rrey de Castilla e de Portogal e dixoles que era tienpo de se tornar para el rrey don Alonso, que los auia enbiado, e otrosi que queria enbiar con ellos otros dos caualleros suyos que levasen la rrespuesta con aquellos caualleros christianos. E en antes que los rreyes de Castilla e de Portugal partiesen de su real que tenian çerca de Guadalete, como la ystoria vos a contado, vinieron los mensageros q. e. r. a. e. a. r. Alboaçen e venian c. e. d. caualleros m. m. d. a. r. c. quien e. a d. a. r. d. Alonso d. C. e a. r. d. P. q. v. c. e., que se lo saludase e q. d. a. r. don Alonso d. C. q. e. que estaua sobre Tarifa... [sigue una respuesta distinta a la consignada por la *Crónica*]... e que el rey de Castilla q. f. a. s. v. que a. le esperaria... e q. s. e. n. f. a. aquella villa, que le fazie çierto q. d. l. o. t. que luego y. a ç. o. villa m. a.» «E e. mensajeros moros n. l. q. e. l., e m. l. g.» (*P*, c. 320, ff. 316 v-317; *A*, c. 347, ff. 457 v-458 v). En el resumen de *R*: «llamaron los embaxadores de los rreyes cristianos y dixeronles que embiarian rrespuesta con sus embaxadores, los quales fueron juntamente con ellos y hablaron los en el rreal en Guadalete», f. 330; en *B*, p. 349 no hay alusión a las etapas de la marcha hacia Tarifa, de ahí que se hable de la respuesta de los reyes moros antes del párrafo alusivo a la salida de Sevilla y llegada al mar de la hueste cristiana.

[46] El párrafo se incluye detrás de la frase «...fueron posar a Almodouar». Variantes (no ortográficas) de la *Gran Crónica*: 1. mensageros

Esta diversa repartición de los pasajes relacionados con el intercambio de embajadas va unida a la presencia en la *Gran Crónica* de multitud de datos, extraños a la *Crónica*, referentes a la personalidad de los enviados cristianos, al contenido del mensaje, a la llegada de los mensajeros al real moro, a las deliberaciones de Albohacén con sus consejeros antes de dar contestación a la embajada, al contenido de la respuesta, etc. [47].

---

m.; r. Alboaçen d. M.; a. sus mensajeros q. les agr.; q. l. a. q. e. (se omite la frase final). *P*, c. 321, f. 317 v; *A*, c. 348, f. 459. En el resumen de *R* (f. 330): «y de alli a Almodovar, donde rrespondieron los embaxadores de los rreyes de Marruecos y Granada agradeçiendoles mucho esperalles a batalla...»

[47] *P*, cc. 313-320, ff. 307 v-317; *A*, cc. 340-347, ff. 448-458 v. Según la *Gran Crónica* (*P*, *A*, *R*) los mensajeros fueron dos escuderos llamados *Joan Suarez de Xerez* (el castellano) y *Aluar Rodriguez* (el portugués). En el mensaje de los reyes se dice al marroquí que, pues «se llamaua rrey conqueridor e vençedor de las lides», «que touiese por bien de non estar sobre vnas paredes que valien muy poco para el su estado, e que saliese de la montaña do yazie metido con sus moros e que saliese para la albuhera que era lugar para tal menester» (CCCXIII. 5-6, *10*, *11-13*; *P*, c. 313, f. 307 v; *A*, c. 340, f. 448 v. Resumido en *R*, f. 329, y *B*, p. 348). La *Gran Crónica* dedica 7 capítulos (CCCXIV-CCCXX; *P*, 314-320; *A*, 341-347), casi enteros, a desarrollar la escena, vista desde el campo moro, de la transmisión a Albohacén del mensaje y de la respuesta que el rey africano da a los reyes de Castilla y Portugal: *a)* Llegada de los mensajeros a la tienda del rey de Benamarín; palabras introductorias; discurso del castellano; discurso del portugués en lengua portuguesa (cfr. *Un prosista anónimo*, pp. 82-84); *b)* Respuesta inicial del rey marroquí; *c)* Albohacén convoca a los moros más honrados para discutir el mensaje cristiano; don Clazer propone acudir a la albuhera, pero Botexefin de Benoriba, tío del rey, contradice esta propuesta; Mahomad Diche, señor de Marcameda, aconseja poner en salvo dentro de Algeciras a las mujeres y niños, pero el propio Albohacén, en un largo y razonado discurso, refuta la conveniencia de semejante acto (*NRFH*, VII [1953], pp. 570-582); *d)* don Clariffe el alárabe, tras invocar una frase sentenciosa del maestro Sujulberto en su *Historia de Africa* (sobre esta obra véase D. Catalán, *RPh*, XVII [1963-1964], pp. 346-353 y J. Gómez Pérez, «Leyendas medievales españolas del ciclo carolingio», *Anuario*

Confrontados los dos relatos, no encuentro razón alguna para que un abreviador se tomase el trabajo de adelantar sistemáticamente todos los pasajes relacionados con el movimiento de los mensajeros, al tiempo que podaba las escenas correspondientes. En cambio, es muy posible que un interpolador, con ocasión de dar entrada a un crecido número de datos nuevos, considerase necesaria la posposición de las embajadas: la misma fuente que le permitía precisar los nombres de los mensajeros cristianos, el contenido del mensaje y los términos de la respuesta de Albohacén, pudo muy bien hacerle saber que los mensajeros no volvieron a Sevilla, sino que alcanzaron a los reyes cuando ya iban camino de Tarifa.

---

de Filología, Maracaibo, 1964), pide al rey que no acepte batalla; todos asienten; *e)* salvo don Juçaf el rey de Granada que insiste en hacer frente a los reyes cristianos; *f)* Albohacén se inclina por la opinión del rey granadino; *g)* respuesta al mensaje. Tanto en el discurso del mensajero castellano, como en la respuesta que llevan los mensajeros moros al de Castilla se discuten unas propuestas concretas: «...e sy sodes buen rrey, que salgades de *esta marisma* con vuestro poder e vos vayades a la albuhera, que ya el viene de carrera para vos reçebir sy le non falleçedes. E, señor, ...sy al tenedes en voluntad de hazer, enbiadgelo a dezir. E sy por byen tuvyeredes de lo atender aqui, hazed como buen rrey, que los puertos non enbarguedes por do a de passar» (CCCXIV.*19-23;* P, c. 314, f. 309; A, c 341, f. 450 v); «que el estaua sobre Tarifa, que fuera de sus avuelos, e que se non levantaria de sobre ella hasta que la tomase, e que el ni los sus moros non querian partir de alli ni ver al albuhera hasta que tomasen la villa... e otrosy que los puertos los fallaria libres e que el nin los sus moros que los non enbargarian, ca non era suyo de lo fazer...» (CCCXX.*8.11;* P, c. 320, f. 316 v; A, c. 347, f. 458). La historicidad de los términos del mensaje cristiano y de la respuesta mora nos constan (como ya noté en *Un prosista anónimo,* pp. 86-88) por la carta que la noche misma de la batalla del Salado escribió al Papa el arzobispo toledano don Gil de Albornoz: «Et ibi acordaverunt reges mittere duos ambaxiatores ad Regem de Benamarin et censerunt sibi dici quod, ex quo tam potentem regem se reputabat et transierat mare et modo tenebat sibi obsessam villam suam,

Históricamente, ni la *Crónica*, ni la *Gran Crónica* están en lo cierto. Gracias a la carta que el arzobispo don Gil de Albornoz escribe al Papa nada más concluir la batalla del Salado[48], sabemos que el único historiador de Alfonso XI bien informado sobre este punto de las embajadas es Rodrigo Yáñez: Según el *Poema* de 1348 los reyes de Castilla y Portugal no envían sus mensajeros hasta hallarse acampados junto a Guadalete, y los mensajeros, cuando regresan, encuentran a los reyes ya en Almodóvar. El arzobispo nos informa:

> «Et die veneris applicuit ad quemdam locum qui vocatur Guadabet [= *Guadalete*]. Et ibi manserunt die sabbati et die dominica et die lune et die martis ad expectandum gentes et ad accipiendum vitualia. Et ibi acordaverunt reges mittere duos ambaxiatores ad Regem de Benamarin...; Et die veneris ad quemdam locum qui vocatur Baybant [= *Barbate*]. Et die sabbati

quod velet exire ad campum ad confligendum cum eo. Et hoc mittebat rex quia non poterat intrare ad eum nisi per quemdam locum qui vocatur Rupis Ternim [Peña del Ciervo], qui est, Domine, unus portus valde gravis et tenebat eum occupatum Rex de Benamarin...» «Et ibi occurrerunt ambaxiatores, quos misserat rex, et responsum quod portaverunt fuit istud: quod verum erat, quod erat in obsidione ville sue et quod sicut ipsi duo reges erat, ipse et rex Portugalie, ita ipsi duo, scilicet ipse et rex Granate, et quod ibi expectarent eos» (La traducción castellana publicada por J. Beneyto Pérez, *El Cardenal Albornoz*, Madrid, 1950, pp. 329-330, es muy inexacta y, a veces, totalmente errónea).

[48] La carta del «Archiepiscopus Toletanus» se copia en una «Hystoria de conflictu dato Saracenis per Regem Castele aput vilam de Tariffa», incluida en el f. LXVI v. de un ms. fragmentario, formado por 11 cartas de mano del siglo XIV (manuscrito que, en el siglo XVIII, se integró en un códice misceláneo: códice *XIV, 264* de la Biblioteca Marciana, Venezia. La carta figura en el f. mod. 41 v y termina trunca, por pérdida del f. ant. LXVII). Véase F. A. Ugolini, «Avvenimenti, figure e costumi di Spagna in una cronaca italiana del Trecento», en *Italia e Spagna*, Firenze, 1941, pp. 91-122 (especialmente, pp. 120-121 y 100, n. 3). La traducción castellana de la carta, que publica J. Beneyto (véase n. 47), se salta inconsideradamente una jornada (la de Barbate) y supone que los reyes llegaron a Almodóvar un viernes.

ad quemdam locum qui vocatur Almedonec [= *Almodóvar*]. Et ibi occurrerunt ambaxiatores, quos misserat rex...»

En vista de la exactitud histórica del *Poema*, interesa notar que varios de los pormenores y pasajes, referentes a las embajadas, «adicionados» por la *Gran Crónica* al relato de la *Crónica*, se hallan en forma muy semejante en la obra de Rodrigo Yáñez [49]. El cronista refundidor quizás optó por una secuencia cronológica intermedia entre la heredada de la *Crónica* y la que caracterizaba al relato que trataba de interpolar.

---

[49] Desde luego, el contenido del mensaje (estrs. 1298-1303 y 1344-1355) y de la respuesta (estrs. 1404-1411) coinciden por completo con los característicos de la *Gran Crónica*. Cfr., en especial, los versos «vengasse al albofera, / si su pro cuida fazer, / ya nos ymos de carrera / si nos el non falleçier // ...e si el esto non quisier / los puertos non nos detenga» (estrs. 1301-1302); «...en (los) canpos de la albofera / y bos cuydan a fallar» (estr. 1345); «...(e) benistes aqui çercar / vnas paredes mal andantes, // que para el buestro estado / non montan vna fauera / ... // vn rrey atan poderoso / ...non yaga commo rraposo / encouado en la montaña. // Sy vos sodes rrey guerrero / e buen cauallero en siella, / salide [de] aqueste otero / rreçebir rrey de Castiella, // ...ya el biene de carrera / si le bos non fallesçedes; // salide desta marisma... // e si esto non queredes / ...los puertos non le enbarguedes...» (estrs. 1349-1355); «Tarifa por mia tengo / pues que fue de mis au[o]l(eng)os; // yo esto en la mi tierra / con aquestos moros miós... // Albofera non llegaré / nin les fare atal plazer, / los puertos non enbargare / que non es mio de lo fazer» (estrs. 1407-1408 y 1410). La llegada de los mensajeros al real moro, sus palabras, la reunión del consejo, las intervenciones de don Arife y el rey de Granada, así como la respuesta al mensaje, son coincidentes con las de la *Gran Crónica*; no figuran, en cambio, para nada los otros consejeros moros, y sus discursos (*Gran CrAºXI*, CCCXVI.2-26), así como el de Albohacén (CCCXVI.27-44), no tienen correspondencia en el *Poema*. La estrofa mutilada 1362 quizá consignaba los nombres de los mensajeros (pero sólo conserva el nombre de «don Pero»).

f) RELATOS DIVERGENTES EN LA «GRAN CRÓNICA» Y EN LA «CRÓNICA»

Es muy excepcional la existencia en la *Gran Crónica* y en la *Crónica* de dos versiones claramente diversas de una misma escena. Pero el estudio de esos pasajes en que el desacuerdo es manifiesto nos permite evaluar la antigüedad relativa de las dos redacciones cronísticas.

Según nos cuenta la *Crónica*, la *Gran Crónica* e incluso el *Poema*, los defensores de Tarifa, respondiendo a una iniciativa de Albohacén, envían al rey moro dos caballeros en lugar de mensajeros a escuchar las proposiciones del rey africano; pero, entre tanto, la voluntad de negociar de Albohacén ha quedado muy debilitada por un suceso imprevisto: la flotilla castellana que, al mando del prior de San Juan, impedía el avituallamiento del ejército marroquí, ha sido destruida por un temporal.

La escena de la entrevista de los caballeros de Tarifa con el rey moro es en la *Crónica* muy sobria:

«Et los que estauan en la uilla de Tariffa, non sabiendo nenguna cosa del perdimiento de la flota, enbiaron aquellos dos caualleros al rey Albohaçen.

Et desque llegaron antel, dexieron le lo que el enbiara dezir a los de la villa et que venian a oyr lo que les dixiesse.

Et el rey Albohacen, por que era perdida la flota del rey de Castiella, dixo que el non les enbiara dezir nada, et que les oyria sy alguna cosa le quisiessen dezir de parte del rey de Castiella o de parte de los de la villa.

Et ellos dixieron que non le(s) auian a dezir nada; mas que mandasse llamar el cauallero que fuera a la villa con aquella razon et que con el lo prouarian.

Et llamaron lo; et desque veno, dixo ante el rey que el fuera dezir a los de la villa lo que aquellos caualleros dizian» (*CrAºXI*, CCL.32-40; ms. *E*, f. 202 *b-c*).

La *Gran Crónica* se interesa inicialmente por describirnos, mediante un par de pinceladas, el escenario de la entrevista [50]:

> «Estando el rrey Alboaçen en la su tienda con gran plazer asentado en su estrado, salieron de Tariffa los mensageros christianos, non sabiendo nada del perdimiento de la flota, e enbiauan los de Tariffa aquellos dos caualleros al rrey Alboaçen. E estos caualleros mensageros llegaron antel rrey e hallaronlo do estaua posado en su tienda» (*Gran CrAºXI*, CCCVI. 2 + 32 + 3-4)

y se preocupa por anticiparnos las instrucciones que los mensajeros han recibido en Tarifa de su caudillo (CCCVI. 5-6) [51]. Seguidamente, nos refiere un incidente protocolario, antes de que los caballeros sean recibidos en audiencia (CCCVI.7-10) [52]. La escena de la entrevista misma tiene de común con la de la *Crónica* un fragmento del diálogo:

> «E quando esto oyo el rrey Alboaçen, por que era perdida la flota...» [etc.]

hasta que los de Tarifa contestan:

> «...e ellos dixeron que no le(s) querien dezir nada» [53].

---

50 *P*, c. 306, f. 297; *A*, c. 333, f. 438 (Se alude a la tienda también en *R*, f. 327 v).

51 Pueden verse en *Un prosista anónimo*, p. 80.

52 Sobre este curioso episodio, extraño a la *Crónica* y contradictorio con la versión poética de la entrevista, trataré detenidamente en otra ocasión (figura también en *R*, f. 327 v).

53 «E quando esto oyo e. rr. A., p. q. e. p. l. f. d. rr. d. Castilla, d. q. ...no l. e. a d. n., e q. l. o. s. querian dezir a. c. d. p. d. rr. d. Castilla e d. p. d. l. d. l. v. E e. dixeron q. no le(s) querien d. n.»

Pero va precedida de una introducción muy distinta:

> «E quando los vio el rrey Alboaçen, oteolos en desden, e dixoles que demandauan, que el no los enbiara a llamar. E ellos respondieron que eran mensageros de Tariffa e que dos caualleros suyos entraron en la villa e que fablaran con el cabdillo que los enbiase al rrey moro; e que el cabdillo, por hazer bien e mesura al rey, a lo qual todos los omnes del mundo en comunalmente deuen acatar contra los rreyes, que por esta rrazon los auia enbiado a el; e que si les quisiese dezir alguna cosa, que estauan prestos para rresponder; e si non, que se querian yr tornar al su caudillo a la villa de Tariffa donde eran salidos» (CCCVI.*11-17*)

y, al final, no incluye el careo con el moro que llevó a Tarifa **el mensaje.**

Algunos de los elementos característicos de la *Gran Crónica* se encuentran también en el *Poema*: Los caballeros cristianos enviados «en lugar de mensajeros» salen de Tarifa muy de mañana y, después de pasar la barrera

> 1097   en el alfaneque entraron
>   do aquel rrey moro sseya,
>   en ssu estrado lo fallaron
>   con muy grand cauallería.

La coincidencia con la *Gran Crónica* en esta nota descriptiva no obsta para que Rodrigo Yáñez disienta de las dos redacciones cronísticas en un aspecto esencial: los mensajeros llegan al real moro sabiendo de antemano la pérdida de la flota castellana [54].

(*P*, c. 306, f. 298; *A*, c. 333, f. 439). Figura también en el resumen de *R*, f. 327 v. «Alboaçen con la perdida de l. f. avia mudado de pensamiento y d. q. n. avia embiado a d. tal cosa, q. si ellos q. d. a. d. la p. d. rr. d. C. o d. l. d. T. el les daria avdiençia. Los cavalleros le rrespondieron q. n.».

[54] Los caballeros moros enviados a Tarifa por Albohacén para

El diálogo inicial de Albohacén con los caballeros es también en el *Poema* muy similar al de la *Gran Crónica*:

«El rrey dixo: Bien vengades / ¿qui vos enbio lamar? / Tarifa, ¿non me la dades? // Dexieron los caualleros: / —Rrey, señor de grand bernaje, / enbiastes menssajeros / a Tarifa con menssaje // de uos, rrey de grand altura, / e delante uos venimos; / para fazer uos pustura / de Tarifa non ssalimos» (estrs. 1098-1100).

Pero no hay en la versión de Rodrigo Yáñez ningún verso que recuerde el fragmento de diálogo que la *Gran Crónica* tiene en común con la *Crónica*. Finalmente, el *Poema* coincide con la *Gran Crónica* en ignorar la escena del careo con el moro portador de las propuestas de Albohacén, que en la *Crónica* pone punto final a los dimes y diretes del rey y los mensajeros.

Esa escena del careo no tenía cabida en la versión de la entrevista propia de la *Gran Crónica* y del *Poema*, ya que en una y otra historia Albohacén y los caballeros de Tarifa acaban enzarzándose en una animada discusión. La *Gran Crónica* reparte los argumentos en tres capítulos: Primeramente, Albohacén conmina a los mensajeros a que le entreguen Tarifa, puesto que ninguna esperanza de socorro les queda (CCCVI; *P*, c. 306; *A*, c. 333); ellos replican según las instrucciones recibidas de su caudillo y amenazan a Albohacén con la pronta venida de Alfonso XI (CCCVII; *P*, c. 307; *A*, c. 334); el rey africano les asegura entonces (CCCVIII; *P*, c. 308; *A*, c. 335) que su máximo deseo es verse en campo con el rey de Castilla [55]. El *Poema* distribuye la argumenta-

---

proponer las conversaciones comentan ya (estrs. 1090-1092) con los sitiados la pérdida de la flota.

[55] La *Historia en Décadas* tampoco incluye la escena del careo y sí la discusión entre Albohacén y los de Tarifa (ff. 327 v-328).

ción más animadamente, pero las frases empleadas son muy similares a las de la *Gran Crónica* [56].

Para poder admitir que la sobria versión de la entrevista contenida en la *Crónica* y la animada escena del *Poema* remontan a la narración de la *Gran Crónica* tendríamos que considerar como un puro acaso la ausencia en el relato poé-

---

[56] He aquí algunas frases como ejemplo de la semejanza verbal: «Para fazer uos pustura / de Tarifa non ssalimos. // Tarifa esta muy fuerte / con la ssu caualleria, / enantes querrian muerte / que conbusco pletesia» (estrs. 1100-1101) ~ «Señor, quando nos salimos de Tariffa no fue por hazer pleytesia ninguna en rrazon de la villa... E, señor, en fecho de la pleytesia de vos dar la villa vos no habledes, que por çierto ella esta basteçida por vn gran tiempo; e estan ay tales caualleros... que el menor dellos querra antes morir mill vegadas, si atantas pudiese morir, que hazer cosa por que ouiesen verguença el ni el menor de su linage...» (*Gran CrAºXI*, CCCVII.3, 7-9, 10; *P*, f. 298 v; *A*, 439 v). — «Si amades vuestra uida, / dat mela alegre miente, / merçed vos fare conplida / que vibades noble miente. // Non ssodes omnes, mas diablos, / llenos ssodes de porfia, / e non vedes los miraglos / que Dios faz de cada dia // por mi, ssu rrey e sseruiente...» (estrs. 1103-1105) ~ «que le dixesen... lo que cuydauan hazer, por que non le dauan la villa viendo los milagros e las maravillas que Dios por el de cada dia hazia. E dixoles que si gela dauan, que les faria muy estraña mente e muy alta e muy granada merced» (CCCVI.*18-19*; *P*, f. 298; *A*, f. 439). — «El vuestro rrey non ha poder / para vos acorrer çedo, / non me osó atender / e fuesse para Toledo...» (estr. 1106) ~ «e que non tenian acorrimiento de ninguna parte; e que el rrey don Alonso de Castilla que non se atreuia a venir a desçercarllos, ca, si osara, tienpo era ya que ouiera venido, ...e que era ydo para Castilla, porque se non atreuia a quedar en la frontera por su miedo» (CCCVI.*21-23*, *25*; *P*, f. 298; *A*, f. 439. — «Señor, rrey de grand conpaña, / poco ha que vn menssajero / sse partio del rrey d'España // e dexolo en Seuilla / guissado con su poder; / acorrer quier(e) (a) la ssu villa / (e) non la quier(e) dexar perder. // E vos, si vos non quexardes / e vos plaz con la batalla, / quando vos, rrey, non cuydardes / el uos la dara sin falla» (estrs. 1108-1110) ~ «el rey don Alonso... nos sabemos que esta en Sevilla dando libramiento a los suyos... E vos, señor, no vos quexedes, que por çierto sabed que quando vos non cuydardes, vos veredes el rrey don Alonso...» (CCCVII.*16-17*, *24*; *P*, f. 299; *A*, f. 440).

tico de toda huella de las frases comunes a la *Crónica* y a la *Gran Crónica* y, al mismo tiempo, nos veríamos obligados a admitir que la escena del careo con el moro portador del mensaje de Albohacén había sido ideada por la *Crónica* al tiempo que suprimía los varios discursos cruzados entre el rey africano y los caballeros de Tarifa. Ello no es imposible, aunque me parece poco probable.

La suposición de que un abreviador hubiese inventado esa pequeña escena, para dar un remate a la polémica entre el rey y los mensajeros, resulta definitivamente desechable teniendo presente el final de la entrevista que caracteriza a la *Crónica* (CCL.41-49):

> «Et el rey dixoles que les non queria dezir ninguna cosa; mas que comiessen alli con el, et que les daria algo de lo suyo assy commo era acostumbrado de dar a los estraños que uenian a la su casa del rey de Marruecos. Et este dia era Viernes, et traxieron luego delante de aquellos dos caualleros vn atayfor lleno de gallinas menudas adobadas, et dixieron les que comiessen. Et aquellos caualleros dixieron que non comerien alli, nin tomarian del ninguna cosa pues estaua alli assy commo enemigo del rey su señor. Et el rey mando venir algunos de los christianos de los que auian renegado; et señalada miente veno y aquel Sancho Ortiz, et mandoron le que comiesse de aquella vianda, et comio de aquellas gallinas ante aquellos caualleros. Et ellos pedieron al rey mucho affincada miente que los mandasse yr a la villa donde salieran. Et el rey enbiolos por quel traxiessen sus rehenes» (ms. *E*, f. 202 *c-d*).

Para comprender bien este pasaje hay que tener presente lo contado por la *Crónica* (CCL.14-31) y por la *Gran Crónica* con ocasión de la pérdida de la flota castellana mandada por el prior de San Juan: Los cristianos supervivientes del naufragio fueron a la mañana siguiente apresados por los moros y conducidos a la presencia de Albohacén; sólo los que aceptaron renegar de la fe salvaron sus vidas, entre otros un

fraile llamado Sancho Ortiz, hermano del prior; en cambio
un escudero, Juan Alfonso de Salzedo (*E* y *R;* Azevedo,
P, A), eligió morir por Cristo.

En la *Gran Crónica* también Albohacén invita a los mensajeros a comer carne en su presencia, siendo el día Viernes, y ellos se niegan; pero la redacción del pasaje es muy
distinta:

> «E acabadas estas rrazones demando de comer; e el dia era
> Viernes e comia carne. E dixo a los mensajeros que se posasen
> a comer de aquella vianda que el tenia para si. E ellos rrespon-
> dieron que le diese Dios vida, ca non mandaua la ley de los
> christianos que comiesen carne en Viernes, por que en tal dia
> tomo muerte el hijo de Dios en la santa Cruz por saluar el
> vmanal linaje» (CCCVIII.*10-14; P*, f. 299 v; *A*, f. 441)[57].

Me parece indudable, en este caso, que los pormenores
característicos de la *Crónica* (la presentación a los mensajeros de «vn atayfor lleno de gallinas menudas adobadas»
y la escena toda en que comen de aquellas gallinas los re-
negados procedentes del naufragio de la flota, incluido el
hermano del prior de San Juan) pertenecían a la primera
redacción de la historia cronística de Alfonso XI. Su omisión
en la *Gran Crónica* no es, sin embargo, atribuible a una
laguna en el prototipo de *P, A, R*, pues se halla conexionada
con la nueva redacción dada al pasaje: Mientras la *Crónica*
habla simultáneamente de la oferta de regalos que Albohacén
hace a los mensajeros y de la invitación a comer de las gallinas en adobo, la *Gran Crónica* separa los dos ofrecimientos,
para mejor desarrollar la respuesta negativa de los caballeros de Tarifa a cada uno de ellos; sólo una vez que se ha

---

[57] *R* apoya la versión de *P, A*: «Dicho esto pidio de comer Alboaçen y [dixo] a estos cavalleros que se sentasen a comer con el.
Y ellos se escusaron por ser aquel dia Viernes y no poder comer
carne» (f. 328).

desembarazado del incidente de la carne, la redacción extensa continúa refiriendo:

«E quando el rrey vio que non querian comer, mando que le fuessen por doblas de oro en vn altabaque que las queria dar a los mensajeros; e truxeronlas como el rrey mando, e dixo a los mensajeros que tomasen de aquel auer, ca de aquello auia el atanto con que cuydaria hacer vna torre la mayor que oviese en Tariffa. E quando los mensajeros vieron el auer no mostraron cobdiçia, e dixeron que el auer no era sino vanidad deste mundo, que es llamada Fama por onrra del mundo, e que aquel auer le tenian en merced como a buen rrey rico e poderoso, que lo non querian tomar pues el estaua alli como enemigo del rrey su señor, e que les seria mal contado en tomar auer de rrey ninguno para lo deseruir con ello; quanto mas que ellos eran caualleros vasallos e naturales del rrey don Alfonso su señor, de quien auian mucha merced e bien, e que no salieron de Tariffa para que les diesse dineros e algos como a joglares. E con estas rrazones se despidieron del rrey Alboaçen e se boluieron a Tariffa» (CCCVIII.*15-24*; *P*, ff. 299 v-300; *A*, f. 441)[58].

El testimonio del *Poema* de 1348 me parece, en esta última parte de la entrevista, decisivo. Rodrigo Yáñez desarrolla el tema de la oferta de oro a los mensajeros, ausente casi por completo de la *Crónica*, coincidiendo con la versión de la *Gran Crónica* incluso en detalles de expresión; en cambio, para nada habla del incidente relacionado con la invitación a comer carne, propio de las dos redacciones cronísticas y que la *Crónica* conserva con pormenores originarios olvidados por la *Gran Crónica*:

---

[58] *R* (f. 328) continúa igualmente: «Luego truxeron vn tabaque de doblas y llevaronlas a estos cavalleros para que tomasen las que quisiesen dellas. Y rrespondieron que le(s) besavan las manos, porque los hijosdalgo de Castilla no vsavan rresçebir don de prinçipe o señor a quien avian de deservir. Y con esto se despidieron y bolvieron a Tarifa».

1114 Diz el rrey a los cau(all)eros: / —Dar uos quiero doblas e oro.
Dexieron los menssajeros: / —Dios uos de vida, rrey moro,
1115 non queremos vuestro auer, / Dios uos de onrra e bien;
non es nuestro de fazer, / señor rrey Albofaçen:
1116 del rrey ssomos naturales / e nos da quanto queremos
e nos non ssomos joglares / que vos algo demandemos;
1117 mas val onrra que tesoro, / segund dizen los antigos.
Con vuestra graçia, rrey moro. / —Vayades a Dios, amigos.

Todo intento de explicar los tres relatos considerando el de la *Gran Crónica* como primitivo resulta ahora inadmisible. Aunque pensemos en la diversidad de criterios historiográficos y literarios que presidieron la elaboración del *Poema* y de la *Crónica* breve, sería inexplicable que cada una de estas dos obras hubiese seleccionado del relato de la *Gran Crónica* precisamente los detalles que la otra desechaba. Nótense, sobre todo, dos casos muy significativos: Aunque la *Crónica* carece de una escena independiente relativa a la oferta de dádivas, la negativa de los mensajeros se expresa con palabras que figuran también en la *Gran Crónica*: «nin tomarian del ninguna cosa pues estaua alli assy commo enemigo del rey su señor» ~ «que lo non querian tomar pues el estaua alli como enemigo del rrey su señor»; la versión poética, que coincide con la *Gran Crónica* en las restantes razones aducidas por los de Tarifa para rechazar las doblas de oro, ignora este argumento común a las dos redacciones cronísticas. Por su parte, el *Poema* no trata el incidente relacionado con la invitación a comer carne en Viernes, pero se relaciona con la correspondiente escena de la *Gran Crónica* a través del saludo a Albohacén con que los mensajeros tratan de paliar sus negativas: «Dexieron los menssajeros: Dios uos de vida, rrey moro» ~ «E ellos rrespondieron que le diese Dios vida»; la frase es ajena a la *Crónica*, que conserva, sin embargo, toda esta escena con un máximo de pormenores.

En fin. La sistemática ausencia en las versiones de la *Crónica* y el *Poema* de elementos comunes y el alternativo parentesco de la *Gran Crónica*, ya con una, ya con otra de esas versiones divergentes, son, a mi parecer, pruebas claras de que en la narración de la *Gran Crónica* se combinan dos relatos que preexistían por separado: el de la *Crónica* concisa y el que, en forma métrica, ofrece el *Poema*.

g) DUPLICIDAD DE RELATOS EN LA «GRAN CRÓNICA»

La utilización de dos fuentes diversas por parte de la *Gran Crónica* me parece aún más claramente demostrable en los capítulos relativos al paso de Albohacén desde Marruecos a España.

La *Crónica*, después de contar la destrucción de la flota castellana que guardaba el paso del Estrecho y las subsiguientes gestiones de Alfonso XI (con Portugal, Aragón y Génova) para obtener el envío de algunos navíos que impidan el paso del ejército marroquí (CCXIV a CCXVIII), interrumpe la narración para dar cabida a una historia del linaje de los benimerines (CCXIX a CCXLIII)[59]. Una vez concluida esta presentación de los invasores, la *Crónica* pasa a contar «de commo passo aquende la mar Albohaçen rey de Marruecos», en un capítulo (*CrAºXI*, CCXLIV) que comienza: «Ueyendo el rey Albohaçen commo era señor de muy grandes tierras... [etc.]»

En este capítulo se nos dice en primer lugar que Albohacén, viéndose poderoso en tierras, gentes y tesoros, dueño

---

[59] *E*, ff. 188 *a*-195 *c*.

de una gran flota y seguro de que «en la mar non auia ninguna cosa que gelo contrallasse», manda pasar «aquende» gran cantidad de vituallas, armas, caballos y caballeros. Para reunir el ejército invasor envía entonces Albohacén por todos sus reinos «alhages», que prediquen a los moros cómo Dios le había dado en su poder la mayor parte de África porque servía mejor a Alá y a la ley de Mahoma que los otros reyes de allén mar

> «et en esto que mostraua Mahomad que auia con el grand amiztad; et que si fasta en aquel tienpo auia mostrado plazer de lo quel auia fecho, que gelo mostraua agora mucho mas quando la su flota de aquel rey Albohaçen vençio la flota del rey de Castiella, en que fue muerto el su almirante et cobrara el las sus galeas, et que el que queria passar aquende la mar a conquerir et a tomar la tierra que tenien los christianos, para en que seruiesse la ley de Mahomad»,

por lo cual les invitaba a

> «que se veniessen todos los moros a passar la mar con el, et que los heredaria de muy grandes heredades et que les daria grandes donas del algo et de la tierra que tomaria a los christianos».

Finalmente, el capítulo se cierra contando rápidamente el cruce del Estrecho por Albohacén y su ejército africano:

> «Et con esta manera mouioron se muy grandes gentes que trayan muy grandes algos et trayan muchas viandas demas de las que el rey auia fecho passar. Et commo touieron la mar siete meses sin ningun contrario, passo aquende aquel rey Albohaçen, et passaron con el sessenta mill caualleros et quatro çientas vezes mill omnes de pie; et pusieron sus reales çerca de las villas de Algezira et de Gibraltar» (CCXLIV.13-22; ms. *E*, ff. 195 *d*-196 *b*).

Este relato basta en la *Crónica* para dar noticia del paso de Albohacén a Algeciras. En el capítulo siguiente (CCXLV) se nos refiere ya cómo Alfonso XI, enterado de la presencia del rey de Marruecos y su ejército «aquende la mar», cree en un principio que el africano vendrá a presentarle batalla cerca de Sevilla; pero a los pocos días sabe que se está preparando para cercar Tarifa.

La *Gran Crónica*, que había incluido anteriormente (CCXIV-CCXLI) una larga historia de Albohacén [60] (como introducción al paso a España de los primeros destacamentos marroquíes bajo el mando del infante Abomelique), ignora por completo [61] la historia del linaje de los benimerines, y procede simplemente a contar la invasión mediante el capítulo (CCLXXXVI) «Veyendo el rrey Alboaçen como era señor de muy grandes tierras...», cuyo texto va en todo de acuerdo con el de la *Crónica* [62], salvo en el párrafo final que dice:

> «E con esta manera s'uvieron a mouer otras muchas gentes, e venien assy commo vinieron los primeros, assy commo la ystoria lo a contado. E como tuvieron la mar siete meses sin contrallo ninguno, paso este rey Alboaçen e pasaron con el muy grandes gentes de cauallo e mas de quatro çientas vezes mil omes de pie; e pusieron sus reales çerca de Algezira, segund

---

[60] *P*, cc. 214-241, ff. 213-229; *A*, cc. 215-242, ff. 319 v-343. Los tres últimos capítulos refieren por qué y cómo pasó el infante Abomelique nuevamente a sus tierras de España.

[61] Véase lo dicho en II, *e*, pp. 60-61.

[62] *P*, c. 286, ff. 270 v.-271; *A*, c. 287, ff. 395 v-396. *Variantes*: c. ninguna q. lo contrallase / q. demostraua M.; *omite el segundo* que *en* «que el que q.»; l. t. de l. ch. q. tenian sin derecho, p. q. / d. g. h. e l. d. muy g. dones dalgo. *R* muestra el conocimiento de este capítulo en la frase «pasar... muniçiones y bastimentos y armas y cavallos y gentes» (f. 322) que responde a la cronística: «mando pasar aquende mucho trigo e mucha çeuada e otras viandas muchas, e mando passar muchos caualleros e muchos cauallos e muchas armas» (*P*, f. 270 v; *A*, ff. 395 v-396).

agora vos contara la ystoria como fue su pasage deste rrey Alboaçen e de sus gentes» (*Gran CrAºXI*, CCLXXXVI.19 + *3* + 20-22 + *4*)[63].

Estas diferencias se explican porque en la *Gran Crónica* el capítulo relativo al paso de Albohacén y el ejército marroquí va acompañado de otros en los cuales se detallan más las circunstancias del cruce del Estrecho. Ya antes, al contar la captura de la flota castellana, había referido con palabras distintas la orden que da Albohacén a sus moros de pasar el mar:

> «E quando el rey de Benamarin vio la flota del rey de Castilla en su poder, ovo muy gran plazer, e dixo en gran plaza que era señor de la mar. E por dar esfuerço a sus moros, llamo a los mejores de su conpaña, e dixoles qu'el era çierto que de Dios era hordenado qu'el tirasse a Castilla del poder de los christianos e fuesse el señor della; e que sabia el por vn escrito que Mahomad el su profeta dixo que los moros avian de passar la mar fasta en Santiago, e dixo que esto veya el agora bien guisado, ca las tierras de los christianos nunca tan sin compaña y tan desauenidos fueron, porque en aquella sazon los rreyes christianos todos estauan desauenidos e en gran discordia, e que por esta rrazon podien ganar las tierras muy ligeramente e hazer de los christianos lo que se pagasse.
>
> E esto dezia el rrey de Benamarin por la gran guerra que auia en esta sazon el rrey Felipe de Francia con el rrey Duarte de Ynglaterra, la qual guerra fue ya començada, segund la

---

[63] *P*, f. 271; *A*, f. 396. El resumen de *R* (f. 322) hace rápida alusión a este cómputo de las gentes que cruzaron el Estrecho, y, pese a su brevedad, confirma la ausencia en la *Gran Crónica* de la cifra de 60.000 caballeros consignada por la *Crónica*: «...Algezira, a donde se hallo que heran pasados mas de quatroçientos mill moros» (primer cómputo, anterior a la visita de Alboaçén a la huesa de Abomelique). En el resumen de *B* (p. 342) figura el plazo de tiempo en que los moros cruzaron el mar, según la cuenta de este capítulo: «los quales pasaron seguramente en siete meses, que estuvo el Estrecho sin ninguna vela ni navio de Hespaña».

historia vos lo a contado; e otrossi por la guerra que ouieran el rrey don Alonso de Castilla e el rrey don Alonso de Portugal, assi como auemos contado en esta historia.

E por esta rrazon que auemos dicho tomo grande esfuerço el rrey de Benamarin con sus moros, e dixo a todos sus moros que pasassen la mar con sus hijos e sus mugeres para poblar a España, ca España era tierra muy rrica e de gran viçio; e los moros que la labrasen que el les farie en tal manera que ellos no ouiessen boluntad de se boluer a la tierra de Marruecos por el viçio ni por los aueres del mundo. E estas rrazones e otras muchas dixo el rrey a los suyos, por lo qual ellos tomaron gran esfuerço por dar çima a lo que auien començado, e passauan la mar cada dia en la flota del rrey sin enbargo e aportauan en Algezira» (*Gran CrAºXI*, CCLXXXI.22-39) [64].

Ahora, después inmediatamente del capítulo que comienza «Veyendo el rrey Alboaçen...», se abre otro que refiere, con datos discordantes, el paso de Albohacén a Algeciras:

«Dize el cuento que quatro meses e aun mas pusieron los moros en passar el Estrecho de Çebta con sus mugeres e con sus hijos; e todos venian de vn coraçon para no tornar alla a sus tierras, cuydando esto en sus voluntades. E desque los mas de los moros fueron passados aquende la mar, al quarto mes passo el rrey Alboaçen con grande esfuerço; e passo consigo muy grande auer en oro e en plata e en joyas de gran nobleza. E passaron con el sus mugeres, Fatima la forra mayor, fija del

---

[64] *P*, c. 281, ff. 265 v-266; *A*, c. 282, ff. 390 v-391. El resumen de *R* (f. 321) es muy rápido: Alboaçen «rresçibio grand plazer y dixo a sus moros que se alegrasen y que, pues ya heran señores de la mar, muy presto lo serian de toda España, y que pasasen a ella con sus mugeres y hijos para la poblar. Y ansi lo hizieron, que de dia y de noche no çesavan los navios de atravesar de Çebta a Algezira». En *B* (p. 342) se cuenta que Alboaçén «viendo la flota de Hespaña en su poder, tuvose luego no solamente por señor de la mar, mas por de toda Hespaña, e como cosa que la tenia ya ganada mando pasar gran numero de moros a poblar a Hespaña con sus hijos, mugeres e bienes muebles» (a continuación sigue la frase citada en la n. 63).

rrey de Tunez, e Haxa Bentebeyafia [65], e Maymona su hermana, e otras mugeres muy honrradas e de gran linaje e de linaje de los rreyes moros. E con este rrey passaron los infantes Aboamar, e Annafatar [65] e Abdalla Aboamar [65], e Jacob, e otros sus hijos. E aporto este rrey en la su villa de Algezira, como la historia vos lo a dicho, con gran brio; e non vos sabria contar ni podria el gran plazer que ouieron los de aquel conçejo de aquella villa con la venida del rrey, e otrosi como fue rreçebido con gran honrra» (*Gran CrᵃᵒXI*, CCLXXXVII.*2-10*) [66].

---

[65] Ms. *P*: «haxabenteeiafia e maymona»; ms. *A*: «haxabenteseyafiamay e maymona». Anteriormente, *Gran CrᵃᵒXI*, CCXXXI.*45* (*P*, c. 231, f. 224 v; *A*, c. 232, f. 336), se ha hablado de que Albohaçén se apoderó de la mujer de su hermano el rey Aboali «caxabeta boxafia hija que fue del rrey boxafia», *P* ∼ «cayabeta boxofia hija que fue del rey xafia», *A*. Más adelante (CCCXXX.*115-117*) figura entre las reinas muertas en el Salado, detrás de doña Fátima: «e doña caxa bentaboya su fia la otra, doña maymona hermana del rrey de benamarin e zeyna la ynfante su hija» (*P*, c. 329, f. 339 v) ∼ «e d. capaventavoya su hija y d. m. h. d. dicho r. d. b. y zeiua l. infanta s. h.» (*A*, c. 357, f. 479). En el *Poema* (estrs. 1783-1784), al enumerar las reinas y «donas» muertas, se citan «tres rreynas» y se dan los nombres de «Fatima la tuniçia... e çerca della yazia doña Zeyna la infante», «doña Axa e doña Azoña», «e la rreyna Maymona su hermana del rrey moro».

El ms. *P* llama a los infantes: «aboamar e mahatar e abdelaboamar e jacob»; el ms. *A*: «aboamar e annafatur e abdalla aboamar e jacob». El *Poema* nombra tres hijos: el bien conocido *Abohomar* y *Audalla* (estrs. 1615, 1619, 1669, 1713) y *Naaçar* (estrs. 1622, 1713) y un sobrino, hijo del rey Aboali: *don Antara(n)* (estrs. 1070, 1634 y 1639, rimando con *Alcantara*). La *Gran Crónica*, CCCXXX.*122* (*P*, c. 329, f. 339 v; *A*, c. 357, f. 479; *R*, f. 335) nombra entre los presos al sobrino de Alboaçen, hijo de su hermano Aboali: «el ynfante a antarbolsieis», *P* ∼ «e. i. ahantar bolsiers», *A;* «al ynfante Amahar», *R*.

[66] *P*, c. 287, f. 271 v; *A*, c. 288, f. 396 v. *B* (pp. 345-346) alude a estos datos presentándolos como noticia comunicada por Alfonso XI a sus ricos hombres: «...avia sabido quel Rey Alboaçen de Marruecos, acompañado de muchos Reyes moros e infantes, avia pasado ya de Çeuta a Algezira...» La *Historia en Décadas* (*R*, f. 322) agrupó en un solo relato los datos de los dos capítulos relativos a la invasión, dando en general preferencia al segundo (el exclusivo de la *Gran Crónica*): «Desbaratada el armada de Castilla, espaçio de quatro meses tardo en pasar de Çebta en Algezira muniçiones... [etc., véase n. 62]... y gentes; a cabo de los quales paso en persona Alboaçen, con sus tesoros

Y, tras relatar una dramática visita de Albohacén y el alcalde de Algeciras Mahomad Alaçafi a la huesa en que yacía enterrado el infante Abomelique (CCLXXXVII.*11-15*) [67], la *Gran Crónica* vuelve a darnos un cómputo de la hueste marroquí divergente del de la *Crónica*:

> «Por este rrey vengar su saña e dar honrra a su estado, fizo alarde de los moros, por ver que conpañas podria tener. E fallo quarenta e çinco mill omes a cauallo, e avn muchos más que non se pudieron contar por que todavia passauan; e los de pie pasavan de quatro çientos mill» (CCLXXXVIII.*3-5*) [68].

Me parece claro que los pasajes característicos de la *Gran Crónica* forman de por sí una versión unitaria e independiente del paso a España de Albohacén y su hueste africana y que la incorporación de este segundo relato a la narración cronística ocasiona repeticiones, contradicciones y retoques difíciles de explicar si considerásemos que la redacción extensa era la originaria. En cambio la redacción breve de la *Crónica*, al carecer de una de las dos versiones, resulta perfectamente coherente, lo cual no dejaría de ser extraño en el caso de tratarse de un texto acortado.

---

y joyas y sus mugeres, doña Fatima la horra hija del rrey de Tunez y otras muy prinçipales. Y fuele hecho grand rresçibimiento en Algezira, a donde se hallo que... [etc., véase n. 63]».

[67] *P*, f. 271 v; *A*, ff. 396 v-397; *R*, f. 322.

[68] *P*, c. 288, f. 272; *A*, c. 289, f. 397. *R* (f. 322) coincide con *P*, *A* en duplicar el cómputo de los moros africanos: «y hecho alarde se hallaron quarenta y çinco mill de cavallo y mas de quatroçientos mill peones, sin otra mucha gente que no se pudo contar». *B* (p. 346) incluye estas cifras formando parte de la noticia comunicada por Alfonso XI a sus ricos hombres: «e que traia quarenta e çinco mill moros de cavallo e quatroçientos mill moros de pie, onbres de guerra, sin las mugeres e niños e servidores de todos estos». El arzobispo don Gil de Albornoz, en su histórica carta al Papa (véase n. 48), escrita la noche de la batalla del Salado, calibra el ejército moro en 40.000 caballeros y 400.000 peones.

La independencia de la versión que creemos añadida resulta confirmada una vez más por el *Poema* (estrs. 987-1002):

«El rrey ouo gran plazer / quando la flota vio llegar; / dixo contra su poder: / —(Ag)ora sso rrey de la mar. // ¡Yo so el rrey de Benamarin! / ¡Dios ayude (los) africanos! / ya sse uiene llegando la fin / e la muerte de (los) christianos; // nos ayna conpliremos / lo que diz(e) la profeçia, / a Santïago yremos / los moros en rromeria. // (Muchos) [Los] christianos son perdidos / por grandes guer[r]as que ouieron / e estan desauenidos / commo nunca estodieron; // [assi] commo vienen (las) tierras / bien de çima de (la) Bretaña, / ouieron muy fuertes guerras / e sobre todos España, // e muchos dellos son muertos / e avn mas moriran. / Pues nos cobramos los puertos, / christianos no(n)s(e) [69] deternan. // (El) Otro dia paso el mar / mio fijo al Andalozia / e gano les Gibraltar / con poca caualleria; // pues yo non he que dezir / que non pase a mi criazon, / todas (las) tierras conquerir / de mar a mar quantas son; // onrraré la nuestra ley / ¡pasemos el puerto estrecho! / Dezien los moros al rrey: / —Señor, luego ssea fecho // e luego la mar passemos, / España es nuestra quita, / nunca a Africa tornemos / fasta que ssea conquista. // Vengar sse han uuestros despechos, / ssomos grand caualleria / e nuestros sseran los fechos / e vuestra la nonbradia. //

Con este esfuerço passaron / el mayor poder que ui(e)ra, / en los puertos arribaron / que llaman de Algezira. // Quatro meses [y] possieron / todos para sser passados; / muy grand[e] plaser ⟨o⟩uieron / desque fueron aportados // [E] al quarto mes passaua / este rrey aquen la mar; / e para Çebta enbiaua / la ssu flota desarmar / e que en seco la posiesen, / [por fecho] de la guardar [70], / por tal que se non boluiesen [70] / los moros allen la mar. // Ya los puertos han passados / e han

---

[69] El sentido de la frase sería 'christianos no nos deternán', pero por aplología el poeta prescindió del *no;* a su vez el copista interpretó el *nos* del original como una negación seguida del pronombre apocopado *se.*

[70] Yo ten Cate divide mal los versos: *de la guardar por tal / que se non boluiesen;* y, siguiendo a Janer, corrige *por tal de la guardar / que se non bolviesen.*

todos gran plazer; / ssessenta mill son contados / con este
rrey de gran poder. //»

h) MEZCLA EN LA «GRAN CRÓNICA» DE DOS ACTITUDES HISTÓRICAS DIVERGENTES

El carácter artificioso de la redacción extensa se comprueba en algunos pasajes donde la *Gran Crónica* enjuicia los acontecimientos desde dos puntos de vista contradictorios, mientras la *Crónica* se muestra coherente en su actitud. El ejemplo más claro y llamativo atañe a la historia de la primera rebelión de don Juan Manuel contra el joven Alfonso XI.

«Conviene recordar primero algunos hechos: El 13 de agosto de 1325 Alfonso XI cumple 14 años y entra en su mayoria de edad; Alvar Nuñez Osorio y Garci Laso de la Vega, dos caballeros de la parcialidad del infante don Felipe, llevan las riendas del gobierno; don Juan el Tuerto y don Juan Manuel, al ver en la privanza a sus peores enemigos, se coaligan para deservir al rey. A fin de acabar con esta amenaza, Alfonso XI pacta con don Juan Manuel el contraer matrimonio con su hija doña Constanza y le da el adelantamiento de la frontera [71]. El 28 de noviembre de 1325 Alfonso XI y Constanza Manuel se desposan en las Cortes de Valladolid [71]. Mientras el rey intenta en Castilla llegar a un arreglo con don Juan el Tuerto [72], don

---

[71] El 13-X-25 don Juan Manuel, adelantado en la frontera y en el reino de Murcia, comunica a Jaime II, desde Peñafiel, el acuerdo del matrimonio Alfonso-Constanza (ya el 11 estaba avenido con el rey). La propia doña Constanza (al dar cuenta de su casamiento a Jaime II) concreta: «loado sea Dios, somos ya casada con el, ...e casamos en las Cortes de Valladolid, jueves veynte et ocho dias de Nouiembre» de la era de 1363 [1325]. Con posterioridad a esta fecha, Alfonso XI encabeza sus documentos diciéndose reinar «en uno con la rreyna doña Costança mi muger».

[72] «Rumores de partibus istis sunt isti: ...rex et dominus noster (?) dominus Johanes et dominus Philipus et dominus Johanes Ema-

Juan Manuel acude a la frontera[72], y, poco después, obtiene una victoria sobre la caballería de Granada el viernes 29 de agosto de 1326[72]. Dos meses más tarde, el rey mata traicioneramente en Toro a su tío don Juan el Tuerto (viernes 31 de octubre de 1326)[73]. Don Juan Manuel abandona la frontera y se acoge a sus tierras (antes de fin de año)[74]. Alfonso XI llega a Sevilla en los primeros días de mayo; por entonces, don Juan Manuel ya tiene muy vivas sospechas de que el rey tiene intención de dejar a su hija[74]. Durante el verano (junio-agosto), mientras Alfonso XI conquista Olvera y otros lugares fuertes de Granada, los reyes de Portugal y Castilla negocian el matrimonio de Alfonso XI con la infanta doña María (a pesar de la

---

nuelis sunt confederati post nuptias regis cum filia domni Johanis Emanuelis...», anunciaba en diciembre de 1325 o enero de 1326 cierto canónigo al abad de Covarrubias. Pero don Juan había entonces negociado con Aragón su casamiento con doña Blanca, la hija de los infantes don Pedro de Castilla y doña María de Aragón (Jaime II pide al Papa la dispensa: 28-I-26), trato que, hecho público, causó graves inquietudes a Alfonso XI y sus privados: «sin dubda todo ombre podia pensar razonablemente (escribe Gonzalvo García a Jaime II) que aqueste casamiento no se faria sin gran escandalo porque no podia casar doña Blancha con ombre del mundo de que tanto pesasse al Rey e aun a Garci Lasso». El 17-V-26 Bernalt de Sarria esperaba encontrarse, en breve, con don Juan Manuel en los alrededores de Alarcón. Según el *Cronicón de don Juan Manuel* la victoria sobre los granadinos fue el viernes [29] de agosto, día de la degollación de San Juan Bautista (Jaime II felicita a don Juan Manuel por la victoria el 14-X-26).

73 La fecha exacta (coincidente con la consignada por el cronista en el día de la semana y del mes) figura en una carta de la infanta doña María de Aragón a Jaime II: Viernes 31 de octubre, día de Todos Santos (El *Cronicón de don Juan Manuel* yerra al decir: Viernes de noviembre, víspera de Todos Santos).

74 El 2-I-27 don Juan, desde el Castillo de Garcí Muñoz, alude a que ya anteriormente había hecho saber a Jaime II las razones por las cuales había abandonado la frontera. Reside en Montalbo (28-II y 15-III) y en Garcí Muñoz (2 y 17-IV, 4-V). El 6-V-27 Jaime II ha sido ya informado (por su hijo el arzobispo toledano) de que don Juan Manuel sospecha que el rey va a casarse con la infanta de Portugal, abandonando a su hija. Don Juan Manuel sigue residiendo en Garcí Muñoz (15-VII y 15-IX).

oposición de Aragón y del Papa); don Juan Manuel continúa
acogido a sus fortalezas [74]. En octubre de 1327, antes de hacer
públicos sus proyectos de boda portuguesa, Alfonso XI hace
prender a la reina doña Constanza en Toro [75]; en noviembre
don Juan Manuel se despide del servicio del rey e inicia la
guerra» [75].

Las divergencias entre las dos redacciones cronísticas
se inician a propósito de la victoria obtenida por don Juan
Manuel sobre los granadinos.

La *Crónica* comienza el capítulo [76] justificando la ausencia
del rey de la frontera:

> «Dicho auemos de commo el rrey don Alfonso dio el ade-
> lantamiento de la frontera a don Iohan fijo del infante don
> Manuel, et que lo enbio a fazer guerra a los moros; et commo
> quier que el rrey era moço de poca edat, fuera a la guerra
> por sy mismo ante que enbiar otro ninguno, sino por estos
> enbargos que fallaua en el regno» (LI.2-3).

Y, seguidamente, cuenta el «acaesçimiento» que tuvo don
Juan Manuel, no como una acción vista en sí misma, sino
como una noticia recibida por el rey:

> «Et ante que se cumpliessen los quinze años de la edat suya
> et los catorze del su regnado ouo nueuas que desque el rrey
> de Granada sopiera que don Iohan fijo del infante don Manuel
> yua por adelantado de la frontera que enbio a Ozmin con todo
> su poder para que llegasse a Cordoua et que la corriesse fasta
> çerca de las puertas; et desque fue Ozmin en Antiquera con
> todo el poder de Granada, sopolo don Iohan fijo del infante don
> Manuel que era en Cordoua, et eran (y) aiuntados y con el
> los conçeios de la frontera et los maestres de Calatraua et de
> Alcantara et los freyres de Santiago por que el su maestre
> era muy vieio et non podia yr a la frontera. Et don Johan con

---

[75] Las fechas, según el *Cronicón de don Juan Manuel.*
[76] «Titulo del ac[a]esçimiento que don Johan fijo del infante don
Manuel ouo en este tiempo con los moros» *E,* f. 46 *a-b.*

estas compañas salio de Cordoua et fueron buscar a Ozmin et la caualleria de Granada. Et acaesçio que çerca del rreyo [77] de Guadalforze ayuntaronse en pelea los christianos con los moros et fue vençido Ozmin et todo el poder de Granada et morion y muchos moros» (LI.4-12).

Todo el interés del historiador se concentra en la persona del rey niño, sin mostrar el menor aprecio por la conducta del vencedor de la batalla:

«Et desque el rrey sopo estas nueuas, plogol ende mucho por la merced que Dios aui [78] fecho a los christianos; pero quisiera el auerse acaesçido en ello, ca tenie que sy el fuera, o algunos mas gentes de las suyas, que oviera mayor daño en los moros; et auia grand mal talante de los quel destoruaran de non poder yr a la frontera» (LI. 13-15).

Esta hostilidad latente respecto a don Juan Manuel no es de extrañar pues el historiador acaba de hacer una grave acusación contra el padre de la reina consorte:

«Et en este tienpo, don Johan fijo del infante don Manuel, que estaua en la frontera, por le fazer salua a este don Iohan que non le mentira el pleito et la postura que con el posiera en Çigales, enbiol dezir quel fezieran entender que el rey querie ser contra el, et que commo quiera que el le diera su fija doña Costança por muger, pero que non consintrie que el rey feziesse contra aquel don Johan ninguna cosa que fuesse su daño nin su desfazimiento, et que seria en su ayuda por el pleito quel feziera en Çigales. Et don Iohan, con esto, non quiso sesegar en el seruiçio del rrey» (*CrAºXI*, L.41-45; *E*, f. 46 *a*).

_____

[77] Acepto la lección *rreyo* en vista de que se repite en el ms. *E* (cfr., por ejemplo, «passar el *reyo*» *E*, f. 79 *d*). Se encuentra también en el ms. *P*: «allende el *rreyo* que dizen Çelemin» (f. 317 v; lugar en que *E*, f. 205 *c* pone *rio).* Cfr. «por el *rreyo* de Ebro» en el ms. *M* de la *Crónica de 1344*.

[78] Para el imperfecto en *-i* cfr. R. Menéndez Pidal, *Manuel* § 117.2.

El punto de vista de la Gran Crónica es muy diverso.
Aunque comienza señalando, en un párrafo igual al de la
Crónica, la voluntad reconquistadora del joven rey (LVIII.
2-3)[79], en seguida pasa a ponderar la actuación del adelantado:

> «E este don Joan, por dar honrra al su estado, aviendo
> boluntad de seruir bien al rrey su señor, luego que llego a la
> frontera puso en la tierra gran paz e concordia e tiro las
> boluntades de las çibdades e villas que eran en ellas de luengo
> tienpo. E despues que las tierras fueron sosegadas e los bandos
> partidos, saco hueste para yr a los moros; e ayuntaron se ay
> a el conpañas honrradas de rricos omes e caualleros e de omes
> fijos dalgo del rreyno por hazer seruiçio a Dios e al rrey, e
> eran le bien mandados a do los auia menester, lo vno por
> esto e lo otro por la boz del rey que lleuaua» (Gran CrAºXI,
> LVIII.3-8)

y tras describir las «conpañas» que se reunen al mando de
don Juan (con datos comunes a la Crónica[80], pero más de-
tallados[81]), la Gran Crónica cuenta la entrada de los cristianos por tierra de moros como una iniciativa del adelantado,
no como un mero acto de defensa:

> «E pues que la hueste fue ayuntada, partio don Joan de
> Cordoua con estas conpañas que avemos dicho, e anduvo tanto
> por sus jornadas que entraron por tierra de moros, sus pen-
> dones tendidos, e llegaron sobre Antequera e quisieronla com-
> batir, sino que se temieron del lugar que era fuerte e que se

---

[79] P, c. 58, f. 48-48 v; A, c. 60, ff. 81 v-82. Variantes de P, A: en
como A, como P; g. con l. m. P, A; m. pequeño de e. P, A; e. por si
a o. P, A. Edito estos capítulos de la Gran Crónica en el c. XIV de
este libro.
[80] Nótese, en especial: «e los frayles de Santiago, e el maestre
no fue ay por quanto era muy viejo e non podia yr alla» P, A (semejantes R, B).
[81] La Gran Crónica añade una lista de los grandes señores de
Andalucía que van con don Juan Manuel y especifica los nombres de
los maestres y de los concejos (LVIII.8-11). Véase adelante, c. XIV.

perderian muchas gentes en el combatimiento, e fueronse de
aquel lugar a fincar sus tiendas çerca del rio que llaman de
Guadalferez, e dormieron alli aquella noche e dieron çebada e
pensaron de sus cauallos lo mejor que pudieron para se apro-
uechar dellos quando menester oviesen» (LVIII.9 + *12-17*).

La narración continúa a través de otros dos capítulos
(*Gran CrAºXI*, LIX-LX; *P*, cc. 59-60; *A*, cc. 61-62), sin ahorrar
pormenores: A la mañana siguiente, don Juan se dirige
contra Teba Hardales; los moros de Antequera atacan «la
haz postrimera», que mandaba don Sancho Manuel; huyen
los cristianos llamando «¡Santa María, val!»; don Juan reza
ante la cruz de su espada Lobera y hace frente a los moros,
que retroceden hasta una gran celada; de ella sale Ozmín,
el buen moro, y quebranta por los tercios de la vara el
pendón de Baeza; don Juan, poniendo su cuerpo en aventura,
se aproxima hasta que el caudillo moro se halla al alcance
de su palabra, pero Ozmín huye; aunque el caudillo moro,
en un nuevo arranque de valentía, hace revolverse en las
sillas a doscientos caballeros de la frontera, su esfuerzo ya
no consigue modificar la suerte de la batalla: Mientras Ozmín entraba en Antequera mesando su larga y blanca barba
y arrojaba al suelo su espada jurando no llevarla en un
año, don Juan partía la ganancia entre los suyos. Acabada
la batalla, los cristianos vuelven a plantar sus tiendas a
Guadalférez:

«e en aquel logar estovieron fasta en otro dia esperando lid
a quantos la quisiesen venir a dar, cuydando que Ozmin saldria
contra ellos a vengar su desonrra».

Durante la noche, don Juan hace rondar muy bien su hueste; y a la mañana, da vuelta para tierra de cristianos, sin
que los moros que le siguen el rastro se atrevan a acercarse.
Llegados los cristianos a Córdoba, donde fueron recibidos

con gran honra, se dispersaron todos loando el nombre de
Dios [82].

Sólo después de llevar el relato de la expedición hasta su
final la *Gran Crónica* comenta (como la *Crónica*):

> «E desque el rrey supo estas nuevas plugole muy mucho, e
> loo el nonbre de Dios por la buena dicha que diera a sus
> vasallos; pero quisiera el auerse acaesçido en ello, ca tenia que
> si el ay fuera o algunas mas gentes de las suyas, que mayor
> daño ovieran los moros; e avia gran mal talante a los que le
> estoruauan de yr a la frontera» (*Gran CrAºXI*, LX.13-15).

El contraste es manifiesto. Frente a la escasa o nula simpatía con que la *Crónica* cuenta la notable victoria obtenida
por don Juan sobre el temido Ozmín, la *Gran Crónica* no
puede ser más encomiástica. Las dos versiones de los hechos
de don Juan Manuel como adelantado de la frontera no sólo
representan dos criterios historiográficos distintos sino que
dependen de dos enfoques históricos incompatibles.

Esta diversidad de enfoque no impide que la *Crónica* y
la *Gran Crónica* empiecen y terminen el relato con sendos
párrafos comunes, en que se destaca la insatisfacción del
joven Alfonso XI por hallarse imposibilitado de acudir per-
sonalmente a la guerra con los moros a causa de la actitud
levantisca de don Juan el Tuerto. Estos dos párrafos constituyen en la *Crónica* los pilares sobre los que se levanta
todo el capítulo: el «estoriador» está primordialmente interesado en mostrar la voluntad reconquistadora del rey y en
justificar la ira regia contra don Juan el Tuerto, de ahí que
sólo refiera la victoria de don Juan Manuel en calidad de
**noticia oída por Alfonso XI y subordinada a la exposición
de la reacción del rey al enterarse de ella.** En la *Gran Cró-*

---

[82] *P*, ff. 48 v-50 v; *A*, ff. 82 v-85; *R*, ff. 262 v-263 v; *B*, pp. 280-281.
Véase el relato completo en el c. XIV de este libro.

nica, en cambio, el interés se ha desplazado hacia los sucesos de la frontera, hacia los servicios que don Juan Manuel presta al rey y al reino mientras está de adelantado; las dos alusiones a la insatisfacción del rey, distanciadas ahora tres capítulos, pierden gran parte de su razón de ser. Me parece claro que su inclusión en la *Gran Crónica* es una concesión al enfoque histórico primitivo, propio de la *Crónica* y extraño a los pasajes característicos de la *Gran Crónica*.

La coexistencia en la *Gran Crónica* de dos actitudes históricas contradictorias, heredada la una de la *Crónica* y propia la otra del relato interpolado, se comprueba claramente en los sucesos inmediatamente posteriores.

La *Crónica* (LIV.6-12; ms. *E*, ff. 48 *b* - 49 *c*) cuenta que, una vez asesinado don Juan el Tuerto en Toro y entregada la alcaidía de sus castillos a Alvar Núñez Osorio, el rey

«ordeno luego commo fuesse a la frontera a la guerra de los moros. Et (de) don Iohan fijo del infante don Manuel, que estaua en la frontera, (et) desque sopo que don Iohan fijo del infante don Iohan era muerto, partiosse luego dende et fuesse para el regno de Murçia a vn lugar suyo que dizen Chinchiella, et estido y et en los otros sus lugares dessa comarca et non vino al rey. Et el rey fue desto marauillado, ca non le auie el fecho a este don Iohan ninguna cosa por que deuiesse el yrse de la frontera et desamparar el mester en que el estaua en seruiçio del rey en la guerra de los moros por el offiçio del adelantamiento que el tenie del» (*E*, f. 48 *c*).

Esta versión de los hechos, francamente hostil a don Juan Manuel (y justificatoria del rey, en previsión de los sucesos que han de seguir), poco tiene en común con la que nos transmite la *Gran Crónica*, donde, tras consignar (al acabar el cap. LXII) que el rey se dispone a ir a la frontera («hordeno luego commo fuese a la frontera a la guerra de los

moros») [83], se abre un capítulo, el LXIII [84], para contar «de
como trato Aluar Nuñez con el rrey que se desfiziese el casamiento de la hija de don Joan fijo del infante don Manuel»:

> «Quando Aluar Nuñez supo la buena andança que don Joan
> fijo del infante don Manuel avia avido en la frontera, e otrosi
> vio que era honbre muy poderoso e amado de los pueblos, e
> que esta era la vna de las cosas de que le podie venir daño,
> e otrosi comedio como aconsejara al rrey de tomar por muger
> a doña Costança, fija deste don Joan, contra su bolundad del
> rrey, e penso, que despues que el oviese mas edad e se le en-
> tendiese, quel querrie mal por este casamiento que le fiziera
> fazer, que lo mataria e lo echaria de la su merçed. E por esta
> rrazon fizo quanto pudo por partir este casamiento, que el
> auie fecho segund que la historia lo a contado» (*Gran CrAºXI*,
> LXIII.2-6) [85].

Seguidamente, la *Gran Crónica* justifica el abandono de
la frontera por parte de don Juan Manuel, diciendo:

> «Quando don Juan hijo del infante don Manuel, que era en
> la frontera, supo como don Joan hijo del infante don Joan era
> muerto, e otrosi como el rrey era partido de su hija, ovo muy
> gran pesar, e partio luego de Seuilla e fuesse para sus tierras
> que auia en el rreyno de Murçia e aperçibio sus villas y cas-
> tillos de guerra, e por esta rrazon se leuanto gran bolliçio en
> el reyno» (*Gran CrAºXI*, LXIIII.7 + 3-4 + 8 + 5 + 9 + 6-7) [86].

---

[83] *P*, c. 62, f. 53; *A*, c. 64, f. 89.

[84] En cambio la *Gran Crónica* agrupa con el capítulo anterior
(LXII) el párrafo relativo a la donación de Belver y entrega de las
alcaidías de los castillos a Alvar Núñez, que en la *Crónica* encabeza
el capítulo de la huida de don Juan Manuel.

[85] *P*, c. 63, f. 53-53 v; *A*, c. 65, f. 89-89 v. *R* (f. 264 v) resume: «Y
no contentandose con lo hecho, Alvar Nuñez, visto que no quedaua
otra persona de sangre rreal tan poderosa y quista de todos como
don Juan Manuel, procuro de lo rrebolver con el rrey, por quedarse
el mas señor, y dixole que no hera su honrra casarse con hija de
don Juan Manuel siendo su basallo. Y tanto pudo con el rrey que
lo atraxo a su voluntad y no queria ver a su esposa».

[86] *P*, c. 64, f. 53 v; *A*, c. 66, ff. 89 v-90. *R*, f. 264 v resume: «En esta

No obstante, a continuación, consigna la extrañeza del rey ante el comportamiento de su tío:

> «E el rrey, desque esto supo, fue muy marauillado por don Joan yrse de la frontera e desamparar el mester...» [etc.] (LXIV.11, etc.)

aunque omite la falta de culpa del rey («ca non le auie el fecho a este don Iohan ninguna cosa por que deuiesse el yrse»).

Me parece indudable que el capitulillo y frases característicos de la *Gran Crónica* son un añadido discordante con la originaria argumentación del «estoriador» de Alfonso XI, el cual trataba precisamente de justificar el ulterior abandono y prisión de la reina doña Constanza por el joven rey castellano haciendo recaer sobre don Juan Manuel la culpa de la desavenencia. Para convencerse de ello basta continuar leyendo en la *Crónica* y en la *Gran Crónica* (que marchan de acuerdo) las sucesivas alusiones al «caso» don Juan Manuel:

> «Et commo quier que en quanto estido en Seuilla enbio dezir e afrontar a don Johan fijo del infante don Manuel por muchas vezes que fuesse a entrar con el a tierra de moros a seruirlo, pues era su vasallo et tenie del los offiçios del adelantamiento de la frontera et el adelantamiento del regnado de Murçia, otrossy tenie del en tierra grand parte de las rentas del su regno, non lo quiso fazer, mas enbiaua mensageros al

---

sazon estaua don Juan en la çiudad de Sevilla y como supo quel rrey dizia que no se avia de casar con su hija y la muerte de don Juan señor de Vizcaya, temiose y fuese para el rreyno de Murçia, donde hera señor de mucha parte del, y basteçio todas sus fortalezas y castillos. Avisado el rrey desto...». *B*, pp. 282-283, dice simplemente: «como don Juan Manuel supo esto, dexo la frontera e fuese a sus tierras en el reino de Murçia e aparejolas de guerra».

rey de Granada para ser su amigo et aiudar le contra el rey de Castiella» (*CrAºXI*, LXII.18-20; ms. *E*, f. 55 *a-b*)[87].

   «Et por esto, por que don Ioan fijo del infante don Manuel se le auie mostrado por su contrario, ca en el tienpo que el rey vino aquella guerra de los moros este don Johan non le vino a seruir et enbio fazer algunas fablas con el rey de Granada en grand deseruiçio del rey de Castiella, et catadas estas cosas todas... respondio a los mandaderos del rey de Portugal quel plazie de fazer lo que auien dicho en fecho de aquellos casamientos» (*CrAºXI*, LXV.27-30; ms. *E*, f. 57 *c-d*)[88].

Así como la exposición sumaria de los «yerros» de don Juan Manuel, que Alfonso XI hace al Cardenal legado del Papa durante el cerco de Escalona (*CrAºXI*, LXXI.21-30, 35-37):

   «Et el, ante todos los de la su Corte que eran y ayuntados, dixo commo el feziera mucha merçed et mucha onrra et quel diera offiçios los mas onrrados del su señorio, et otrossy quel diera grand parte de las rentas del su regno que tomasse del en tierra; et auiendo el rey enbiado a don Johan a la frontera a la guerra de los moros, et seyendo su adelantado, que se partio dende, et quel dexo la tierra de la frontera desamparada, seyendo la guerra de los moros muy afincada. Et despues desto, queriendo el rey yr a la frontera aquella guerra que auie con los moros, quel enbio dezir que se marauillaua por qual rrazon se partiera de la frontera sin gelo fazer saber, et que el querie yr a la guerra de los moros, et quel mandaua et le rrogaua que veniesse a el por que podiesse acordar con el en qual manera auie de fazer; et don Johan que non quiso venir, et que se enbio escusar por tales razones que bien pudo entender el rey et todos los que con el eran que non auia uoluntad de venir a su seruicio... [etc.]. Et estando en esta guerra con los

---

[87] Variantes (no ortográficas) de la *Gran Crónica*, LXXII (*P*, c. 72, ff. 60 v-61; *A*, c. 73, ff. 100 v-101): estudo; e. a d.; el of. ...e otrosi e. a.; M. e q. t. g. p. ...rreyno en tierra que el auie del, e don Ioan n. q. venir, m.

[88] Variantes (no ortográficas) de la *Gran Crónica*, LXXV (*P*, c. 75, f. 63 v; *A*, c. 76, f. 105-105 v): e p. e. e p.; q. era ydo e. r. a a. g.; e. a f.; c. todas e. c.; q. le a. d.

moros, que don Ioan que labro et enfortalesçio todos sus castiellos, et que los basteçio del pan et de las viandas que tomo
de los lugares de la tierra del rey, et que se enbio despedir
et desnaturar del rey non le auiendo el fecho ninguna cosa
porque lo deuiesse el fazer...» [etc.] [89].

Frente a esta coherente y sistemática versión desde el punto
de vista regio [90], las interpolaciones se muestran favorables

---

[89] Variantes (no ortográficas) de la *Gran Crónica*, LXXXVIII (*P*,
c. 88, ff. 72 v-73; *A*, c. 89, ff. 119 v-120): e el rrey a. t. l. d. s. C.; en
c. e. f. a don Joan m.; de s. s.; a este d. J.; c. l. dichos m.; d. a
este don Joan q. p. que r. dexo y se partio d.; q. agora que e. q. y.
alla e q. l. m. e r.; v. a yr con e.; p. aver su consejo c. e.

[90] Recuérdese que Fernán Sánchez de Valladolid (autor de la
primera redacción) es, precisamente, uno de los embajadores destacados por Alfonso XI en Aviñón para presentar el caso del rey de
Castilla contra don Juan Manuel: Según la *Crónica* (*CrAºXI*, LIV.39-40;
E, f. 49 *a* ~ 50 *a*), el rey envía a Fernán Sánchez de Valladolid, a don
Juan del Campo y a Pero Martínez, abad de Covarrubias, al Papa
(en demanda de ayuda para la guerra contra los moros) antes de
salir de Segovia (donde nos consta está el 31-I-1327) para Madrid
(donde en abril muere el infante don Felipe) y la frontera. La misma
Crónica (LXXI.2-15; *E*, f. 62 *d*) nos dice que estos tres representantes
del rey intervienen oportunamente cuando el papa Juan, impresionado
por las razones de «los cardenales amigos de don Johan», trata de
conseguir «entre el rey et don Iohan alguna cosa de buena avenencia» creando un cardenal castellano para que convenza a Alfonso XI;
consultados por el Papa sobre «qual de los prelados de Castiella et
de Leon era buena perssona et letrado para auer el estado del Car-
dinadgo», los mandaderos hacen recaer la elección sobre don Pedro,
obispo de Cartagena, que era hechura del rey (según la propia *Crónica*, «maestre Pero, que fue depues cardenal por rruego del rrey»,
formaba parte del pequeño grupo de consejeros en torno a Alfonso XI
desde antes ya de la mayor edad, XLIV.11; *E*, f. 53 *a* ~ 43 *a*). El
10 de enero de 1328 Alfonso XI ordena, desde Córdoba, a su adelantado en el reino de Murcia que entregue «al cardenal don Pedro» las
cartas apresadas a hombres de don Juan Manuel. El Papa, en carta
a Alfonso IV de Aragón (Aviñón, 5 junio 1328), se muestra dispuesto
a actuar como mediador. Cuando el Cardenal cumple su misión me-
diadora, durante el cerco de Escalona (marzo-julio 1328), Alfonso XI
pudo convencer fácilmente al prelado de lo justo de su causa. Los

a don Juan Manuel, arrojando sobre el privado del rey, Alvar Núñez Osorio, la responsabilidad del conflicto. La actitud histórica del nuevo cronista recuerda más bien la de Rodrigo Yáñez en el *Poema* (estrs. 247-252, 259-266) [91].

Un enjuiciamiento contradictorio con el de la *Crónica* se manifiesta también en los pasajes, propios exclusivamente de la *Gran Crónica*, relacionados con la sublevación del prior de San Juan: Según ya hemos visto (*IV c*), la *Crónica* no concede otros motivos al alzamiento en Zamora del prior Fernán Rodríguez sino la «grand amiztad» que profesaba este inquieto personaje a don Juan Manuel desde los tiem-

---

mensajeros del rey de Castilla debieron permanecer en Aviñón durante todo este tiempo.

[91] «Los priuados sse aleg[r]aron, / dia non uieron mejor, / al noble rrey sse allegaron / e dexieron le: —Sseñor, // ya vn uando es partido, / por que ssodes bien andante, / agora ssodes temido / mucho mas que non [en]ante; // vuestro estado codiçiamos, / aquesto es ssyn dudança, / e non vos aconssejamos / cassar con doña Costança, // ca la eglesia, nuestra madre, tal cassamiento non ama: / don Iohan, que ess su padre, vuestro vassallo sse [l]llama. // Pues don Iohan fuestes matar / gran vando avedes partido, / (ag)ora podedes cassar / e sser desde oy mas temido // doña Costança dexad[e] / que non es vuestra igual // ...Ssus priuados sse apar⟨ta⟩ron / e cartas fueron fazer. // Con ssello del rrey ssellauan / las cartas en poridad[e], / muy ayna las enbiauan / a Sseuilla la çibda[de]; // las cartas escriptas uan, / fechas eran en papel, / que prendiessen a don Juan / fi(jo) del infant(e) don Manuel // o que luego lo matassen / ssil(o) non podiessen prender, / a uida non lo dexassen / por oro nin por auer. // Don Iohan, que esto oyo, / pesso le muy fuerte miente, / de Sseuilla sse salio / muy encobierta miente, // açor en mano leuava / como que yua a caçar, / e por Cordoua passaua / e en Murçia fue entrar; // acogio sse a ssus tierras / con gran pessar c gran ssaña, / e pensso de fazer guerras / al mu⟨y⟩ noble rrey d'España. // Don Iohan quiero dexar / que ssu tierra aperçebia...» (estrs. 247-252 y 259-266. Yo ten Cate acepta la mala corrección *Las cartas fechas van / y eran en papel*). Entre este relato poético y las interpolaciones de la *Gran Crónica* pueden señalarse semejanzas, incluso en el plano de la expresión; ninguna hermandad hay, en cambio, entre la versión de Rodrigo Yáñez y la de la *Crónica*.

pos revueltos de la tutoría; para la *Gran Crónica*, en cambio,
los actos del prior se justifican plenamente en vista de las
ambiciones de Alvar Núñez (LXXVIII y LXXIX):

> «Quando el conde Aluar Nuñez se vio en tal manera e estado,
> penso de llegar aver con que pudiesse cunplir aquella honrra
> en que era puesto, e aconsejo al rrey que echase pecho por
> las tierras... e hizo le meter tributo en las ordenes, que los
> rreyes son tenudos de mantener, ansi que los pueblos se sen-
> tian por agrauiados deste fecho e fazian grandes querellas a
> Dios e al rrey... E vn cauallero bueno que llamauan Fernan
> Rodriguez de Balbona, prior de la horden de Sanct Joan...
> fablo con el Conde e dixole que oviese por bien de non querer
> que las hordenes fuesen metidas a tributo, lo que nunca fue-
> ron... que atal fecho non pasase que era contra Dios e contra
> derecho. E quando el Conde entendio la rrazon que le dezia
> el prior, fablo contra el muy sañudo... que el prior non fablase
> mas sobresta rrazon, e que si otra vez gelo dixiese, que le
> farie castigar de manera que se non atreviese el ni otro nin-
> guno de fablar en tal fecho... Quando el prior don Fernando
> Rodriguez oyo estas palabras tan feas que dixo el Conde, tuuo-
> se por escarnido e afrontado e ouo miedo que por este fecho
> serie menos cabado con el rrey su señor e que lo mandarie
> matar por consejo del Conde...»[92].

La escasa simpatía del primer «estoriador» respecto al prior
de San Juan se revela en otras alusiones a su actividad política[93].

---

[92] *P*, cc. 78-79, ff. 66-67; *A*, cc. 79-80, ff. 109-110; resumido en *R*,
f. 267 v.

[93] El cronista de Alfonso XI no simpatiza con la posición política
del prior: Durante la minoría nos cuenta que don Fernán Rodríguez
logra convencer a los ciudadanos de Zamora que tomen por tutor a
don Juan el Tuerto, «et faziendo ellos esto, que el tenia puesto con
don Joan que les feziesse mucha merced de lo del rey et mucha
onrra et mucho bien de lo suyo»; pero que, a la hora de la verdad,
el tutor «fizoles tales obras en esta ciubdat quales las fazia en las
otras», forzando a una dueña honrada y cometiendo múltiples des-
afueros *(CrAºXI*, XXXII.4-13; *E*, f. 34 *a-b*). Una vez que Fernán Rodrí-

Estos episodios en que los pasajes característicos de la
Gran Crónica se despegan del fondo común a la *Crónica* y
a la *Gran Crónica,* por adoptar un punto de vista histórico

guez está en la privanza del rey, el cronista nos pinta, con colores
negros, la venganza que toma contra «todos los mas de los comenda-
dores et freyres de la orden de Sant Johan» que habían colaborado en
su anterior deposición: «et otrossy priso et fizo prender a otros
freyres de la dicha orden, et dellos mato, et dellos encarçelo para
siempre, et otros algunos fuxieron del regno por su miedo» (LXXVII.
4-10; *E*, f. 68 *d*). Más adelante, atribuye a «el prior et el almirante
et Johan Martinez de Leyua, que tenian en poder el consejo del rey
et la su casa del rey» (LXXIX.30, 35-37; *E*, f. 70 *b*), el plan de hacer
asesinar traicioneramente al Conde Alvar Núñez (que se hallaba en
rebeldía). Finalmente, el cronista cuenta dos graves deservicios del
prior al rey, mientras formaba parte de su casa y consejo: Cierto
intento de reconciliación entre Alfonso XI y don Juan Manuel resulta
fallido porque «fuele enbiado de casa del rey vna carta, et enbiogela
don Fernand Rodriguez prior de Sant Johan, en quel enbio dezir que
en esta vista que el rey queria auer con el que lo coydaua matar,
et esto que venia por conseio de Johan Martines de Leyua»; Alfonso XI sospechó entonces la responsabilidad del prior, «et por esto de
ally adelante el rey non fio del commo ante fiaua, como quier quel
mostraua buen talante» (LXXXII.11-13, 20-22; *E*, ff. 71 *d*-72 *a*). Aún más
grave es la última intervención política que le atribuye el cronista
de Alfonso XI: siendo el prior «en la casa del rey et del su conseio»,
aprovecha su condición de «chançeller de la reyna doña Maria» y la
confianza que en él tenía el rey portugués («et el rey don Alfonso
de Portugal, padre de la reyna, fiaua mucho deste prior») para tratar
en secreto («por sus cartas et sus mandaderos») que el infante heredero de Portugal abandone a la prima del rey de Castilla, con quien
estaba desposado, y se case con doña Constanza, la hija de don
Juan Manuel (de quien «era mucho amigo» el prior) «et que sy el
rey de Portugal fiziesse casar el infante don Pedro su fijo heredero
con aquella doña Costança, que faria el que don Ioan ayudasse al rey
de Portugal a estrañar al rey el grand apoderamiento que auia dado
a doña Leonor en su fazienda et en el regno. Et por esto, el rey de
Portugal ovose a mouer a fazer el pleito del casamiento; et firmaron
los pleitos en poridat por sus mandaderos con cartas de çertidumbre.
Et el fecho firmado, fino el prior» (CII.48-59; *E*, f. 86 *c-d*). Esta atrevi-
da combinación diplomática desembocaría, con el tiempo, en una
larga guerra entre el rey de Portugal, apoyado por la alta nobleza
castellana, y el rey de Castilla. Véase D. Catalán, «Una antirreina en

menos incondicional a la corona, me parecen prueba decisiva del carácter mixto de la versión amplia.

i) UNA LAGUNA, COMÚN A LA VERSIÓN VULGA-
TA DE LA «CRÓNICA» Y A LA «GRAN CRÓNICA»

Como razones de mayor peso para la desvaloración de la *Crónica* en su *Versión vulgata* aduje en el pasado toda una serie de graves defectos que, según mis estimaciones, caracterizaban a ese prestigioso texto, tan respetado a causa del traslado regio de 1376 (véase *I, b*). Tales eran: El error inconcebible de fechar el comienzo del reinado de Alfonso XI en la era 1347, año 1310 [94] (con lo que buena parte de la cronología de la obra resulta viciada); la falta de estructuración analística desde el 4.º año del reinado hasta el 13.º, en que se sitúa la mayor edad del rey [95], y, sobre todo, la gravísima laguna existente en la historia de la minoría [96] inmediatamente antes del capítulo que comienza (*CrAºXI*, XXXII) «Et commo quier que los de Çamora fizioron esto contra don Johan...», laguna que afecta a noticias tan importantes como la muerte de la reina doña María de Molina [97], las cortes de Valladolid en que fueron reconocidos

---

Castilla (1330-1350)», *Clavileño* VII, n. 39 (mayo-junio 1956), 24-31. (Todos los pasajes se hallan también en la *Gran Crónica*).

[94] Fecha correcta: 1312.

[95] Alfonso XI cumplió 14 años el 13 de agosto de 1325 (no de 1322, que dice la *Vulgata*) y el 7 de setiembre entró en su 14.º año de reinado, no el 13.º (como dice la *Vulgata*). Este nuevo error deriva de un cálculo incorrecto: aunque el rey tenía 1 año cumplido cuando empezó a reinar, ello no autoriza (como pensó el cronista) a restar un año a la edad para obtener el año del reinado.

[96] La laguna comprende, en la historia, desde abril de 1321 a finales de 1323 (más o menos). Cfr. II, *e*, pp. 55-60.

[97] Martes 30 de junio de 1321 (testa el lunes 29). Se cuenta en la

por tutores el infante don Felipe, don Juan Manuel y don Juan el Tuerto [98], la sorpresa traicionera de Villaóñez, en que el infante intentó dar muerte a don Juan Manuel [99], y la sublevación de Zamora contra don Juan el Tuerto [100], a que

versión de la *Crónica* contenida en los mss. *M* (f. 43 b-44 c), *Ñ*, *C*, y en sus derivados, mss. *O*, *O'*, *Q*, así como en el ms. *A* (c. 34). Véase adelante, c. XIII, la edición crítica del texto cronístico.

[98] Mayo-junio de 1322. La versión de la *Crónica* que nos conserva el ms. *M* (ff. 44 d-46 d) y los textos parcialmente influidos por esa versión, el ms. *C*, la familia *O*, *O'*, *Q* y el ms. *A* (c. 35), cuentan por lo largo todas las incidencias de estas agitadas cortes. Véase la edición incluida en el c. XIII.

[99] El *Cronicón latino de don Juan Manuel* fecha en junio de 1322 «la de Villa Oñes»; el propio don Juan alude a la sorpresa traicionera en el *Libro de los Estados* (I, c. 62): «oy dezir aquel don Iohan... que muchos omes le quisieran matar... por armas a falsedat. Asi commo en Villa Oñes, que vino don Felipe, yaziendo el dormiendo et non tiniendo consigo çient et çinquenta omes a cauallo et de mulas et todos los más desarmados; et avn a el oy dezir que aquel dia non se pudiera calçar. Et traya don Felipe mas de ocho çientos caualleros que eran rricos omes et muchos omes fijos dalgo et otros et aun gentes dandole a entender que vinian por seer sus vasallos et por le seruir et ayudar en la guerra en que estaua, et ellos benian le por matar. Pero de todo lo guardo Dios» (Bibl. Nacional ms. *6376*). La versión de la *Crónica* conservada por *M* (f. 46 b-c), por *C*, *O*, *O'*, *Q* y por el ms. *A* de la *Gran Crónica* (c. 35, ff. 54 v-55), cuenta con detalle el suceso en el capítulo de las cortes de Valladolid («E seyendo don Juan Manuel en Villavanes, estando y seguro, algunos caualleros de Garcilaso e de Aluar Nuñez fizieron al ynfante don Felipe que fuese de noche sobrel, por que le matase o le prendiese. E desque y llego el ynfante don Felipe, salio don Juan del logar e sobiose en vn otero alto...» [etc.]). Véase adelante, c. XIII. En la propia *Versión vulgata* hay, más adelante, *CrA°XI*, XXXV.39 (ms. *E*, f. 37 c; cfr. ed. Cerdá, p. 71.17-19), una alusión a lo ocurrido en Villaóñez, cuando don Juan Manuel, durante las conversaciones de paz en Zamora, contesta violentamente al infante don Felipe que no está dispuesto a solventar el pleito de Garcilaso: «por que non quiero que me mate otra vez con vusco, commo me coydo matar en Villaonez».

[100] No he logrado fechar con exactitud este suceso. Según cuentan *M* y textos con él emparentados (en la narración que colma la laguna) los del concejo zamorano: «fizieron pleito de non tomar por

alude el comienzo del capítulo siguiente. Pero hoy estos mismos testimonios, sobre que basaba mi anterior condena del texto regio de la *Crónica*, vienen a deponer decisivamente contra la precelencia de la *Gran Crónica*. El mejor conocimiento que en la actualidad tenemos de la estructura y contenido originales de la *Gran Crónica* nos permiten asegurar que todos esos graves defectos notados en la versión regia de 1376 caracterizan igualmente a la versión extensa [101]. Frente a la versión de la *Crónica* refleja-

---

tutor a ninguno fasta el dia de Sant Martin» [11 noviembre], pero el caballero que tenía el alcázar del rey dio en él entrada (sin duda, antes de esa fecha) a don Juan, lo cual provocó el alzamiento de la ciudad contra el tutor intruso. El relato cronístico (acabada ya la laguna) cuenta que, reconocido al fin como tutor por Zamora, don Juan moró en la ciudad algún tiempo, yendo seguidamente «a Burgos, et fizo y ayuntamiento con los de las villas de su tutoria»; durante este ayuntamiento, mata a don García de Villa Mayor, personaje a quien el rey de Inglaterra todavía escribe el 1 de abril de 1324 (probablemente cuando ya estaba muerto). En la confrontación armada entre los tres tutores, que sigue a la entrada del infante don Felipe en Zamora, interviene ya don Alfonso Sánchez de Alburquerque, el bastardo favorito del rey don Dinis de Portugal, a quien su padre (cediendo a presiones del infante heredero) priva de sus tierras el 25 de febrero de 1324, mientras en 1323 figuraba aún como testamentario del rey. Pero el 5 y 6 de marzo de 1324 el infante don Felipe se hallaba en Segovia, ciudad de que se apoderó, durante pocos días, no mucho después de concluidos los sucesos de Zamora. *M* (ff. 46 *d*-47 *d*) y textos con él relacionados *Ñ*, *C*, *O*, *O'*, *Q* y *A* (c. 36) refieren, con el debido pormenor, los orígenes de la rebeldía de Zamora contra don Juan. Véase la edición incluida en el c. XIII.

[101] El texto puro de la *Gran Crónica*, el ms. *P*, comparte con la *Versión vulgata*, no sólo la cronología inconsistente y errónea, sino también la omisión de los dos capítulos y medio que en *M* y textos relacionados ocupan el lugar de la laguna. Aunque el ms. *A* no participa de esos defectos, ello no se debe a que haya tenido conocimiento de una *Gran Crónica* más perfecta, sino a su carácter de texto «mixto»: Como hemos tenido ocasión de poner de manifiesto (cfr. II, *e*, pp. 55-60), el formador del ms. *A* tomó el relato correspondiente a la laguna de cierta «coronica antigua» hermana del ms. *M* (el ms. **M'*), con la cual venía corrigiendo y completando sistemáticamente

da en **M, Ñ, C, O, O' Q, A,** que rellena satisfactoriamente la laguna con dos capítulos y medio [102], la *Gran Crónica* y la *Versión vulgata* de la *Crónica* remontan a un mismo texto ya defectuoso.

La *Gran Crónica* se aparta, sin embargo, de la *Versión vulgata* por incluir, en el paréntesis histórico que tienen en común, cuatro breves capitulitos [103]. Los dos primeros (*Gran CrAºXI*, XXXV-XXXVI) refieren que los navarros, al saber la muerte de los infantes don Pedro y don Juan en la Vega granadina y viendo los bandos existentes en Castilla, invaden Guipúzcoa, con la pretensión de recobrar todas las tierras que fueron alguna vez de Navarra (hasta las proximidades de Burgos) y proponiéndose llegar a Valladolid y llevar preso a Francia al rey niño castellano; pero al pasar los puertos, son desbaratados por «los de Lipuzca», que consiguen desorganizar la caballería enemiga arrojando por las laderas de los montes calderas atadas con sogas y llenas de piedras. La voluntad de Dios y esta sutil maestría salvaron de la soberbia de franceses y navarros al rey niño don Alfonso [104]. Los otros dos capítulos (*Gran CrAºXI*, XXXVII-XXXVIII) tienen como única finalidad el dar sumaria noticia de los sucesos más importantes omitidos en la laguna:

---

la narración de la *Gran Crónica,* y acudió también a esa fuente secundaria para enmendar, en parte, la cronología de su fuente principal (II, *b-e*). Los dos resúmenes contenidos en *R* y *B* confirman la ausencia en la *Gran Crónica* de todas las noticias afectadas por la laguna (cfr. II, *e*, p. 56).

[102] Véase adelante, en el c. XIII, la edición crítica de estos capítulos inéditos de la *Crónica de Alfonso XI.*

[103] *P*, cc. 35-38 ff. 31 v-33; *A*, cc. 37-40, ff. 56-58 v. Resumidos en *R*, f. 256-256 v y *B*, pp. 270-272.

[104] Sobre este episodio de la *Gran Crónica* y del *Poema* traté (con ideas distintas a las actuales) en *NRFH*, XIII (1959), pp. 369-370. En aquellas páginas pueden verse confrontadas la narración cronística (en el texto) y la poética (en las notas).

la muerte de la reina doña María y la elección de tutores en las cortes de Valladolid (contados, cosa extraña, en orden inverso al histórico).

Capítulo XXXVII (*P*, c. 37; *A*, c. 39): «*Como la rreyna con los rricos omes del rreyno dieron tutores al rrey, los quales fueron el infante don Felipe e don Joan hijo del infante don Joan e don Juan hijo del Ynfante don Manuel.* — En este tienpo fue Castilla metida en gran fuego e corrida de cada dia asi que se ermauan las tierras por mengua de rrey e de señor que los oviese a manparar e defender los pueblos con espada de justiçia. E este mal e guerra fue por fecho de la rreyna sobre que se non podian avenir los vnos queriendo lo vno e los otros queriendo lo otro. E la rreyna doña Maria, por sacar este mal e discordia que avia entre los pueblos, fizo fazer cortes en Valladolid. E alli fueron ayuntados los nobles e fijosdalgo e procuradores de las çibdades e villas destos reynos; e con consejo desta noble rreyna dieron al rey tutores, aquellos que entendieron que eran buenos e abtos para se parar a grandes fechos si menester fuese. E estos fueron el infante don Felipe e don Joan hijo del infante don Joan e don Joan hijo del infante don Manuel. E ansi fueron fechos los tutores con plazer e otorgamiento de la noble rreyna e de todos en general, e que todos se guiasen por consejo de la rreyna e le non saliesen de mandado. E desque los tutores fueron fechos, derramaron las cortes e fueronse las gentes cada vno para sus lugares».

Capítulo XXXVIII (*P*, c. 38; *A*, c. 40): «*Como se abenian muy mal los tutores y de como la rreyna doña Maria ouo grande enojo e adolesçio y fino e el su cuerpo fue enterrado en las Huelgas de Valladolid.* — Dize la historia que los tutores del rrey andaron por las tierras, e en lugar de poner paz e avenençia entre los pueblos, qu'ellos començaron aver contiendas e tomaron la tutoria cada vno como se queria, asi que los pueblos lo pasauan peor que en el comienço. E la rreyna doña Maria, veyendo el mal e daño que las tierras del rrey rresçibian, ovo gran pesar e adolesçio de vna dolençia de que fino, y el su cuerpo fue enterrado en las Huelgas de Valladolid, e Dios por su merçed le de perdonamiento e le faga eredera en el su santo rreyno, amen» (*P*, f. 33; *A*, f. 58-58 v).

Me parece evidente que estos cuatro pequeños capítulos, característicos de la *Gran Crónica* (según el cuádruple testimonio de *P, A, R* y *B*), fueron incorporados a la historia después de haberse producido la laguna. Sin embargo, la antigüedad del relato es grande, pues en el *Poema* rimado en 1348 por Rodrigo Yáñez figura una versión de la rechazada invasión navarra (estrs. 53-70) [105] y un sumario de lo ocurrido durante la segunda tutoría (estrs. 71-85) en todo idénticos a los que se leen en los cuatro pequeños capítulos de la *Gran Crónica*. Para nuestro propósito basta ahora con recordar la versión poética de los sucesos interiores acaecidos en Castilla:

71 Aquesta lid[e] dexemos / que lepuzcanos vençieron,
   e los fechos declaremos / que despues [a]contesçieron.
72 (E)N'este tienpo los señores / corrian a Casti[e]lla;
   los mesquinos labradores / pasauan gran[de] manziella,
73 [e] los algos les tomauan / [e] por mal e por codiçia;
   las tierras se hermauan / por mengua de justiçia.
74 Por ⟨fe⟩cho de la tutoria / no(n)'s(e) podian auenir;
   la rreyna doña Maria / este mal fizo partir:
75 En [el] su consejo priso / de ⟨al buen⟩ rrey dar tutores,
   [e] en Valladolid fizo / luego ayuntar los señores;
76 *Cortes* ffizo [muy] onrradas, / por mas cumunal prouecho;
   conpañas muy apostadas / legaron a este fecho.
77 Estando todos delante / luego por tutor fue puesto
   don Ffelipe el infante, / e don Iohan el tuerto;
78 el otro fue don Juan / ffi(jo) de(l) infante don Manuel.
   Este fecho todos han / por firme e por fïel;
79 (e que) todos ffeziesen mandado / de la rreyna doña Maria.
   El pleito ffue otorgado, / partida la toturia.
80 Los tutores a las tierras / se fueron quanto podian:
   non dexaron fazer guerras / bien asy commo ssolian,
81 cadal dia azes parando / astragando los menores,
   las tierras rrobando, / matando los labradores,

---

105 Véase n. 104.

82 despechando mercaderos / —no(n)'s(se) querian avenir—
e matauan los rromeros / que venian a Dios seruir.

83 A la rreyna peso fuerte / de que uio tal pesteleriçia,
acüytole de muerte / vna [muy] fuerte dolençia;
84 no(n)'l(e) supieron meleçina / Dios [ge] la quiso leuar,
[e] ffino se la rreína, / Dios la quiera perdonar.
85 En Balladolid fue finada / [e] en las Huelgas yaz(e);
ssu alma muy bien her(e)dada / con Dios Padre [sea] en paz.

Si quisiéramos ajustar estas observaciones a mi primitiva hipótesis, de que la redacción original de 1344 era una *Gran Crónica*, nos veríamos forzados a admitir el siguiente árbol genealógico:

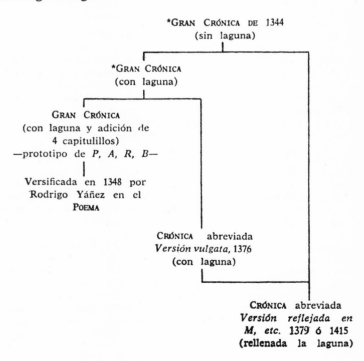

GRAN CRÓNICA DE 1344
(sin laguna)

GRAN CRÓNICA
(con laguna)

GRAN CRÓNICA
(con laguna y adición de
4 capitulillos)
—prototipo de *P, A, R, B*—

Versificada en 1348 por
Rodrigo Yáñez en el
POEMA

CRÓNICA abreviada
Versión vulgata, 1376
(con laguna)

CRÓNICA abreviada
*Versión reflejada en
M, etc.* 1379 ó 1415
(rellenada la laguna)

No me parece necesario razonar la escasa credibilidad de esta reconstrucción genética [106]. Para descartarla definitivamente basta observar que en el *Poema* la fallida invasión navarra y el sumario de los sucesos interiores de Castilla (estrs. 53-85) constituyen una historia completa, a grandes brochazos, de la segunda tutoría de Alfonso XI, que empalma a la perfección con lo inmediatamente anterior, muerte de los infantes tutores en la Vega de Granada (estrs. 20-52) [107], y con lo siguiente, pesar del rey niño ante el estado de sus pueblos (estrs. 86-151) [108]. En la *Gran Crónica*, en cambio, los cuatro capitulillos se despegan del contexto cronístico: en primer lugar, por su brevedad y discordante es-

---

[106] En el cuadro hipotético resulta especialmente increíble la temprana divulgación (entre 1344 y 1348) de dos formas sucesivas de *Gran Crónica* defectuosas (una mutilada, otra ulteriormente completada) y la suposición de que en 1348 Rodrigo Yáñez hubiese conocido sólo la versión más tardía, mientras el abreviador regio de 1376 habría manejado una versión más antigua y el enmendador posterior, de 1379 ó 1415, la primitiva.

[107] La invasión de los navarros se justifica en el *Poema* diciendo: «Ya los infantes muertos son / que ⟨de⟩fendian la tier[r]a, / en Castilla e en Leon / se leuanto muy gran guerra // los Nauarros grand plazer / ⟨o⟩uieron sin toda falla... // Dexieron esta rrazon / ...toda Castilla e Leon / estan para se perder // ...ya muertos sson los infantes / que a Castilla defendian // ...» (estrs. 53-56). Cfr. en la *Gran Crónica*, XXXV.2: «Quando los nauarros supieron la muerte de los infantes don Pedro e don Joan, que murieron en la Vega de Granada como de suso vos lo a contado la historia...» (hace 14 capítulos).

[108] Compárense, en especial, las estrofas 80-82 (arriba citadas) con la queja del estado llano incluida en la escena del pesar del rey: «Estando en su estrado / rrico e bien paresçiente, / dexieron: Señor onrrado, / acorred[e] (a) vuestra gente. // Nos ssomos labradores, /del mundo desanparados, / de los vuestros tutores / muy mal somos estragados; // corrennos de cada dia... // [e] tomannos los aueres / e fazen nos mal pesar, / los fijos e las mugeres / pie[n]san de los catiuar // puercos e uacas e ouejas / todos rroban... [etc.]» (estrs. 91-95).

tilo narrativo; pero, sobre todo, porque no enlazan bien con
la narración que les rodea, dedicada a contar, con el debido
detenimiento, los múltiples sucesos historiables ocurridos
durante los seis años largos que separan la muerte de los
infantes tutores ante Granada (26-VI-1319) y la mayor edad
de Alfonso XI (13-VIII-1325) [109].

No cabe duda. La *Gran Crónica* se basa en el texto mutilado de la *Crónica*, propio de la *Versión vulgata* y de su
texto más conocido, el copiado en 1376 [110]. Su autor, que des-
conocía el relato primitivo conservado por la versión reflejada en el ms. *M* y textos emparentados (de 1378 ó 1415),
intentó suplir la laguna incorporando a la narración cronística el breve sumario contenido en otra historia del reinado de muy distinta amplitud (que en 1348 había rimado Rodrigo Yáñez).

---

[109] La *Crónica* (XVIII.72-XXXI) y la *Gran Crónica* (XXI.72-XXXIV)
siguen, paso a paso, los movimientos y la actuación política de la
reina doña María y de los tres rivales, el infante don Felipe, don
Juan Manuel y don Juan el Tuerto, antes y después de ser reconoci-
dos tutores: *E*, ff. 23 *a*-33 *d* y 34 *a*-40 *d*; *P*, fin c. 21 (f. 20 v)-c. 34 (f. 31 v)
y c. 39 (f. 33 v)-c. 48 (f. 40 v).

[110] Conviene tener presente que la laguna ocurre en el ms. *E*
entre el f. 33 vuelto y el 44 recto, esto es, justamente entre dos folios
(el ms. *E* carece de foliación antigua y sus capítulos tampoco están
numerados). Sin embargo, otros manuscritos de la *Versión vulgata*
independientes de *E* (esto es, los mss. *H*, *F*, *I*, que estudiaremos en
el c. VIII) comparten con él la laguna.

NUEVA VALORACIÓN DE LA *CRÓNICA* Y DE LA *GRAN CRÓNICA*

El hallazgo del ms. *P* y su confrontación con el ms. *A* permite reconstruir con precisión la estructura y texto original de la *Gran Crónica*.

Los resúmenes de la *Gran Crónica* incluidos en *R* (*Historia en Décadas*) y *B* (*Ilustraciones de la casa de Niebla*), nos ayudan a perfeccionar la reconstrucción de la *Gran Crónica*, pues utilizaron, al parecer, dos manuscritos independientes del prototipo de *P, A*.

Por otra parte, el testimonio de *R* y *B* confirma que el texto primitivo de la *Gran Crónica* no era más extenso que el conservado.

Una vez identificada la *Gran Crónica* original con la conocida (esto es, con el prototipo de *P, A, R, B*) hemos podido realizar una detenida comparación entre su texto y el de la *Crónica*. La comparación nos ha permitido llegar a algunas conclusiones seguras:

a) La *Crónica de Alfonso XI* es la redacción originaria; la *Gran Crónica* un texto posteriormente interpolado.

b) La base de la *Gran Crónica* es la propia *Versión vulgata* de la *Crónica*, según un manuscrito no muy disimilar al que comenzó a copiar Ruy Martínez de Medina de Rioseco un miércoles 28 de julio de 1376, en cumplimiento de la orden dada por Enrique II a su justicia mayor Juan Núñez de Villazán para que fuese «trasladada» en pergaminos la crónica de su padre. La *Gran Crónica* hereda los más notables defectos de esta *Versión vulgata*.

c) La *Gran Crónica* completa la historia con un sin fin de pormenores y elementos narrativos nuevos. Las interpolaciones introducidas, ya sean breves frases, ya párrafos, ya capítulos, ya secciones enteramente nuevas, se destacan por su estilo pintoresco y dramático sobre el fondo más sobrio de la antigua *Crónica*.

d) Muchas de estas interpolaciones se relacionan con el *Poema* rimado en 1348 por Rodrigo Yáñez. Otras nada tienen que ver con esta gesta erudita.

Una vez aquietado el polvo de la construcción que hemos venido demoliendo, podemos comenzar, a partir de estas bases, la edificación de una nueva. La labor debe iniciarse en varias direcciones:

Ante todo, interesa ahora estudiar críticamente la *Versión vulgata* de 1376 (ms. *E*), el texto más antiguo conocido de la historia en prosa de Alfonso XI. Su abrupto remate sugiere que la *Crónica* remonta a un original acabado (o interrumpido) el jueves 8 de abril de 1344; pero desconocemos en qué estado se encontraba antes de ser «trasladada» en pergaminos por orden de Enrique II. Los notables defectos de esta versión regia, especialmente las inconsecuencias estructurales, requieren, por otra parte, una explicación.

Como imprescindible complemento de ese estudio, debemos esclarecer la formación, en 1378 o en 1415, de la versión de la *Crónica* reflejada en el ms. *M*. Los pasajes, de autenticidad indiscutible, que caracterizan a esta versión, nos plantean, sin duda, el problema más interesante; pero también importa precisar las ocasionales relaciones que existen entre algunos pasajes de esta versión de la *Crónica* y la *Gran Crónica.*

Probada la independencia de las interpolaciones características de la *Gran Crónica,* respecto a la narración original de la *Crónica,* interesa ahora estudiar por separado estos materiales tan llamativos histórica y literariamente. En primer lugar tendremos que detenernos sobre la cuestión de sus relaciones con el *Poema* de 1348, problema fundamental para valorar la técnica historiográfica del interpolador.

Finalmente, intentaremos esclarecer, en conjunto, los orígenes de la muy rica información adicional incorporada a la *Gran Crónica* y proponer una fecha para la formación de esta obra singular.

DOS ARQUETIPOS DE LA "CRÓNICA DE ALFONSO XI"

La *Crónica de Alfonso XI* [1] remonta indudablemente a un original acabado o interrumpido el jueves 8 de abril de 1344, seis años antes de finalizar el reinado de Alfonso XI. De otro modo sería inconcebible que sus últimas palabras sean estas:

> Et este Rey Don Alfonsso moro en Algezira fasta que paso la Pasqua et el Jueues de las ochauas (et) partio dende para yr a Tariffa por que las gentes non querian salir de la çiubdat nin podian dar vezindat a los vezinos que auian y de fincar et de morar. Et en todo este tienpo los moros venian del su real al de los christianos, et esso mesmo los christianos yuan al su real, por las treguas que eran puestas; et yuan seguros los vnos de los otros. A Dios et A sancta Maria su madre demos gracias. Amen».

La *Crónica* es una obra oficial, de inspiración regia (aunque escrita con dignidad, sin innecesarias adulaciones cor-

---

[1] La novedad y singularidad del texto inédito de la *Gran Crónica de Alfonso XI* (cuya edición he terminado de preparar, cfr. adelante, c. XII) me hizo descuidar, durante años, el estudio de los problemas planteados por la bien conocida *Crónica de Alfonso XI* (que también voy a reeditar en breve; cfr. adelante, c. XI). Pero, posteriormente, al descubrir, en los años 60, que la *Crónica* y no la *Gran Crónica* era la redacción más antigua de la historia de Alfonso XI (cfr. atrás, c. IV), llegué al convencimiento de que cualquier intento de valoración de la *Gran Crónica* debía ir precedido por un estudio sistemático de la formación y estructura de la *Crónica*.

tesanas)[2]. Su redactor (sin duda el Canciller del sello de la poridad, Fernán Sánchez de Valladolid)[3] tenía acceso a la documentación secreta de la Corona y al pensamiento del rey. Conoce el itinerario de los tutores, primero, y del rey, después, con toda precisión; y, sobre ese entramado crono-topográfico, teje la historia de un modo ordenado y con conocimiento del detalle.

Pero la *Crónica*, tal como ha llegado a nosotros, tiene defectos muy graves que no se compaginan con el carácter de la obra y que no creo podamos imputar al primer redactor contemporáneo de los sucesos narrados. Sin embargo, algunos de estos graves defectos tocan a la propia estructura de la *Crónica* y no son atribuibles a la inatención de los copistas. Es, por tanto, fundamental estudiar la formación de la *Crónica* que conocemos y sus relaciones con el original de 1344.

Como un primer paso en ese estudio, dedico el presente trabajo a esclarecer la personalidad de los varios tipos de *Crónica* llegados a nosotros, tratando de encontrar explicación para las singularidades de cada uno de ellos y determinando las relaciones familiares existentes. Una vez cumplida esta tarea, quedará abierto el camino para el examen de la estructura de la *Crónica* en sus dos versiones básicas: la *Versión vulgata* y la que forma parte de la *Crónica de cuatro reyes*.

---

[2] Debido a su carácter regio, la *Crónica* es, pongo por ejemplo, sistemáticamente hostil a don Juan Manuel (cfr. IV, *h*). Pero, a diferencia del *Poema de Alfonso XI*, mantiene una prudente reserva (y a veces hasta denota una contenida hostilidad) respecto a doña Leonor de Guzmán, la todopoderosa amante regia (cfr. D. Catalán, *Poema de Alfonso XI: Fuentes, dialecto, estilo*, Madrid, 1953, p. 24).

[3] Sobre la segura autoría de Fernán Sánchez de Valladolid trataré en un próximo trabajo.

EL TEXTO TRASLADADO EN PERGAMINOS EN 1376 PARA EL TESORO DE ENRIQUE II Y LOS MANUSCRITOS DE LA *CRÓNICA DE ALFONSO XI*

a) EL MS. E ES EL PROPIO TRASLADO EN PERGAMINOS ESCRITO POR RUY MARTÍNEZ DE MEDINA DE RIOSECO, 1376

El más antiguo de los manuscritos conservados de la *Crónica de Alfonso XI*, el ms. *E*, es sin duda un texto regio, copiado para la cámara de los reyes de Castilla en el s. XIV[1].

---

[1] Según parecen indicar los principios del manuscrito. Don Francisco Cerdá y Rico, en su preciosa edición de la *Cronica de D. Alfonso el Onceno* (Madrid: Sancha, 1787), pp. IX a X, los describe así: «Preceden al texto de el quatro paginas pintadas cada una con su escudo a la Española, y la primera trae de blao (o azur) a una cruz en pal de sinople (o verde) con las cinco llagas de gules (o roxas) y coronada de espinas tambien de gules, aunque impropiamente, y con un rotulo fuera del escudo que dice: *Per signum crucis de inimicis nostris libera nos Domine Deus noster: Christus vincit, Christus regnat, Christus imperat, Christus, etc.* La segunda trae simple quartelado 1.º y 4.º de gules a una M de oro, 2.º 3.º de plata a una cruz de sinople, como la dicha arriba, cantonada en 1.º 4.º de un tridente de blao, y en 2.º y 3.º de estrellas amarillas de ocho rayos directos, horadadas y ribeteadas de gules. Tiene este escudo una orla de blao a 12 coronas de oro ribeteadas de gules, y colocadas tres

Cuando en 1787 don Francisco Cerdá y Rico lo dio a conocer, observó que «este preciosísimo manuscrito» debía ser
el que se trasladó para el tesoro de Enrique II en las circunstancias que el prólogo mismo de la *Crónica* detalla[2].
Yo soy de la misma opinión. El prólogo dice así:

___

sobre el Gefe, una en punta, y las ocho restantes a los lados con la
correspondiente simetria y la inscripcion siguiente fuera del escudo:
*Tu es Imperatrix coeli Regina, quia per te datur lux matutina, mundi
variantis et medicina*: *ex tuo consensu de voluntate involutus erit
humanitate secunda persona de Trinitate.* / La tercera trae simple
quartelado de Castilla y Leon, 1.º y 4.º de gules a un castillo qua-
drado de oro, almenado y donjonado de tres torres, la del medio
mayor, el todo mazonado de sable, y adjurado de blao: 2.º y 3.º de
plata al leon de gules lampasado, encendido, y vilenado de lo mismo,
coronado y armado de oro. Tiene fuera del escudo el rotulo siguiente: *La sennal del Rey paresce, por la virtud de la cruz resplandece.
Sennales de los muy altos, et muy nobles, et muy famosos Sennores
Reis de Castiella et de Leon.* / La quarta de gules a la espada de
blao alta, guarnecida de oro, adiestrada del Reyno de Castilla, si-
niestrada del de Leon, y coronada de oro con corona abierta de Infante, y este rotulo fuera del escudo: *La muy alta et muy noble, et
muy onrrada corona et el poderio de la Espada de los nobles Reis
de Castiella et de Leon.* / La escritura del cuerpo de la obra se halla
executada con gran primor y delicadeza. Los epigrafes de los capítulos estan puestos de vermellon; las iniciales floreadas y pintadas
de varios colores». J. Zarco Cuevas (*Catálogo de los Manuscritos
Castellanos de la real Biblioteca de El Escorial*, III, San Lorenzo,
1929, pp. 28-29) aclara que «en los dos primeros fols. r y v, hay pintados 4 escudos aguzados en punta, o acaudados, no redondeados
o a la española, como escribe Cerdá y Rico» y que «los cinco fols.
siguientes, primeros del texto, tienen las capitales adornadas, de color
azul y rojo sobre fondo blanco, con orlas iluminadas, algo basta-
mente, y en el espacio que media entre las dos columnas del texto,
de color azul, figuras de animales. En los prefacios e invocaciones
los nombres de la Sma. Trinidad, Dios, Padre..., de la Virgen, los de
Alfonso XI y sus hijos están escritos en letras grandes sobre fondo
azul y rojo, alternando».
  2 J. Zarco Cuevas, *lugar cit.*, después de aducir la opinión de
Cerdá, comenta, por su parte: «y efectivamente, nada de extraño
tiene a juzgar por la variedad y esmero con que están hechos los

«Esta es la muy alta et muy noble et mucho onrrada et muy nonbrada et muy / uirtuosa et muy sancta CORONICA del muy noble Señor rrey DON ALFONSO de Castiella et de Leon, que fue fijo del muy noble rrey DON FERNANDO, et nieto del noble rrey DON SANCHO, et bisnieto del muy noble señor rrey DON ALFONSO el que fizo las leys que fue par de emperador. Et mandola trasladar el muy noble Señor rrey DON ENRRIQUE, su fijo deste noble señor rrey don Alfonso de quien fabla esta coronica, para en el su muy onrrado et muy rreal et muy largo et muy franco et muy noble thesoro. Et el muy noble Señor rrey Don Enrrique de Castiella et de Leon mando a JOHAN NUNNEZ de Villazan, justiçia et alguazil mayor de la su casa, que la fiziesse trasladar en pargaminos; et Johan Nuñez fizo lo asy segund que gelo mando el rrey su Señor, et fizo la trasladar. / Et escriuiola Rruy Martinez de Medina de Rrio Seco a la merced de DIOS, et de la uirgen SANCTA MARIA su madre, et de toda la corte çelestial, et del muy noble señor rey DON ALFONSO, que Dios perdone la su anima. Et otro si a la merçed de su fijo el muy noble Señor rrey DON ENRRIQUE, et de la muy alta et muy noble et mucho onrrada Señora rreyna DONNA IOHANA su muger, que fue fija del muy noble DON IOHAN fijo del Infante DON MANUEL, et del muy alto et muy noble Señor Infante DON IOHAN su fijo primero heredero en los rreynos de Castiella et de Leon. Et otro sy, por mandado del dicho Iohan Nuñez, Iustiçia mayor de la casa del dicho Señor rrey Don Enrrique. Et fue començada a trasladar esta coronica en el dezeno año del rreynado del Señor rrey don Enrrique, Miercoles veynte et ocho dias andados del / mes de Iullio, en el año de la era de mill et quatro çientos et quatorze años, et andaua el año de la naçençia de nuestro Señor Ihesu Christo en mill et trezientos et setenta et seys años, en el nonbre de Dios et de su madre Sancta Maria, et a onrra et a seruiçio de los Rreys de Castiella» (*CrA^oXI*, Pról. 1-16).

---

adornos, por cierto esplendor y magnificencia verdaderamente regia, que en todo él se nota».

b) LAGUNAS Y ERRORES DEL MS. E NO
COMPARTIDOS POR OTROS MANUSCRITOS

Pero, en vista de los graves defectos que cabe notar en este texto regio de 1376 [3], nos vemos obligados a buscar respuesta a varias preguntas de indiscutible importancia: ¿En qué estado se hallaba la «Estoria», acabada (o interrumpida) el 8 de abril de 1344, antes de ser «trasladada» en pergaminos por orden de Enrique II? ¿Existía la *Crónica de Alfonso XI*, que hoy conocemos, con anterioridad a 1376, o hemos de atribuir a la iniciativa de 1376 la redacción del arquetipo de la *Crónica* divulgada?

Para poder dar respuesta a estos interrogantes, he acometido la confrontación minuciosa de los numerosos manuscritos de la *Crónica* con el ms. *E*, y he tratado de averiguar si el texto regio de 1376 podía identificarse con el prototipo de la tradición manuscrita. La colación me ha permitido reunir toda una serie de testimonios que deponen contra la precelencia del ms. *E* [4]:

1) *CrA°XI*, c. V.37-38: «Et pusieron pleito... de ser vnos contra todos aquellos que fuessen contra ellos; et si el tutor o tutores o el rey *que fuesse contra ellos* depues que fuesse de edat *et* fuesse contra ellos...» *E*. Otros mss.: «... o el rrey despues que fuesse de edat fuesse contra ellos».

---

[3] Según he señalado en trabajos anteriores: *Un prosista anónimo*, pp. 12-13; *BRAH*, CLIV (1964), 86 (I. *b*) y *AEM* 2 (1965), 293 (IV. *i*). Respecto a las dos últimas citas véase atrás, I, *b* y IV, *i*.

[4] De aquí en adelante, la numeración de capítulos y párrafos de la *Crónica de Alfonso XI* (*CrA°XI*) que utilizo hace referencia a mi edición de esta obra (de próxima publicación). He anticipado algunos capítulos, como muestra, en «Mi edición», véase el c. XI del presente libro.

2) VI.31-32: «dixol que mayor rrazon seria de estar el con el, contra aquellos que *fuessen* contra el rey su hermano et eran contra el, que estar con ellos» *E*. Otros mss.: *fueron* ~ *-ran*.

3) VIII.51: «Et el infante don Pedro, *estando* y fasta ora de viesperas, et dexol y» *E*. Otros mss.: *estudo*.

4) IX.15-16: «Et ellos dixieron que lo non farian a menos de ser acordados ellos. Et el infante don Joan et don Joan Nuñez et todos los otros que con ellos eran venieron se para Peña Fiel» *E*. Otros mss.: «acordados ellos *e el infante don Iohan e don Joan Nuñez e todos los otros de la tierra, ca tal pleito e omenage auian fecho. E la rreyna doña Costança e el infante don Iohan e don Iohan Nuñez e todos los otros que con ellos eran vinieronse para...*».

5) X.39: «Et desque el infante don Pedro veno, *venieronse con* el, et el infante don Joan *venose para el* monesterio de Palaçuelos» *E*. Otros mss.: «... veno, *vieron se* el e el infante don Iohan *al* m. ...».

6) XI.36: «Et seyendo el infante don Pedro en tierra de Huepte, tomo a don Johan castiellos et logares que auia en *su* tierra» *E*. Otros mss.: *esa*.

7) XV.26: «Et llego a tres leguas de Granada, cuydando que los moros saldrian a el» *E*. Otros mss.: «... de Granada *e echose en çelada, e enbio correr a Granada*, cuydando ...».

8) XVII.27: «et fizo fazer muchos picos et labro y quatro engeños» *E*. Otros mss.: «... picos *e açadones* e labro...».

9) XVII.33: «en vna peña muy que dizen la Peña Negra» *E*. Otros mss.: «... muy *fuerte* que...».

10) XVIII.4: «que fuese çercar a Belma et segun estaua que la tomaria, et non lo quiso fazer» *E*. Otros mss.: «... tomaria, *e dende que yria a Montexicar e que la tomaria*, e non...».

11) XVIII.8: «fuesse para *Alcante*» *E*. Otros mss.: *Al-caudete* ∼ *Alcabdete*.

12) XIX.29: «Et la reyna... por razon que el obispo de Auila, de quien *el* mucho fiaua...» *E*. Otros mss.: *ella*.

13) XXV.12: «Alfonso *Ferrandez* de Deça» *E*. Otros mss.: *Suarez* [5].

14) XXVII.9-10: «Et don Johan dixo que lo *non* queria fazer; et despues... non lo queria fazer» *E*. Otros mss.: «... que lo queria fazer...».

15) XXVII.21: «et esso mismo *don Felippe* gelo estraño mucho» *E*. Otros mss.: *don Lope* [6].

16) XXVII.25: «auia tomados todos los dineros que eran puestos a don Fernando et a *don Felippe*» *E*. Otros mss.: *don Lope*.

17) XXXV.55: «Et don Iohan fijo del infante don Manuel yunto *et mando a* todos los de la su tutoria et pidioles quel diessen çinco seruicios» *E*. Otros mss.: «... ayunto *en Madrid* todos...» [7].

---

[5] El nombre correcto figura también en el ms. *E* en otro lugar: *CrAºXI*, XXVI.10.

[6] «Don Lope» es lo correcto, pues este señor era del bando de don Juan hijo del infante don Juan y podía poner reparos a las acciones de los vasallos de don Juan cuando, para hacer daño a la reina doña María y al infante don Felipe, atacaban las villas del rey, cayendo en delito de traición. El infante don Felipe, en guerra con don Juan, no estaba en situación de darle consejos, sino de hacer cuanto mal y daño podía en la tierra de sus enemigos (como se nos cuenta en el capítulo siguiente).

[7] Al «ayuntamiento» de Madrid alude una carta de Jaime II a don Juan Manuel conservada en el Archivo de la Corona de Aragón (*R. 248*, f. 179) y publicada por A. Giménez Soler, *Don Juan Manuel* (Zaragoza, 1932), p. 504: «...dixonos en como Exemen Perez Çapata vicario de Tholedo era ydo de parte del arçobispo de Tholedo nuestro fijo ante uos en este ayuntamiento que agora fiziestes con los de vuestra tutoria en Madrid» (a. 1324).

18) XXXVIII.7: «amanesçio *en* Segouia» *E.* Otros mss.: «amanesçio *a la puerta de la çibdat de* Segouia» [8].

19) XXXIX.13: «Et por que poco tienpo auie que prisieran a algunos de los de los pueblos et estauan en la cadena, et sacaron todos los pressos que y estauan» *E.* Otros mss.: «... e estauan en la cadena *del rrey, fueron a la carçel e quebrantaron la cadena* e sacaron...».

20) XLIV.11: «eran y con el Martin Ferrandes de Toledo su amo, et maestre Pero, que fue despues cardenal por rruego del rrey» *E.* Otros mss.: «... e maestre Pedro que *era su chançeller por el arçobispo de Toledo. E este maestre Pedro* fue despues...».

21) LIII.26-27: «ca sabia don Iohan que auie el caualleros por vassallos que eran tan buenos et tan poderosos commo Garci Lasso; et si Garci Lasso o otro alguno...» *E.* Otros mss.: «... e tan poderosos como Garçilaso. *Quanto mas que este Aluar Nuñez era en la casa del rrey mas poderoso que Garcilasso. E si Garçilasso* o otro alguno...».

22) LXXI.67: «Et en esta postura fue el alcayde que tenie el alcaçar de Çamora» *E.* Otros mss.: «... el alcaçar *de Toro por el conde Aluar Nuñez tan byen como el que tenya el alcaçar* de Çamora».

23) CII.12: «demas de los otros pechos foreros que dizian ellos el semoyo et el de março» *E.* Otros mss.: «... el semoyo e el *boy* de março».

24) CII.25: «segund que los auia en la otra del su señorio» *E.* Otros mss.: «... en la otra *tierra* del...».

25) CII.52: «Et seyendo el infante don Pedro fijo primero heredero del rey de Portugal con doña Blanca...» *E.* Otros mss.: «E seyendo *desposado* el infante...».

---

[8] Seguidamente se nos aclara: «et desque llego fallo la puerta abierta et entro por vna calle...».

26) CIV.2: «Commo quier que el rey fazia mucho por
sessegar a don Iohan fijo del infante don Manuel en su
seruiçio, ca don Johan...» *E*. Otros mss.: «... su seruiçio
non podia, ca...».

Los ejemplos citados me parecen suficientes para negar
que el ms. *E* sea el prototipo de todos los manuscritos de
la *Crónica* que conocemos: Aunque en varios casos la superioridad de las lecciones de otros manuscritos pudiera ser
el resultado de una corrección inteligente, es obvio que esta
explicación es inadmisible para una mayoría de los pasajes
en cuestión. Los casos en que la omisión de una frase en *E*
se explica por *homoiographon* son tan frecuentes, que la
posibilidad de que los pasajes desconocidos por el ms. *E*
sean interpolaciones resulta completamente inadmisible.

c) TRES TIPOS DE MANUSCRITOS

Si clasificamos los manuscritos de la *Crónica* en atención
a la forma de relacionarse con el ms. *E*, podemos establecer
tres grupos.

a) Manuscritos que comparten con *E* todos los errores
enumerados. Son rarísimos. Sólo he encontrado: *K* (s. XIV)[9]
y *S* (s. XIV)[10]. Dada la antigüedad y el carácter del ms. *E*

---

[9] Como el ms. *K* ha perdido su folio primero, no sabemos si incluía o no todos los «principios» del ms. *E* (el f. II empieza: «Aqui
comiença la coronica del muy alto e muy noble rrey don Alfonso...»,
e incluye la invocación «Dios es comienço, medio e acabamiento...»,
que figura en *E*). La crónica se inicia «En el año quinzeno» de Fernando IV. En todas las variantes que he comprobado el ms. *K* de-
pende de *E*: núms. 1, 2, 3, 4, 5, 6, 7, 8, 9 (con la enmienda: «viia
peña muy alta», XVII.33), 10, 11, 12, 13, 14, 15, 16, 17, 18, 19, 20,
21, 22, 23, 24, 25 y 26.

[10] Véase adelante c. VII, n. 72.

los manuscritos de este grupo deben ser tenidos por copias o descendientes del ms. *E* [11].

b) Manuscritos que comparten con *E* algunos de los errores, pero que en otros casos ofrecen las lecciones correctas. Por ejemplo: *Z* (s. xv), y sus copias *Z'* y *Z"* [12], *E'* (s. xv), *Pa-orig.* (s. xv), *Y* (s. xv), *C* (s. xv - s. xvi), *Ñ* (s. xvi), *V* (siglo xvi), *Ch* (1550) [13] y la familia *Q* (s. xvi), *O* (1519), *O'* (siglo xvi). Aunque, en teoría, estos manuscritos podrían derivar de un texto perteneciente a la misma familia que el ms. *E* pero independiente de este manuscrito, lo más probable es que todos sean textos mixtos o derivados de textos mixtos. En efecto, el ms. *Z* (con sus copias) coincide con *E* en las variantes durante toda la historia de la minoría de

---

[11] A pesar de que, a su vez, son más antiguos que los restantes.

[12] Sobre estas copias, véase la Descripción de los manuscritos.

[13] Este manuscrito, aunque tardío, merece atención, pues el copista afirma expresamente que no quitó ni añadió nada respecto al original que trasladaba. En su parte inicial, derivada de *E*, figuran los prólogos y precisiones acerca del origen del texto característicos de la versión riosecana. Pero en su parte final, independiente de *E*, se incluye una continuación de la Crónica muy interesante, que contiene, entre otras cosas, una versión del ordenamiento y loor de Algeciras, semejante (pero independiente) a la de los mss. *S-cont.* y *Pach-adic.* y a la del ms. *F* (véase la Descripción de los manuscritos). No obstante, el ms. *Ch* sigue siendo un representante de la *Versión vulgata* en todas las secciones de la Crónica en que ya no deriva del ms. *E*. Al menos, en LVI.14 («habia en Arjona un Moro que decian Don Mahomad e porque...»), LVII.17 («Ferrand Alfon, fijo de Don Alfon Fernandez, e Alfon Perez de Saavedra»), CCLIV.2 («e el Rey de Granada que tenian...»), CCLVI.16 («non eran llegadas mas de mil omes a caballo e el Rey de Granada...»), CCLV.17 («primero heredero en Castilla e en Leon e a Don Pero...»), CCLVI.16 («llamo a aquel Cavallero moro que habia aquella noche guardado...»), CCCXL. 91-92 («e dixeron la Misa en aquella Mezquita mayor a que el Rey puso nonbre Santa Maria de la Palma. E desque ovo oida la Misa fue comer e posar al Alcazar...») no comparte las adiciones de *M*, *G'*, *Pach-adic.* etc. (cfr. adelante, c. VII, nn. 39, 51, 58 y pp. 245-246).

Alfonso XI (hasta la variante n.º 19) [14], pero desde la mayor edad se muestra independiente (a partir de la variante número 20) [15]. Los mss. *Y, E', Pa-orig., C, V* y *Ch* se comportan

[14] Fuera de la variante n.º 1, en que hay una laguna («de seer vnos contra todos aquellos que fuesen contra ellos / e contra cada vno dellos para los quebrantar...», V.37-38), y de los casos, poco significativos, de XVIII.8 [n.º 11] («Alcaudete») y XIX.29 [n.º 12] («de quien el la [*sic*] mucho fiaua»), todas las variantes en la historia de la menor edad comprueban la dependencia de *Z* respecto a *E*: núms. 2, 3, 4, 5, 6, 7, 8, 9 (con la enmienda: «vna peña muy alta»), 10, 13, 14, 15, 16, 17, 18, 19 («...de los pueblos e estauan en la cadena e sacaron todos los presos...»).

[15] XLIV.11 «e maestre Pedro que era su chançeller por el arçobispo de Toledo. E este maestre Pedro fue después...» [n.º 20]; LIII.26-27 «...e tan poderosos commo Garci Laso. Quanto mas que este Aluar Nuñez era en la casa del rrey mas poderoso que Garci Laso. E que si Garci Laso o otro alguno...» [n.º 21]; LXXI. 67 «E en esta postura fue el alcayde que tenia el alcaçar de Toro por Aluar Nuñez tan bien commo el que tenia el alcaçar de Çamora» [n.º 22]; CII.12 «el semoyo e el bey de março» [n.º 23]; CII.25 «en otra tierra del su señorio» [n.º 24]; CII.52 «seyendo desposado el infante» [n.º 25]; CIV.2 «en su seruiçio non podia» [n.º 26]. Esta independencia respecto a *E* no obsta para que el ms. *Z* siga siendo, en toda su extensión, una *Versión vulgata*. Al menos, no comparte las adiciones de *M, *G', Pach-adic.*, etc. en LXI.14 («...e otro sy lo que este Rey de Granada fizo en el tienpo deste Rey don Alfonso», acaba el cap.), LXXIV.71 («el el Rey llego a los caualleros, e desque oyo lo quel dixieron fue en muy grand duda»), CCLIV.2 («e el rrey de Granada que tenian çercada»), CCLV.17 («primero heredero en Castilla e en Leon e a don Pero...»), CCLV.31-32 («don Alfonso Mendez maestre de Santiago e don Iohan fijo de don Alfonso e don...»), CCLVI.16 («llamo a aquel [*blanco*] moro que avia aquella noche guardado el Salado»), CCLVI.90 («pero eran todos omes que amaban al rrey e eran omes de buenos coraçones e en quien...»), CCLVI.121-122, 129 («...aquella Tunençia Hatima... muger del rrey Albohaçen la mas... e vna su hermana que dezian [*blanco*] e otras... catibo otro moro que dizien [*blanco*] sobrino...»), CCCXL.7 («salieron dos moros de la çibdad que dixeron esta mesma rrazon»), CCCXL.58 («mando el rrey llamar ante sy el mensajero del rrey de Granada e dixole»), CCCXL.90-92 («e con los rramos en las manos en aquella çibdad de Algezira. E dixeron le la misa en la mesquita mayor e pusole el rrey nonbre Santa Maria de la Palma. E desque ouo oydo la misa

de un modo análogo, siguiendo primero a *E* [16] e independizándose luego [17]. En el caso de *Y* no sabemos bien si el cambio ocurre en el mismo lugar que en *Z* o antes; los demás

---

fue a comer e posar al alcaçar...»). Cfr. c. VII, nn. 39, 58 y 63 y pp. 245-246.

[16] He notado las siguientes coincidencias con *E*: V.37-38 [n.º 1] *Y* (*E'*, *V*, *C*, *Ch* enmiendan: «...o tutores o el rrey ante(s) que fuese de (h)edad fuese(n) contra ellos...»), no hay *Pa-orig.*; VI.31-32 [n.º 2] *E'*, *V*, *Y*, *Pa-orig.*, *Ch* (laguna en *C*: «...con el contra los otros que eran contra el que...»); VIII.51 [n.º 3] *E' V*, *C*, *Y*, *Ch* (*Pa-orig.* contra *E*: «estudo»); IX.15-16 [n.º 4] *E'*, *V*, *C*, *Y*, *Ch* (no hay *Pa-orig.*); X. 39 [n.º 5] *E' V*, *C*, *Y*, *Ch* (no hay *Pa-orig.*); XI.36 [n.º 6] *E' V*, *C*, *Y*, *Pa-orig.*, *Ch;* XV.26 [n.º 7] *E'*, *V*, *C*, *Y*, *Pa-orig.*, *Ch;* XVII.27 [n.º 8] *E'*, *V*, *C*, *Y*, *Pa-orig.*, *Ch;* XVII.33 [n.º 9] con la omisión «en vna peña que» *E'*, *V*, *C*, *Ch*, con la adición «en vna peña muy alta que» *Y*, *Pa-orig.;* XVIII.4 [n.º 10] *E'*, *V*, *C*, *Ch* (deformado el pasaje por una laguna en *Y*: «e commo quier que consejavan al ynfante don Pedro que estava en Tisar quantos con el estavan / que la tomaria no lo quiso fazer»), no hay *Pa-orig.;* XVIII.8 [n.º 11] *Ch* («Alcañet»), *C* («Cañete»), no hay *Pa-orig.* (*E'*, *V*, *Y* contra *E*: «Alcaudete»); XIX.29 [n.º 12] *Pa-orig.* (*E'*, *V*, *C*, *Y*, *Ch* contra *E*: «ella»); XXV.12 [n.º 13] *E'*, *V*, *C*, *Y*, *Ch*, no hay *Pa-orig.;* XXVII.9-10 [n.º 14] *E'*, *V*, *C*, *Y*, *Pa-orig. Ch;* XXVII.21 [n.º 15] *E' V*, *C*, *Y*, *Pa-orig.*, *Ch;* XXVII.25 [n.º 16] *V*, *C*, *Y*, *Pa-orig.* (laguna en *E' Ch*: «que eran puestos a don Fernando / e a doña Maria»); XXXV.55 [n.º 17] *E'*, *V*, *C*, *Ch*, roto en *Y*, no hay *Pa-orig.* Los pocos casos en que algunos manuscritos ofrecen lecciones correctas (variantes n.º 3, 11, 12) me parecen insignificativos, pues son explicables como correcciones inteligentes de un copista intermediario. Sobre el ms. *C* trataremos detenidamente en VII *i* (véase n. 42).

[17] XXXVIII.7 [n.º 18]: «amanesçio a la puerta de la çibdad de Segouia» *E'*, *V*, *C* (çibdat, las puertas), *Pa-orig.*, *Ch* (-ò à; Ciudad), faltan folios en *Y;* XXXIX.13-14 [n⁰ 19]: «...estauan en la cadena del rrey, fueron a la carçel e quebrantaron la cadena e sacaron...» *E'*, *V* (*omite* fueron a la carçel), *C*, *Pa-orig.*, *Ch* (à), faltan folios en *Y;* XLIV.11 [n.º 20]: «e maestre Pedro que era su chançiller por el arçobispo de Toledo. E este maestre Pedro fue despues...» *E'*, *V*, *C* (Pero), *Y* (hera), *Ch* (arzob.), en cambio *Pa-orig.* ofrece la misma laguna que *E* («et maestre Pedro fue despues...»); LIII.26-27 [n.º 21]: «e tan poderosos como Garci(a) Laso, quanto mas que este Aluar Nuñez era en la casa del rrey mas poderoso que Garci(a) Laso. E que si Garci(a) Laso...» *E'* (poderosos omes commo el dicho G.), *V*

manuscritos se apartan de *E* entre la variante n.º 17 y la
n.º 18 [18]. La estructura de la familia *Q, O, O'* y la del ms. *Ñ*
es más complicada y la discutiremos detenidamente en este
trabajo [19].

c) Manuscritos que no comparten con *E* ninguno de los
errores citados. Es el caso de los mss. *H* (s. xv), *N* (s. xv),
M (s. xv), *F* (1489), *J* (s. xv), *I* (s. xv) [20]. Son, no hay duda,
manuscritos independientes de *E*.

En los capítulos que siguen voy a examinar con detenimiento el testimonio de los manuscritos independientes de
E. Cuando venga al caso, prestaré también atención a los
manuscritos mixtos, pero sin intentar agotar las cuestiones
que ellos plantean.

(Nuñez Osorio; e si el), *C, Y* (hera), *Ch* (como el dicho G.; Albar),
falta el folio en *Pa-orig.; LXXI.67 [n.º 22]: «... el alcaçar de Toro
por el conde Aluar Nuñez, tan bien commo el que tenia el alcaçar
de Çamora» *E'* (*omite* el Conde), *V* (tenie por el el), *C, Y* (*deformado
el pasaje por una laguna*: «fasta que tirase de la su merçed al conde
Alvar Nuñez / tan bien commo el que avia el alcaçar de Çamora»),
Pa-orig. (*omite* el Conde; tenie), *Ch* (-z-; -b-; -z-; Z-); CII.12 [n.º 23]:
«el semoyo e el boy de março» *E'* (morço), *V* (boyo de morço), *C, Y*
(el señorio e el rrey de março), *Pa-orig., Ch* (boi de morzo); CII.25
[n.º 24]: «en la otra tierra del su señorio» *E', C, Pa-orig., Ch*, omiten
la frase *V, Y;* CII.52 [n.º 25]: «seyendo desposado» *E', V, C, Y, Ch*,
roto en *Pa-orig.;* CIV.2 [nº 26]: «no(n) podia» *E', V, C, Y, Ch*, roto
en *Pa-orig.*

[18] En *E', V, C, Ch* la coincidencia con *E* se acaba entre las variantes n.º 17 y n.º 18. En *Pa-orig.* no se conserva el texto en que se
hallaría la variante n.º 17, por tanto el cambio ocurre entre las variantes n.º 16 y n.º 18. Al estudiar el ms. *C* he comprobado que en
XXXVII.13 es ya independiente de *E* (véase VII, n. 44). El prototipo de
todos estos textos cambiaba de fuente en algún lugar entre XXXV.55
y XXXVII.13. El caso de *Y* es más problemático: un roto en XXXV.
55 y la pérdida de varios folios en que se hallarían XXXVIII.7 y
XXXIX.13-14 nos impiden saber si se apartaba de *E* donde *Z* (entre
las variantes n.º 19 y n.º 20) o como la familia *E', V, C, Pa-orig., Ch*
(entre las variantes n.º 17 y n.º 18).

[19] Véase adelante, VII, *f*.

[20] Sobre *H, N, M, F, I* trataremos detenidamente en los cc. VII
y VIII.

LA *VERSIÓN DE 1415* DE LA *CRÓNICA DE ALFONSO XI* Y LA *CRÓNICA DE CUATRO REYES*

a) EL MS. M A LA LUZ DE LOS MSS. N Y F

Entre todos los textos independientes del ms. *E*, el de personalidad más destacada es, sin duda, el ms. *M* (s. xv). Desde el principio atrajo mi atención; pero durante mucho tiempo no conseguí ver claro el origen de su singularidad[1]. Actualmente, gracias a un superior conocimiento de la tradición manuscrita de la *Crónica*, comprendo el por qué de mis fracasos: las peculiaridades del ms. *M*, respecto a la *Versión vulgata*, no tienen todas el mismo origen[2].

---

[1] En mi tesis doctoral inédita (1951) y en *Un prosista anónimo* (1955), pp. 18-21, atendiendo a la mayor perfección del texto característico de *M* respecto al divulgado por *E*, afirmé que el ms. *M* era independiente de la *Versión vulgata*. Más tarde (1964-65), al percatarme del carácter artificioso de algunas de las «perfecciones» del texto de *M* (cfr. atrás, II, *e*, n. 34), pensé que el ms. *M* contenía una *Versión enmendada* («La historiografía», n. 23).

[2] En consecuencia, la relación entre los textos no puede explicarse acudiendo a esquemas únicos, como los que yo había propuesto anteriormente.

Para aclarar la composición del ms. *M*, contamos con el testimonio de dos manuscritos de la *Crónica de cuatro reyes*: los mss. *N* (s. xv) y *F* (1489). Aunque desde mis primeros trabajos había observado su parentesco con el ms. *M* [3], no me había detenido a colacionarlos minuciosamente. Por desgracia el ms. *N* acaba (por pérdida de los folios o cuadernos siguientes) [4] en *CrAºXI*, XXXI.8, y el ms. *F* deja de emparentarse con *N*, *M* hacia el final del capítulo correspondiente a *CrAºXI*, XI [5]. Pero este fragmento de la *Crónica*, en que

---

[3] *Un prosista anónimo*, pp. 232-234 y 237-238.

[4] El manuscrito «acaba» en el f. CLIX; la última frase se halla al final de la col. *d* del folio; tanto el capítulo como el pasaje quedan incompletos.

[5] El ms. *F* (acabado el 20-III-1489) es una auténtica *Crónica de cuatro reyes*, sin solución de continuidad entre el reinado de Fernando IV y el de Alfonso XI. Frente a los manuscritos de la *Versión vulgata* de la *Crónica de Alfonso XI* y los manuscritos de la *Crónica de tres reyes*, el ms. *F* concluye la historia de Fernando IV con la noticia del duelo que hizo el infante don Pedro al verificar la muerte de su hermano («...e fizose el rroydo muy grande por toda la villa; e vino el infante don Pedro, e quando lo fallo muerto, fizo muy grand llanto por el») y con unas consideraciones acerca de la duración del reinado y la vida de Fernando IV. Seguidamente, dedica un capítulo aparte a la proclamación de Alfonso XI: «El infante don Pedro, hermano deste rrey don Fernando, que estaua alli en Jahen al tienpo que el rrey fino, segund que la estoria lo ha contado, luego en este dia tomo el pendon que fue del rrey su hermano e andudo por la çibdad, e mando que llamasen todos rreal por el rrey don Alfonso, fijo deste rrey don Fernando e sobrino de aquel ynfante don Pedro, que era niño de hedat de vn año e veynte e çinco dias e estaua en Auila», e incluye unas extensas sincronías, en que se pone en relación el primer año del reinado de Alfonso XI con muy variadas eras. Todo ello exactamente igual que en los manuscritos puros de la *Crónica de cuatro reyes*. Tanto en los tres capítulos finales del reinado de Fernando IV (años 15º y 16º), como en los tres primeros años del reinado de Alfonso XI (hasta el c. XI de *CrAºXI*), las variantes de *F* coinciden con las de los restantes manuscritos de la *Crónica de cuatro reyes*. Como ejemplo sobresaliente citaré el pasaje «E desque el infante don Pedro ouo su mandado vinose; e en viniendose, Fernand Verdugo, vn cauallero de Areualo, con parien-

podemos confrontar el texto de *M* con el de *N* o con el de
N y *F*, basta para ponernos de manifiesto que en el ms.
M coexisten dos tipos diversos de peculiaridades: Unas, comunes a *N*, *F* y *M*; otras, propias tan sólo de *M*. La importancia
de esta distinción resulta bien patente si examinamos el
carácter de las peculiaridades heredadas del prototipo de
N, *F*, *M*, y el carácter de las verdaderas peculiaridades del
ms. *M*.

b) INTERPOLACIONES DEL MS. M PROCEDEN-
TES DE LA «GRAN CRÓNICA DE ALFONSO XI»

La singularidad más notable del ms. *M* es la adición de
varios pasajes relacionados con la actividad del infante don
Pedro en la frontera.

La *Versión vulgata* cuenta (dentro del año 3.°) que el infante don Pedro llega en el mes de mayo a Úbeda:

> «et seyendo y con el el maestre de Santiago et el arçobispo
> de Seuilla et el obispo de Cordoua, et auiendo ordenado...» *E*
> (*CrA°XI*, XII.40-41) [6].

El ms. *N* (aunque coloca estos sucesos en el año 4.°) dice
igualmente (f. 151 v):

---

tes que auia, leuolo a Coca e metiolo en la villa; e apoderose della,
e tomaron lo luego por tutor. E salio luego dende e fuese para Alua;
e Diego Gomez de Castañeda, que tenia el alcaçar, acogiole por el
alcaçar; e metiose por la villa e apoderose della. E desque la ouo
puesto en rrecabdo tornose luego para Auila...» (IX.10-11), que contiene una noticia desconocida de la *Versión vulgata* (mss. *E*, *H*₂). La
coincidencia del ms. *F* con la familia *N*, *M* (*Crónica de cuatro reyes*)
cesa a partir del c. XII de *CrA°XI*; probablemente el cambio de
fuente ocurre enmedio del c. XI, después de la cronología (véase
adelante, VIII. n. 2). El texto de *F* se empareta con el de *N*, incluso
en aquellos casos en que *M* parece ser más fiel al prototipo de la
familia.

[6] El ms. *H* concuerda con el ms. *E*.

«et seyendo con el maestre de Santiago et el arçobispo de
Seuilla et el obispo de Cordoua, et auiendo ordenado...»

En cambio, el ms. *M* (que también coloca los sucesos en el
año 4.º) da una lista muy completa de los acompañantes del
infante:

«e seyendo y con el maestre de Santiago, e el arçobispo de
Seuilla (e) don Ferrando Tello, e el obispo de Cordoua e los
caualleros e omes buenos dende, e el obispo de Jahen, e el
conçejo de Ecija e de Carmona, e don Juan Alfonso de Guzman, e don Gonçalo de Aguilar, e los vasallos de don Pero
Ponçe por que el dicho don Pero Ponçe era moço pequeño
menor de hedad, e aviendo ordenado...» (f. 18 *a-b*).

Esta misma lista figura en la *Gran Crónica de Alfonso XI*
(que, como la *Versión vulgata*, sitúa los sucesos dentro del
año 3.º):

«e seyendo ay con el maestre de Santiago, e don Fernando
arçobispo de Seuilla, e el conçejo e cavalleros de la dicha
çibdad de Sevilla, e el obispo e cavalleros e omes buenos de la
çibdad de Cordoua, y el obispo de Jaen, e el conçejo de Eçija
e de Carmona, e don Joan Alfonso de Guzman, e don Gonçalo
de Aguilar, e los vasallos de don Pero Ponçe por quanto el
dicho don Pero Ponçe era moço y menor de hedad, e aviendo
ordenado...» (*Gran CrAºXI*, X.40 + *3-8*).

Al referir la batalla, que sigue a continuación, el ms. *N* dice:

«en amanesçiendo vinieron toda la caualleria del poder de
Granada a ellos... et quiso Dios e vençiolos, et mato dellos
mill e quinientos et quarenta moros de cuenta señores de
caualleros, et fue el alcançe en pos ellos bien çinco leguas»

más o menos como la *Versión vulgata* (*CrAºXI*, XII.44,46-48) [7];
mientras el ms. *M* añade al relato dos noticias adicionales:

---

[7] «En amanesçiendo vinieron toda la caualleria del poder de

«en amanesçiendo vinieron toda la caualleria e el poder de Granada a ellos e el buen moro Domin [8]... e quiso Dios e vençiolos, e mato dellos mill e quinientos e quarenta moros de cuenta señores de caualleros e de los de pie muchos syn cuenta. E fue el alcançe en pos dellos çinco leguas» (f. 18 *b-c*).

Ambas noticias figuran en la *Gran Crónica*, junto a otras muchas novedades:

«en amanesçiendo vieron venir contra si todo el poder de Granada e al buen moro Ozmin con ellos... e fue la boluntad y la merçed de Dios en quien es todo el poder cunplidamente que vençieron los christianos e los moros bolbieron el rrostro de tornada... [etc.] e dizese que murieron en esta batalla bien mill e quinientos cavalleros moros honrrados de grande cuenta, e la gente de pie que murieron fue mucha sin guisa. E fueron en el alcançe en pos dellos bien çinco leguas...» (*Gran CrAoXI*, X.44, *47-48 + 9-17*).

Más adelante [9], el ms. N acaba el capítulo que dedica al año diciendo:

«E desque lo ouo cobrado fuese para Vbeda»

y, seguidamente, comienza un nuevo capítulo, dedicado al año 7.°:

Granada a ellos... et quiso Dios et vençiolos, et mato dellos bien mill et quinientos et quarenta moros de grand quantia et señores de caualleros, et fue en alcançe en pos ellos bien çinco leguas» *E*. Semejante, *H* (salvo: «moros de cuenta señores de»).

[8] El prototipo de *M* diría *Oomin, pero en *M* se lee Domin, con la «δ» y la «o» ligadas.

[9] En 1968 anticipé la edición crítica de los cc. XIV a XVIII de la *CrAoXI* y de los cc. XIII a XXI de la *Gran CrAoXI*; estos dos anticipos se hallan reproducidos en los cc. XI y XII del presente libro. Puede acudirse a ellos para mejor comprender las observaciones que siguen.

«En el seteno año del rreynado deste rrey don Alfonso que
começo en el mes de Setienbre que fue en la era de mill e
trezientos et çinquenta et quatro años... llego a don Pedro
mandado de la rreyna su madre de commo el infante don
Iohan andaua bolliçiando quanto podia con los de la tierra
contra el, et por esto vinose luego don Pedro para Valladolid
a do era el rrey et la rreyna su madre. Et desque sopo todos
los fechos en commo estauan et en commo auia pasado la
rreyna con el infante don Iohan et le auia asegurado por que
non fiziese bolliçio en la tierra...» (f. 153 v).

En la *Versión vulgata* la cronología es distinta (todo se cuenta dentro del año 4.º), pero la narración sigue un curso análogo. Detrás de un capítulo que acaba:

«Et desque le ouo cobrado veno se para Vbeda el et toda su
conpaña. Et agora la estoria dexa de contar desto et contara
de commo el infante don Johan et el infante don Pedro se
vieron en Valladolid» *E (CrAºXI*, XV.41-42)

el siguiente comienza:

«Por que llego mandado al infante don Pedro de la reyna su
madre de commo el infante don Johan andaua bulliciendo
quanto podia con los de la tierra contra el, veno se luego el
infante don Pedro para Valladolid, a do era el rey et la reyna
su madre. Et desque sopo todos los fechos en commo estauan
et en commo auia passado la reyna con el infante don Johan
et le auia assegurado por que non fiziesse bolliçio en la tierra...»
E (CrAºXI, XVI.2-4) [10].

El ms. *M*, apartándose de la norma, común a *N* y *M*, de
agrupar en un solo capítulo todos los hechos de un mismo
año [11], abre un segundo capítulo dentro del año 6.º, después
de la frase:

---

[10] El ms. *H* concuerda con el ms. *E*.
[11] La mayor singularidad del prototipo de *N*, *M* es, sin duda, la
sistemática estructuración de la *Crónica* por años de reinado al his-

«E desque lo ouo cobrado fuese para Vbeda el e toda su conpaña. E desta estoria dexaremos de contar por contar las
otras cosas».

El nuevo capítulo, desconocido de *N,* comienza:

«Muy grande fue el miedo quel rrey de Granada con sus
moros ovieron del ynfante don Pedro. Et veyendo el mal que
del rresçebian, fizieron mucho por auer con el amor e avenençia e de le dar tributo çierto de cada año por que los
dexase beuir en paz en sus tierras. E andudieron mensajeros
sobre esta rrazon, e el ynfante don Pedro ouo de fazer grand
parte de lo que los moros quisieron. E esto fue por que llego
mandado al ynfante don Pedro de la rreyna su madre de
commo el infante don Iohan andaua bolliçiando quanto podia
con los de la tierra contra el; asi que por esto, et otrosi por
que algunos rricos omes e caualleros gelo consejaron...» [etc.]
(f. 23 *a-d*)

y acaba:

«E rresçibio el ynfante el aver del rrey moro e partio luego
de la frontera e fuera para Castilla a Valladolid, a donde era
el rrey e la rreyna doña Maria su madre. Et fue rresçebido
con muy grand onrra e grand fiesta ca las gentes lo presçiauan
mucho por que era noble señor et muy buen cauallero e manparaua muy bien la tierra de los enemigos de la fe, et estaua
el rreyno mucho bien anparado et defendido con el».

A pesar de que este nuevo capítulo aprovecha dos noticias
que en el ms. *N* (y en la *Versión vulgata*) figuran al comienzo
del capítulo inmediato, el ms. *M* inicia el año 7.º exactamente igual que el ms. *N:*

---

toriar la minoría de Alfonso XI. A diferencia de la *Versión vulgata,*
que prescinde de la estructura analística después del año cuarto hasta
la mayor edad del rey, el prototipo de *N, M* anuncia metódicamente
todos ellos. A esta estructuración analística se subordina la capitulación, que difiere radicalmente de la ofrecida por la *Versión vulgata.*

«En el seteno año del rreynado deste rrey don Alfonso que començo en la era de mill e trezientos e çinquenta e quatro años... al ynfante don Pedro llegole mandado de la rreyna doña Maria su madre de commo el ynfante don Iohan andaua bolliçiando quanto podia con los de la tierra contra el. Et por esta rrazon veno luego el ynfante don Pedro para Valladolid, a do era el rrey e la rreyna su madre. Et desque sopo todos los fechos en commo estaua e en commo auia pasado la rreyna con el ynfante don Iohan e en commo le auia asegurado por que non fiziese bullisçio en la tierra...» (ff. 23 *d*-24 *a*).

El capítulo extraño a *N* (y a la *Versión vulgata*) se halla también en la *Gran Crónica* (dentro del año 4.°):

«Grande fue el miedo que el rrey de Granada con sus moros ovieron del ynfante don Pedro; e viendo el mal que del rresçebian, hizieron mucho por aver con el amor e avenençia de le dar tributo çierto en cada año, por lo que les dexase bivir en paz en sus tierras. E anduvieron mensajeros sobr'esta rrazon; e el ynfante don Pedro vino a fazer gran parte de lo que los moros quisieron. Y esto fue por que llego mandado al ynfante don Pedro de la rreyna su madre de como el ynfante don Jvan andaua alborotando quanto podie con los de la tierra contra el; ansi que por esto, e otrosi por que algunos rricos omes e caualleros gelo consejaron... [etc.]. E rresçibio el ynfante el aver del rrey moro. E partio luego de la frontera e fuese para Castilla. E llego a Valladolid, a do era el rrey y la rreyna doña Maria su madre, e fue rresçebido con grand honrra e con gran fiesta, ca las gentes lo preçiaban mucho por que era noble señor e muy buen cauallero y amparaba muy bien la tierra (XV.2-20 + 2-3).

Pero, a diferencia de lo que ocurre en el ms. *M,* la *Gran Crónica* prescinde en el capítulo siguiente de las noticias ya consignadas (mensaje de la reina doña María; ida a Valladolid) y empalma el pasaje extraño a la *Versión vulgata* y al ms. *N* con la frase de la *Crónica* que sigue a esas noticias (la reina informa a su hijo de sus tratos con don Juan):

«Luego que el ynfante don Pedro llego a Castilla, quiso aver contienda con el ynfante don Joan, por el mal que contra el avie andado haziendo mientra que el estaua en tierra de moros; e la noble rreyna doña Maria su madre asosego este fecho lo mas que pudo, e contole todos los fechos como avien pasado entre ella y el ynfante don Joan, e de como avie puesto con el e asosegado por que no pusiese bulliçio en la tierra...» (*Gran CrA°XI*, XVI.2-3 + 4).

Esta observación nos permite asegurar que el pasaje «Muy grande fue el miedo...» fue redactado inicialmente para la *Gran Crónica* y que el ms. *M* (o su prototipo) lo tomó de ella, interpolándolo en una versión de la *Crónica* semejante en todo a la conservada por el ms. *N*.

Mayor extensión tiene todavía otra adición del ms. *M* dentro del año 7.º de *N*, *M* [12]. Al igual que en el caso anterior, el ms. *M* rompe el capítulo dedicado a este año para interpolar un extenso episodio. El ms. *N* dice:

«e despenso con el infante don Iohan e con doña Maria su muger et con don Iohan su fijo et doña Ysabel su muger segund el poder que el Papa le dio. Et don Pedro fuese para Toledo et vinieron a el los maestres...» (f. 154)

de acuerdo, completamente, con la *Versión vulgata* [13]. El ms. *M*, en cambio, concluye el capítulo con la noticia de las dispensas:

«e dispenso con el ynfante don Iohan e con doña Maria su muger e con don Iohan su fijo e doña Ysabel su muger segund el poder que el Papa le dio» *M* (f. 25 c)

---

[12] Este capítulo y las adiciones de que hablamos pueden leerse en «Mi edición» (c. XI del presente libro).

[13] *CrA°XI*, XVII.19-21: «Et despenso con el jnfante don Johan et con doña Marydias su muger, et con don Joan su fijo et doña Ysabel su muger, segund el poder que el Papa le dio. Et el jnfante don Pedro fuesse para Toledo; et venieron a el los maestres...» *E* (f. 20 b-c); semejante, *H*.

y, a continuación, copia dos capítulos de la *Gran Crónica*, que comienzan: «Cuenta la estoria que pues que todos estos fechos fueron asosegados...» y «Ya oystes segund vos conto la estoria en commo el ynfante don Pedro...». Acabado este, continúa, sin abrir nuevo capítulo, con el comienzo del capítulo XX de la *Gran Crónica*:

> «...e contaron la rrespuesta del rrey de Granada al ynfante don Pedro. Et quando el ynfante don Pedro oyo la rrespuesta del rrey de Granada con fortaleza del su coraçon dixo... Et destas palabras que dixo el ynfante don Pedro peso mucho a los castellanos» (*M*, ff. 26 *d*-27 *a*)

antes de empalmar con el texto de la *Crónica*:

> «E el ynfante don Pedro fuese luego para Toledo e vinieron luego y a el los maestres...» (*M*, f. 27 *a*).

Tanto esta adición, como la que comienza «Muy grande fue el miedo», se refieren a las paces concertadas por el infante don Pedro con el rey de Granada y a su ulterior ruptura por don Pedro, obedeciendo el mandamiento del Papa (ruptura castigada por Dios con la trágica muerte del infante). El relato común al ms. *M* y a la *Gran Crónica* tiene estrechos puntos de contacto con la versión de esos sucesos propia del *Poema de Alfonso XI* (1348)[14]. Esta observación me parece de extraordinaria importancia, pues, como sabemos bien, muchas de las novedades que a todo lo largo de la historia ofrece la *Gran Crónica*, con respecto a la *Crónica*, se relacionan íntimamente con la historia poética de Alfonso XI metrificada por Rodrigo Yáñez[15].

En suma, es evidente, que el ms. *M* (o su prototipo) completó una versión de la *Crónica*, semejante en todo a la

---

[14] *Poema de Alfonso XI* (ed. Yo ten Cate), estrs. 1-18.
[15] Cfr. atrás, c. V.

conservada por el ms. *N*, con interpolaciones tomadas de la *Gran Crónica*. Dado el carácter general de esta constatación, creo que debe tenerse muy presente al estudiar las secciones de la *Crónica* en que ya no contamos con el testimonio del ms. *N* para mejor distinguir en ellas entre las innovaciones particulares del ms. *M* (o de su prototipo) y los rasgos heredados por el ms. *M* del arquetipo de *M, N* y *F₁*.

De otra parte, la utilización por el ms. *M* (o por su prototipo) de un manuscrito perdido de la *Gran Crónica*, muy anterior a los conservados, nos proporciona un importante dato para la historia, aún muy oscura, de la formación de esta obra.

c) ADICIONES CLARIFICATORIAS PROPIAS DEL MS. M

Otra peculiaridad del ms. *M*, respecto a los mss. *N* y *F₁*, consiste en la frecuente adición de precisiones tendentes a facilitar la identificación de los personajes nombrados en el curso de la historia:

> «don Iohan Nuñes» *N, F,* «don Juan Nuñez de la Barua señor de Lara» *M (CrA⁰XI,* IV.11); «la rreyna» *N, F,* «la rreyna doña Maria» *M* (V.6); «et ella dixo» *N, F,* «e la noble rreyna dixol» *M* (VI.7); «don Iohan Alfonso de Haro» *N, F,* «don Iohan Alfonso de Haro el Moço señor de los Cameros» *M* (VI.11); «llegole mandado del rrey Naçar rrey de Granada... en commo el fijo del arrayas de Malaga» *N, F,* «llegole mandado del Naçar rrey de Granada... en commo Ysmael su sobryno fijo de Arrayz de Malaga» *M* (X.16); «tomaron... grand quebranto» *N, F,* «tomaron... grand quebranto el ynfante don Iohan e los otros» *M* (X.31); «doña Maria su muger» *N,* «doña Mari Diaz su muger fija del conde don Lope de Vizcaya» *M* (XVII.17); etc.

A pesar de la brevedad del fragmento de la *Crónica* conservado por el ms. *N* (y de la aún menor extensión del trecho que en el ms. *F* se emparenta con el ms. *N*)[16], los ejemplos podrían multiplicarse[17]. Para mejor valorar esta peculiaridad del ms. *M* interesa observar que el erudito interpolador de estas aclaraciones algunas veces yerra. Así, donde los mss. *N* y *F* dicen (VI.18):

«et don Alfonso et don Ferrando»

el ms. *M* explica:

«don Alfonso de la Çerda e don Ferrando su hermano»

cuando, en verdad, se trata de don Alfonso hijo del infante don Juan y de don Fernando hijo del infante don Fernando (cfr. en VII.23: «don Ferrando fijo del infante don Ferrando e don Alfonso fijo del infante don Iohan» *N*, *M*); o donde el ms. *M* dice (XXVII.26-27):

---

16 Recuérdese que *N* acaba en *CrAºXI*, XXXI.8 y que *F* sólo pertenece a la familia *N*, *M* hasta *CrAºXI*, XI (y no completo).

17 «Don Iohan Nuñez» *N*, (*F*), «don Iohan Nuñez de la Barua» (IV.22; XII. 28), «don Juan Nuñez que dixieron de la Barua» *M* (XVI.16), «don Iohan Nuñez de Lara» *M* (IX.16); «don Ferrando fijo del infante don Ferrando» *N*, «don Ferrando que llamauan de la Çerda fijo del ynfante don Ferrando que murio en Villa Rreal hermano del rrey don Sancho» *M* (XII. 29 *adic.*), «don Ferrando de la Çerda fijo del infante don Ferrando» *M* (XIX.34; XXI.13); «a don Ferrando e a don Lope» *N*, «a don Ferrnando de la Çerda e a don Lope de Haro» *M* (XXVII.25); «don Ferrando et doña Iohana su muger» *N*, «don Ferrando de la Çerda e doña Juana de Lara su muger» *M* (XXXI.6); «doña Maria su muger» *N*, «doña Mari Diaz su muger» *M* (XIX.10); «aquel fijo del arrayas de Malaga» *N*, *F*, «Ysmael aquel fijo del arrayz de Malaga» *M* (X.23); «Rrodrigo Aluarez» *N*, «don Rrodrigaluarez de Asturias» *M* (XV.7); «et la rreyna» *N*, «e la noble rreyna doña Maria» *M* (XXI.27); «de la rreyna e del infante don Pedro» *N*, *F*, «de la rreyna doña Maria e del ynfante don Pedro su fijo» *M* (VIII.18, y varios más); «don Pedro» *N*, *F*, «don Pedro su fijo» *M* (VII.14); «non la quiso ver» *N*, *F*, «non la quiso ver a la rreyna doña Maria» *M* (VIII.3); «sy ella lo mandase» *N*, *F*, «sy ella mandase a don Iohan Nuñez» *M* (V.7); etc.

«et doña Maria»

el ms. *M* especifica:

«e la rreyna doña Maria»

a pesar de que, en realidad, se trata de doña María viuda del infante don Juan.

Los ejemplos reunidos bastan para deducir un criterio general aplicable a las secciones de la *Crónica* en que no podemos acudir al testimonio de *N* o de *F₁*: Cuando el ms. *M* se aparte de la *Versión vulgata* de la *Crónica* para puntualizar la personalidad de los actores de la historia, debemos considerar su variante como ajena al arquetipo de *M, N, F₁.*

Aunque no tan frecuentes como las aclaraciones referentes a los personajes, también son características del ms. *M* otras adiciones y retoques de carácter vario, cuyo objeto es precisar lo relatado por la historia. Por ejemplo:

«fasta que todos los de la tierra se ayuntasen» *N, F,* «fasta que todos los rricos omnes e los procuradores del rreyno se ayuntasen» *M* (V.29); «dixo que le ayudaria pero» *N, F,* «dixol quel ayudaria muy de talante pero» *M* (VI.7); «e los de la parte de don Iohan en Sant Pablo» *N, F,* «e los de la parte de la rreyna doña Costança e del ynfante don Johan en Sant Pablo» *M* (VIII.19); «los procuradores de las villas» *N, F,* «los procuradores de las çibdades e villas» *M* (VIII.20; X.30); «que le rrogaua que» *N, F,* «quel rrogaua e pedia de graçia que» *M* (X.18); «et yendose su camino para alla a acorrerle, llegole mandado en el camino de commo le auian tomado el Alhanbra» *N, F,* «e yendose su camino a Granada llegol mandado en el camino del rrey de Granada de commo los moros le auian tomado el Alhanbra» *M* (X.21) [18].

---

[18] Más ejemplos: «sus fueros e cartas et preuillejos e libertades que auien» *N, F,* «sus fueros e vsos e costunbres e cartas e preuillegios e libertades que auien» *M* (V.38); «e rrogole mucho afincada

En alguna ocasión estas clarificaciones son más extensas:

«et commo quier que don Pedro le pudiera tomar por fuerça, pero por non se detener y, ouo lo de fazer» *N*, «e commo quier quel ynfante don Pedro lo pudiera tomar por fuerça e tomar e catyuar todos los moros e quanto y avia, pero por non se detener y, ouolo de fazer, por que lo estaua esperando el ynfante don Iohan en Vaena» *M* (XVII.39); «e con el pesar grande que ende tomo, luego el partio la su yda e de don Iohan su fijo et del infante don Felipe para la frontera a la guerra de los moros» *N*, «e con el pesar grande que ende tomo, luego el partyo la su yda e de don Iohan su fijo e del ynfante don Felipe para la frontera a la guerra de los moros, con grand envidia que auia de las buenas andanças quel ynfante don Pedro Dios le auia dadas en la guerra de los moros» *M* (XV.6).

d) UNA LAGUNA DEL MS. M: OMISIÓN DEL AÑO 10.º DEL REINADO

Otra característica del ms. *M*, que el ms. *N* no comparte, es la omisión de toda la narración correspondiente al año 10.º del reinado (*CrAºXI*, XXIII-XXX).

El ms. *M* copia el titular correspondiente a ese año 10.º:

«De commo los ynfantes e los rricos omes ovieron avenençia sobre las tutorias del rrey, e commo el rrey de Granada entro

---

mente» *N, F*, «e rrogole mucho afincada mente aquella rrazon» *M* (VI.30); «et los personeros de las villas» *N, F*, «e los personeros de las çibdades e villas» *M* (VII.9); «do posaua el infante don Iohan e todos los otros» *N, F*, «do posaua el ynfante don Iohan e don Iohan Nuñez e todos los otros» *M* (VII.20); «e desque el infante don Pedro ouo su mandado vinose» *F, N* (*N omite* el infante), «e desque el ynfante don Pedro ouo su mandado fuese para Avila» *M* (IX.9); «non auie otro de la liña dellos» *N*, «non avia otro de la liña de los varones» *M* (XII.29 *adic.*); «en commo eran muertos los tutores del rrey» *N*, «en commo eran muertos estos dos omes buenos tutores del rrey» *M* (XIX.5); etc.

a tierra de christianos e fizo mucho mal en ella e gano tres lugares»,

pero a continuación sigue con la materia correspondiente al año 11.º (*CrAºXI*, XXXI):

«En el honzeno año del rreynado deste rrey don Alfonso que fue en la era de mill et trezientos e çinquenta e ocho años e andaua el año del nasçimiento de Ihesu Christo en mill e trezientos e veynte años, e despues que el Cardenal llego a Valladolid a do era el rrey e la rreyna...»

El ms. *N* no presenta esta laguna:

«En el dezeno año del rreynado deste rrey don Ferrando que començo en el mes de Setienbre que fue en la era de mill e trezientos et çinquanta e siete años et andaua el año de la naçençia de Ihesu Christo en mill e trezientos et diez et nueue años, en este tienpo estaua el infante don Felipe en Mayorga... (*CrAºXI*, XXVIII)... et lo otro por non mentir el pleito que auia con ella. Et despues desto fablo la rreyna con el... (*CrAºXI*, XXIX)... et fallo el alcaçar desanparado et tomolo. Et los de Cordoua rresçibieronlo por tutor. Et por esto que los de Cordoua fizieron, et otrosy por que el comendador de Martos et los que estauan con el rrobaron et tomaron muchas cosas de tierra de moros, Ysmael... (*adición*)... Et a cabo de tres dias que entro Martos, mataron en Granada a este Ysmael. Et los del rregno de Seuilla et del rregnado de Jahen, quando sopieron que los de Cordoua... (*CrAºXI*, XXX)... fasta que viniese el Cardenal».

e) LA «CRÓNICA DE ALFONSO XI» DEL MS. M FUE
SEGREGADA DE UNA «CRÓNICA DE CUATRO REYES»

Frente a los mss. *N* y *F*, que incluyen el reinado de Alfonso XI en una *Crónica de cuatro reyes*, el ms. *M* comienza en el primer año del reinado de Alfonso XI. Pero, como ya observé en 1955 [19], se echa de menos el relato inmediatamente anterior:

> «El ynfante don Pedro, hermano *deste* rrey don Ferrando que estaua alli en Jahen al tienpo quel rrey fyno, *segund que la estoria lo ha contado*, luego en ese dia tomo el pendon rreal que fue del rrey don Ferrando su hermano e andouo por la çibdad, e mando que llamasen todos: Rreal por el rrey don **Alfonso, fijo deste rrey don Ferrando, sobryno de aquel yn-fante don Pedro, que era niño de hedad de vn año e veynte** e çinco dias, que estaua en Avila. E en este tienpo que començo a rreynar este rrey don Alfonso andaua la era del primero omne Adam en çinco mill e ochoçientos e ochenta años; e andaua la era del diluuio... etc.».

Este capítulo, dedicado a contar la proclamación de Alfonso XI, es muy característico de los manuscritos que incluyen el reinado de Alfonso XI en una *Crónica de cuatro reyes* [20]. Los manuscritos de la *Versión vulgata* de la *Crónica de Alfonso XI* y los manuscritos de la *Crónica de tres reyes* (Alfonso X, Sancho IV, Fernando IV) [21] no dedican un capítulo especial a la proclamación e incluyen el episodio del pendón tras la noticia de la muerte de Fernando IV:

> «Et fizo se el roydo muy grande por toda la villa; et veno y el infante don Pedro, et quando lo fallo muerto, fizo muy grand llanto por el; et tomo luego al ora el pendon del rey

---

[19] *Un prosista anónimo*, p. 19.

[20] Aparte de los mss. *N*, F_1 (cfr. VII, n. 5) y H_1 (cfr. VIII, n. 7), que aquí estudiamos, también ofrece la estructura de una *Crónica de cuatro reyes* el ms. de la Bibl. de El Escorial *Y-III-11* (fines s. XV o princ. s. XVI), pues, aunque no incluye el reinado de Alfonso XI, remata el de Fernando IV como los anteriormente citados: «...fyzo muy gran llanto por el en este dia. El rrei don Fernando nasçio en el mes de dizienbre ...en Paraiso sea la su alma. Amen».

[21] Por ejemplo, los mss. *Z-III-7* y *Z-III-12* (s. XV) de la Bibl. de El Escorial y también el ms. *Q* (s. XVI), aunque va seguido de una *Crónica de Alfonso XI* (cfr. nn. 23 y ss.).

et llamo al ynfante don Alfonso su fijo primero heredero deste
rey don Fernando que dexo en Auila» (*CrAºXI*, III.48-51).

A su vez, en la *Versión vulgata* de la *Crónica de Alfonso XI*,
la referencia a la edad del rey niño forma parte del capítulo
siguiente, dedicado a contar el entierro de Fernando IV y
otras cosas que ocurrieron en el primer año del reinado del
nuevo rey:

> «En el comienço del año del reynado deste noble rey don
> Alfonso, que començo en el mes de Setenbre en el año de
> las eras sobre dichas, en el dia quel alçaron et le nonbraron
> et le reçebioron por rey et por señor, este muy noble rey don
> Alfonso auia et era de edat de vn año et veynte et seys dias
> mas» (IV.3-5) [22].

Me parece, por tanto, evidente que la *Crónica de Alfonso XI*
del ms. *M* procede de una *Crónica de cuatro reyes*, semejante
a *N* y *F₁*, y que la segregación de la historia de Alfonso XI
se llevó a cabo sin prestar atención a que el primer capítulo
del nuevo reinado comenzaba con sendas alusiones a lo contado en el reinado anterior.

f) TEXTOS MIXTOS EMPARENTADOS CON EL MS. M

Dada la singularidad del ms. *M*, frente a la *Crónica de
cuatro reyes* de la cual deriva, podríamos pensar que su
particular versión de la *Crónica de Alfonso XI* es obra del
formador del manuscrito. Pero no es así. Conocemos toda
una serie de textos derivados de esa versión que no proceden del ms. *M*. En su mayor parte son textos tardíos que
combinan más de una versión de la crónica.

---

[22] Cito por el ms. *E*. El ms. *H₂* es idéntico, salvo en la ortografía.

La familia constituida por los mss. *O* (1519), *O'* (s. XVI) y
Q (s. XVI) llamó ya mi atención en 1951 y 1955, y desde un
principio hice constar que su prototipo mezclaba la *Versión
vulgata* de 1376 con la versión característica del ms. *M* [23].
La mixtura de las dos fuentes es más complicada de lo que
a primera vista parece. En los cc. IV a XII de *CrAºXI*, donde
la versión mixta sigue la estructura y cronología de la *Versión vulgata*, se hicieron algunas correcciones con la otra
versión [24]. A partir de *CrAºXI*, XIII, la versión mixta da ya

---

[23] *Un prosista anónimo*, pp. 21-26, 235, 237 y 243-244 (debo advertir
que en los cuadros comparativos las citas del «tipo 1660», aunque
reflejan la estructura del ms. *O*, no siempre reproducen con exactitud
las palabras del manuscrito).

[24] En ellos las lecciones de *O, O', Q* coinciden por lo general con
las de *E*, incluso cuando este manuscrito difiere de *H* (por ejemplo,
V.1 «Don Juan Nuñez, quando oyo lo que le enbio a dezir aquel
cauallero de Auila, ouo...» *Q*, frente a «...quando esto oyo, ouo...»
H, N, M; V.37-38 «o el rrey que fuesse despues que fuesse de edad
viniesse contra ellos» *Q* [var. n.º 1]; X.39 «desque el ynfante don
Pedro vino, vinieron se con el. E el ynfante don Juan vinose para el
Monesterio de Para cuellos» *Q* [n.º 5]; XI.36 «en su tierra» *Q* [n.º 6]).
Sin embargo, aunque dejemos de lado, como correcciones inteligentes, casos como VI.31-32 [n.º 2] («que fueran contra el Rey» *Q*) o
VIII.51 [n.º 3] («e estuuo ay» *Q*), es evidente que en varios pasajes
el formador de *O, O', Q* reformó el texto de *E* con ayuda de una
versión análoga a la de *M*. En V.38 la frase «sus fueros *e vsos e
costumbres* e cartas» *Q* (contra *E, H, N;* cfr. atrás n. 18) resulta
extraña, ya que se trata de una aislada coincidencia con *M*. Pero,
más adelante, en *CrAºXI*, IX, las lecciones y pasajes tomados de un
texto análogo a *M* son muy abundantes, según muestran, entre otras,
las variantes siguientes: «Desque el ynfante don Pedro ouo su mandado fuesse luego para Avila, e viniendo por su camino, vn cauallero
que dezian Fernand Verdugo de Areualo, con parientes que avia,
lleuo lo a Coca e metiole en la villa; e apoderose della e tomaron
le luego por tutor; e desque la ouo puesto en rrecabdo, salio dende
e fuesse para Alua, e Diagomez de Castañeda, que tenia el alcaçar,
acogio al ynfante en el; e metiosse por la villa e apoderosse della;
e desque la ouo puesta en rrecabdo, tornosse luego para Auila, e
fallo ay a la rreyna su madre que posava en el arraual. E la rreyna

preferencia a la estructura cronológica (con algunos retoques en los primeros capítulos) y a la capitulación de *M*, y
acepta, básicamente, como texto el de *M;* sin embargo, copia
varios titulares y remates de capítulo de *E*, y prescinde de
los capítulos, procedentes de la *Gran Crónica*, que interpola
M entre *CrAºXI*, XVIII.19 y 20.

Debo ahora precisar que en las secciones emparentadas
con el ms. *M* ofrece las características de esta versión ajenas
a la *Crónica de cuatro reyes* (mss. *N*, *F*₁) [25]; el parentesco

e el ynfante don Pedro demandaron...» *Q* (IX.9-14; cfr. II, *e* y VII n. 5);
«a menos de ser acordados ellos e el ynfante don Juan e don Juan
Nuñez de Lara e todos los otros de la tierra ca tal pleito e omenage
avian fecho. E la rreyna doña Costança e el ynfante don Juan e don
Juan Nuñez de Lara e todos los otros...» *Q* (IX.15-16 [n.º 4]). También
influye *M* en *CrAºXI*, X, cuyo título es ya una combinación del de *E*
(«Cap. VII. De como el infante don Pedro se fue para la çibdat de
Toledo... e de lo que acaesçio con los moros desa ida» *Q*) y el de *M*
(«yendo en socorro de Elnazar Rey de Granada que le tenian los
moros çercado en el Alhambra» *Q*): «e estando ay llegole nueua de
Elnazar rrey de Granada que era su amigo en como Ysmael su
sobrino el fijo del arrayaz de Malaga...» *Q* (X.16; cfr. atrás VII, *c*); «que
le rrogaua e pedia de graçia» *Q* (X.18; cfr. arriba VII, *c*); «yendo se su
camino a Granada para socorrerle llegole nueua en el camino del
rrey de Granada...» *Q* (X.21; cfr. arriba VII, *c*). No vuelvo a encontrar
pasajes basados en *M* hasta el final del c. XII de *CrAºXI*, donde, tras
contar la batalla de Alicún sin las adiciones características de *M*, se
dice a última hora: «E el ynfante don Pedro mandolos a todos
armar luego... e mato dellos bien mill y quinientos y quarenta hombres de *quenta* e señores de caualleros *e de los de pie muchos moros
mares*» (*CrAºXI*, XX.45-48; cfr. arriba VII, *b*) con variantes típicas de
N, *M* y una adición exclusiva de *M*.

[25] La versión mixta (cito por el ms. *Q*) coincide con *M* en la
inclusión de algunos detalles y pasajes procedentes de la *Gran Crónica* que *N* desconoce: «e de los de pie muchos moros mares» (XII.
48 *adic.;* cfr. arriba VII, *b*) y el capítulo (aquí enlazado con *CrAºXI*,
XV) que comienza «Muy grande fue el miedo que el rrey de Granada
e sus moros ovieron...» y que acaba: «...e estaua todo el rreyno muy
bien defendido con el e la justiçia era executada e no padeçia fuerça
e todos eran señores de lo suyo e biuian quietamente en la possesion
dello» (cfr. arriba VII, *b* y los textos completos en el c. XI de este

entre la familia *O, O', Q* y el ms. *M* es tan íntimo que los
textos mixtos presentan la omisión de los cc. XXVIII-XXX
de la *CrAºXI* (año 10.º del reinado), característica del ms. *M*,
a pesar de que esos capítulos figuraban en la otra versión
de la *Crónica* utilizada, la de 1376 [26].

---

libro, *CrAºXI*, XV.42 *adic.*, y en el c. XII, *Gran CrAºXI*, XV.*1-20*).
Coloca en el mismo lugar que *M*, y no donde *N*, el pasaje referente
a la actuación de don Juan Manuel como adelantado de Murcia y
a las treguas que los de la frontera firman con el rey de Granada
(esto es, entre XVIII.71 y 72, y no detrás de XVIII.89; cfr. II, *e*
y XI, *CrAºXI*, XVIII.71 *adic.* y 89 *adic.*). Coincide con *M* en añadir
aclaraciones muy varias, ajenas a *N* (cfr. arriba VII, *c*): «don Juan
Nuñez *de Lara que dixeron de la Barua*» (XVI.16); «doña Maria *Diaz*
su muger *fija del conde don Lope*» (XVII.17); «fijo del infante don
Fernando *de la Çerda*» (XIX.34); «e don Fernando *de la Çerda* fijo
del infante don Fernando» (XXI.13); «a don Fernando *de la Çerda* y a
don Lope *de Haro*» (XXVII.25); «que le rrogaua *e pedia de graçia*»
(X.18); «e como quiera que el infante don Pedro lo pudiera tomar
por fuerça *e todo quanto y avian e captiuar todos los moros*, no
quiso prouarlo por no se detener ay, *que lo esperaua el ynfante don
Juan en Vaena*» (véanse cc. VII, *c* y XI, *CrAºXI*, XVII.39 y variantes); «muertos *aquestos dos hombres buenos* tutores del rrey» (XIX.5);
etcétera. Incluso cuando estas aclaraciones son erróneas (cfr. arriba
VII, *c*): «para pagar a don Fernando e a don Lope. E *la rreyna* doña
Maria, viendo...» (XXVII.26-27). También coincide con *M* en las lecciones únicas de este manuscrito: «e *subitamente* se tullo de todo el cuerpo» (véase en c. XI, *CrAºXI*, XVIII.32 var.); «e Pero *Fernandez* de
Burgos» (XXII.12: «Trapas» *E, H, N*, etc.); «*Sant Velez* vn Monesterio de dueñas» (XXX.6; «Sant Queleze» *N*, «Sanct Quirize» *E*).

26 Según hice ya notar en *Un prosista anónimo*, p. 26. También
comparte con *M* lagunas como «El Monesterio de Santa [*blanco*]»,
la omisión por *homoiographon* (entre «avinieronse el e don Iohan
fijo del ynfante don Manuel» y «cada vno dellos enbiaron por ellos.
E el ynfante don Felipe llego y ante que don Juan, e don Juan llego
a Valdeastillas. E el ynfante don Felipe que venia a lidiar con el,
el arçobispo de Toledo fijo del rrey de Aragon partiolo, e por su
rruego del dexolo» *M*) del pasaje (conservado por *C*) «contra don
Felipe. E por que los de la villa de Medina del Campo querian tomar
por tutor a don Felipe, e otrosy algunos dende querian a don Juan
Manuel» (*Q* trata de remediar la laguna diciendo: «don Juan Manuel

A pesar de tales coincidencias, el manuscrito que tuvo presente el formador del prototipo de *O, O', Q* es probable que no fuera *M*, pues esta familia de textos mixtos conserva ocasionalmente lecciones correctas donde el ms. *M* las ofrece erróneas [27]. Es verdad que, dada la caótica utilización en los cc. IX a XII ya de uno ya de otro de los dos manuscritos manejados, siempre es posible suponer que en las secciones posteriores (a partir de *CrA°XI*, XIII), basadas en un texto

e don Juan concertaron se en vno contra don Felipe, el qual venia con su gente para pelear con don Juan fijo del ynfante don Juan, e llego ay ante que don Juan llegasse a Valdeastillas; e el ynfante dexolo por rruego del Arçobispo de Toledo fijo del rrey de Aragon»), y el desconocimiento del apellido de «Rodrigo Añez» (cfr. adelante n. 57 y en el c. II las nn. 41, 42 y 44).

[27] Ejemplos: XXI.17-18 «e por esta rrazon de la discordia que estaua entre el infante don Felipe e don Juan fijo del ynfante don Manuel, *la rreyna supo que querian* trauar pelea» *Q*, «...Manuel *que sy querian que podrian* trauar pelea» *M*, «...Manuel, *e por que la rreyna sopo que querian* boluer pelea» *N* (semejante *E*); XXV.12 «e Alonso Xuarez de Deça e Fernand Garcia Duque e *otros rricos honbres e caualleros*. E porque...» *Q*, «e Alfonso Suares de Deça e Ferrand Garcia Duque. E por que...» *M*, «et Alfonsso Ferrandez (Suarez *H*) de Deça et Fernand Garçia Duque *et otros muchos rricos omnes et caualleros et escuderos et omnes bonos de las çiubdades et villas et lugares de los rreygnos de Castiella et de Leon. Et agora la estoria dexa...»* *E* (semejante *H;* no se conserva *N*); XXVII.4-6 «e don Juan enbio luego a dezir al infante *que el venia alli por pelear con el e que saliesse fuera que el presto estaua para ello. E el ynfante* enbio le a dezir que le fazia grand tuerto en venir alli...» *Q*, «e don Iohan enbio su mandado luego al ynfante don Felipe / (f. XL v) enbiole dezir que le fazia muy grand tuerto en le venir alli...» *M*, «e don Iohan enbio luego su mandado a don Felipe *que el que venia alli por lidiar con el et que saliese fuera que el presto estaua para ello. Et don Felipe* ynbiole dezir que le fazia muy grand tuerto en le venir...» *N* (semejante *E*); XXXI.17 «para que desque todos fuessen ayuntados *estouiessen por lo que ella e todos los que ay viniessen* ordenassen e acordassen» *Q*, «e desque todos y fuessen ayuntados ordenasen e acordasen» *M*, «et desque todos fuessen y ayuntados, *que estudiessen todos por lo que ella et todos los que y fuessen ayuntados* acordassen» *E* (falta *N*).

análogo a *M*, el formador de la versión mixta corrigiese ocasionalmente el texto base con ayuda de la *Versión vulgata* [28]; sin embargo, la comparación con *Ñ* (cfr. n. 31) me confirma en la idea de que varios detalles ajenos a *M* proceden del prototipo de la familia.

También se emparenta parcialmente con el ms. *M* el ms. *Ñ* (s. XVI). Este manuscrito tardío es en extremo caótico: le faltan muchos capítulos, otros aparecen duplicados

---

[28] Al final del c. XVII («Caplo XII» de *Q*) la versión mixta (cito por el ms. *Q*) dice: «E fuesse a Fuente Ginaldo aldea de Çibdad Rodrigo a verse con el ynfante don Alfonso de Portugal e con la ynfanta doña Beatriz su muger, fija desta rreyna doña Maria. *E desque las vistas fueron passadas, torno se la rreyna con el rrey para Toro»*. La frase en cursiva falta en *M* aunque figura, no sólo en *E*, sino también en *N*. Pero, aunque el texto de este capítulo de la versión mixta concuerda en sus variantes con *M*, podría admitirse que esa frase fue tomada de *E*, pues a continuación se remata el capítulo completando el anuncio de *M* «E agora dexara la historia de contar desto» con el de *E* «por dezir de como el infante don Pedro, estando en Tiscar, que avia ganado de los moros, ouo mandado del ynfante don Juan que estaua en Vaena; e de como muerieron entramos ynfantes don Pedro e don Juan en la Vega de Granada» (cfr. adelante c. XI, *CrAºXI*, XVII.43-45 y variantes), y la atención prestada a *E* durante la copia del capítulo parece hallar confirmación en la ausencia en *O*, *O'*, *Q* de los capítulos procedentes de la *Gran Crónica* que *M* intercala en medio de este capítulo XVII (cfr. en el c. XI, *CrAºXI*, XVII.19 *adic.*). En vista de esto la frase «que aquellos que fizieron la jura que los constriñesse sin alongamiento de juizio» *Q*, *O* podría explicarse como una combinación de «...que los costriniese sin alongamiento de malicía» *M* y «que los escriuiesse sin alongamiento de juyzio» *E*; aunque más natural es pensar que conserva una variante del prototipo de *M*, puesto que *N* dice a su vez: «...que los escriuiese syn alongamiento de juyzio» (cfr. c. XI, *CrAºXI*, XVII.6 y variantes). Frente a la explicación por mixtura, nótese que en los cc. XIII a XXXI de *CrAºXI*, tomados por la versión mixta de un manuscrito análogo a *M*, no he encontrado ningún pasaje (fuera de los titulares y anuncios de nuevo capítulo) en que se de preferencia a las lecciones de *E* (salvo la coincidencia en una omisión por *homoiographon* en XVIII.4 «fuessen çercar a Helma [= *M*] por que segund estava la tomaria // pero no lo quiso fazer» [nº 10] que quizá sea casual).

y copiados desordenadamente. Cabe distinguir entre lo escrito por una mano primera y las adiciones posteriores de otra u otras manos que intentaron rellenar las lagunas del texto más antiguo. Por ejemplo, todo el comienzo del manuscrito está escrito *a posteriori* y copiado de la *Crónica* impresa en el s. XVI[29]. Pero la estructura caótica se da ya en el fondo más antiguo, que mezcla descuidadamente dos textos de la *Crónica*. Uno de ellos era una *Versión vulgata* análoga a la de los mss. *E', V, C, Pa-orig.*, *Ch*, pues sigue a *E* durante la mayor parte de la menor edad (hasta la variante n.º 17) y luego se independiza (desde la variante n.º 18)[30];

---

[29] Según observé ya en *Un prosista anónimo*, pp. 238-239 (pero, sobre lo afirmado allí de la subscripción, véase adelante p. 239). Para más detalles véase la «Descripción de manuscritos».

[30] La parte vieja del ms. *Ñ* comienza en el f. 8 (*CrAºXI*, IX). En un principio acuerda con el ms. *E* de la *Versión vulgata*. Así, en IX.10-13, coincide con *E, H, etc.* frente a *N, F₁ M, Q* «...e en viniendose, Fernand Verdugo, vn cauallero de Auila, con parientes que le tenia, lleuolo a Coca e metiolo en la villa, e apoderose della; y despues que la ouo puesto en rrecaudo tornose para Auila...» (cfr. VII, nn. 5, 24 y 49); y en IX.15-16 se basa en el texto lacunoso de *E* [nº 4], apartándose no sólo de *N, M* y *Q, O*, sino también de *H* (*Versión vulgata* independiente de *E*): «a menos de ser acordados para lo tal auer de hazer ellos e el ynfante don Juan e don Juan Nuñez e todos los otros que con ellos estauan vieronse para Peña fiel». El capítulo siguiente (aunque numerado «capº 2») comienza con la cronología de la *Versión vulgata* (1348 = 1350), no con la de *N, M*. Pero, poco después (véase n. 31), *Ñ* se aparta ya de *E* para seguir un texto como *M*. Cuando en el f. 15 comienza una nueva sección del texto viejo (*CrAºXI*, XVII) vuelve a haber coincidencia con *E* en XVIII.4 «...fuese a çercar a Bedmar ca segund estaua que lo tomaria e el nunca lo quiso hazer» [n.º 10], y quizá en XVIII.8 «para Canente» [n.º 11] (cfr. ms. *C* VI, n. 16); pero pronto vuelve a utilizar un texto análogo a *M* (véase n. 31). En el f. 25 v comienza una vez más a utilizar la *Versión vulgata* (empalmándola desatinadamente, véase en el texto) y, en un principio, concuerda con *E*, hasta XXXV.55 «junto e mando a todos los de la su tutoria» [nº 17]. Pero luego deja de concordar con *E*: en XXXVII.13 («en aquella villa podian estar seguros»), XXXVIII.7 [nº 18] («amanesçio a la puerta de la çiudad de Segouia»), XXXIX.13

sin perder su carácter de *Versión vulgata* [31]. El otro era un manuscrito de la familia *N*, *M*, claramente emparentado con *M*, cuyas características frente a *N* comparte [32]. La inepta utilización de dos textos de la *Crónica* resulta evidente en el caso de los cc. XXI-XXXI de *CrA°XI*: El primer copista sigue

---

[n° 19] («...en la cadena del rrey fueron a la carçel e quebrantaron la cadena e sacaron...»), XLIV.11 [n° 20] («...maestre Pedro que hera su chançiller por el arçobispo de Toledo, e este maestre Pedro fue despues...»), LIII.26-27 [n° 21] («...e tan poderosos como Garçilaso. Quanto mas que este Aluar Nuñez hera en la casa del rrey mas poderoso que Garçilaso. Y si Garçi Laso o otro alguno...»), LXXI.67 [n° 22] («e en esta postura fue el allcaide que tenia el alcaçar de Toro por el conde Aluar Nuñez tambien commo el que tenia el alcaçar de Çamora», CII.12 [n° 23] («el semoyo e el boyo de morço»), CII.25 [n° 24] («en la otra tierra del...»), CII. 52 [n° 25] («seyendo desposado»), CIV.2 [n° 26] («en su seruiçio non podia»).

[31] En esta sección el ms. *Ñ* tampoco ofrece huella de las variantes de *M*, *G'*, *etc.*: XLVIII.17 «e ouolo en ella vn cauallero que dezian Carpentero. E...» (cfr. n. 51); LX.8-9 «los castillos de Cambil e de Alhauar e los castillos de Bejas e de Tistar» (cfr. n. 37), LXI.14 «e otrosi lo que este rrey de Granada fizo en el tienpo deste rrey Don Alfon» (sin el añadido citado en las nn. 38 y 58). La dependencia respecto a la *Versión vulgata* continúa en CLXXXVI.48-49, CCLIV.2, CCLV.16, 17, 31-32, CCLVI, 90, 121-122, 129, CCCXXXIX.7, 35, 58-59.

[32] En X.39 [n° 5] la lección de *Ñ* («e el ynfante don Pedro vino luego a uerse con el ynfante don Juan en el monasterio de Palaçiuelos») parece ya basada en un texto sin los errores de *E*. A partir del año 3°, la cronología de *Ñ* (y la división de capítulos) se ajusta a la de *N*, *M* (3° : 1300 *sic* = 1312; 4° : 1351 = 1313; 5° : 1352 = 1314; 6° : 1353 = 1315), apartándose de *E*, *H* (aunque el año 2° se había fechado, conforme a la *Versión vulgata*, en 1348 = 1310). En XI.36 no comparte («en aquesa tierra») el error [n° 6] de *E*. Entre XII.29 y 30, *Ñ* tiene un pasaje referente a la herencia del solar de Lara que sólo figura en los mss. *N*, *M* (lo desconocen *E*, *H*, e incluso *O*, *Q*), y en él comparte las típicas aclaraciones de *M*: «non auia otro ninguno de la linea de los varones... e don Fernando *que llamauan de la Çerda* hijo del ynfante don Fernando *que murio en Villarreal hermano del rrey don Sancho*» (cfr., poco antes, XII.28 «don Juan Nuñez *de la Barba*»), aclaraciones extrañas a la *Crónica de cuatro reyes*, según atestigua *N* (cfr. nn. 17 y 18 de VII). En XII.40-41, 44 y

primero un manuscrito análogo a *M*, contando los hechos del año 9.º (= XXIb-XXVII), omitiendo los del año 10.º (= XXVIII-XXX) y refiriendo sin solución de continuidad los del año 11.º (= XXXI y *adición*); pero inmediatamente después copia los cc. XXVIII-XXX según la *Versión vulgata*,

---

46-48 incluye las adiciones procedentes de la *Gran Crónica* características de *M* y desconocidas de *N* (cfr. VII, *b*): «...e el arçobispo de Seuilla e don Fernando Tello, e el obispo de Cordoua e los caualleros e omes buenos dende, e el obispo de Jahen, y el conçejo de Eçija e de Carmona, e don Juan Alonso de Guzman e don Gonçalo de Aguilar e los vasallos de don Pero Ponçe porque el dicho don Pero Ponçe hera moço pequeño menor de hedad. E auiendo hordenado...», «...e el poder de Granada a ellos e el buen moro Ozmin...», «mill e quinientos y quarenta moros de quenta señores de caualleros e de los de pie muchos sin quenta, e fue...». En la segunda sección del texto viejo (la que empieza en el f. 15), después de un trecho en que se sigue a *E*, reaparecen las coincidencias con *N*, *M*: En el propio c. XVIII de *CrAºXI* el ms. *Ñ* incluye el pasaje sobre las entradas de don Juan Manuel contra los moros y las paces firmadas con Granada (véase en el c. XI de este libro las variantes finales a XVIII.71 y 89); después acepta la cronología y división de capítulos de *N*, *M*, agrupando *CrAºXI*, XIX, XX y XXIa en el año 8º, 1355 = 1317, y XXIb a XXVII en el 9º, 1356 = 1318, y comparte sus variantes típicas. También en esta sección *Ñ* coincide con *M* cuando este manuscrito innova frente a *N*: XVIII.32 «*subitamente* fallesçio de todo su cuerpo» («al golpe», *N*; véase el texto y las variantes en el c. XI); colocación del pasaje relativo a las entradas de don Juan Manuel y a las paces detrás de XVIII.71 (no al fin del capítulo, XVIII.89, como en *N*); XIX.5 «muertos *aquestos dos hombres buenos* tutores del rrey»; XX.29 «vno por *otro*» («vno por vno» *N*); XX. 45, cfr. adelante n. 56; XXI.13 «don Fernando *de la Çerda* fijo...»; XXII.12 «Pero Fernandez de *Burgos*» («Trapas» *N*); XXVII.25 «a don Fernando *de la Çerda* e a don Lope *de Haro*»; e incluso la aclaración errónea de XXVII.26-27 «para pagar a don Fernando e a don Lope. E *la rreyna* doña Maria...» (cfr. VII, *c*); etc. Naturalmente, en esta zona el ms. *Ñ* no comparte los errores de *E* ([nº 12]: «ella»; [nº 13]: «Suarez»; [nº 14]: «que le plazia de lo hazer»; [nº 15]: «don Lope»; [nº 16]: «a don Fernando de la Çerda e a don Lope de Haro»). En el pasaje de la muerte de la reina doña María coincide con *M*, frente a *C* (< **G'*), en todas las variantes citadas en II, n. 41.

e incluso el c. XXXI que ya había incluido según la otra versión.

El manuscrito semejante a *M* que utilizó *Ñ*, aunque compartía con *M* un defecto tan notable como la citada laguna, no se identifica con *M*, pues carece de algunos defectos menores de este manuscrito[33].

g) UN MANUSCRITO HERMANO DEL MS. M APROVECHADO POR UN CORRECTOR DE LA «GRAN CRÓNICA»

Otro manuscrito casi idéntico al ms. *M* sirvió al formador del ms. *A* de la *Gran Crónica de Alfonso XI* para «corregir» el texto análogo al ms. *P* que le servía de base. Los pormenores y pasajes de ese ms. **M'* incorporados al ms. *A* nos permiten afirmar que el parentesco de **M'* con *M* era grande. El manuscrito utilizado por *A* tenía también la omisión del «año 10.º» del reinado (*CrA°XI*, XXVIII-XXX). Sin embargo, nos consta que el manuscrito consultado por el formador de *A* no era el ms. *M*[34].

---

[33] En XXI.18 dice correctamente: «...Manuel e porque la rreyna supo que le querian boluer pelea...» (cfr. n. 27); en XXVII.3 no tiene la pequeña laguna, por *homoiographon*, que ofrece el ms. *M* (al pasar del r al v en el f. XL) en el pasaje «E don Juan embio su mandado luego al ynfante don Phelipe *qu'el que venia alli por auer de lidiar con el y que saliese fuera, qu'el presto e aparejado estaua para ello. Y el ynfante don Phelipe* embiole a dezir...» (cfr. n. 27); XXXI.17 «e despues que todos fuesen ende ayuntados, *que estouiesen todos por lo que ella e todos los que ende estouiesen* hordenasen» (cfr. n. 27; el pasaje se repite después en una nueva versión del capítulo de mano del adicionador). En cambio, *Ñ* concuerda con *M* frente a *Q* en XXV.12: «...e Ferrand García Duque. E porque algunos de la çiudad de Leon...» (cfr. n. 27).

[34] He estudiado con detalle la utilización de **M'* por el formador del ms. *A* de la *Gran Crónica* en el c. II, *b-e* (véase en especial las nn. 15, 19, 29, 41 y 45).

h) LA EDICIÓN DE 1551 EMPALMA
DOS VERSIONES DE LA «CRÓNICA»

También se relaciona con el ms. *M* la edición de la *Chronica del muy esclarescido Principe e Rey don Alfonso el Onzeno* (1551). En un principio, la crónica impresa se basa en la *Versión vulgata* y deriva del texto regio de 1376, cuyas características y defectos comparte (si bien modifica la redacción para modernizarla)[35]. Ofrece sólo una importante novedad respecto a la *Versión vulgata*: la adición, al final del c. XXXI (ff. 23 *c*-24 *a*), de un largo episodio en que se cuenta pormenorizadamente la muerte de la reina doña María. Según ponen de manifiesto un sin fin de pequeñas variantes, el texto de esta adición procede de un manuscrito emparentado con la familia *Q, O,* no con *M* y menos aún con

---

[35] Comienza con una invocación («En el nombre de Dios...») y un prólogo («Los sabios antiguos...») característico de ciertos manuscritos derivados de *E* (véase la «Descripción de manuscritos y ediciones»). Acabado este prólogo, se anuncia el comienzo de «la muy verdadera chronica» y se consigna la orden de Enrique II a Juan Núñez de Villasán, que la escribió Ruy Martínez de Medina de Ryoseco y que «fue començada a trasladar» «en el dezeno año del reynado» de Enrique II, **miércoles 28 de julio de la era 1414, año de la** encarnación de 1376. Véase, para más detalles, la citada «Descripción». *Ed. 1551* deriva de *E* en las variantes VI.31-32 [nº 2], VIII.51 [nº 3], IX. 15-16 [nº 4], X.39 [nº 5], XV.26 [nº 7], XVII.27 [nº 8], XVII.33, donde tiene el retoque «vna peña muy alta que...» [nº 9], XVIII.4 [nº 10], XXV.12 [nº 13], XXVII.9-10 [nº 14], XXVII.21 («assi mesmo a don Felipe gelo reprehendio mucho») [nº 15], XXVII.25 [nº 16], XXXV.55 [nº 17], XXXVIII.7 [nº 18], XXXIX.13 [nº 19]. E incluso en el primer capítulo de la mayor edad coincide con *E* en XLIII.29 «que los malos que fazian tantos males en la tierra» (cfr. *H*: «que los males que fazyan en la tierra eran tantos», y *M*: «que los males eran en la tierra tantos»). Las lecciones correctas en XVIII.8 «Alcaudete» [nº 11] y en XIX.29 «ella» [nº 12], se explican, sin duda, como correcciones inteligentes.

C (ms. de que luego hablaremos)[36]. Desde la mayor edad de Alfonso XI se aparta del ms. *E,* aunque sigue yendo de acuerdo con la *Versión vulgata* hasta el capítulo LX de *CrAºXI.* Este primer cambio de carácter emparenta a la *ed. 1551* con el ms. *Z* y quizá con el ms. *Y* [37].

Mayor importancia tiene la transformación que se opera a partir del c. LXI de *CrAºXI,* pues la *ed. 1551* pasa a repro-

---

[36] Véase en el c. XIII la edición crítica de este episodio. Allí consigno todas las variantes que agrupan a *M, A, Ñ, Q, O,* ed. *1551* frente a *C.* Citaré aquí sólo algunas de las que separan a *Q, O,* ed. *1551* de *M, A, Ñ, C:* «apretole» (frente a «afincolo ~ le»), «eran de opinion contraria» («eran contra esto»), «donde eran todos convocados» («a do eran llamados todos los de la tierra»), «rigurosamente» («brauamente»), «que le plazia con tal que la renunciasse el infante don Felipe» («rrenunçiandola don Felipe»), «llamo luego» («acordo de llamar»), «pensando» («creyendo»), «agrauosele» («afinco ~ -le»), «en las manos de Dios e que su vida seria muy poca» («en la(s) merced ~ manos de Dios»), «recibio» («tomo»), *omiten* «en quales fizo los dormitorios e en otros los rrefetorios e en otros los cabildos e en otros las claustras», «le rezassen» («dixiesen ~ dixieron»). Es de notar que *ed. 1551* suele apartarse aún más que *Q, O* del prototipo de todos.

[37] No tiene las lagunas y errores de *E:* XLIV.11 «...e maestre Pedro que era su chanciller por el arçobispado de Toledo, y este maestre Pedro fue despues...» [nº 20]; LIII.26-27 «...eran tan buenos e poderossos como Garcilasso: quanto mas que este Aluar Nuñez era en la casa del Rey mas poderosso que Garcilasso, e que si Garcilasso o otro alguno...» [nº 21]. Sin embargo, sigue aún marchando de acuerdo con la *Versión vulgata,* frente a *M.* Por ejemplo, en LVI.14 («auia en Arjona vn moro quel dezian don Mahomad, e por que...») y en LVII.17 («Fernan Alfonso fijo de don Alfonso Fernandez e Alonso Perez...») carece de las típicas aclaraciones de *M* y textos emparentados (cfr. II, *d* y n. 51 de VII). La dependencia respecto a la *Versión vulgata* se extiende hasta LX.8-9 (capítulo incorporado en la *ed. 1551* al precedente, que es en ella el LVIII): «los castillos de Canbil e de Alamar, e los castillos de Liexar e de Tiscar» (contra *M*: «los castillos de Belmez e Tiscar e Alcanbil e El Alhauar», y al lado de *H* «...Cambil e de Alhauar, e los castillos de Bexix e de Tistar» y *E* «Canbil et de Alhamar, et los castiellos de Bexas et de Tiscar»). Sobre este primer cambio de carácter cfr. nn. 14 y 15 (y 16 y 17) del c. VI.

ducir la versión del ms. *M,* con sus característicos aditamentos [38]. En la batalla del Salado sigue aún marchando de acuerdo con el ms. *M* (contra la *Versión vulgata*) y podemos
constatar que la *ed. 1551* utilizó un texto hermano de *M* (no
una *Crónica de cuatro reyes* como *N*), pues incluye las adiciones aclaratorias típicas de esa familia de textos y ciertos
datos (lista de caballeros portugueses, nombre del sobrino y

---

[38] En *CrAoXI*, LXI, la *ed. 1551* termina el capítulo anunciando:
«...E otro si lo que este Rey de Granada fizo en tiempo deste Rey
don Alfonso de Castilla e de Leon fasta que murio este Rey Mahomad
e lo mataron sus moros cerca de Guadiarro, segund vos lo contaremos adelante en su logar». La alusión al asesinato de Mahomad no
figura en la *Vulgata,* pero sí en *M*: «...fasta que murio este rrey
Mahomad e lo mataron sus moros çerca de Guadiaro segund vos lo
contaremos adelante en su lugar». Típica de *M* (y textos empareta-
dos) es la explicación de lo que dijo Juan Martínez de Leiva a Alfonso XI para lograr que apartase de su casa al Conde Alvar Núñez
(*CrAoXI,* LXXIV.71 *adic.*): «... e el rrey fue a aquellos cauualleros e
oyo lo que le dixeron. E las palabras que le dixeron fueron estas:
Si el rrey queria que Valladolid e Çamora e Toro fuesen a su seruiçio
segund deuian a su rrey e a su señor e ellos eso mesmo, que echase
de su casa al conde Aluar Nuñez, por quanto era su seruiçio por
muchas syn rrazones que ellos rresçebian del. E sy lo non fisiese,
que ellos que se despedian del e de su merçed e que yrian buscar
cobro en otras partes. E estas palabras le dixo Juan Martines de
Leyua estando los otros presentes, e todos consentyeron en ello. E
el rrey fue en muy gran dubda...». El pasaje figura también en la
ed. 1551 (deformado su comienzo por una pequeña laguna, por *homoio-*
graphon: «...e el Conde non fue con el e finco con gran pessar. E
por quanto el rey /laguna/ queria que Ualladolid, e Zamora, e Toro
fuessen a su seruicio segund deuian a su Rey e a su señor natural,
e estos cauualleros esso mesmo, con que echasse de su casa al conde
don Aluar Nuñez...», el resto es idéntico), así como la aclaración:
«...entendio que le complia partir de si el conde, que mas quiso el
rey perder vn cauallero que no treynta buenos, e por auentura per-
diera veynte mill, e fizo sesso e cordura. Y desde alli...» (*ed. 1551,*
c. LXXII). Por tanto, quizá sea casual la coincidencia de la *ed. 1551*
con el ms. *E* en el error por *homoiographon* de LXXI.67: «Y en esta
postura fue el alcayde que tenia el alcaçar de Zamora» [nº 22] (cfr.
n. 58).

de la hermana de Albohacén) que proceden de la *Gran Crónica*[39].

i) UNA «CORONICA VIEJA» MÁS FIEL AL PROTOTIPO DEL MANUSCRITO M

Estos textos hermanos del ms. *M*, cuya existencia hemos ido rastreando, nos han mostrado que las principales singularidades de este manuscrito respecto a la *Crónica de cuatro reyes* proceden del prototipo de la familia. Pero, fuera de esta constatación, apenas contribuyen a un mejor conocimiento de esta curiosa versión de la *Crónica*. El interés

---

[39] Texto de *M* y vars. de *ed. 1551*: CCLIV.2 «e (y) el rrey (*omite*) *Yuçaf* de Granada»; CCLV.16 «...mas de mil(l) om(n)es a cauallo. E (y) eran estos: don Aluar Gonçales (-z) Pereyra prior d'Ocrato (de Vcuco) e (*omite*) don Esteuan Gonçales (-z) Leyton (-ron) maestre d'Auis (-n-) e (y) don Garcia Perez d'Arreu (*omite todo el nombre*) maestre (Juan) de Christus (-tis) e don Diego de Sosa e Lope Ferrandes (-rn-, -z) Pacheco señor de Ferrera (*omite* s. de F.) e Ruy Garcia (Gonçalez) de Castil e Pay de Mera e Ferrand (Fernan) Gonçales (-z) Cogomino (-nino) e otros caualleros que podian ser fasta mill caualleros (*substituye* q. p. s. f. m. c. *por* muchos)»; CCLV.17 «primero heredero en (de) Castilla e en (de) Leon, *e leuaua (ll-) el su pendon Nuño Ferrandes (-rn, -z) de Castrillo*»; CCLV.31-32 «Alfonso Mendez *de Guzman* maestre de S. e don Juan fijo de don Alfonso *de la Cerda*»; CCLVI.16 «llamo aquel *ynfante (i.) Abo(ho)mar su fijo (h.)*, que auia aquella noche guardado el Salado»; CCLVI.67 «...guardauan el (r)real e la *horra* tuneçia»; CCLVI.87 «fio *en la misericordia* de Dios *e de la su santa (-nct-) pasion (-ss-)*»; CCLVI.90 «amauan al rrey *mucho* e (y) eran om(n)es de *muy* buenos coraçones *e muy esforçados*»; CCLVI.121-122, 129 «e (y) en aquellas mugeres fue muerta aquella Tunuçia (-ecia) Fatyma (-i-) fija del rrey de Tunes (-z) e (y) muger del rrey Abolhaçen (Albohacen) *la horra*... e vna su hermana que dezian *doña Maymona* e otras... e (y) otrosy (-i) fue y (hi) catiuo (-pt-) otro moro que dezian (dizen) *Abohamo* sobryno (-i-) deste (del) rrey...». Pongo entre paréntesis las variantes de la *ed. 1551*. Sobre el final de *ed. 1551*, véase adelante p. 239.

del ms. **G'*, también perdido, es mucho mayor. Su contenido se refleja en toda una serie de tachaduras, correcciones interlineadas, notas marginales y remisiones realizadas sobre el ms. *C* de la *Crónica de Alfonso XI*. Dado el carácter unitario que todas esas enmiendas tienen, he reservado para ellas la letra *G*. El propósito del enmendador está bien claro: el ms. *C + G* debe servir como borrador para un nuevo texto de la *Crónica* más «perfecto» que el prototipo copiado inicialmente. A mi parecer, el texto base (= *C*) se escribió ya desde un principio con esa intención [40].

El ms. *C* comienza con los prólogos característicos del texto de 1376 e incluye todas las noticias acerca del origen de este texto («rey don Enrique, Juan Nuñez de Villazan, Rruy Martines de Medina de Rrio Seco, dozeno año —en vez de 10.º— del reynado, Miercoles XXVIII° dias andados del mes de Julio, era de mill e quatroçientos e quatorze») [41]. En todo su comienzo, el ms. *C* comparte las características y defectos del ms. *E* [42]; más tarde, de completo acuerdo con

---

[40] La **Versión enmendada* que se pretendía crear mediante este manuscrito-borrador no me es conocida. En mis trabajos de 1964-65 («La historiografía») supuse, erradamente, que los mss. *M* y *N* habían surgido como resultado de la labor realizada sobre el ms. *C* por el corrector *G* (véanse, por ejemplo, las nn. 23, 25 y 94 de «La historiografía» en su primera edición). Al reproducir «La historiografía» en los cc. I a IV del presente libro he subsanado ya el error.

[41] Para más detalles, véase la «Descripción de manuscritos».

[42] Aparte de las variantes citadas en VI *c*, n. 16, la filiación respecto a *E* se halla confirmada por muchas otras: VI.15 «cuido don Juan Nuñez» (= *E*, contra «don Joan Nuñez reçelando(se)» *H, N, F, M*); VI.31 «tomole muy grand pesar» (= *E*, contra «tomo m. g. p.» *H, N, F, M*); VII.25 «omes» (=*E*, «omes buenos» *H, N, F*); VIII.36 «amos a dos» (= *E*, «de so vno amos a dos», *H, N, F, M*); XI.34 «para Leon» (=*E*, «para tierra de Leon», *H, N, F, M*); XII.11 «cartas de graçia» («rentas de graçia» *E*, contra «rentas nin graçia» *H, N, F, M*); XII.31 «entrel e el infante don Pedro e el» (= *E*, «entrel infante don Pedro e el» *H, N, F*); XIV.9 «de vn cuento de toda la su tierra sin la fron-

los mss. *E'*, *V*, *Ch* y, probablemente, *Pa-orig*[43], se basa en un texto análogo a *E*, pero carente de ciertos errores del texto regio[44]. Lo más sorprendente del ms. *C* es que no presenta la extensa laguna en la menor edad de Alfonso XI característica de todos los manuscritos de la *Versión vulgata* (y propia también de la *Gran Crónica de Alfonso XI*)[45], entre la frase:

> «E don Juan rrespondiole que esta voz de la tutoria que la tomara el con acuerdo de aquellos de aquella comarca»

y el capítulo que comienza:

> «Como quier que los de la çibdat de Çamora fezieron esto contra don Juan, pero finco el alcaçar con el...»[46].

---

tera e mas seys ç.» (= *E*, «de toda su tierra sin la frontera e mas seys ç.» *H*, *N*, *M*); XV. 14 «les talo las viñas e los panes e las huertas» (= *E*, «les talo las viñas e las huertas e les quemo los panes» *H*, *N*, *M*); XXI.41 «çibdat» (= *E*, «villa» *H*, *N*, *M*); XXV.3 divide capítulo y comienza «E la abenençia e el pleito que fezieron ante la reyna el infante don Felipe e don Juan fijo del infante don Manuel fue desta guisa» (= *E*, contra *H*, *M* que no abren nuevo capítulo y que continuan: «e la abenençia e el pleito que fezieron fue desta guisa»); XXVI.7 «con la muy noble reyna doña Maria su abuela del rey e otro sy con el infante don Felipe su fijo» (= *E*, «con la rreyna e con el infante don Felipe» *H*, *M*); XXVI.8, 11 «çibdat» (= *E*, «villa» *H*, *M*); XXVII.29 «que en cada lugar que fallasen» («que cada lugar que y fallassen» *E*, contra «que cada lugar que y f.» *H*, *N*, *M*).

[43]   Todos ellos se apartan del ms. *E* entre las variantes 17 y 18 (véase VI, n. 18).

[44]   Junto a las variantes citadas en VI, n. 17 (XXXVIII.7, XXXIX. 13-14, XLIV.11, LIII.26, LXXI.67, CII.12, 25, 52, CIV.2) son significativas las siguientes: XXXVII.13 «en aquella *villa* podian estar seguros»; XLIII.29 «los males que fazian en la tierra eran tantos» (cfr. n. 35).

[45]   Véase atrás, II, *e*.

[46]   Respectivamente, en *CrAºXI*, XXXI.28 y XXXII.3.

El ms. *C* colma la laguna con la misma narración (dos capítulos y medio) que el ms. *M* (y textos con él relacionados)[47]. La existencia de un texto auxiliar, **G'*, utilizado para corregir el de *C*, se confirma por algunas notas marginales en que se remite expresamente a cierta «Coronica vieja»:

> «antes del año setimo se ha de poner vn capitvlo que comiença Muy grande fue el miedo. Esta en la coronica vieja por setimo capitulo» (*CrAºXI*, XV.42 *adición* - XVI.2)

> «aqui es capitulo e esta de otra manera en la coronica vieja e es capº IX» (*CrAºXI*, XVII.19 *adición*)

> «aqui falta vn capº que esta en la coronica vieja e es capº X. Comiença Ya oystes segund nos conto la estoria» (*CrAºXI*, XVII.19 *adición*).

En los tres casos, la materia que *G* echa en falta se halla en la *Gran Crónica;* pero la numeración de los capítulos de la «Coronica vieja» y la alusión al «año setimo» nos bastan para asegurar que el manuscrito a que remiten estas notas marginales era análogo al ms. *M* (y no una *Gran Crónica*)[48].

---

[47] He estudiado el relato de *C* (confrontándolo con el de *M, A*) en el c. II, *e*, nn. 41, 42 y 44.

[48] En los manuscritos de la *Gran Crónica* los capítulos aludidos («Grande fue el miedo...». «Cuenta la historia que despues de todos estos fechos...», «Ya oystes dezir segund vos conto la historia...») llevan los números XV, XVIII y XIX, y desde luego no se señala el comienzo del año 7º detrás del que comienza «Grande fue el miedo...». En el ms. *M*, que remonta a un prototipo de la *Crónica* donde a cada año del reinado corresponde (durante la menor edad del rey) un capítulo, los que comienzan «Muy grande fue el miedo...», «Cuenta la estoria que pues que todos estos fechos fueron asosegados...» y «Ya oystes segund vos conto la estoria...» son, precisamente, el 7º, 9º y 10º (aunque no van numerados), y el que comienza «Muy grande fue el miedo...» va, efectivamente, seguido del «seteno año del rreynado». (En «Mi edición», 217, 221 y 222-223, los llamé, por error, VI, VIII y IX; corrijo el error en la reedición de este trabajo incluida más adelante en el c. XII).

Por lo general, el corrector añadió sobre el propio ms. *C* cuantos detalles de la «Coronica vieja» deseaba incorporar. Las notas marginales y las glosas introducidas por *G* nos muestran que la labor se realizó minuciosamente: No sólo se añadieron los pasajes que «faltaban» [49], sino también las

---

[49] Por ejemplo, la noticia (defectuosa) del ms. *C* «luego a pocos dias morio don Juan Nuñes en Burgos estando en las Cortes e dieron el mayordomadgo del rey que tenia don Juan» (XII.29), fue completada por *G* interpolando «de la barva», detrás de «Nuñes», y añadiendo, a continuación de «tenia don Juan», una larga noticia acerca de cómo el solar de Lara fue dado a un nieto del infante don Fernando de la Cerda: «Nuñez a don Alonso fijo del infante don Juan. E por que este don Juan Nuñez no dexo hijo en el solar de Lara y no avia otro del linaje dellos y fincaria yermo este solar, e don Fernando hijo del infante don Fernando...», etc. (de acuerdo con *N, M*). Otro ejemplo: aprovechando la cabecera y el margen izquierdo de un folio, *G* añadió en XVIII el pasaje que comienza «Y en estos tiempos que los infantes eran en la frontera y don Joan hijo del infante don Manuel, que era adelantado del rreyno de Murçia, entro por aquella parte dos vezes a correr tierra de moros...», etc. (característico de *N, M*; véase en el c. XI de este libro las variantes finales a XVIII.71 y 89, y acerca de su origen lo que digo en el c. II, e y n. 34). También modificó *G* el pasaje de *C* donde se contaba: «Desque el infante don. Pedro ouo su mandado vinose. E veniendose Fernan Berdugo vn cauallero de *Auila* con parientes que auia lleuolo a Coca e metiolo en la villa e apoderose della. *E desque la ouo puesto en recabdo venose para Auila*», tachando las palabras y letras que he destacado en cursiva y añadiendo: «para Avila» (tras «vinose»), ·«Areualo» (en substitución de «Auila»), «lleuado el infante don Pedro a Coca» (en vez de «lleuolo a Coca»), «le» (en lugar de «-se»), «e tomaron lo luego por tutor. E salio luego dende e fuese para Alva, e Diego Gomez de Castañeda que tenia el alcaçar acojo lo por el alcaçar e metio se en la villa e apoderose della. E desque la ovo puesto en recado torno se luego para Avila» (cfr. p. 52). Así mismo completó la frase de *C* «e siendo y con el el maestre de Santiago e el arçobispo de Seuilla e el obispo de Cordoua», interpolando (detrás de «Seuilla») «e don Fernando Tello», y añadiendo (después de «Cordoua») «e los cavalleros dende e el obispo de Jaen e el concejo de Ecija e de Carmona e don Juan Alonso de Guzman e don Gonçalo de Aguilar e los vasallos de don Pero Ponçe por que el dicho don

frases ⁵⁰ y las palabras ⁵¹; a veces se tacharon ciertas palabras del ms. *C*, para mejor enmendar el pasaje de acuerdo con la «Coronica vieja», cuya redacción se consideraba preferible ⁵²; también se enmendó la cronología y la división de capítulos en atención a la «Coronica vieja» ⁵³. El examen de

Pero Ponce era moço pequeño e menor de edad» (cfr. arriba, en VII *b*, el texto de *M*). Casos análogos a lo largo de toda la Crónica.

⁵⁰ Por ejemplo, donde el ms. *C* (siguiendo al ms. *E* [variante nº 4]) decía: «...a menos de ser acordados ellos e el infante don Juan e don Juan Nuñez e todos los otros que con ellos eran. E venieronse para Peña fiel...», *G* interpoló: «de la tierra» (detrás de «otros»), «ca tal pleito e omenaje avian fecho e la reyna doña Costança e el infante don Juan e don Juan Nuñez de Lara e todos los otros» (detrás de «eran»), *CrAᵒXI*, IX.15-16. También aparece añadida la frase «e echose en celada e enbio a correr a Granada» en *CrAᵒXI*, XV.26 [variante n.º 6]; etc.

⁵¹ Por ejemplo: «la reyna doña Maria tomo [en Avila] el rey su nieto e *tomo* [ovo] con el muy gran plazer» (XI.6). Pongo en *cursiva* lo tachado y entre [] lo añadido por *G*. Son, sobre todo, frecuentes las pequeñas adiciones destinadas a aclarar la identidad de los personajes nombrados: «...a verse con el rey [don Jaymes] de Aragon su suegro e vino y don [Juan] Alfonso de Haro [el moço señor de los Cameros]» (VI.10-11); «e don Alfonso [de la Cerda] e don Fernando [su hermano]» (VI. 18); «don Juan *e don Fernando* [fijo del infante don Juan e don Lope e don Fernando] e don Pero de *la Guerra* [Castro]» (XXVII.2); «e ouolo en ella vn cauallero que dezian [don Per Estevanes] Carpentero [que era de los de Godoy de Cordova]» (XLVIII.17); «en aquel tienpo auia en Arjona vn moro [alarave] que dezian don Mahomat [Aben Alagrajar]» (LVI.14); «Fernan Alonso fijo de don Alonso Ferrandes [alguazil mayor de Cordova]» (LVII.17).

⁵² Por ejemplo: *CrAᵒXI*, XXIII.10 «(e) ouo a dezir la reyna que le plazia con el [e con el] infante don Felipe (e con el) [e que] tanto que los otros de la tierra lo quesiesen (e) que [le] ayudaria»; o XXVI.4 [E] por que (los) [algunos de los] de la çibdat de Leon [tenian con don Juan fijo del infante don Juan e] eran (solamente) en este fecho [y acuerdo] con los de Castilla...». Pongo entre () lo tachado por *G* y entre [] lo que interpola.

⁵³ Por ejemplo, al margen de *CrAᵒXI*, XV, *G* advierte: «non es capitulo»; y, consecuentemente, tacha en XIV el anuncio de nuevo capítulo («e de las otras cosas en como acaesçieron la ystoria las contara») y en XV las palabras introductorias («Estando la reyna

todas estas correcciones, grandes o pequeñas, nos confirma que el manuscrito con que se colacionó *C* era muy semejante al ms. *M* [54].

Dado el carácter del ms. *C + G*, me parece posible explicar la presencia en el cuerpo de la *Crónica* de la narración que colma la laguna en la menor edad de Alfonso XI como una interpolación tomada del ms. **G'*. Aunque los dos capítulos y medio extraños a la *Versión vulgata* de la *Crónica* formen parte material de *C* [55], se despegan del resto del manuscrito por su cronología: El ms. *C* venía ajustándose en todo lo anterior al sistema cronológico del texto de 1376: 2.º año, 1348 = 1310; 3.ᵉʳ año, 1349 = 1311; 4.º año (Cortes de Carrión), 1350 = 1312; omisión de toda referencia a los años 5.º a 11.º. Pero el capítulo referente a las Cortes de Valladolid (ajeno a la *Versión vulgata* de la *Crónica*) se fecha en el 12.º año, 1359 = 1321, de acuerdo con un sistema cronológico distinto, característico, precisamente, del ms. *M* y

---

doña Maria en la villa de Valladolit con el rey su nieto, sopo»), substituyéndolas por [«e otrosi»]; en *CrAᵒXI*, XXI.9, advierte, en cambio, al margen: «*capitulo*», y añade: [«Año noveno deste rrey don Alonso, que començo en el mes de Setienbre que fue en la era de MCCCLVI e andava el año de la nascencia de Ihesu Christo en MCCCXVIII»].

[54] Las correcciones unas veces subsanan una falta exclusiva de *C* (ajena a *E, H, N, M*, etc.), otras un defecto común de *E, C* (que *H, N, M*, etc. no comparten), o una deficiencia de la *Versión vulgata* (*C, E, H*; extraña a *N, M*, etc.); pero *G* incorpora además pasajes de *N, M* que son claramente adiciones (por ejemplo, los citados en la n. 49 que comienzan «E por que este don Joan Nuñez no dexo hijo en el solar de Lara...», «Y en estos tienpos que los infantes eran en la frontera...»; sobre el origen de este último, véase c. II, *e* y n. 34), así como los pasajes y frases exclusivos del ms. *M* que proceden de la *Gran Crónica* (como el último ejemplo de la n. 49 y las remisiones citadas en la p. 229) e incluso las pequeñas adiciones, tan características de *M* (y extrañas a *N*), en que se aclara la identidad de los personajes (cfr. n. 51 con VII, *c* y II, *d*).

[55] Se hallan copiados por la misma mano que el resto, formando parte del cuerpo de la *Crónica*.

textos con él emparentados: 2.º año, 1349 = 1311; 3.ᵉʳ año,
1350 = 1312; 4.º año, 1351 =   1313; 5.º año, 1352 = 1314; 6.º
año (Cortes de Carrión), 1353 = 1315; 7.º año, 1354 = 1316;
8.º año, 1355 = 1317; 9.º año, 1355 = 1318; [10.º año, 1356 =
1319]; 11.º año (llegada del Cardenal, muerte de la reina),
1357 = 1320; 12.º año (Cortes de Valladolid), 1358 = 1321. Sin
duda, el copista del ms. *C*, notando la existencia de una importante laguna delante del capítulo que comienza «Como
quier que los de Çamora fezieron esto contra don Juan...»,
acudió a la «Coronica vieja», con objeto de remediarla, e
interpoló los dos capítulos y medio que faltaban en el original que venía copiando.

A pesar de las semejanzas que hemos notado entre los
mss. **G'* y *M*, la «Coronica vieja» difería de *M* más llamativamente que todos los otros textos hermanos del ms. *M*
que hasta aquí venimos considerando. Puedo citar varios
casos en que *G* conserva mejor que *M* las lecciones del pre-
sunto prototipo de ambos (según nos revela la confrontación con *N*)[56]. Pero el dato más notable es la ausencia en la
«Coronica vieja» de la importante laguna entre el año «no-

---

[56] Por ejemplo, en XX.45, el ms. *C* (de acuerdo con *E*) decía: «...que
les diese la merindat de Castilla e de tierra de Leon e de Galizia
para la dar a quien ellos quesiesen», y *G* añadió al margen: «asi
commo lo fizieron los infantes don Pedro e don Juan quando eran
tutores, e otrosi la chancelleria e notaria de Castilla que la diesen
a quien ellos quisiesen». El pasaje añadido figura en *N*, *M*, *Ñ*, *Q*, etc.;
pero, si atendemos al detalle de las variantes, *N* se sitúa a un lado,
frente a *M*, *Ñ*, *Q*, etc., y *G* a medio camino entre uno y otros: «...para
dar a quien ellos quisiesen e otrosy la chançelleria del rrey e la notaria de Castilla que la diesen otrosy a quien ellos quisiesen» *N* (folio
156 *d*); «...a quien ellos quisiesen (-ssen *Q*), asy (ansi *Ñ*, asi *Q*) commo
lo fizieran (-ron *Ñ*) los ynfantes (el ynfante *Q*) don Iohan (Joan *Ñ*,
Juan *Q*) e don (el ynfante don *Q*) Pedro quando eran (h- *Ñ*) tutores,
e otrosi (-sy *Ñ*, otros e *Q*) la meryndad (-in- *Ñ*, *Q*) de Castilla e la
chançelleria (-çi- *Ñ*) del rrey e que la diesen (-ss- *Q*) a quien ellos
quisiesen (-ssen *Q*)» *M* (f. 34 *a-b*), *Ñ*, *Q*.

ueno» y el año «honzeno» del reinado, que tienen en común los mss. *M*, **M'*, *Ñ*, *O*, *O'* y *Q*. En *CrAºXI*, XXVIII, *G* consigna el comienzo del «año decimo», que fecha en la era de 1357, año de 1319 (como el ms. *N*), y sobre los cc. XXVIII-XXX de *CrAºXI*, copiados por *C*, hace toda una serie de correcciones, basadas, como siempre, en la «Coronica vieja» (según confirma el ms. *N*):

> c. XXVIII.11: «e ellos [non se guiando por su consejo] sobre esto, enviaron...» (cfr. *N*: «et ellos non se guyando por su consejo enbiaron...»).
>
> c. XXIX.19: (*tacha este anuncio del capítulo siguiente y añade*): «[e los de Cordoua tomaronlo por tutor. E por esto que los de Cordoua hizieron, e otrosi por quel comendador de Martos e los que estauan con el robaron y tomaron muchas cosas de tierra de moros, Ysmael, que en este tienpo rreynava en el rreyno de Granada, saco su hueste e fue a Huesca y a Orçe y Galera, lugares que eran de la orden de Santiago que son en el rreyno de Murcia, y tomolos, y dende vino a Martos y conbatiola y tomola por fuerça, y mando matar quantos y fallo omes y mugeres, saluo alguna poca de gente que se defendio en la peña. E partio dende e torno a Granada. E a cabo de treze dias que entro en Martos, mataron en Granada a este Ysmael e]» (cfr. *N*: «Et los de Cordoua rresçibieronlo por tutor. Et por esto que los de Cordoua fizieron et otrosy por que el comendador de Martos et los que estauan con el rrobaron et tomaron muchas cosas de tierra de moros, Ysmael, que en este tienpo rregnaua en el rreyno de Granada, saco su hueste et fue a Huesca et a Orze et Galera, lugares que eran de la orden de Santiago, que son en el rregno de Murçia, et tomolos. E dende vino a Martos et conbatiola et entrola por fuerça, et mando matar quantos y fallo omes et mugeres, saluo alguna poca gente que se defendio en la peña. Et partio dende et torno a Granada. Et a cabo de treze dias que entro Martos, mataron en Granada a este Ysmael. Et...»).
>
> XXX.15: «[e] non los acogian dentro en la çibdat [don Felipe abinolos todos de cosuno e asosegolos en la çibdad]»

(cfr. *N*: «et non le cogien en la villa, don Felipe abiniolos todos de consuno et asosegolos en la çibdad»).

XXX.20: «obispo de Sabina e cardenal que era de la yglesia de Rroma [que era de los procuradores] (cfr. *N*: «obispo de Sabina et cardenal de la yglesia de Rroma que era de los procuradores»).

Si la confrontación con el ms. *N* no viniera a probárnoslo de forma definitiva, nos habría bastado con leer el titular del ms. *M* correspondiente al capítulo omitido («...et commo el rrey de Granada entro a tierra de christianos et fizo mucho mal en ella et gano tres lugares») para mostrar que la nota marginal de *G* relativa a la entrada y conquistas de Ysmael procede del ms. **G'*.

Dada la independencia de **G'* respecto a la familia *M*, **M'*, etc., no nos puede sorprender que el texto de *C* correspondiente a la laguna de la *Versión vulgata* (antes del capítulo que comienza: «Como quier que los de la çibdat de Çamora...») difiera, en ciertos detalles, del conservado por los mss. *M, O, Q*, etc., y por el ms. *A* de la *Gran Crónica*, ni que las variantes particulares del ms. *C* sean, a veces, preferibles a las de *M, O, O', Q, A* [57].

Otro manuscrito emparentado con *M* es el fragmentario *J*. Antes de ser completado por una mano tardía (a base de la versión impresa), comenzaba, en el folio 36, con el c. L

---

[57] Sobre las diferencias entre el texto de *C* y el de *M, *M*, etc., cfr. atrás II, *e*, nn. 41, 42 y 44. Como ejemplos de la superioridad ocasional de *C* en esta sección, puedo citar los siguientes: En el capítulo de la muerte de la reina, «monesterio de Santo Agostin» *C*, «monesterio de Santa [*en blanco*]», *M, A, Ñ, Q*, etc. En el capítulo de las cortes, el pasaje «contra don Felipe. E por que los de la villa de Medina del Campo querian tomar por tutor a don Felipe e otrosy algunos dende querian a don Juan Manuel» de *C* falta en *M, A, Q*, etc., por error evidente. En el capítulo de la rebelión de Zamora, «Rodrigo Yañez de Follente» *C*, Rodrigianes (~ Rodriguyañes) de los [*en blanco*]» *M, A, Q*, etc. (Edito estos capítulos en el c. XIII).

de *CrAºXI*. Como está mutilado por el principio, no sabemos si se agrupaba con la subfamilia *M*, **M'*, *Ñ*, *ed*. *1551*, *O*, *O'*, *Q* frente a **G'* o si, al igual que este manuscrito perdido, derivaba de un prototipo independiente[58].

---

[58] El ms. *J* se muestra independiente de *E* en las variantes LIII. 26-27 [nº 21] «e tan poderosos commo Garci Laso. *E quanto mas que este Aluar Nuñez* / seria en su ayuda...» (aunque, a su vez, ofrece otra laguna por *homoiographon* que comporta la desaparición del pasaje «era en la casa del rrey mas poderoso que Garci Laso, e si Garci Laso o otro alguno lo quisiese deseruir e ser contra el que este Aluar Nuñez»), CII.12 [nº 23] «el señorio e el *boy* de março», CII.25 [nº 24] «en la otra *tierra* del su señorio», CII.52 [nº 25] «e seyendo *desposado* el infante», CIV.2 [nº 26] «en su seruicio *non podia*». En LXXI.67 [nº 22] coincide con *E*: «e en esta postura fue el alcayde que tenia el alcaçar de Çamora. E en...». Creo que la omisión por *homoiographon* ha surgido aquí independientemente de *E*; también la *ed. 1551* (cfr. n. 39) ofrece esta laguna, siendo independiente de *E* (y derivada de un texto hermano de *M*). El ms. *J* (a diferencia de la *ed. 1551*) es en toda su extensión (desde *CrAºXI*, *L*, en que comienza la parte vieja conservada) un texto hermano de *M*, **G'*: LVI. 14 «auia en Arjona vn moro *alarabe* que dezian don Mahomat *Aben Alagrejar*, e por que era...»; LVII.17 «Fernan Alonso fijo de don Alonso Ferrandes *alguazil mayor de Cordoua* e Alonso...»; LX.8-9 «los castillos de Belmez e Tiscar e Canbil e El Alhauar» (cfr. nn. 31, 37, 51); LXI.14 «e otrosi lo que este rrey de Granada fizo en el tienpo deste rrey don Alfonso de Castilla e de Leon fasta que murio este rrey Mahomad e lo mataron sus moros çerca de Guadiarro, segund lo contara adelante en su lugar»; LXXIV.71 «...e el rrey oyo lo quel dixieron. E las palabras fueron estas: que si el rrey queria entrar e tomar a Valladolid e Çamora e Toro para que fuesen a su seruicio segund deuian façer a su rrey e su señor natural e a ellos eso mesmo, que echase de su casa al conde Aluar Nuñez por quanto era su seruicio por muchas sin rraçones que ellos reçibian del, e si lo non feciese que ellos que se despedian del e de su merçed e que yrian buscar su cobro en otras partes. E estas palabras le dixo Johan Martines de Leyva estando todos y presentes, e consentieron en ello. E el rrey estaua en gran dubda...» (cfr. VI, n. 15 y VII, n. 38; interesa notar que *J* carece de la laguna propia de la *ed. 1551*); CCLIV.2 «e el rrey *Yuçaf* de Granada que tenian...»; CCLV.16 «...mas que mill omnes a cauallo e eran estos don Aluar Gonçales Pereyra prior de Vcrato e don Esteuan Gonçales Lerin maestre d'Auis e don Garci

j) LA VERSIÓN DE 1415 Y LA DE 1379

El estudio de todos estos textos emparentados con el ms. *M* nos ha permitido distinguir tres etapas en la formación de esta versión y nos ha llevado a suponer la existencia de tres prototipos más o menos diferenciados:

A) Una *Crónica de cuatro reyes,* prototipo de *N, F₁* y de **G', J, M, *M', Ñ, O, O', Q,* ed. *1551.*

B) Una *Crónica de Alfonso XI,* prototipo de **G',* de *J* y de *M, *M', Ñ, O, O', Q,* ed. *1551,* con adiciones tomadas de la *Gran Crónica* y amplificaciones aclaratorias.

C) Una *Crónica de Alfonso XI* (con una laguna en el año 10º), prototipo de *M, *M', Ñ, O, O', Q,* ed. *1551.*

Teniendo presente estas deducciones, debemos fijarnos ahora en el final del ms. *M,* donde se nos informa minuciosamente acerca de la tradición manuscrita en que este texto se basa.

El ms. *M,* después del final tradicional de la *Crónica* («E el Jueues de las Ochauas partio dende para yr a Tarifa... E en todo este tienpo los moros venian del su rreal al rreal de los christianos, e eso mesmo los christianos yuan al rreal

---

Perez d'An maestre de Christos e don Diego de Sosa e Lope Ferrandes Pacheco señor de Ferrera e Rruy Garcia de Castil e Payo Mera e Fernan Gonçales Cogonino e otros cauualleros que venian. E el rrey de Granada...»; CCLV.17 «...e en Leon *e leuaua el su pendon don Nuño Ferrandes de Castrillo*»; CCLV. 31-32 «e don Alonso Mendez *de Guzman* maestre de Santiago e don Johan fijo de don Johan Alonso *de la Çerda*»; CCLVI.16 «llamo aquel *infante Abohomar su fijo* que auia aquella noche guardado el Salado»; CCLVI.67 «e la *horra* tuneçia»; CCLVI.87 «fio en *la misericordia de* Dios *e de la su santa pasion*»; CCLVI.90 «...omes de *muy* buenos coraçones *e muy esforçados*»; CCLVI.121-122, 129 «...muger del rrey Albohaçen *la horra...* vna su hermana que dezian *doña Maymona...* otro moro que dezien *Aboamo...*» (cfr. en n. 39 los pasajes correspondientes de *M* y en VI, n. 15 los de la *Versión vulgata*).

de los moros, por rrazon de las treguas que eran puestas,
e seguros los vnos de los otros») continúa con una acción
de gracias mucho más extensa que la de la *Versión vulgata*[59] y con la siguiente subscripción:

> «Este libro fue sacado de otra coronica general del muy
> noble rrey don Alfonso de Castilla e de Leon, que Dios perdone,
> por mandado de Alfonso Garçia de Cuellar, escriuano del rrey
> don Enrrique, su fijo deste rrey don Alfonso que Dios perdone,
> e fue despues escriuano del rrey don Juan que Dios mantenga
> al su seruiçio Amen. E se començo a fazer a quatro dias del
> mes de abril del año de la era de Çesar de / mill e quatro-
> çientos e diez e siete años, rreynante el dicho rrey don Enrrique
> que era estonçe biuo, que Dios perdone, e acabose a diez e
> seys dias del mes de setienbre del dicho año e de la dicha
> era, rreynante el dicho rrey don Juan su fijo del dicho rrey
> don Enrrique en el primero año del su rreynado.
>
> E deste dicho libro se traslado este, a onrra e loor de Dios
> e de Santa Maria su madre e a su seruiçio e en vitoria e
> onrra de los rreyes de Castilla e de Leon»[60]... «E acabose de
> escreuir Jueues de la Çena veynte e ocho dias del mes de
> março año del nasçimiento del nuestro saluador Ihesu Christo
> de mill e quatro çientos e quinze años en el noueno año del
> rreynado de este rrey don Juan rrey de Castilla e de Leon fijo

---

[59] «Graçias e loores sean dadas a Dios e a Santa Maria su madre,
rreyna de los çielos e abogada de todos los pecadores del mundo,
por quanto bien e merçed fizo e fara cabo adelante a todos los sus
fieles christianos, e nos dexe en este mundo bien beuir e bien acabar
e fazer obras por que merescamos ser entrados en la su santa gloria
al su seruiçio. Amen».

[60] Sigue: «a quien el señor Dios fizo muchas merçedes e onrras
e ayudas mas que a otros rreyes christianos, señalada mente en las
conquistas de los moros contra los rreyes de Granada e de allen
mar, que les fueron sienpre a estos rrey(ey)es de Castilla e de Leon
muy çercanos e muy crueles enemigos e lo(s) son oy en dia, e Dios
por la su merçed e bondad dioles contra estos rreyes moros muchos
vençimientos e ayudoles / a tomar dellos muchas çibdades e villas
que son oy de christianos onde el señor Dios e la su santa fe catolica
es alabada e onrrada».

del rrey don Enrrique de buena memoria, que Dios perdone,
e de la rreyna doña Catalina su madre e nieto del rrey don
Juan suso dicho, seyendo sus tutores e rregidores de los sus
rregnos la dicha rreyna doña Catalina su madre e el rrey don
Ferrando su tio hermano de su padre, rrey de Aragon e de
Çezilla» (f. 453 *b-d*)

Esta subscripción no constituye el final del ms. *M.* Seguidamente se incluye un capítulo con la lista de los condes, ricos-
hombres, caballeros y escuderos hijosdalgo que murieron
en el cerco de Algeciras por heridas o por dolencias «de los
quales la Coronica faze mençion» y dos capítulos más, referentes al cerco de Gibraltar y muerte de Alfonso XI y al
entierro del rey, respectivamente (ff. 453 *d*-458)[61]. En estos
capítulos se remite a la «Coronica del dicho rrey don Pedro»,
la cual «cuenta por menudo» ciertas cosas que aquí sólo se
resumen. Ambos capítulos proceden de la *Crónica* de Ayala[62].
La *edición de 1551* y el ms. *Ñ* comparten todas estas
características del ms. *M* (la acción de gracias, la doble subscripción, la lista de los caídos en el cerco de Algeciras, los
dos capítulos finales y la remisión a la *Crónica de don Pedro*).
Pero interesa recalcar que la subscripción primera comienza:

> «Este libro fue sacado de otra chronica *original* del muy
> noble rey don Alfonso de Castilla y de Leon»[63]...

---

[61] Comienzan: «Despues de todas estas batallas e conquistas que
el noble prençipe...»; «Luego que el rrey don Alfonso murio en el
rreal de sobre Gibraltar, segunt que dicho avemos, todos los señores
e caualleros...».

[62] Donde la narración correspondiente es, en efecto, bastante más
extensa.

[63] Así en el f. 183 *d* de la *ed. 1551*. En el ms. *Ñ* la subscripción
es parte del texto antiguo (aunque digo lo contrario en *Un prosista
anónimo*, p. 238), así como la lista de los caídos y el comienzo del
capítulo de la muerte de Alfonso XI (la mano o manos que com-

La familia *O, Q* ofrece todos los aditamentos, excepto la doble subscripción; pero hay indicios de que su prototipo tuvo presente un texto que la incluía [64].

El corrector del ms. *C* (esto es, *G*) añadió al texto original la lista de los muertos en el cerco de Algeciras y el capítulo sobre el cerco de Gibraltar hasta la noticia de la muerte del rey [65].

---

pletaron el manuscrito terminó de escribir este último capítulo y añadió el del entierro, con la alusión a la *Crónica del rey don Pedro*). Es de notar que en el final del cerco de Algeciras (CCCXL.7, 35, 58-59) el ms. *Ñ* va aún con la *Vulgata* («...que dixeron aquesa mesma rrazon e porque el rrey...», «que teniendolos ansi como los tenian a muy poco se darian», «...al mensajero del rrey de Granada e dixole»), desconociendo los aditamentos de *M, G*: «rrazon *la qual (que) avia dicho el otro cauallero moro* e por», «tenia *el rrey e todos los suyos segunt sabia* que a muy», «Granada *que era aquel don Haçan Algarrafe* e dixole» (en CCCXL.91-92 no hay texto viejo; el adicionador copia de *ed. 1551*).

[64]   En el ms. *Q*, después del final tradicional de la *Crónica* («...por rrazon de las treguas que eran puestas, seguros los vnos de los otros») incluye la acción de gracias extensa, que en el ms. *M* precede a la subscripción, y no la breve fórmula de la *Versión vulgata*: «E muchas gracias e loores sean dadas a Dios e a Sancta Maria su gloriosa madre, rreyna de los cielos e abogada de todos los pecadores del mundo, por quanto bien e merced fizo e fara...» etc. (en el ms. *O* el folio correspondiente se ha perdido, entre «...puso nonbre Santa Maria de la Palma, e siendo esta iglesia de» y «el conde de Bonos —*enmendado* Bous— que es en Alemaña. Joan Niño...»). Por otra parte, el ms. *O*, después de incluir, como *Q*, el capítulo con la lista de muertos en Algeciras y los que comienzan «Despues de todas estas batallas y conquistas quel muy alto y esçelente prinçipe...», «Muerto el rrey don Alonso en el rreal de sobre Gibraltar...» (con la alusión a «la coronica del dicho rrey don Pedro»), cierra la crónica con una subscripción original, que parece inspirada en la de 1379-1415: «Este libro fue sacado de otra coronica original del muy noble rrey don Alonso, que Dios perdone, e acabose a X dias del mes de Março año de mill y quinientos e diez y nueve años...».

[65]   Después del final tradicional de la *Crónica* («...e yban seguros los vnos a los otros») se dejó el resto del folio recto en blanco; pero en el verso se continuó la escritura: «[E]stos son los condes e rricos

Es, pues, evidente que la doble subscripción y los aditamentos que la acompañan figuraban ya en el prototipo de *M*, **M'*, *Ñ*, *O*, *Q*, ed. *1551*, y por tanto que el ms. *M* no se identifica con el traslado de 1415. Por otra parte, la presencia en **G'* de las adiciones que en los otros textos siguen a la subscripción parece indicar que ese manuscrito perdido tenía también la subscripción (no sabemos si en forma doble o simple), pues no es de creer que el primer redactor de una subscripción la interpole entre dos capítulos de la crónica que está transcribiendo.

Antes de seguir adelante con este razonamiento interesa traer a colación el testimonio de otra subscripción que se emparenta íntimamente con la que estamos comentando. Se halla en el ms. *S* de la *Crónica de Alfonso XI* [66]:

«Yo Alfonso Ferrandes, criado de Alfonso Peres de los libros, escreui este libro por otro libro original Coronica del muy noble rrey don Alfonso de Castilla e de Leon que Dios perdone, por mandado de Alfonso Garcia de Cuellar, escreuano de camara que fue del rrey don Enrrique su fijo deste rrey don Alfonso que Dios perdone e es agora de nuestro señor el rrey don Iohan que Dios mantenga al su seruiçio; et començelo a

omes e caualleros e escuderos fijos dalgo que murieron en la çerca de Algezira asy de feridas commo de dolençias...», y una vez acabada la lista se copió un capítulo que dice: «[D]espues de todas estas batallas e conquistas que fuel el noble principe rrey don Alonso de Castilla e de Leon ouo fecho fuese dende e fue a çercar la villa e el castillo de Gibraltar...». La historia concluye con la muerte del rey: «...otro sy ganara las villas de Algezira e de Alcala de Bençayde que dizen agora la Rreal por las quales los moros fueron muy apretados» (no con el capítulo del entierro).

[66] En este manuscrito, la *Crónica de Alfonso XI* va precedida de una *Crónica de tres reyes* muy singular (que he estudiado en «El Toledano romanzado», 75-77); pero es independiente de ella. Está escrita en letra diferente (sin duda posterior) a la de la *Crónica de tres reyes*, lleva una foliación distinta y tiene en cabeza su propia Tabla de capítulos.

escreuir a quatro dias del mes de Abril de la era de Çesar
de mill e quatroçientos e dies e seys años e andaua el año del
señor Ihesu Christo en mill e trezientos e setenta et ocho años
andando el rregnado deste rrey don Enrrique en catorze años
desde que primera mente fue resçebido rrey en Calahorra et
acabose de escreuir a diez e seys dias del mes de Setienbre
adelante deste dicho año e desta dicha era rreynante en Castilla don Iohan su fijo del dicho rrey don Enrrique en el año
primero del rregnado deste dicho rrey don Iohan en quel
começo a rreynar que fue el dia que su padre el rrey don
Enrrique fino en Santo Domingo de la Calçada que fue Lunes
segundo dia de Pasqua de Çinquesma que fue a veynte e nueue
dias de Março de la era suso dicha de Çesar de mill e quatroçientos e dies e seys años e del año del nascimiento del nuestro
saluador Ihesu Christo de de (*sic*) mill e trezientos e setenta
e ocho años».

La subscripción va precedida inmediatamente por la misma acción de gracias que en el ms. *M* [67] y, antes, por un loor
de Algeciras [68]. Tras ella se inicia el capítulo con la lista de
los muertos en el cerco de Algeciras [69]. Toda esta materia
fue añadida al ms. *S* por una mano distinta de la que copió
la *Crónica*, después de tachar con puntos la última frase del

---

[67] «Gracias e loores sean dadas a Dios e a Santa Maria su madre,
rreyna de los çielos e abogada de todos pecadores del mundo, por
quanto bien e merçed fizo et fara cabo adelante a todos los fieles
christianos, et nos dexe en este mundo bien biuir e bien acabar e
fazer obras en este mundo por que merescamos ser entrados en la
su santa gloria perdurable a su seruiçio, amen».

[68] Véase la «Descripción de manuscritos», donde copiamos completo este loor según consta en el ms. *S*, y compárese con la versión
del mismo de los mss. *Pa-adic., F* y *Ch*.

[69] De este capítulo el adicionador sólo copió el titular y dos
nombres de «los que murieron de (dolencias, *tachado con puntos*)
feridas e non de dolencias naturales». «El conde de Lous que era
alemano» y «Johan Njño criado del rrey don Alfonso». La lista fue
continuada, después, por una mano diferente.

texto que completaba («A Dios e a Santa Maria su madre demos graçias amen») [70].

Indudablemente, la subscripción añadida al ms. *S* es la que el copista de 1415 encontró en el prototipo que «trasladaba» y resumió en la suya. Según vemos, iba ya precedida por la acción de gracias y seguida por la lista de los caídos en el cerco de Algeciras. La redacción de la subscripción en primera persona favorece la identificación del ms. *S* con el «libro» escrito por Alfonso Ferrandez en cumplimiento del mandato de Alfonso Garçia de Cuellar. Pero el cambio de letra no resulta explicable, pues el criado de Alfonso Pérez de los libros es indudablemente un simple escribiente que no iba a tener a su servicio otro copista en quien delegar el trabajo que le había asignado el escribano de cámara. Por otra parte, sorprende el hallar fechada la muerte de Enrique II en el año 1378 (era 1416) y no en el año 1379 [71].

---

[70] En *Un prosista anónimo*, p. 242, no señalé este cambio de mano evidente. Llamé ya la atención sobre él en «La historiografía» (véase atrás, I, *b*, n. 8). La Tabla de capítulos copiada al comienzo del reinado (que debió ser escrita a posteriori, lo mismo que los titulares de los capítulos) comprende ya este añadido: «Capitulo CCCXLII de como el rrey don Alfonso gano la çibdat de Algezira et de las noblezas que ay en esta çibdat et en sus tierras»; «Capitulo CCCXLIII de los nonbres de los condes et rricos omnes de cuenta que murieron en la çerca de Algezira... a CLXII». Más tarde, se incorporaron a la Crónica otros capítulos, referentes al cerco de Gibraltar, a la muerte del rey, a su entierro y a la indudable salvación de su alma. Estos aditamentos, en que se resume la *Crónica de Pedro I*, escritos por una mano tardía ya no fueron conocidos por el que añadió la Tabla inicial.

[71] En la subscripción de Alfonso Fernández, tal cual figura en el ms. *S*, el día que se señala para la muerte de Enrique II, lunes 29 de marzo, es coherente con el año indicado, 1378 (era 1416); sin embargo la muerte de Enrique II en Santo Domingo de la Calzada ocurrió en el año 1379 (14º desde que fue recibido por rey en Calahorra a comienzos de 1366), después de haber sido firmadas (el 31 de marzo de 1379) las paces con Navarra. En el ms. *Pa-adic.* (basado en **Pa'*), de

Sea como quiera, lo que sí puedo afirmar es que el ms. *S* no es el arquetipo de los textos que venimos estudiando; es más, ni siquiera se halla en la línea de sus antecesores. Se trata de una copia del traslado en pergaminos realizado en 1376 por Ruy Martinez de Medina de Rioseco y presenta, en toda su extensión, las características de la *Versión vulgata* [72].

Esta inesperada constatación nos obliga a suponer que lo añadido en *S* por una mano distinta (= *S-cont.*) fue copiado de otro manuscrito cuya versión de la *Crónica* era distinta a la contenida en el ms. *S*. De no ser así, tendríamos que considerar la doble subscripción del 28-III-1415 como una superchería del prototipo de *M, Ñ, ed. 1551*, toda vez que los textos donde figura no proceden, ni directa ni indirectamente, del ms. *S*. Pero no veo razón alguna para que se

---

que hablaremos en seguida, se lee lunes 29 de mayo de 1378 (era 1416). Lo más probable es que el rey muriera el «Lunes segundo dia de Pasqua de Çinquesma» (según dice la subscripción) del año 1379 (que cayó en el 30 de mayo), después de unos diez días de enfermedad (el 31 de mayo de 1379 comunicó Juan I la muerte del rey su padre a la villa de Madrid; a Murcia la noticia llegó el 2 de junio). Cfr. L. Suárez Fernández en R. Menéndez Pidal, *Historia de España*, XIV (Madrid, 1966), pp. 200-201, n. 184. Es de notar que los textos de la *Crónica* con doble subscripción fechan correctamente la primera subscripción en 1379, no en 1378 como insistentemente hacen *S-cont.* y *Pa-adic.*

[72] He comprobado que comparte las lecciones de *E* en V.38 [var. nº 1], VI.32 [nº 2], VIII.51 [nº 3], IX.15-16 [nº 4], X.39 [nº 5], XI.36 [nº 6], XV.26 [nº 7], XVII.27 [nº 8], XVII.33 (con la corrección «vna peña muy *alta* que...») [nº 9], XVIII.4 [nº 10], XVIII.8 [nº 11], XVIII.32 («e a golpes se tollo todo...»; cfr. ed. en c. XI), XIX.29 [n.º 12], XXV.12 [nº 13], XXVII.9 [n.º 14], XXVII.21 [nº 15], XXVII.25 [n.º 16], XXXV.55 [n.º 17], XXXVIII.7 [n.º 18], XXXIX.13 [n.º 19], XLIV.11 [n.º 20], LIII.26-27 [nº 21], LXXI.67 [n.º 22], CII. 12 [n.º 23], CII.25 [n.º 24], CII.52 [n.º 25] y CIV.2 [n.º 26]. El ms. *S* sigue concordando con la *Versión vulgata* y desconociendo las lecciones de *M* y textos emparentados hasta el final de la *Crónica* (en las páginas que siguen aduciremos un ejemplo procedente del último capítulo).

simulara esta genealogía: Si, teniendo delante el ms. *S*, se hubiera querido autorizar falsamente ese prototipo, más lógico habría sido el recurrir a la orden de Enrique II a Juan Núñez de Villazán y demás noticias del traslado de 1376, que el aludir a la copia de 1379.

Dejando a un lado este razonamiento, la hipótesis primera viene a ser confirmada por la estructura de otro manuscrito que sólo conocemos muy fragmentariamente: el ms. **Pa'*, que sirvió a un adicionador (*Pa-adic.*) para completar el ms. *Pa-orig.* (s. XV). En *Pa-adic.* volvemos a hallar reproducida la subscripción de Alfonso Fernández, acompañada de todos los aditamentos que añadió al ms. *S* el primer continuador (*S-cont.*): la noticia sobre el ordenamiento de Algeciras, el loor de la ciudad, la acción de gracias extensa (antes de la subscripción) y la lista de los muertos durante el cerco de Algeciras (después de la subscripción)[73]. Pero la importancia de *Pa-adic.* estriba en que su coincidencia con *S-cont.* no se extiende a lo escrito en *S* por la mano que copió el manuscrito original. Mientras *S* cuenta la entrada de Alfonso XI en Algeciras con las mismas palabras que los mss. *E* y *H* (*Versión vulgata*):

> «E otro dia domingo dia de Rramos el muy noble rrey don Alfonso con todos los perlados e rricos omes e todas las otras gentes que y eran entraron con muy grant proçesion e con los rramos en las manos en aquella çibdat de Algezira. E dixeronle la misa en la mesquita mayor, a que el rrey puso nonbre Santa Maria de la Palma. E, desque ouo oydo la misa, fue a comer e posar al alcaçar. E todos los de la hueste fueron a sus posadas que tenian en el rreal»,

---

[73] La subscripción es idéntica, casi, a la de *S-cont*, pero ofrece una importante variante en la fecha (cfr. n. 71). Sobre el ordenamiento y el loor de Algeciras véase la «Descripción de manuscritos».

Pa-adic. ofrece en este pasaje las numerosas variantes y amplificaciones que caracterizan a la familia de textos constituida por **G'* y *M, Ñ, ed. 1551, Q, O* [74]:

> «Otro dia domingo de Rramos este muy noble rrey don Alonso de Castilla e de Leon con todos los perlados e rricos omnes et todas las otras gentes que alli heran con el rrey entraron con muy gran proçesion et con los rramos en sus manos en aquella çibdad de Algeçira, loando y alabando el nonbre de nuestro señor Ihesu Christo e dando loores e graçias a el por el bien y merced que les façia e faria cabo adelante. Et dixieron le la misa y el ofiçio al rrey y a todas las otras gentes en la mesquita mayor, a que este rrey don Alfonso puso nonbre Santa Maria de la Palma, seyendo esta yglesia de Sancta Maria alinpiada e rrestaurada e rreconçiliada de las suçiedades del falso propheta Mahomad por los perlados que heran y con el rrey. Desque el rrey et los rricos omes et todos los otros cavalleros et gentes que heran y con el ovieron oydo la misa et fecha su fiesta de rramos, fuese el rrey don Alfonso de Castilla a comer et a posar al alcaçar de la dicha çibdad, et todos los de la hueste fueron a sus posadas que tenian en el rreal» (ff. 301 v-302).

Podemos, por tanto, afirmar que el texto copiado entre el 4 de abril y el 16 de septiembre de 1379 (o 1378) por Alfonso Fernández, cumpliendo órdenes de Alfonso García de Cuellar, no es el transcrito en *S*, sino el utilizado por *Pa-adic.* y el que se refleja en la familia **G', M, Ñ, ed. 1551, Q, O*.

A primera vista, el estudio del ms. **Pa'* debería resolver el problema de la identificación del texto de 1379 con una de las mutaciones básicas, sufridas por la *Crónica*, que hemos venido estudiando. Sin embargo, no es así. Ante todo, hay que tener en cuenta que *Pa-adic.* sólo comprende 83 folios,

---

[74] *CrAºXI*, CCCXL.90-92. *Pa-adic.* no se emparenta con ninguno de estos textos en particular. Las palabras «con el rrey», «y el ofiçio al rrey y a todas las otras gentes», «e rrestaurada», «de Castilla» son adiciones exclusivas de *Pa-adic.*

distribuidos muy desigualmente a lo largo de la *Crónica*, y por tanto que nos son desconocidos muchos de los pasajes de **Pa'* esenciales para estudiar el parentesco entre los manuscritos. Otro obstáculo no menos grave es el carácter del propio ms. **Pa'*, pues según mis observaciones debía ser un manuscrito mixto: Su parentesco con la familia **G, M, etc.* es evidente en las secciones 29, 31 y 33 (cerco de Algeciras) de *Pa-adic.* y también en los cuatro folios de la sección 13 (hacia el final de la minoría) [75]; pero anteriormente, en las secciones 1, 3, 5, 7, 9 y 11 de *Pa-adic.*, el ms. **Pa'* no se deja clasificar como emparentado con **G', M, etc.*, sino como un descendiente de la *Versión vulgata* que incluso participa de varios de los errores característicos de *E* [76]. Resulta, por

---

[75] En XXXV.55 [nº 17] **Pa'* no compartía el error particular de *E* («...ayunto en Madrid todos los de la su tutoria...»). Más significativo es que al final de XXXVI, después del anuncio de cambio de capítulo, incluya la noticia (ajena a la *Versión vulgata*) «Y en este año murio en França el rrey don Felipe el quarto, que llamaron el Grande y el Bel, et murio andando al monte, et cayo de vn cavallo et metio sele el pie en el estribo et no lo pudo sacar y lebantose el cauallo con el y arrastro lo en tal manera que murio. Et rreyno luego en pos el su fijo el rrey don Felipe el quinto en França. Et avia rreynado el rrey don Felipe el Bel en França treynta et çinco años» (*Pa*, c. XXXI, f. L). Este pasaje, basado en información proporcionada por la misma crónica en otra parte, figura en **G'* y *M* (el ms. *N* ya ha acabado). El capítulo siguiente (f. L vuelto) comienza con el anuncio de un nuevo año de reinado (contra la *Versión vulgata*, que en la menor edad de Alfonso XI deja de señalar el comienzo de los años posteriores al 4º) fechándolo «deçeno año», 1357 = 1319. *G* y *M* inician aquí también año de reinado (que *G* llama «año trezeno» y fecha en 1360 = 1322 [corregido?] y *M* «XI año» y fecha en 1359 = 1321 [contra su propia cronología anterior]).

[76] No sabemos cómo empezaba **Pa'*; pero sí que incluía, al igual que la *Versión vulgata*, el año 15º de Fernando IV. En los capítulos del reinado de Fernando IV la división de capítulos y las variantes de *Pa-adic.* coinciden sistemáticamente con las de la *Versión vulgata*,

tanto, imposible saber si *Pa'* pertenecía a la etapa de evolución de la *Crónica* representada por el prototipo de *N*, **G'*, *M*, o a la etapa representada por el prototipo particular de **G'*, *M* [77].

En fin, las subscripciones nos descubren tres momentos en la transmisión del texto:

1. «Libro original Coronica» de Alfonso XI.

2. «Libro» escrito por Alfonso Fernández, cumpliendo órdenes de Alfonso García de Cuellar, 4-IV/16-IX-1379.

3. «Libro» acabado de trasladar el 28-III-1415.

---

contra *N*, F_1. Más adelante omite en IX.10-11, de acuerdo con la *Versión vulgata*, el pasaje referente a la entrada en Alba del infante don Pedro que figura en *N*, F_1, *G*, *M* (cfr. n. 5 de c. VII) y desconoce, al final de XXIX, la noticia sobre las campañas y muerte de Ysmael rey de Granada, que se halla en *N*, *G* (cfr. atrás, VII, *d*). Tampoco incluye el párrafo añadido por *G*, *M* en XVIII.71 (que *N* sitúa en otro lugar), ni contiene las aclaraciones y peculiaridades de redacción características de la familia **G'*, *M*, *etc.* Probablemente el texto de la *Versión vulgata* utilizado en esta parte era un descendiente de *E*, pues *Pa-adic.* comparte los errores de este manuscrito en IX.15-16 [nº 4], X.39 [nº 5] y XVIII.4 [nº 10] y sólo es correcto en XVIII.8 [nº 11] («Alcaudete») y XXV.12 [nº 13] («Alfonso Suarez de Deça»), variantes poco significativas.

[77] Gracias a *Pa-adic.* nos consta que la versión de 1379 contenía las adiciones de *N*, **G'*, *M*, *etc.* basadas en la crítica interna de la *Crónica* y las amplificaciones retóricas de **G'*, *M*, *etc.* (en secciones donde falta ya *N*); pero no sabemos si incluía o no los pasajes derivados de la *Gran Crónica* que caracterizan a la familia **G'*, *M*, *etc.* (frente a *N*, F_1).

A su vez, las relaciones entre los manuscritos conocidos nos obligan, según hemos venido viendo, a construir el siguiente diagrama:

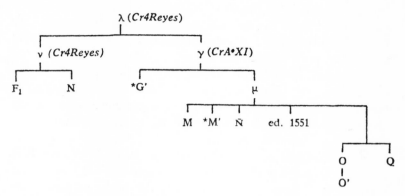

Pero, al no poder colocar a *Pa'* en el cuadro, no está claro si el libro 2 es γ o anterior a γ, ni si el libro 3 se identifica con μ o con γ.

Cabe argumentar que, si el «libro original» de donde se sacó el de 1379 era una crónica de Alfonso XI separada de las crónicas de los reinados anteriores, como parece deducirse de la primera subscripción, ese «original» no puede identificarse con el prototipo de *N*, F_1, *G'*, *M*, etc. que era una *Crónica de cuatro reyes*, sino con el arquetipo de *G'*, *M*, etc. Entonces, si admitimos que ese arquetipo tenía ya todas las características del prototipo de *G'*, *M*, etc[78], los pasajes

---

[78] Naturalmente, ello no es necesario. Entre el prototipo de *N*, F_1, *G'*, *M*, etc. y el de *G' M*, etc. pudo haber varios estados de la *Crónica* y la segregación de la *Crónica de Alfonso XI* de la *Crónica de cuatro reyes* ser anterior a la adquisición de las restantes características del prototipo de *G'*, *M*, etc. Por lo pronto, gracias a *Pa-adic.* y a *S-cont.*, nos consta que la incorporación de los capítulos derivados de la *Crónica de Pedro I* es posterior a la inclusión de la lista de caídos ante Algeciras y ajena al «libro» de 1379. Esto último es bien

tomados de la *Gran Crónica* y las aclaraciones respecto a los personajes, etc. serían anteriores a 1379 (dato de suma importancia), y el «libro» escrito por orden de Alfonso García de Cuellar y el traslado de 1415 serían copias más o menos fieles [79] de esa versión de la *Crónica de Alfonso XI*. Pero, por otra parte, la introducción de clarificaciones respecto a la personalidad de los actores de la historia, característica del prototipo de *G'*, *M*, etc., parece más propia de un cronista de tiempo de Juan II, deseoso de facilitar la identificación de personajes no contemporáneos, que de un cronista de tiempo de Enrique II. Si así fuera, tendríamos que atribuir la subscripción de 1415 al formador de ese prototipo, y considerar que el «libro» escrito por Alfonso Fernández, cumpliendo el mandato del escribano de cámara de Enrique II y Juan I, y el «original» de donde éste procede conservaban inalterado el texto del prototipo de *N*, *F*₁, *G'*, *M*, etc. [80]

En fin, dado el estado actual de mis conocimientos, no puedo asignar las fechas de 1415 y de 1379 (o 1378) a tipos bien definidos de la historia de Alfonso XI, a pesar de que una y otra se relacionan indudablemente con la formación de la versión del ms. *M* y textos con él relacionados.

---

lógico pues, según parece, la *Crónica de don Pedro* no fue escrita o finalizada por el Canciller Ayala hasta después de 1393 (matrimonio de Enrique III y Catalina de Lancáster) y su primera redacción no debe ser anterior a 1383. Es, pues, seguro que el prototipo de *G'*, *M*, etc. no es el «libro» de 1379, pero es posible que las principales características de ese prototipo (como la inclusión de pasajes de la *Gran Crónica*) se hallaran ya en el «libro» de 1379.

[79]   En tal caso, el traslado acabado el 28-III-1415 podría ser el prototipo de *M*, *M'*, *Ñ*, *ed. 1551*, etc. y responsable de la omisión del año 10° y demás rasgos de esta sub-familia.

[80]   Aunque hubieran ya segregado la *Crónica de Alfonso XI* de la *Crónica de cuatro reyes* (cfr. n. 78).

k) EL REINADO DE ALFONSO XI EN LA «CRÓNI-
CA DE CUATRO REYES» NO DERIVA DEL MS. E

A pesar del extraordinario interés que para la historia de
la *Crónica* y de la *Gran Crónica de Alfonso XI* tiene la versión representada por los mss. *G'*, *M*, etc., el texto de mayor
importancia para estudiar la formación de la *Crónica* es la
Crónica de cuatro reyes, prototipo de esa versión y de los
mss. *N*, *F₁*. Si dejamos a un lado los pasajes tomados de la
Gran Crónica, las más llamativas singularidades de la *Versión *G'*, *M*, etc.* proceden todas de esa obra anterior. La
necesidad de un estudio comparativo del reinado de Alfonso XI en la *Crónica de cuatro reyes* y en la *Versión vulgata*
de la *Crónica de Alfonso XI* resulta patente una vez que
sabemos que ese arquetipo de *N*, *F₁*, *G'*, *M*, etc., tan diferen-
ciado de la *Versión vulgata,* no deriva del ms. *E* de la *Crónica de Alfonso XI.*

Pero antes de acometer esa confrontación, debemos examinar con algún detalle otros manuscritos de la *Crónica de
Alfonso XI* independientes del ms. *E.*

VIII

LA *VERSIÓN DE 1489* DE LA *CRÓNICA DE ALFONSO XI* Y LA *VERSIÓN VULGATA*

a) EL MS. F A LA LUZ DEL MS. H

Otro texto independiente del ms. *E* de caracteres muy singulares es el ms. *F*, que se acabó de copiar el 20-III-1489 [1]. Se trata de una *Crónica de cuatro reyes* (Alfonso X, Sancho IV, Fernando IV, Alfonso XI). Según ya hemos dicho, sus capítulos finales del reinado de Fernando IV (años 15.° y 16.° del reinado) y sus primeros capítulos del reinado de Alfonso XI (hasta el c. II, según la capitulación del ms. *F* = c. XI de *CrA°XI*) se relacionan íntimamente con los correspondientes del ms. *N*, que también es una *Crónica de cuatro reyes*. Más adelante desde el c. III (= c. XII de *CrA°XI*), el ms. *F* reproduce la bien conocida *Versión vulgata* de la *Crónica de Alfonso XI* [2]; pero no por ello deja de ser inte-

---

[1] «Acabose de escreuir esta estoria Viernes XX dias de Março año de MCCCCLXXXIX años».

[2] Sobre el comienzo del reinado de Alfonso XI en el ms. *F*, véase atrás VII, *a*, especialmente la n. 5. La coincidencia de *F* con la familia *N, M* cesa en el año 3° del reinado (*CrA°XI*, XI). A partir de *CrA°XI*, XII, *F* se halla más cerca de *E*, que de *N, M*. La divergencia de *F*

resante. Si comparamos la *Versión de 1489* con el texto regio de 1376, saltan a la vista toda una serie de diferencias: El ms. *F* intentó completar la historia de Alfonso XI más allá del final tradicional de la *Crónica* (regreso de Alfonso XI a Tarifa, jueves 8 de abril de 1344), adicionando un loor de Algeciras [3] y siete capítulos (cc. CCCXL-CCCXLVI) referentes a los últimos años (1344-1350) del reinado [4]. Más extraña que la incorporación de estos aditamentos finales [5] es la pre-

respecto a *N*, *M* se hace patente desde el comienzo del capítulo, pues *N*, *M* inician aquí el año 4º, mientras *F* (igual que *E*) reserva el cambio de año para *CrAºXI*, XIV (que en *N*, *M* es ya el año 6º); la frecuente oposición, a lo largo del capítulo, entre *E*, *F*, de una parte, y *N*, *M*, de otra, en variantes de mayor o menor importancia, nos confirma que *F* ha cambiado de modelo. En realidad, el cambio ha debido producirse en medio de *CrAºXI*, XI, antes de .41 (y, quizá, antes de .34), pero después de las indicaciones cronológicas. Una vez que *F* se aparta de *N*, *M*, no vuelve a utilizar para nada su versión de la *Crónica*.

[3] Como la *Versión vulgata* (cfr. atrás, pág. 183), el ms. *F* (folio CCLXXII, mod. 276, col. *a*) dice: «E el rrey don Alfonso moro en Algezira fasta que paso la Pascua. E el Jueues de las Ochauas partio dende e fue a Tarifa, por que las gentes non querian salir de la çibdad e estoruauase el avezindar de los vezinos que auian de quedar en la villa. En todo este tienpo venian los moros de su rreal al de los christianos y eso mismo yuan los christianos a su rreal dellos por la tregua que estaua puesta e yuan seguros e venian los vnos e los otros». Pero, a continuación, añade otras noticias sobre la organización de la ciudad y un loor de Algeciras, y acaba contando cómo el rey moró en ella dos meses y después partió para Sevilla. Transcribo toda esta adición en la «Descripción de manuscritos», así como los pasajes similares de los mss. *S* (de mano de un adicionador), *Pa-adic.* y *Ch*.

[4] El c. 340 contiene la lista de los que murieron en el cerco de Algeciras. El 341 está dedicado a las cortés de Alcalá. Los cinco restantes (342-346) se refieren al cerco de Gibraltar y a la muerte, entierro y segura salvación de Alfonso XI. Véase, para más detalles, la «Descripción de manuscritos».

[5] Aunque singular en algunos aspectos, toda esta sección final del ms. *F* se asemeja grandemente a la de muchos otros manuscritos que tratan de completar la *Crónica* hasta el fin del reinado.

sencia en el interior de la *Crónica* de algunas noticias que no figuran en ningún otro manuscrito de la *Crónica de Alfonso XI* o de la *Gran Crónica*. Por último, llama nuestra atención el que la *Versión vulgata* del ms. *F* contenga las pequeñas frases omitidas por el ms. *E*, de que arriba hemos hablado, y ofrezca lecciones correctas donde el ms. *E* las tiene erróneas [6].

Estas importantes diferencias entre la *Versión de 1489* y la copia hecha por Ruy Martínez de Medina de Rioseco para el tesoro de Enrique II en 1376 no tienen todas un mismo origen. Nos lo aclara la comparación del ms. *F* con un manuscrito anterior, el ms. *H*. Este ms. del s. xv es, en apariencia, una «Crónica de cuatro reyes»; pero, en realidad abarca dos obras distintas copiadas con independencia [7]: Los

---

[6] XV.26 «E llego a tres leguas de Granada e echose en çelada e enbio correr a Granada, cuydando...» [nº 7]; XVII.27 «picos e açadones» [nº 8]; XVII.33 «vna peña muy fuerte que dezian Peña Negra» [nº 9]; XVIII.4 «...que la tomarian e dende que yrian a Montexicar e que la tomaria, e non...» [nº 10]; XVIII.8 «para Alcabdete» [nº 11]; XIX.29 «de quien ella mucho fiaua» [nº 12]; XXV.12 «Alfonso Suarez de Deça» [nº 13]; XXVII.9-10 «e don Juan dixole que lo queria fazer» [nº 14]; XXVII.21 «e eso mesmo don Lope» [nº 15]; XXVII.25 «...puestos a don Fernando e a don Lope» [nº 16]; XXXV.55: «...ayunto en Madrigalejo todos los de la su tutoria» [nº 17]; XXXVIII.7 «amanesçio a la puerta de la çibdad de Segouia» [nº 18]; XXXIX.13-14 «...estauan en la carçel del rrey fueron alla e quebrantaron las cadenas e sacaron...» [nº 19]; XLIV. 11 «e maestre Pedro que era chançiller por el arçobispo de Toledo. E este maestre Pedro fue despues...» [nº 20]; LIII. 26-27 «...tan buenos commo Garci Lasso. Quanto mas que este Aluar Nuñez era en la casa del rrey mas poderoso que Garci Lasso. E sy Garcilasso...» [nº 21]; LXXI.67 «e en esta postura fue el alcayde de Toro que tenia el alcaçar por el conde Aluar Nuñez tanbien commo el alcayde de el alcaçar de Çamora» [nº 22]; CII.12 «el semoyo e el boy de março» [nº 23]; CII.25 «en la otra tierra del su señorio» [n.º 24]; CII.52 «e seyendo desposado» [n.º 25]; CIV.2 «en su seruiçio non podia» [nº 26].

[7] El ms. *H₁*, que incluye el reinado de Fernando IV completo (dividido en los 16 años que esta obra erradamente le atribuye),

reinados de Alfonso X a Fernando IV pertenecen efectivamente a una *Crónica de cuatro reyes* (= H_1); pero la *Crónica
de Alfonso XI* que se copia detrás es una obra aparte (=
H_2)[8]. A diferencia de *F*, la *Crónica de Alfonso XI* del ms. H_2

consta de cuadernos de 10 folios, salvo el último que tiene 14; el ms.
H_2, que vuelve a incluir el año 16 de Fernando IV, consta de cuadernos de 12 folios, excepto el último (formado por: talón, 6/6, fol.
y otro folio, al parecer, suelto).

[8] Basta observar lo siguiente: Las variantes de los tres últimos
capítulos de la *Crónica de cuatro reyes* (que comienzan: «En el quinzeno año...», «Viernes treze dias de Agosto encaesçio la rreyna doña
Costança...» y «En el mes de Abril que començo el diez e sezeno...»)
coinciden con las del ms. *N;* en cambio, las del «diez e sezeno año»
del reinado de Fernando IV incluido en la *Crónica de Alfonso XI,*
que sigue a continuación, concuerdan con las del ms. *E* y demás
representantes de la *Versión vulgata* de esta *Crónica* (no con las del
ms. *N*). A modo de ejemplo, confrontaré algunas variantes de H_1 y
de H_2 en el trecho que tienen en común: «En el mes de Abril que
començo el diez e sezeno años del rreynado deste rrey Fernando...
era de vn mill e trezientos e quarenta e ocho años... vn mill e trezientos e diez años. E desque las Cortes fueron ayuntadas dixoles
commo...» H_1, «En el diez e sezeno año del rreygnado deste rrey don
Fernando... era de vn mil e trezientos e quarenta e siete años... en
vn mill e CCC e IXe años, vinose el rrey don Fernando para Valladolid e mando ayuntar alli todos los omes buenos de su tierra a Cortes
en el mes de Abril en el diez e sezeno año del su rregnado deste
rrey don Fernando de la dicha era, e dixoles en como...» H_2; «...caliente que aquel moço era fijo de don Sancho, e que si se non quemase, quel rrey dexaria...» H_1, «...caliente, e si se non quemase, que
el rrey que dexaria...» H_2; «que dezian» H_1, «al qual cauallero dezian»
H_2; «traxo muy grand llanto por el. E este rrey don Fernando naçio
en el mes */laguna/* de Setienbre de la era de mill e trezientos e
quarenta e ocho, assi que fue el tienpo que biuio veynte e quatro
años e nueue meses; e començo a rreynar a veynte e seys dias de
Abril en la era de mill e trezientos e treynta e tres años, e fino a
siete dias andados de Setienbre era de mill e CCC^{os} e quarenta e
ocho años */laguna/* e quatro meses e honze dias. En parayso sea
la su anima. Amen» H_1 «...fizo muy gran llanto por el. E tomo luego
a la ora el pendon del rrey e llamo rrey al infante don Alfonso su
fijo primero e heredero deste rrey don Fernando que dexo en
Auila» H_2.

comienza en el «diez e sezeno año» del reinado de Fernando IV y acaba en el mismo punto que el texto de Rioseco (jueves 8 de abril de 1344) [9], sin el loor de Algeciras ni los capítulos adicionados referentes al período 1344-1350; y en toda su extensión es una *Versión vulgata* (sin la menor influencia de la familia *N, M*). También son ajenas al ms. *H* las noticias exclusivas del ms. *F* a que antes hemos hecho alusión. Y, sin embargo, la hermandad de los mss. *H* y *F* es evidente: No sólo coinciden en no participar de las lagunas y errores que caracterizan al ms. *E* y sus derivados [10],

[9] «*Aqui comiença la Coronica del muy noble rrey don Alfonso el Onzeno, que comiença en la muerte del noble rrey don Fernando su padre.* En el diez e sezeno año del rreygnado deste rrey don Fernando...». (Destaco en *cursiva* la letra roja de los titulares del manuscrito.) El final de la crónica es en todo idéntico al de la *Versión vulgata*: «E este rrey don Alfonso moro en Algezira fasta que passo la Pascua. E el Jueues de las Ochauas partio dende para yr a Tarifa, por que las gentes no querian salir de la çibdat, nin podian dar vezindat a los vezinos que avyan y de fincar e de morar. E en todo este tienpo los moros venian al su rreal de los christianos e esso mismo los christianos yuan al su rreal por las treguas que eran puestas, e yuan seguros los vnos de los otros. A Dios e a Sancta Maria demos gracias. Amen» (en la última línea de la col. *d* del último fol.).

[10] El ms. *H* carece de los errores de *E*: VI.31-32 «que fueron» [nº 2]; VIII.51 «estudo y» [nº 3]; IX. 15-16 «acordados ellos e el infante don Joan e don Joan Nuñez e todos los de la tierra, ca tal pleito e omenage auyan fecho. E la rreyna doña Costança e el infante...» [nº 4]; X.39 «...vino, vyeron se el e el infante don Ioan al monesterio de Palaçiuelos» [nº 5]; XI.36 «esa tierra» [nº 6]; XV.26 «...de Granada e echose en çelada e enbio correr a Granada cuydando...» [nº 7]; XVII.27 «picos e açadones» [nº 8]; XVII. 33 «vna peña muy fuerte que dizyan...» [nº 9]; XVIII.4 «...tomaria e dende que yria a Montexicar e que la tomaria e non...» [nº 10]; XVIII.8 «Alcaudete» [nº 11]; XIX.29 «ella» [nº 12]; XXV.12 «Alfonso Suarez de Deça» [nº 13]; XXVII.9-10 «que lo queria fazer» [nº 14]; XXVII.21 «don Lope» [nº 15]; XXVII.25 «e a don Lope» [nº 16]; XXXV.55 «ayunto en Madrigalejo todos...» [nº 17]; XXXVIII.7 «amanesçio a la puerta de la çibdat de Segouia» [nº 18]; XXXIX.13 «...e estauan

sino que tienen en común notorios defectos [11]; por otra parte innumerables variantes comunes de mayor o menor importancia, confirman la estrecha relación entre ambos textos. Antes de examinar las características de la *Versión vulgata* contenida en los mss. *H* y *F*, creo de interés aclarar el origen de las más extrañas peculiaridades de la *Versión de 1489*.

en la cadena del rrey, fueron a la carçel e quebrantaron la cadena e sacaron...» [nº 19]; XLIII.29 «que los males que fazyan en la tierra eran tantos que por aquello se hermarian»; XLIV.11 «e maestre Pedro que era su chançeller por el arçobispo de Toledo. E este maestre Pedro fue despues...» [nº 20]; LIII.26-27 «...tan buenos e tan poderosos como Garçilaso. Quanto mas que este Aluar Nuñez era en la casa del rrey mas poderoso que Garçilaso. E si Garçi lasso o otro alguno...» [nº 21]; LXXI.67 «E en esta postura fue el alcayde que tenya el alcaçar de Toro por el conde Aluar Nuñez tan byen como el que tenya el alcaçar de Çamora» [nº 22]; CII.12 «demas de los otros pechos foreros que dezyan ellos el semoyo e el boy de março» [nº 23]; CII.25 «en la otra tierra del...» [nº 24]; CII. 25 «e seyendo desposado el infante...» [nº 25]; CIV.2 «...en su seruiçio non podia, ca don Joan...» [nº 26].

[11] Aparte de la variante, ya citada, «ayunto en Madrigalejo» (XXXV. 55, frente a «...en Madrid» *I, M* [n.º 17]; cfr. arriba n. 7 de c. VI), pueden servir de ejemplo las anotadas en «Mi edición» (cfr. adelante, en el c. XI): en *CrAºXI*, XIV.2-4 *H, F* omiten la cronología; en XV.6, donde el ms. *E* explica correctamente cómo el infante don Juan decide no ir a la frontera y disuade a otros de hacerlo («...luego el partio la su yda, et de don Joan su fijo et al jnfante don Felippe, para la frontera a la guerra de los moros...»), los mss. *H, F* entienden todo al revés (por culpa de la extraña redacción del pasaje) y cuentan «luego partio dende e la su yda e don J. su f. e el i. don F. fue para la f. a la g. de los m.» *H* > «partio luego dende para la f. a la g. de los m. e yua con el don I. su f. e el i. don F.» *F;* en XVIII.14 *H, F* omiten «et otro dia fueron a Moclin». Los ejemplos podrían multiplicarse. Citaré sólo uno muy llamativo: tanto *H* como *F* ofrecen una gran laguna entre XXII.18 y XXIV.11 «...por lo leuar mas a vna parte que a otra / Don Juan fijo del infante don Manuel (Don Juan Manuel *F*) enbargole la yda diziendo que si (sy *F*) el se fuesse (-se *F*) alla que se iria (yria *F*) el de la otra parte...».

El ms. *F* refiere el asesinato del Conde Alvar Núñez con las siguientes palabras (f. CLX ant. = 165 mod.):

> «Dicho auemos en esta estoria de commo este rrey don Alfonso de Castilla e de Leon auia enbiado demandar al conde Aluar Nuñez que le diese e entregase los castillos e alcaçares que del tenia en omenaje. E Rramir Florez de Gusman, por mandado del rrey, cato manera commo matase al Conde, *e matole en Beluer estando el Conde asentado en el seruidor fablando con el.* E enbiolo dezir al rrey que estaua en Valladolid».

El detalle naturalista falta en los restantes manuscritos de la *Crónica* que dicen simplemente (palabra más, palabra menos) como el ms. *H₂*:

> «Dicho auemos en esta estoria de como este rrey don Alfonso de Castilla e de Leon auya enbyado demandar al Conde Aluar Nuñez que le dyesse e le entregasse los castillos e alcaçeres que del tenia por omenage. E Rramir Flores de Guzman, por mandado del rrey, cato manera como mato aquel conde Aluar Nuñez. E enbyo luego al rrey sus cartas que era en Valladolid en que le enbyo a dezir de commo el Conde era muerto».

En mis estudios de los años 50 me incliné a considerar el detalle consignado por el ms. *F* como históricamente auténtico, en vista del comentario de Rodrigo Yáñez en el *Poema de Alfonso XI* (1348):

> En Beluer, castillo fuerte,
> y lo mataron syn falla.
> En commo fue la ssu muerte

la Estoria sselo calla.
Mataron lo syn guerra
et syn caualleria.
El rrey cobro su tierra
que le forçada tenia.

y deduje: «El pudor literario fue evidentemente la causa del silencio del *Poema* y de las más prestigiosas versiones de la *Crónica*»[12].

Hoy puedo, sin embargo, afirmar que la primitiva redacción de la *Crónica de Alfonso XI* no descendía a tratar el cómo y el dónde Ramir Flórez cumplió su traicionera misión, y que el detalle naturalista, responda o no a la realidad de lo ocurrido[13], procede en el ms. *F* de una fuente particular.

Ante todo, conviene poner en relación esta noticia con otras que el ms. *F* consigna, fuera del cuerpo de la *Crónica*, en una nota marginal, pues esta y otras notas similares fueron escritas, con gran esmero, por la misma mano que el texto y, sin duda, al mismo tiempo que copiaba la *Crónica*:

«Nota tu que lees e [mira] el juyzio de Dios, que en el lugar de Beluer, e [avn] dizen los viejos que en [aque]lla casa a do mato [Rra]mir Florez de Gu[zman] al conde don Alua[r Nuñez] en aquella misma ca[mara e] lugar aseguro el conde Aluar Nuñez a don Iohan fijo del ynfante don Juan quando so su seguridad se fue con el a Toro a do lo mataron otr[o dia] que ay llego. Y este Rramir Florez, despues que hecha esta trayçion non lo queria el rrey ver en su casa, e deziale muchos denuestos por lo [?] della. En fin mandole que en toda su vida non

_____

12 *Un prosista anónimo*, pp. 179-181.
13 La *Crónica de 1344* (ms. *U*, c. 453) y la *Historia en Décadas* (*R*, f. 272 *r-v*) cuentan una versión del asesinato muy diferente: Ramir Flores habría dado muerte al Conde dándole con un palo o maza en la cabeza y arrojándole del muro de Belver abajo. Véanse los textos aquí arriba, c. III, *c*, pp. 93-94.

saliese de Villa Vellid so pena de muerte. E mando que qual quiera que lo tomase fuera de all[i que lo] matasse syn pena ninguna. E su hermano Pero Nuñez de Guzman, por esta maldad que hizo, las calderas que trayan por armas, traya negras, el e todos los que del vinieron hasta agora que Gonçalo de Guzman las torno a poner commo primero las trayan los de su li-[naje]. Esto es asy verdad, por quel mesmo Gonçalo de Guzman lo conto al que aqui lo escriuio (*y, añadido de otra letra*): Yo Sancho de (?)» [14].

Esta nota marginal tiene también algunos puntos de contacto con el *Poema de Alfonso XI* [15]. Pero la versión del asesinato del Conde por Ramir Flórez de Guzmán característica del ms. *F* sólo se halla completa, que yo sepa, en una curiosa *Summa breve de todos los Reyes que ha avido en Leon y Castilla, començando por el Rey don Pelayo y asy subçessiva mente hasta el Rey don Johan segundo deste nonbre* [16], de mano de cierto caballero, alcaide de la fortaleza de La Guardia (Toledo), por el arzobispo don fray Francisco Ximénez de Cisneros, en el año 1497 [17]:

---

[14] Está emborronado y no logro leer el resto: Seguorbe (?), Leyconde (?).

[15] Las estrofas 320-321 subrayan el «juicio de Dios» que llevó a morir al Conde, víctima de una traición, en el mismo lugar que había traicionado a don Juan el Tuerto: «Todo el mundo fablara[n] / de commo lo Dios conplio: / Donde tiro a don Iohan / este Conde ally morio; // en Beluer, castillo fuerte, / y lo mataron syn falla...».

[16] Ms. *10652* (ant. *Ii-131*) de la Biblioteca Nacional, Madrid.

[17] El autor consigna estos datos al hablar, en nota marginal (al f. 43), del Cardenal Albornoz: «...Este Cardenal hizo y docto de grandes rrentas el estudio de Boloña, que fue vna muy sunptuosa y magnifica obra y muy provechosa y onrrosa a la nasçion castellana. Mando hazer asy mismo el aposentamiento de la fortaleza de La Guardia, de do es alcayde el que esto escriuio de su mano, por don fray Francisco Ximenez arçobispo de Toledo [cardenal d'España]». Lo que pongo entre corchetes fue añadido posteriormente de la misma letra, después de borrar dos líneas que se leen con dificultad:

(Juan Martinez de Leiva y el almirante procuran la muerte del ex-privado de Alfonso XI y) «supieron tener tal forma, que le paresçio a Rramir Florez que el rrey gelo / mandava, lo qual el no mando, ni mandara por cosa del mundo, por que el lo queria muy bien. Y asy fuese Rramir Florez a Beluer, mostrando desagrado del rrey, y assento con el Conde y besole la mano por señor. Y el Conde diole luego la tenençia de la fortaleza de Belver. Y siendo su alcayde y privado, vna noche, despues de ser ydos todos, quedando el Conde solo en el castillo, estando en el baçin hablando con Rramir Florez, el y otros suyos que estauan establesçidos para aquello, mataronle muy rruin mente. Y hizolo luego saber al rrey que estaua en Valladolid. Y el rrey vino luego a Belver y de alli a Tordehumos; y tomo todo el thesoro que el Conde alli tenia y lo que tenia en Sant Rroman. Y de alli de Tordehumos, enbyo por el cuerpo del Conde; y diolo por traidor, por quanto no le avia entregado las fortalezas quando gelas demando, y mandole quemar. Y fue quemado en el çerro de Santa Christina, y tomole el rrey todo quanto tenia. Y aquellos privados hizieron con el rrey que diese a Rramir Florez a Belver y Cabreros y la villa de Vellido que se llama Villa Vellid. Es de saber que al rrey no plugo de la muerte del Conde, y a esta causa no queria ni podia ver a Rramir Florez. Y algunas vezes dezia el rrey con los rricos onbres con que hablava, commo en manera de burla, que el les daria vn muy buen alcayde para sus fortalezas, conviene a saber Rramir Florez de Guzman. Y sy alguna vez venia a la corte, en saliendo el rrey de su palaçio paravase, viendo a Rramir Florez y deziale: Rramir Florez, passa delante, que vos no soys para yr a espaldas de rrey. En fin mandole que se ençerrase en su Villa Vellid y que no saliese della so pena de muerte, y que qualquier que le tomase fuera della lo pudiese matar sin pena. Y alli bivio grand tienpo, hasta que Pero Nuñez de Guzman su hermano, señor de Aviados, que era muy buen cauallero, con lastima suplico al rrey que le diese liçençia que vendiese lo suyo y se pasase a Toledo, por que no queria verle en el rreyno de Leon; y ansy nunca en su vida le vido. Y por que ay vna ley en los casos de trai-

---

«...de primero al **Ylustrisimo Señor don Pedro Gonçalez de Mendoça** cardenal d'España de gloriosa (?) memoria en el año **1497**».

çion que dize que lo que en el rrey es traiçion, en el cauallero sea aleve, hizo este rrey don Alfonso vna ley en que mando que qual quiera que matase su señor o le vendiese fortaleza o durmiese con su muger, que fuese traiçion, como sy al rrey lo hiziese. Y por que en el rreyno de Toledo ay muchos Guz/manes, aveys de saber que no vienen todos deste Rramir Florez, salvo del buen don Alfonso Perez de Guzman que defendio a Tarifa de los moros muy esforçada mente y dio su cuchillo propio para que con el matasen a su hijo antes que entregar la villa; asy mismo vienen de Pero Nuñez de Guzman su hermano de Rramir Florez, el qual por lastima y luto de lo que su hermano avia hecho, las calderas que traia de oro, mudo las negras; y asy las truxeron sus desçendientes, hasta que Gonçalo de Guzman, señor de Toral, padre de Rramir Nuñez de Guzman que agora bive, las torno a traer de oro commo antes // *y mira que son los juizios de Dios, que el Conde Alvar Nuñez engaño a don Johan el tuerto en Belver, para levarlo a Toro do el rrey lo mato, y le beso la mano y se torno su vasallo, y asy en aquel mismo lugar vino a el Rramir Florez y en la camara do el Conde beso la mano a don Johan en ella misma le dio Rramir Florez la muerte; y sy por su consejo le dio el rrey por traidor, asy por consejo de los otros privados aquel mismo le dio por traidor a el y mas le mando quemar ençima; pues sy Garci Laso commo se presume, cupo en su muerte, asy lo mataron a el villanos en Soria y despues el rrey don Pedro mando matar a su hijo Garci Laso en Burgos. Por ende, los que privais etc.*

Para mejor precisar la evidente relación entre estos dos textos historiográficos conviene fijarse en las declaraciones del formador del ms. de 1489 y del alcaide de la fortaleza de La Guardia en 1497: El anotador del ms. *F* consigna muy explícitamente que la historia de los cambios introducidos por los Guzmanes en sus armas no procede de una fuente escrita, sino de un informe particular que obtuvo de Gonzalo de Guzmán. Y, sin embargo, la noticia reaparece en la *Summa breve*. A su vez, el alcaide se preocupa en distinguir entre el texto cronístico («La qual summa yo saque çierta de las coronicas, sy çiertas son»), las notas sacadas de otras fuentes («con algunas cosas otras que yo he hallado fuera dellas conpuestas por algunos escriptores, las quales yran puestas en las margines») y sus comentarios personales («*y lo que yra señalado desta rraya sera lo que yo digo con mi poco saber*») [18]: por tanto, debemos considerar como observación personal del autor el pasaje que comienza «y mira que son los juizios de Dios...», pues se halla cuidadosamente subrayado. No obstante, todo el comienzo de este pasaje se halla en la nota del ms. *F.*

Vistas las declaraciones de los formadores de uno y otro texto, la coincidencia entre los aditamentos que caracterizan al ms. de 1489 y las noticias y comentarios de la *Summa* de 1497 sólo se puede explicar suponiendo que el alcaide de la fortaleza de La Guardia y el anotador del ms. *F* son una misma persona.

El examen de otras peculiaridades de las dos historias confirma el parentesco de los dos textos y no proporciona ninguna especial dificultad que nos obligue a rechazar esa hipótesis. El anotador del ms. *F* se queja (f. CXXXIV v, mod. 239 v):

> «Muchas cosas buenas faltan en esta Coronica que estan escriptas en otras coronicas deste mesmo rrey don Alonso, en las quales se lee e se halla que teniendo çercada este rrey esta villa de Alcala la Rreal, el arçobispo de Toledo tenia çercada la çibdad de Baça, y el conçierto fue con los moros que desçercase el arçobispo a Baça e le entregarian Alcala. El rey mandolo; e el arçobispo non quiso, diziendo que con sus dineros la avia çercado e la tenia muy apretada para la tomar, e que non lo faria. Por lo qual el rrey, con desseo de cobrar Alcala, ouo de dar al arçobispo, en prendas de Baça,

---

[18] Las tres frases citadas se hallan en el f. 1 de la *Summa breve*, a continuación del título.

el adelantamiento de Caçorla e Uzeda e Talamanca. Esto es verdad. Asy mesmo no esta aqui commo, estando el rrey en Medina del Canpo, vinieron alli a el los de Ssoria que avian muerto a Garcilasso, que andauan fuydos fuera del rreyno, e por el castigo quel rrey fizo en Ssoria, que fue muy grande, perdonolos, e vinieron alli a el a Medina. E el rrey mando a Gonçalo Rruyz e a Garcilaso, hijos del que mataron en Soria, que los asegurasen. E Gonçalo Rruyz no quiso. Y el rey asegurolos en presençia de amos hermanos, e que fuesen seguros sobre su cabeça. E yendose de Medina, estando comiendo en Valdeastillas, vino alli Gonçalo Rruyz e mato catorze de los prinçipales, e a vno dellos que se llamaua de la Morcuera, el prinçipal causador de la muerte de su padre. Por lo qual, se fue huyendo a Aragon y estuvo alli hasta esta batalla del Salado, que enbio pedir merçed al rrey que le perdonase no por mas tiempo de quanto durase esta batalla. E el rey touolo por bien, e vino Gonçalo Rruyz a ella, e truxo veynte onbres d'armas todos con penachos; e dize la coronica que yo ley que fueron los primeros penachos que vieron en Castilla. Y en esta batalla del Salado no hizo solo pasar el Ssalado, mas otras mayores cosas e mas señaladas, por lo qual el rrey le perdono e le dio muchas merçedes de vasallos e de otras grandes cosas. Assy mesmo no dize en esta coronica de la muerte de la noble rreyna doña Maria, y otras muchas cosas que yo he leydo grandes e dignas de memoria».

Estas mismas noticias, que el anotador de *F* dice haber leído en otras crónicas referentes a Alfonso XI, son citadas por el alcaide de la fortaleza de La Guardia en la *Summa Breve*.

En nota marginal a la muerte de Garcilaso en Soria (f. 22) observa:

«En otra Coronica que habla deste rrey don Alonso que no tiene abtor dize, commo estando el rrey en Medina del Canpo, vinieron alli a el los de Ssoria que avian muerto a Garci Lasso, que andauan huyendo fuera del rreyno, y que por el castigo que el rrey hizo en Soria, que fue muy grande, perdonolos, y vinieron alli a el a Medina; y que el rrey mando a Gonçalo Ruiz y Garci Lasso, hijos de Garci Lasso, que los assegurasen.

Y Gonçalo Rruiz no quiso. Y el rrey asegurolos en presencia de amos hermanos, y dixoles que fuesen seguros sobre su cabeça. Y partidos de Medina, estando comiendo en Val de Astillas, vino alli Gonçalo Rruiz y mato catorze de los prinçipales, y a vno dellos que se llamava Morcuera prinçipal cavsador de la muerte de su padre. Por lo qual, Gonçalo Rruiz se fue huyendo a Aragon y estuvo alla hasta la batalla del Salado, que enbio pedir por merçed al rrey que le perdonase no por mas tienpo de quanto durase aquella batalla. Y el rrey tuvolo por bien y vino Gonçalo Rruiz a ella, y truxo veinte onbres d'armas todos con penachos; y dize esta coronica que fueron los primeros penachos que se vieron en Castilla. Y hizo en aquella batalla y despues, ansy contra moros commo contra cristianos, muy grandes hechos de armas y muy señalados, por lo qual el rrey le perdono y le hizo muy grandes y muy señaladas merçedes, assi de vasallos commo de otras cosas».

Y al resumir la conquista de Alcalá (f. 26) dice en el texto:

«Despues desto fue çercar a Alcala la Rreal. Y diogela el rrey de Granada a condiçion quel arçobispo de Toledo desçercase a Baça. Y el rrey satisfizo al arçobispo los gastos que avia y hecho»

y añade en nota (subrayada, como adición personal):

«Dize en otra parte que la satisfaçion que hizo al arçobispo el rrey por Baça, la qual el arçobispo tenia ya en muy grand estrecho a su costa, fue que le dio el adelantamiento de Caçorla y a Vzeda y Talamanca. Y avn dize que con todo esto quedo quexoso el arçobispo».

El anotador del ms. *F*, al contar el perdón de don Juan Núñez después del cerco de Lerma (f. CCI = mod. 206), declara:

«En otras coronicas hallamos quel rrey dixo a don Juan Nuñez quando le perdono: Don Juan Nuñez yo's perdono por tres cosas. La vna, por que estos caualleros me lo han rrogado. E la otra, por que soys buen cauallero e me sabres bien seruir quando os ouiere menester. E la terçera por que cada que me enojardes, os tomare e castigare commo agora lo he hecho. Entonçes el e los señores que estauan con el rrey besaronle las manos por ello».

Lo mismo cuenta el alcaide en el texto de la *Summa* (f. 24 v):

«Y el rrey dixo que le plazia de le perdonar e que los perdonaua. Y a vos don Johan Nuñez, dixo el rrey, os perdono por tres cosas: La primera, por que soys de mi sangre y estos rricos onbres y cavalleros me lo han rrogado. La segunda, por que soys buen cavallero y por que me sabreys bien seruir quando os oviere menester. La terçera, por que cada vez que me enojardes os tomare y castigare commo agora lo haria si quisiese» [19].

También se interesan ambos textos por los «timbres». La *Crónica de Alfonso XI* describía con detenimiento las «figuras» que traían en los yelmos los condes y las gentes de fuera del reino que participaron en el cerco de Algeciras, y a este propósito el anotador del ms. *F* creyó oportuno aclarar en los márgenes:

«los tinbres eran estos. Los que traen ençima de los yelmos» (f. CCLV v, mod. 260 v).

Por su parte, el alcaide, al referir el cerco de Algeciras, dice:

«Vinieron a este çerco mas de DC onbres hijos dalgo estranjeros y grandes onbres, que todos traian en los yelmos tinbles de sus devisas segundo oy estan pintados en la claustra de la yglesia mayor de Cordova» (f. 26 v).

El anotador del ms. *F* revela en un comentario a la batalla del Salado su condición de «hombre de guerra»:

---

[19]   Las tres últimas palabras, sobre enmienda.

«Este estoriador no deuiera ser onbre de guerra, porque pa-
resçe loar mas esta batalla que la otra porque murieron menos
en ella. E es al rreues, que aquella batalla deue ser en mas
tenida que mas graue se vençe e mas mueren en ella de los
vençedores» (f. CCXXXI v = 236 v).

Y en otra ocasión, al indignarse contra el cronista por dar
a entender que don Juan Núñez de Lara escapa de Ávila
cuando sabe que se acerca el infante don Pedro, manifiesta
su parcialidad como hombre de clase noble:

«Estos coronistas piensan que por que mintiendo dizen mal
de los grandes del rreyno, que por esso hazen mas lo que
cunple a los rreyes e a los de su linaje: don Juan Nuñez hizo
lo que le cunplia e boluiase a la rreyna; dize este coronista e
da a entender que boluia huyendo, lo qual es causa que ponga
onbre dubda en todo quanto escriuen» (f. CXXXI = 136).

Un punto de vista similar se percibe en cierta nota del
alcaide de la fortaleza de La Guardia, en que contrapone
la información de la *Crónica del rey don Pedro* del canciller
Ayala con las noticias del Despensero [20].

«Pero yo creo mas lo primero, por que el que lo escriuio fue
Hernand Perez de Ayala (*sic*), que hizo esta Coronica por do
yo me sigo en esta brevedad, y pues era cavallero y muy
hidalgo y onbre de manera, mucho mas es de creer su dicho
que de otros escriptores de baxa suerte, los quales muchas
vezes, por ser tenidos en mayor rreputaçion [con lisonja] [21]
o por miedo o por cobdicia, corronpen lo que escriven, lo que
a los nobles es imposible...» (f. 28).

No es mi propósito el apurar aquí la investigación acerca
de la «coronica que habla deste rrey don Alonso que no

---

[20] Sobre la utilización en la *Summa breve* de la *Refundición del
Despensero* véase, por ahora, D. Catalán, *Siete siglos de romancero*
(Madrid, 1969), p. 47, n. 71.
[21] Interlineado por la misma mano.

tiene abtor» citada por el alcaide de La Guardia [22]; me basta con saber que no era una *Crónica de Alfonso XI* o una *Gran Crónica* relacionada con las conocidas [23].

Una vez que nos consta el origen extraño de las singularidades de la *Versión de 1489*, el ms. *F* apenas si merece ser tenido en cuenta, pues su texto base no pasa de ser una copia modernizada del ms. *H* [24]. Sólo tienen cierto interés los aditamentos finales, y los primeros capítulos, derivados de una *Crónica de cuatro reyes*, sobre los cuales ya hemos tratado.

---

[22] Puedo asegurar que no estaba en latín, pues el alcaide de La Guardia confiesa ignorarlo: «Esto que digo que lo escrive el arçobispo don Rodrigo y todo lo otro a el atribuido por que ninguno me pueda rredarguir confieso que su cronica del arçobispo nunca la vi ni creo que hasta agora se ha visto en rromançe y pues latin tanbien confieso que no lo se pero saquelo de vna cronica muy vieja y rrota en la que dize quel arçobispo dize todo lo que aqui es dicho y avn se dira avnque lo tengo por de abtoridad en comparaçion desta otra cronica do yo sigo este proçesso...» (f. 14 v). Sus fuentes principales son las Crónicas Generales (al menos la *de 1344*), las cuatro crónicas de Alfonso X a Alfonso XI, las del canciller Ayala y la del rey don Juan (que aunque «no tiene propio abtor de quien la conpuso, figuraseme a mi que la deviera hazer el obispo don Lope de Barrientos o alguno mucho su seruidor y aficionado»). En los márgenes cita al arzobispo don Rodrigo, a «el despensero de la rreyna doña Maria» (con gran desprecio), a Mosen Diego de Valera y a Hernan Pérez de Guzmán; ocasionalmente remite también a Fray Tolomeo de Lucha, *Estorias escolasticas nuevas*. En las notas del ms. *F* se aduce el testimonio de «Vocaçio en su libro de las Caydas» (f. CCI v, mod. 206 v).
[23] Contra lo supuesto por mí al comentar las notas del ms. *F* en *Un prosista anónimo*, pp. 247-250.
[24] Sobre la íntima relación de *F* con *H* véase la n. 11 del c. VIII. Un buen ejemplo de cómo *F* se aparta más del prototipo es la variante: «e ouolo en ella vn cauallero que dizyan Carpentero» *H* (igual *E*), «e ouolo en ella vn carpentero que labraua en el monesterio» *F* (*CrA⁰XI*, XLVIII.17). Sólo he hallado un caso en que la lección de *F* es superior a la de *H*: XXVI.4 «et baruotearon se et basteçieron se de armas» *E*, *F*, *M*, mientras *H* omite «et basteçieron se» (quizá *F* dedujo las palabras omitidas basándose en el contexto).

c) EL PROTOTIPO DE LA «VERSIÓN VULGATA»

Aunque el ms. H_2 de la *Crónica de Alfonso XI* contiene la misma *Versión vulgata* que, siguiendo órdenes de Juan Núñez de Villazán, «trasladó» en pergaminos Ruy Martínez de Medina de Rioseco en 1376, y aunque las variantes del ms. H_2 respecto a *E* son de escasa entidad, el testimonio del ms. H_2 es muy relevante, pues nos da a conocer una *Versión vulgata* independiente del manuscrito copiado para el tesoro de Enrique II. Según hemos visto, el ms. H_2 ofrece en diversas ocasiones lecciones más correctas que el ms. *E;* sin embargo, su superioridad es sólo circunstancial, ya que muchas veces incurre en errores y ofrece lagunas que *E* no comparte[25]. En vista de ello, el estudio comparativo entre la *Versión vulgata* de la *Crónica de Alfonso XI* y el reinado de Alfonso XI de la *Crónica de cuatro reyes* (que anunciábamos en VII, *k*) deberá hacerse tomando como término de referencia el prototipo de la *Versión vulgata* y no meramente el texto regio escrito por Ruy Martínez o el ms. H_2.

Por otra parte no hay que olvidar que, para reconstruir ese prototipo, contamos con el testimonio suplementario de otros manuscritos de la *Versión vulgata* libres de los defectos de *E*. Ante todo, el ms. *I* (s. xv), pues, aunque acéfalo (comienza en el «Capítulo XXX», *CrAºXI*, XXXIII)[26], nos conserva un texto de la *Versión vulgata*, independiente de

---

[25] Sirvan de ejemplo los citados en la n. 11 del c. VIII.
[26] La numeración de los capítulos hace pensar que la Crónica empezaba en el año primero de Alfonso XI (sin los capítulos del reinado de Fernando IV).

E [27] y de H_2 [28], que abarca casi toda la *Crónica* [29]. No menos importantes son los manuscritos mixtos *E'*, *Pa-orig.*, *Y*, *C*, *V*, *Ch*, *Z* que comienzan copiando el texto regio de Ruy Martínez, pero que, en la mayor parte de su extensión, remontan a formas de la *Versión vulgata* independientes del ms. *E* [30].

---

[27] *CrAºXI*, XXXV.55 «e don Juan fijo del ynfante don Manuel ayunto en Madrid todos los de la su tutoria e pidioles que le diesen çinco seruiçios» [nº 17]; XXXVIII.7 «...que amanesçieron a la puerta de la çibdat de Segouia» [nº 18]; XXXIX.13 «...e estauan en la cadena del rrey, fueron a la carçel e quebrantaron la cadena e sacaron...» [nº 19]; omite XLIV.10-11 [nº 20]; LIII.26 «...e tan poderosos commo Garçilaso, quanto mas que este Aluar Nuñez era en la casa del rrey mas poderoso que Garçilaso; e sy Garçilaso o otro alguno...» [nº 21]; LXVI. 67 «e en esta postura fue el que tenia el alcaçar de Toro por Aluar Nuñez tan bien como el que tenia el alcaçar de Çamora» [nº 22]; CII. 12 «...el semoyo e el boy de março» [nº 23]; CII.25 «en la otra tierra del su señorio» [nº 24]; CII. 52 «et seyendo desposado» [nº 25]; CIV.2 «...en su seruiçio non podia, ca...» [nº 26].

[28] Sirva de ejemplo la variante [nº 17].

[29] Hay que tener presente, sin embargo, que *I* tiene muchos defectos particulares (a veces redacta por su cuenta, modernizando o resumiendo). La letra del final de la *Crónica* (cerco de Algeciras) es muy diversa de la del comienzo. El remate de la *Crónica* (capítulo de la entrada de Alfonso XI en Algeciras) es muy singular (cfr. la «Descripción de manuscritos»).

[30] Véase atrás, VI, nn. 15 y 17, y VII n. 44. Parecen agruparse en dos familias: de un lado los mss. *E'*, *Pa-orig.*, *C*, *V* y *Ch* (a los que se une *Ñ* en las secciones derivadas de la *Vulgata*) y de otro el ms. *Z* y la *ed. 1551* (la filiación de *Y* es dudosa). Pero no he estudiado aún la cuestión con el suficiente detalle y no sé si los varios textos mixtos aquí citados tienen o no un origen común.

IX

LA *VERSIÓN VULGATA* Y LA *CRÓNICA DE CUATRO REYES*

a) EL ARQUETIPO DE LA «VERSIÓN VULGATA» DE LA «CRÓNICA DE ALFONSO XI»

Si, como creemos, el manuscrito regio *E* es el propio «traslado en pergaminos» que en 1376 escribió Ruy Martínez de Medina de Rioseco, por orden del justicia mayor Juan Núñez de Villazán, para el tesoro de Enrique II, la independencia, respecto al ms. *E*, del ms. *H* y de los otros textos de la *Versión vulgata* citados (ms. *I*, segundas partes de los mss. *E'*, *Pa-orig.*, *Y*, *C*, *V*, *Ch*, *Z*) sólo puede explicarse acudiendo a una de las dos hipótesis siguientes: a) el ms. *H* y demás textos independientes derivan de un «borrador» del ms. *E*; b) la *Versión vulgata* existía antes que Enrique II ordenara a su justicia mayor que hiciera trasladar la *Crónica* en pergaminos.

Entre las dos hipótesis me inclino decididamente por la segunda. Ante todo, conviene fijarse en que el prólogo de 1376 sólo dice que Enrique II mandó «trasladar» (esto es, copiar) en pergaminos la *Crónica* de su padre, y en ningún momento Ruy Martínez de Medina de Rioseco o Juan Núñez de Villazán pretenden haber intervenido en otra tarea de mayor dificultad [1]. Por otra parte, es de notar que el ms. *H* carece, no ya sólo de la referencia a la orden de Enrique II, sino de todos los característicos «prólogos» de 1376 [2]. Finalmente, me parece muy significativo el contraste entre el ms. *H* y el ms. *E* en cierto pasaje donde se nombra a Alfonso XI como rey reinante (*CrAºXI*, XIV.13-17). Mientras el ms. *E* dice:

> «et otro si por las monedas que auian abatidas muchas vezes en tienpo del rey don Fernando que gano a Cordoua et a Seuilla et en tienpo del rey don Alfonso su fijo, et en tienpo del rey don Sancho su fijo fue abatida una vez, et otra fue abatida en tienpo del rey don Ferrando su fijo, *padre deste nuestro señor rey don Alfonso de quien fabla esta Coronica*»,

el ms. *H* (seguido del ms. *F*) remata la identificación de Fernando IV diciendo únicamente:

> «*...padre deste nuestro señor el rrey don Alfonso*».

Indudablemente, ambos textos heredan una redacción del pasaje anterior a la muerte de Alfonso XI (1350), pues se refieren a ese rey llamándole «este nuestro señor»; pero la versión de 1376 palía la contemporaneidad de tales palabras

---

[1] Si en 1376, por orden de Enrique II, se hubiera acometido la redacción de la *Crónica*, sería inconcebible que el cronista dejara interrumpida la historia de Alfonso XI el jueves 8 de abril de 1344, sin intentar completarla, de alguna forma, hasta 1350. A. Vàrvaro, en su excelente literatura medieval española (*Manuale di Filologia Spagnola Medievale, II: Letteratura*, Liguori-Napoli, 1969, pp. 168-169), malinterpreta en este punto mis observaciones anteriores.

[2] En el ms. *H₂* la *Crónica de Alfonso XI* «comiença en la muerte del noble rrey don Fernando su padre» y, por tanto, «en el diez e sezeno año del rreygnado deste rrey don Fernando» (el ms. *E* incluye también el año 15º para contar el nacimiento de Alfonso XI). No hay en *H₂* la menor huella de los «Prólogos» que caracterizan al texto de 1376 y sus descendientes. Recuérdese que el ms. *I* es acéfalo.

añadiendo una segunda aclaración: «de quien fabla esta Coronica», mientras el ms. *H* conserva la redacción original, sin la modificación «actualizadora» introducida por el texto regio enriqueño.

Aunque estas observaciones no bastan para eliminar la hipótesis del borrador, refuerzan la independencia del texto de *H* respecto al texto riosecano y contribuyen a hacer más probable la hipótesis más simple de las dos que inicialmente proponíamos.

Creo, por tanto, que el arquetipo de la *Versión vulgata* de la *Crónica de Alfonso XI* (sin los «prólogos») es anterior a 1376, y que el «traslado en pergaminos» de Ruy Martínez de Medina de Rioseco ($= E$) y el ms. *H* derivan de un prototipo más antiguo y más perfecto que uno y otro manuscrito. Salvo en detalles lingüísticos[3], el arquetipo de la *Versión vulgata* resulta fácilmente reconstruible a partir de los dos manuscritos completos *E* y *H*, y con la ayuda del manuscrito acéfalo *I* y de los manuscritos mixtos *E'*, *Pa-orig.*, *Y, C, V, Ch, Z.*

b) EL ARQUETIPO DE LA «CRÓNICA DE CUATRO REYES»

El arquetipo de la *Crónica de cuatro reyes* no nos es tan bien conocido como el de la *Versión vulgata* de la *Crónica de Alfonso XI*. Para el final del reinado de Fernando IV contamos con los mss. *N, F₁, H₁*, etc. En los primeros capítulos del de Alfonso XI podemos confrontar *N, F₁* con *M, *M', *G'* (hasta *CrA°XI*, XI); después, sólo *N* con *M, *M', Ñ, O,*

---

[3] El ms. *E* es más arcaizante; pero a la vez presenta ciertos rasgos dialectales (perfectos en *-oron, rreyo* por 'río', etc.), que quizá sean debidos a Ruy Martínez de Medina de Rioseco. No he estudiado la cuestión con detalle.

Q, *G' (hasta CrAºXI, XXXI.8). Para el resto del reinado de Alfonso XI únicamente podemos manejar ya la versión interpolada y retocada característica de la familia *G', M, etc. y la experiencia adquirida acerca de los hábitos innovadores de esta versión. A pesar de esa dificultad, en una mayoría de casos creo que podremos decidir, con relativa seguridad, cuál era la forma primitiva de la *Crónica de cuatro reyes* a que remonta la *Crónica de Alfonso XI* que nos conservan *G', M, etc.

c) INDEPENDENCIA DE LOS DOS ARQUETIPOS

A lo largo del presente trabajo he citado insistentemente ciertas variantes en que los manuscritos derivados de la *Crónica de cuatro reyes* (N, *G', M, etc.) y los manuscritos de la *Versión vulgata* (H, I, etc.) coinciden frente al manuscrito regio E (y sus descendientes). Pero esta coincidencia no quiere decir que esos textos estén emparentados, pues lo que en cada uno de esos casos comparten es la carencia de un error o laguna particular del ms. E. Si dejamos de lado estas variantes que nada nos dicen acerca de la relación entre los dos grupos de manuscritos y comparamos de forma minuciosa el ms. H (pongo por ejemplo) con la familia N, *G', M, etc., resulta obvio que son poquísimas las lecciones en que coinciden frente al ms. E. Tal observación sugiere que los manuscritos independientes del traslado riosecano de 1376 no constituyen un solo grupo de textos. Y esta sospecha se refuerza al examinar particularmente cada una de esas lecciones comunes, pues todas ellas tienen títulos suficientes para ser consideradas primitivas, anteriores a las correspondientes lecciones del texto de 1376. Sirvan de ejemplo las que he hallado en los primeros capítulos:

III.31: «et estos caualleros, quando los el rey mando *matar con tuerto, dixieron...»* E; *«...matar veyendo que los mandaua matar* (mataua N) con tuerto...» H_2 y N.

V.2: «et don Ioan Nuñez, quando *oyo lo quel enuio dezir aquel cauallero de Auila,* ouo ende muy grand plazer» E; «...quando esto oyo, ouo...» H_2 y N, F_1, M.

VI.15; VII.7; VIII.17, 41, 42, 43; etc.: *«çiubdat»* E; *«villa»* H_2 y N, F_1[4].

VII.3: «fueron su camino para *la çiubdat de Palençia»* E; *«...para Palençia»* H_2 y N, F_1, M.

VII.25: «el infante don Pedro, et don Alfonso su tio con todos los otros *omnes* que eran con el» E; «...*omnes buenos* que...» H_2 y N, F_1[5].

VIII.36: «et que la tutoria que la ouiessen *amos a dos»* E; «...*de so vno amos a dos»* H_2 y N, «...*amos a dos de so vno»* F_1, M.

X.42: «enbiaron por los procuradores de *la tierra»* E; «...de los *conçejos»* H_2 y N, F_1, M.

XI.34: «venieron se para *Leon* a fazer mal et daño en los lugares...» E; «...para *tierra de Leon...»* H_2 y N, M.

XII.11: «et que por aquellas *cartas* non podiessen dar tierras nin dineros nin fazer rentas *de graçia* nenguna» E; «...*cartas blancas...* rrentas *nin graçia...»* H_2 y N, M.

XII.45: «vinieron toda la caualleria del poder de Granada a ellos. Et el infante don Pedro mandoles a todos *apear* luego et enbatosse con ellos» E; «...*armar...»* H_2 y N, M[6].

XII.47: «et quarenta moros de *grand quantia et* señores de caualleros» E; «...de *cuenta* s. ...» H_2 y N, M.

XV.14: «les talo las viñas *et los panes et las huertas»* E; «les talo las viñas *e las huertas e les quemo los panes»* H_2 y N, M.

XVI.14: «llamaron a los de Castiella que veniessen a Cortes a Valladolid, et a los de Estremadura et de tierra de Leon

---

4 *M* suele dejar sólo el nombre propio.

5 En *M*: «rricos omes».

6 La inferioridad de la lección de E resulta confirmada al saber que, después de vencida la batalla, los caballeros de don Pedro persiguen a la caballería granadina «cinco leguas», matando y haciendo prisioneros a muchos caballeros moros y aún a señores de caballeros, que seguramente no andarían a pie.

que veniessen a Cortes a Medina del Canpo» *E;* «...de Leon
a Medina...» *H₂* y *N, M.*

Por otra parte, me parece muy significativo el no haber
encontrado, a lo largo de estos capítulos, ninguna falta común
a *H₂* y a la familia *N, F₁, M,* y el que no compartan modernizaciones sintácticas ni de vocabulario.

En vista de estas observaciones, creo que podemos considerar a la Crónica de Alfonso XI de la *Crónica de cuatro
reyes* como independiente, no sólo del ms. *E,* sino también
de *H₂.* Esta afirmación tiene gran importancia pues nos lleva
a suponer que la versión de la *Crónica de Alfonso XI* que
forma parte de la *Crónica de cuatro reyes* y la *Versión vulgata* de la *Crónica de Alfonso XI* son dos ramas de la tradición textual independientes, derivadas de un prototipo *X
cuya estructura está aún por determinar.

En el estado actual de mis conocimientos, las relaciones
entre los textos de la *Crónica* pueden resumirse mediante el
siguiente cuadro [7]:

---

[7] Con la advertencia de que la posición de *Pa'* y de *J* dentro de
su familia es incierta, así como la relación entre los varios manuscritos que contienen versiones vulgatas mixtas.

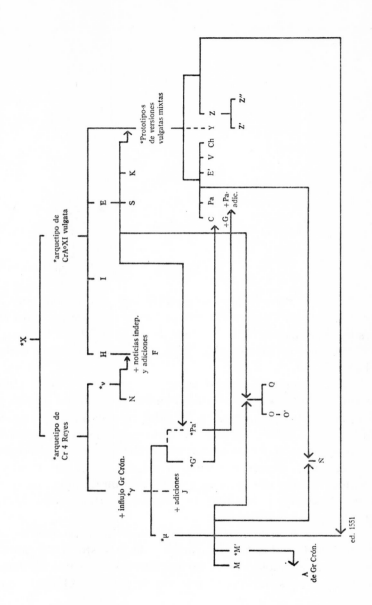

X

LA *CRÓNICA DE ALFONSO XI* DE 1344

CONCLUSIONES

En 1376, cumpliendo órdenes regias, el justicia mayor Juan Núñez de Villazán hizo trasladar en pergaminos, para el tesoro de Enrique II, la *Crónica de Alfonso XI*. El traslado, escrito por Ruy Martínez de Medina de Rioseco, es sin duda el ms. *E.*

Este manuscrito, el más antiguo y prestigioso de la *Crónica de Alfonso XI*, no es, sin embargo, el prototipo de todos los manuscritos conservados. Ni siquiera constituye el arquetipo de la *Versión vulgata* de la *Crónica*, pues conocemos algunos manuscritos de esta *Versión* libres de toda una serie de pequeños errores particulares del ms. *E* (y sus descendientes). La *Versión vulgata* existía, por tanto, antes de que Ruy Martínez de Medina de Rioseco escribiera, en 1376, el ms. *E.*

A su vez, el arquetipo de la *Versión vulgata* tampoco es el prototipo de todos los manuscritos de la historia de Alfonso XI conservados. Varios textos, derivados de una *Crónica de cuatro reyes* (en que el reinado de Alfonso XI empalmaba, sin solución de continuidad, con los de Alfonso X, Sancho IV y Fernando IV), nos conservan otra versión de la *Crónica* independiente de la *vulgata.*

La existencia de dos versiones de la misma historia de Alfonso XI independientes entre sí, una de ellas en que esa historia forma por sí una *Crónica* (la *Versión vulgata*), otra en que la historia de Alfonso XI se halla incluida en una *Crónica de cuatro reyes,* nos obliga a plantearnos el problema de sus méritos respectivos. El problema no es simple. Según he observado, en unos casos la *Versión de cuatro reyes* viene a resultar más «perfecta» como consecuencia de una labor crítica realizada por un corrector de la *Crónica* sobre un texto semejante al conservado por la *Versión vulgata;* pero en otros su mayor perfección se debe a que no comparte un defecto o una laguna de la *Versión vulgata.* Por otra parte, el texto de la *Versión vulgata* está, a veces, ligeramente amplificado para dar mayor claridad a la frase.

El examen comparado de estas dos versiones básicas de la historia en prosa de Alfonso XI resulta imprescindible para comprender el carácter y estructura de la obra originaria compuesta por el cronista de 1344.

MI EDICIÓN DE LA *CRÓNICA* Y DE LA *GRAN CRÓNICA* DE ALFONSO XI

(LA MUERTE DE LOS INFANTES EN LA VEGA DE GRANADA)

Las páginas que siguen son un anticipo experimental de dos ediciones que espero publicar en breve. Los capítulos que he seleccionado como muestra ofrecen un máximo de complejidad en la transmisión textual y, por tanto, ilustran perfectamente la personalidad de los manuscritos de mayor interés y las relaciones existentes entre las varias versiones de la *Crónica* y de la *Gran Crónica de Alfonso XI*. Los publico aquí como invitación a la crítica: Es mi esperanza que los puntos de vista de otros colegas me ayuden a perfeccionar las ediciones completas de las dos crónicas antes que se hallen en letras de molde.

XI

CRÓNICA DE ALFONSO XI

(EDICIÓN CRÍTICA DE CINCO CAPÍTULOS)

PROPÓSITO

En esta edición crítica de la *Crónica de Alfonso XI* me he propuesto reproducir con fidelidad el ms. *E*, respetando sus peculiaridades.

Sin embargo, en algunos pasajes en que el texto de este manuscrito base está evidentemente deturpado, he creído oportuno enmendarlo con ayuda de otros manuscritos (y consignar a pie de página la lección rechazada del ms. *E*). Las correcciones pertenecen a dos categorías distintas: Las señaladas entre * * pretenden restituir la lección que aparecería en el arquetipo de la *Versión vulgata* de la *Crónica*, y que no aparece en el ms. *E* por un error particular de este manuscrito. Las señaladas entre [ ] pretenden restaurar el texto que figuraría en el arquetipo de la *Crónica*, texto omitido o deturpado ya por el arquetipo de la *Versión vulgata*. Esta labor enmendatoria la he realizado con extrema prudencia, entremetiéndome a corregir el ms. *E* tan sólo en los casos más evidentes.

CRITERIOS DE LA EDICIÓN

a) *Texto.* Sigo fielmente el ms. *E.* Desarrollo sus abreviaturas, puntúo a la moderna y capitalizo por mi cuenta. Interpreto la tilde como *n* (salvo en «com*m*o»), a pesar de que el ms. ofrece algunos casos de grafía *-m*, alternando con *-n.* Leo «om*n*es» donde el ms. abrevia «om̃s» en vista de que «omne» aparece escrito «om̃e». Uso doble *rr* tanto si el manuscrito escribe *rr* como si escribe *R.* Leo «et» por ᴢ. Transcribo «Pedro» si figura «Pº» y «Joan» si figura «Jº». Por «dezˢ» pongo «dezir» (y no «dezer»), pues alguna vez aparece «dezir» con todas sus letras. No recuerdo otras dificultades.

b) *Enmiendas.* He enmendado el texto (advirtiéndolo con **) cuando la lección del ms. *E* es claramente defectuosa y los mss. *H(F)* de la *Versión vulgata* ofrecen una variante mejor (cuya antigüedad se halla confirmada por la *Crónica de cuatro reyes,* mss. *N (F) M*). No he enmendado el texto base si la lección del ms. *E* no es defectuosa, aunque la coincidencia de las familias *H(F)* y *N(F)M* nos pruebe que la variante de *E* se aparta más del arquetipo de la *Versión vulgata* que la variante de *H(F)*.

He corregido el texto de la *Versión vulgata* (advirtiéndolo con []) cuando el relato de esta versión (conservado por *E* y por *H (F)*) ofrece un error que afecta al contenido histórico y la *Crónica de cuatro reyes* (mss. *N (F) M*) nos da el texto correcto primitivo. No he modificado la *Versión vulgata* en los casos, más frecuentes, en que esta versión contiene una lección defectuosa que no altera el fondo de la narración, aunque la *Crónica de cuatro reyes* nos conserve un texto mejor.

Las letras, palabras o frases ajenas al ms. *E* van destacadas en cursiva.

c) *Variantes a pie de página.* Se incluyen todas las lecciones del ms. *E* rechazadas del texto. También figuran todas las variantes comunes a las dos familias de textos *H (F)* y *N (F)M,* todas las variantes de *H (F)* que pudieran remontar al arquetipo de la *Versión vulgata* y todas las variantes de *N (F) M* que considero propias del arquetipo de la *Crónica de cuatro reyes.*

d) *Variantes al final de los capítulos.* Se relegan a este lugar las variantes de los mss. *H, F, N, M* de carácter particular (incluso las que tan llamativamente personalizan al ms. *M*).

* * *

f. 17 v   [XIV] ¹ Titulo de lo que fizieron en las cortes / de Carrion la reyna doña Maria et el jnfante don Johan et los
perlados et ricos omnes et caualleros et procuradores de las
villas que eran y ayuntados.

² En el quarto año del reygnado deste rrey don Alfonso,
que començo en el mes de Setienbre ³ en el año de la era
de mill et CCCᵒˢ et cinquanta años, ⁴ et andaua el año de la
naçençia de nuestro señor Ihesu Christo en mill et trezientos
et doze años, ⁵ depues que los perlados et ricos omnes et los
personeros de los conçeios fueron todos ayuntados en Carrion en el dicho mes de Setiembre, començaron a tomar
la cuenta; ⁶ et estudieron en la tomar bien quatro meses;
⁷ et desque la ouieron tomado, non fallaron ninguna cosa
en que pudiessen trauar en los tutores. ⁸ Et entonçe, ante
todos los conçeios de la tierra, afinaron la cuenta, ⁹ et fallaron
que non monto mas las rentas del rey mas de vn cuento,
de toda la su tierra sin la frontera, et mas seys çientas vezes
mill maravedis, a diez dineros el maravedi, ¹⁰ que eran martiniegas, et portadgos, et juderias, et morerias, et derechos, /

col. d   et calonpnias, et almoxarifadgos, et salinas, et herrerias.
¹¹ Et la razon por que las rentas del rey eran tan apocadas
era por muchas villas et lugares que los reys auian dado
por heredamiento; ¹² et otro sy por muchas guerras que
auian fecho en toda la tierra a muchas villas et a muchos
lugares; ¹³ et otro si por las monedas que auian abatidas

2-4 *omítenlos* HF. — 2 En el sesto a. *NM.* — 3 e çinquanta e tres a.
NM. — 4 e quinze a. *NM.* — 5 desque *HFNM; omiten* los perlados...
los conçeios *NM; omiten* en el dicho mes de Setiembre *NM.* — 7 *omiten* desque... tomado *NM;* p. poner en culpa a l. t. *NM.* — 8 *omiten*
entonçe ante... tierra *NM;* e desque asumaron las rrentas *NM.* — 9 f.
que monto (-aron *M*) las r. *NM;* del rrey de toda su tierra sin la
(-s *HF*) frontera (-s *HF*) de (*omiten NM*) vn cuento e seys *HF(N)M*
(*N coloca* fallaron que monto *detrás de* frontera). — 10 ferrerias

muchas vezes [14] en tienpo del rey don Fernando que gano a Cordoua et a Seuilla [15] et en tienpo del rey don Alfonso su fijo, [16] et en tienpo del rey don Sancho su fijo fue abatida vna vez, [17] et otra vez fue abatida en tienpo del rey don Ferrando su fijo padre deste nuestro señor rey don Alfonso de quien fabla esta Coronica.

[18] Et estando ellos en esto, et veyendo que por aquella manera non podien acabar ninguna cosa de lo que querian contra el jnfante don Pedro, [19] cometio vn pleito el jnfante don Johan, que dexasse la tutoria la rreyna et el jnfante don Pedro et el que la dexaria, et ellos todos que escogiessen vn tutor; [20] et todo esto fazia el cuydando que tomarian todos al jnfante don Joan por / tutor. [21] Et los que estauan y por f. 18 la reyna et por el jnfante don Pedro dixieron que non consentian en esto en ninguna manera, [22] ca mayor daño et mayor escandalo seria en la tierra en fazer vn tutor de nueuo, que non en ser lo todos tres, pues fechos eran.

[23] Et desque el jnfante don Johan et ellos vieron esto, enbiaron pedir por merçed a la reyna, que era en Palençia, que llegasse a Carrion. [24] Et la reyna fuesse para alla, et dexo al rey en Valladolid. [25] Et desque y fue, ouo de otorgar todas las cosas que ellos demandaron. [26] Et acordaron de les dar çinco seruiçios, et que todos fuessen a la guerra de los moros a do estaua el jnfante don Pedro. [27] Et por que fallaron que segund las quantias que tenian los ricos omnes et los caualleros, [28] et lo que era mester para retenençia de los castiellos, [29] et otro si para mantenimiento del rey et de los offiçios de su Corte, [30] que montaua lo que era mester nueue cuentos et seys çientas vezes mill maravedis, [31] et assy fallaron que auian a catar ocho cuentos; [32] et para esto dieron al

---

HFNM. — 16-17 *omiten* fue abatida vna vez et otra vez fue abatida NM; padre deste nuestro señor el rrey don Alfonso (*sin añadir* de quien fabla esta coronica) HF, *omiten* NM. — 31 fallauan HFNM. — 35

rey çinco seruiçios que pechassen los labradores. [33] Et non
col. b fallaron que / montauan çinco cuentos, et esto por las
muchas guerras que auian en la tierra. [34] Et sobre la parti-
çion de los dineros que se non abenian, por la mengua que
auia, [35] començo se vna pelea entre todos los fijos dalgo en
los palaçios del rey a do posaua la reyna en su camara que
era muy grande, et posaua y el infante don Joan con ella;
[36] que sinon por el jnfante don Joan que salio et lo partio,
todos se mataran vnos con otros, [37] que fue muy grand marauilla a do tantas armas fueron saccadas estando todos
atan çerca vnos de otros commo non fueron ninguno ferido
nin muerto, [38] et demas desto que la gente que estaua en la
uilla del jnfante don Johan recudieron todos armados a los
palaçios diziendo que matauan al jnfante don Joan; [39] et
quiso Dios guardar lo assy que non ouo y muerte nin ferida
nenguna.

[40] Et la reyna, veyendo quel non guardauan su onrra et
quel perdieran verguença et que pelearon en el su palaçio,
[41] salio luego otro dia dende et venosse para Palençia. [42] Et
veno y el jnfante don Joan, et alli acabaron el libramiento
de los dineros.

f. 18 v   [43] Et den/de vinieron se para el rey a Valladolid. [44] Et
este dia que y entraron era el plazo conplido de vn riepto
a que auian de lidiar dos caualleros; [45] et metio los el rey
en el campo de la uerdat, et lidiaron, et mato el reptador
al reptado.

[46] Et en esto enbiaron mandado a la reyna en commo el
jnfante don Pedro era en Cordoua, et que guisaua para
entrar a la Vega de Granada.

---

1. rreyna estando la rreyna en s. c. *NM.* — 37 non fue ferido ninguno
nin m. (f. nin m. n. *M*) *HFNM.* — 46 E luego *HFNM.* — 47 *omítenlo*
NM.

⁴⁷ Et de las otras cosas en commo acaesçieron la estoria las contara.

XIV 1 Capitulo. Como desque los perlados e los rricos omnes e los personeros de los conçejos todos fueron ayuntados en Carrion en el mes de Setienbre que començaua el quarto año del rreynado deste noble rrey don Alfonso de la era de mill e CCCᵒˢ e Lᵃ años e andaua el año de la nasçençia de nuestro señor Jhesu Christo en vn mill e CCCᵒˢ e XIIᵒ años H, Capitulo VIᵒ: De commo fue tomada cuenta a los tutores en las cortes de Carrion e de vna pelea que ouieron los fijos dalgo en los palaçios del rrey F, *sin titulo N,* De commo el ynfante don Pedro çerco el castillo de Belmez que era muy fuerte e lo gano e desa vez fizo mucho mal en los lugares e en las tierras de los moros M.—3 *omiten* el año de *N M.*—4 del nasçimiento *M.*—5 Carrion en el mes de Setienbre que començaua el quarto (sesto *H*) año del rreynado deste rrey don Alfonso de la dicha era començaron *H F.*—10 judiegas *M.*—29 del rrey e de los offiçiales del rrey de los offiçios d. s. c. *H F.*—35 t. los rricos omnes e f. d. *M.*—37 *omiten* muy grand *H F N, omite* muy *M.*

* * *

[XV] ¹ Titulo de commo el jnfante don Pedro entro et mando talar la Vega de Granada; ² et de las cosas que acaesçieron adelante.

³ Estando la reyna doña Maria en la villa de Valladolid con el rey su nieto, ⁴ sopo de commo el Papa diera al jnfante don Pedro las terçias et las deçimas et la cruzada para la guerra de los moros. ⁵ Et desto peso mucho al jnfante don Joan; ⁶ et con el grand pesar que ende tomo, luego el partiᴜ la su yda et de don Joan su fijo et al jnfante don Felippe para la frontera a la guerra de los moros, ⁷ et esso mismo fizo a don Fernand Ruyz de Saldaña et a don Rodrigal/uares col. d

---

1-2 *NM omiten* (*pues no abren aqui cap.*).—3 *omiten* la villa de *HF, omiten todo* NM.—4 *E* otro sy en (de *M*) commo el Papa *NM.*—14

et a don Gutierre et a don Garcia de Villa Mayor et a todos los otros fijos dalgo de Castiella et de Leon.

[8] Et veyendo el jnfante don Pedro que de aca non auia nin de otra parte acorro nenguno para la entrada de la Vega de Granada, [9] non dexo por esso de entrar alla. [10] Et entraron con el entonçe los maestres de las ordenes de Santiago et de Calatraua et de Alcantara, et los del Ospital, [11] et todos los conçejos de la frontera, [12] et el arçobispo de Seuilla, [13] et el obispo de Cordoua. [14] Et fizo en esta entrada muy grand daño en la tierra de los moros, que les talo las viñas *et las huertas et *les quemo* los panes* fasta en Granada. [15] Et tornosse con su hueste fasta en Cordoua.

[16] Et estando y de morada con çinco mill caualleros de sus vassallos, llegol mandado de commo los moros se ayuntauan todos para yr çercar a Gibraltar; [17] et luego que este mandado ouo, dexo toda la gente en Cordoua, et fuesse para Seuilla; [18] et saco y muy grand quantia de auer; [19] et fizo y armar flota, et mandoles que fuessen ellos por mar; [20] et f. 19   el veno/se para Cordoua, et dio grandes quitaçiones a todos essos que con el eran para yr por tierra a desçercar a Gibraltar. [21] Et desque los moros sopieron quel jnfante don Pedro queria venir y non fallaron por su prod de yr y, por reçelo que ouieron del jnfante don Pedro, et dexaron la çerca et fueron se.

[22] Et desque el jnfante don Pedro ouo este mandado en commo eran ydos, por non perder lo que auia dado a los caualleros, salio luego dende et venose para Jahen, [23] et dio talegas para seys dias; [24] et salio de Jahen, et fue a Cambil, [25] et de Canbil fue para la sierra, [26] et llego a tres leguas de

---

enmiendo el texto: les talo las viñas et los panes et las huertas *E*, les talo las viñas e las huertas e les quemo los panes *HFNM.* — 17 Seuilla con seys caualleros e s. *NM.* — 22 *omiten* en commo eran ydos *NM.* — 24 *omiten* et salio de Jahen *NM.* — 25 *omiten* de Canbil fue

Granada *e echose en çelada e enbio correr a Granada*, cuydando que los moros saldrian a el. ²⁷ Et los moros entendieron lo, et fallaron por su pro de non salir a el. ²⁸ Et dende fue a *Haznalaus*, et conbatiola, et entro el arraual et quemo mucho pan que fallo y et fizo y muy gran daño. ²⁹ Et dende fue a otra villa que dizen Piña, et entro el arraual, et fizo esso mismo. ³⁰ Et dende veno a otra villa que dizen Monte Xicar, et entro el arraual, et quemo vna huerta que auia y muy buena. ³¹ Et dende tornosse para Canbil et para / Jahen; ³² et de Jahen para Hubeda.

col. b

³³ Et el estando en Vbeda, ouo sabidoria que Belmez, en que auia vna villa et vn castiello muy fuerte de que venia muy grand daño a tierra de christianos, que era a ocho leguas de Granada, que non estaua y tanta gente que la pudiesse defender. ³⁴ Et fuesse para alla, et çercola; ³⁵ et el dia que y llego conbatiola, et entro la villa por fuerça; ³⁶ et la gente que era y acogiosse al castiello. ³⁷ Et el jnfante don Pedro enbio luego por los engeños que tenia en Jahen, et conbatolo muy fuerte con ellos. ³⁸ Et desque este mandado ouo el rey de Granada, tomo ende muy grand pesar et muy grand quebranto, et mando luego salir toda su caualleria para venir acorrer aquel castiello; ³⁹ et vinieron y, et maguer era muy grand gente, nunca se atreuio a venir a lidiar con el jnfante don Pedro. ⁴⁰ Et a cabo de veynte et vn dias que el jnfante don Pedro llego aquel castiello, tan affincados fueron los moros del, quel dieron el lugar. ⁴¹ Et desque lo ouo cobrado, veno se para Vbeda el et toda su conpaña.

NM; por la *NM.*— 26 *enmiendo el texto:* t. l. d. Granada cuydando *E*, t. l. d. Granada e echose en çelada (la ç. *N*) e enbio correr a Granada cuydando *HFNM.* — 28 Hazualaus *E*, Haznalliaz *H*, Haznalhaz *F*, Aznalloz *NM.* — 38 esto m. *E.*— 41 *omiten* el e toda su conpaña *NM.*

f. 19 v   [42] Et / agora la estoria dexa de contar desto, et contara de commo el jnfante don Johan et el jnfante don Pedro se vieron en Valladolid.

XV: 1-2 *En F (no en H) difiere el título*: Capitulo VIIº d. c. e. i. d. P. talo l. V. d. G. e quemo algunos lugares e gano a Belmez e torno a Vbeda con su onrra. — 6 *error de HF*: luego partio dende e la su yda e don J. s. f. e del i. d. F. fue para la frontera... moros *H*, partio luego dende para la frontera... moros e yua con el d. I. s. f. e el i. d. F. *F;* moros con grand envidia que auia de las buenas andanças quel ynfante don Pedro Dios le auia dadas en la guerra de los moros *M*. — 7 e don Ferrand... e d. R. ... e d. G. ... e todos *F;* R. A. de Asturias *M*. — 18 quantia de marauedis de auer *H F*. — 42 *omítelo N;* E desta estoria dexaremos de contar por contar las otras cosas *M; a continuación, M abre un nuevo capítulo (tomado de la Gran Crónica)*: Commo el ynfante don Pedro fizo pazes con el rrey de Granada. / Muy grande fue el miedo quel rrey de Granada con sus moros ovieron del ynfante don Pedro, e veyendo el mal que del rresçebian, fizieron mucho por auer con el amor e avenençia e de le dar tributo çierto de cada año, por que los dexase beuir en paz en sus tierras. E andudieron mensajeros sobre esta rrazon, e el ynfante don Pedro ouo de fazer grand parte de lo que los moros quisieron. E esto fue por que llego mandado al ynfante don Pedro de la rreyna su madre de commo el ynfante don Iohan andaua bolliçiando quanto podia con los de la tierra contra el; asi que por esto e otrosi por que algunos rricos omnes e caualleros gelo consejaron, deziendo que tomase algo de los moros e pusiese pazes con ellos, pues sabia çierto quel ynfante don Iohan le fazia mal en la su tutoria e que por esta rrazon era bien de se avenir con el rrey de Granada e yrse para Castilla a poner paz e concordia en la tutoria que tenia del rrey. E quando esto oyo el ynfante don Pedro quiso conplir su rruego, e fizo avenençia con los moros, e dieron le fieldat de amas las partes; e por las pazes estar mas firmes fue Diego Garcia de Toledo, mayordomo que era del ynfante don Pedro, al rrey de Granada, e por señal e creençia destas pazes leuo çertedunbre del ynfante las sus sobre señales e vna carta con su sello. E quando el rrey de Granada vio el mensajero del ynfante, plogo le mucho con el, e rresçibio las fieldades, e enbio el auer al ynfante don Pedro que con el auia puesto en rrazon de parias. E rresçibio el ynfante el aver del rrey moro. E partio luego de la frontera e fuera para Castilla a Valladolid a donde era el rrey e la rreyna doña Maria su madre. E fue rresçebido con muy grand onrra e grand fiesta, ca las gentes lo presçiauan mucho por que era noble señor e muy buen cauallero, e manparaua muy bien la tierra de los enemigos de la fe, e estaua el rreyno mucho bien anparado e defendido con el.

* * *

[XVI] ¹Titulo de lo que libraron la reyna doña Maria et los jnfantes en las cortes de Valladolid et de Medina del Campo.

²Por que llego mandado al jnfante don Pedro de la reyna su madre de commo el jnfante don Johan andaua bulliçiendo quanto podia con los de la tierra contra el, ³veno se luego el jnfante don Pedro para Valladolid, a do era el rey et la reyna su madre. ⁴Et desque sopo todos los fechos en commo estauan et en commo auia passado la reyna con el jnfante don Johan, et le auia assegurado por que non fiziesse bolliçio en la tierra; ⁵et que faria la reyna al jnfante don Pedro quel diesse parte en las deçimas et en las terçias et en la cruzada; et el que fuesse a la guerra de los moros.

⁶Et commo quier que a el jnfante don Pedro fue muy caro esto, pero por conplir uoluntad de la reyna su madre, ouo a consentir en ello. ⁷Et luego la reyna enbio por / el jnfante don Joan, et vino a Çigales; ⁸et ella fue a el, et asessego este pleito. ⁹Et luego veno el jnfante don Joan a Valladolid et posieron su pleito entre el et jnfante don Pedro ¹⁰en commo ouiese su parte el jnfante don Johan

col. d

---

2 En el seteno año del rreynado deste rrey don Alfonso que començo en el mes de Setienbre que fue (en... Set. *falta M*) en la era de mill e trezientos e çinquenta e quatro años, e andaua el año de la naçençia de Ihesu Christo en mill e trezientos e diez e seys años, llego al ynfante (*omite* al y. *N*) don Pedro (al y. d. P. ll. *M*) mandado

en la cruzada et en las terçias et en las deçimas, et que fuessen amos a dos a la guerra de los moros. [11] Et luego enbiaron su mandado al Papa sobresto.

[12] Et luego acordaron de fazer Cortes. [13] Et por que los de la Estremadura estauan desauenidos de los de Castiella por algunas escatimas que resçebieron dellos en el ayuntamiento de Carrion, pusioron con los de la tierra de Leon de se non ayuntar con ellos; [14] et por esta razon llamaron a los de Castiella que viniessen a cortes a Valladolid, et a los de Estremadura et de tierra de Leon que veniessen a cortes a Medina del Campo. [15] Et dieron *les* y çinco seruiçios et vna moneda forera. [16] Et en estas cortes entregaron al rey a Moya et Cañete que fueron de don Johan Nuñez por que non dexo fijo nin fija heredero. [17] Et desque ouioron librado en Valladolid con los castellanos, fueron se luego
f. 20 para Medina del Campo, et libraron / esso mesmo con los de la Estremadura et con los de tierra de Leon.

[18] Et agora la estoria dexa de contar desto, et contara de commo llego a Valladolid el arçobispo de Santiago que venia del Papa, [19] et de las otras cosas en commo pasaron.

de la *NM*; bolliçiando *HFNM.* — 10 en la *interlineado, con letra menor, por el mismo copista en E.* — 13 pusieron pleyto *HFNM.* — 14 Leon a Medina *HFNM.* — 15 *enmiendo el texto* le y *E,* les luego y *HFNM.* — 18-19 *omítenlos NM.*

XVI: 1 Capitulo de como llego mandado al infante don Pedro de la rreyna su madre de como el infante don Joan andava bolliçiando contra el quanto podia *H,* Capitulo VIIIº de commo el infante don Pedro asosego al infante don Juan e commo se fizieron cortes en Valladolid e en Medina del Canpo *F, sin titular N,* De commo el ynfante don Pedro partio de la frontera e fue para Castilla por rrazon del ynfante don Iohan que andaua bolliçiando la tierra contra el ynfante don Pedro e commo fueron avenidos e desque fueron avenidos vinose el ynfante don Pedro a la frontera e tomo vn fuerte

castillo que ha nonbre Tyscar *M.* — 16 J. N. de Lara que dixieron de
la Barua *M.*

* * *

[XVII] ¹ Titulo de commo el jnfante don Pedro et el
jnfante don Joan se apercebieron para yr a la frontera a
la guerra con los moros; ² et de las otras cosas que acaescioron.

³ Estando la reyna et los jnfantes en Valladolid, ⁴ llego
don frey Beringuel arçobispo de Sanctiago, a quien diera
el Papa nueua miente el arçobispado; ⁵ et traya cartas del
Papa vn procurador de don Alfonso fijo del jnfante don Fernando para este arçobispo, ⁶ en quel enbiara mandar, que
por razon de la heredat quel tomara el rey don Ferrando,
que aquellos que fizieron la jura que los escriuiesse sin
alongamiento de juyzio por quel entregasse el rey et los
tutores la su heredat. ⁷ Et por que este fecho *tañia* en
señorio del rey, ⁸ et que todos los de la tierra fizieron pleito
et omenaje al rey de *le* guardar todo lo que su padre le
dexara; ⁹ et por que lo el rey don Ferrando tomo / a don col. *b*
Alfonso que gelo tomo con razon et con derecho segund el
pleito que con el auia, ¹⁰ dixieron al arçobispo que non se
entremetiesse deste pleito, ca non gelo consentirian, por
cartas que aduxiesse del Papa, ¹¹ ca ellos eran aquellos que
guardarian su rey et su señor et todo lo que su padre le
dexara. ¹² Et commo quier que non plogo al arçobispo, ouo
de dexar este fecho. ¹³ Et luego la reyna et los jnfantes don
Johan et don Pedro enbiaron sus mandaderos al Papa sobre

---

2 acaesció *E.* — 3 Estando ellos en Valladolid *HF*, e estando ellos
en Medina *NM.* — 4 llego estonçe don *H*, llego alli don *F*, llego y
entonçe (~ estonçes) don *NM.* — 5 troxiera *HM*, traxiera *N*, truxo
F. — 6 enbiaua *HFNM.* — 7 teñia *E*, tañia *HF*, tenia *N*, atañia *M.* — 8

este fecho, [14] en quel enbiaron pedir por merçed que non quisiesse afincar mas este fecho nin fazer ninguna cosa, [15] ca non podria estar que ellos non guardassen al rey todo el su señorio segund que el rrey su padre gelo dexara, [16] et asy commo lo auian prometido a todos los de la tierra et auian fecho pleito et omenaje al rey fasta que fuesse de edat.

[17] Et por que este arçobispo auia poder del Papa de despensar con el infante don Johan et con doña Maria Diez su muger, et con don Johan su fijo et con doña Ysabel su muger, en razon de los sus casamientos, [18] fuesse para Toro con ellos, [19] et despenso con el jnfan/te don Johan et con doña Marydias su muger, et con don Joan su fijo et doña Ysabel su muger, segund el poder que el Papa le dio.

f. 20 v

[20] Et el jnfante don Pedro fuesse para Toledo; [21] et venieron a el los maestres de Calatraua et de Santiago, et mandoles que se guisassen et se fuessen para el a la frontera, [22] et esso mismo fizo al arçobispo de Toledo don Gutierre que era y. [23] Et dende fuesse a Trugiello; [24] et veno y el maestre de [*Alcantara*] que tenia enpeñado el alcaçar de Trugiello por tres mill doblas que enpeñara el rey don Ferrando al otro maestre que fue ante que el que dezien Gonçalo Perez; [25] et el jnfante don Pedro diole estas tres mill doblas de lo del rey et cobro el alcaçar para el rey; [26] et mando al maestre de Alcantara esso mismo, que se guisasse et se fuesse para el a la frontera.

[27] Et dende fuesse luego el infante don Pedro para Seuilla, et fizo fazer muchos picos *e açadones* et labro y quatro

---

enmiendo el texto: de g. *E*, de le g. *HFNM*. — 24 *enmiendo el texto*: m. de Calatraua que tenia *EH*, m. de Alcantara que tenia *FM*, m. de Alcantara que dezian don Suer Perez e tenia *N*, m. de Alcantara [que dezian Suer Perez] que tenia *C*[+ *G*]; don G. P. *HFNM*. — 26 e mando al dicho maestre adereçarse e que se f. *F*. — 27 *enmiendo el texto*:

engeños et fizo los cargar et leuar a Cordoua. ²⁸ Et dende fuesse para Vbeda et llegaron y a el los maestres de Santiago et de Calatraua et de Alcantara et los arçobispos de Toledo et de Seuilla. ²⁹ Et a/cordo luego et dixo que queria col. d yr çercar a Tiscar, que era la mas fuerte cosa que auian los moros, ³⁰ que era señor della Mahomad Handon. ³¹ Et desque alla llego et la vio, fue mucho espantado de quan fuerte era; ³² et çercola, et maguer que cada dia le conbatia con engeños, et los caualleros todos la(s) conbatian de pie, et tan fuerte era que la non podian entrar; ³³ pero en cabo quiso Dios que vn omne muy pequeño que dezian Pero Fidalgo, que era del maestre de Calatraua, que subio de noche por mandado del jnfante don Pedro en vna peña muy *fuerte* que dizien la Peña Negra, que esta sobre la villa çerca del castiello, que era vna de las fortalezas que y auia que la estauan guardando diez moros; ³⁴ et subio suso, con pocos omnes que con el yuan, Sabbado viespera de Çincuesma; *e* quando amanesçio, recudio con los moros que la velauan et matolos, ³⁵ et tomo la peña et apoderosse della. ³⁶ Et quando esto vio el jnfante don Pedro, mando armar toda su gente de su hueste et fizo conbatir toda la villa, et entro la luego por fuerça. ³⁷ Et el moro señor de la villa que dizian / Handon, desque vio perdida la peña et la villa, et f. 21 quel afincauan mucho a do estaua en el castiello, mouio pleytesia al jnfante don Pedro ³⁸ quel dexasse salir a el et a todos los otros moros con todo lo suyo, et quel dexaria el castiello. ³⁹ Et commo quier que el jnfante don Pedro la pudiera tomar por fuerça, pero por non se detener y ouo lo de fazer; ⁴⁰ et los moros salieron ende, et fueron quatro

---

m. picos et labro *E*, m. picos e açadones e labro (fizo labrar *M*) HFNM. — 29 (Tistar *H*, Tyscar *F*). — 33 *enmiendo el texto*: muy que *E*, muy fuerte que *HFNM*. — 34 *enmiendo el texto*: ç. quando *E*, ç. e.

mill et quinientas personas, et pusoles en saluo fasta en
Bazta.

[41] Et en este tienpo la noble reyna doña Maria veno se
con el rey su nieto para Çiubdat Rodrigo, [42] et fuesse a Fuente Aguinaldo aldea de Çibdat a uersse con el jnfante don
Alfonso heredero de Portugal et con la jnfante doña Beatriz
su muger, fija desta reyna doña Maria; [43] et desque las vistas
fueron passadas, tornose la reyna con el rey para Toro.

[44] Et agora la estoria contara de commo el infante don
Pedro, estando en Tiscar que auie ganado de los moros, ouo
mandado del jnfante don Joan que estaua en Baena; [45] et
de commo morioron amos infantes don Pedro et don Joan
col. *b*   en la Ve/ga de Granada.

quando *HFNM.* — 40 *enmiendo el texto*: Bazca *E*, Basta *N.* — 45 *omítenlo NM.*

XVII: 1-2 Capitulo de commo estando en Valladolid la rreyna e
los rricos omnes e los de la tierra ayuntados llego y el arçobispo de
Santiago que venia del Papa con mensageria. E d. c. ... moros *H*,
Capitulo IX⁰ Commo vino a Valladolid don Frey Berenguel arçobispo
de Santiago sobre çiertas cosas e de commo el infante don Pedro
desenpeño el alcaçar de Trugillo e se fue a la guerra de los moros e
gano a Tiscar *F.* — 6 1. costriniese s. a. de maliçia p. *M.* — 10 e por
esto d. a. a. que non gelo c. *H F.* — 17 *M.* Diaz s. m. fija del Conde
don Lope de Vizcaya *M.* — 19 dio *M interrumpe el capítulo para interpolar varios (tomados de la Gran Crónica):* Commo el ynfante don
Pedro quebranto la tregua que avia con los moros. / Cuenta la estoria
que pues que todos estos fechos fueron asosegados, segund que avedes
oydo, el ynfante don Johan e el ynfante don Pedro, por fazer seruiçio
çio a Dios e al rrey don Alfonso su señor ovieron acuerdo con los
omnes buenos de la tierra para entrar a correr e talar la Vega de
Granada; e ordenaron commo fuesen todos ayuntados en la çibdad
de Cordoua en el mes de Junio syguiente, que fue en la era de Çesar
de mill e trezientos e çinquenta e çinco años. E en todos los fechos
que fizo este ynfante don Pedro non fallan los omnes que le rreptar
sy non esto solo, en quebrantar las pazes que auia puesto con el

rrey de Granada e su verdad, e pasar la fe e la fieldad que Dios
establesçio entre los omnes en comunal mente. Et avn sospechan los
omnes que esta fue la ocasión por que este ynfante don Pedro fue
muerto, segund adelante oyredes a do fuere en su lugar, maguer que
esta fe e verdad nunca los moros la guardaron a los christianos cada
que tienpo ovieron, ca muchas vezes la quebrantaron, segund que
veredes por las coronicas d'España. / De commo el ynfante don Pedro
tomo la peña de Martos de poder de los moros. / Ya oystes, segund
vos conto la estoria, en commo el ynfante don Pedro auia enbiado
a pedir al Padre Santo las terçias e las deçimas e la cruzada de
España para la guerra de los moros, por onrra e rremenbrança de
la santa fe catolica e ensalçamiento de la santa eglesia de Rroma. E
quando el Papa Clemeyte vido las cartas del ynfante don Pedro, por
conplir su rruego, otorgole lo que le demandaua, e enbio vna carta
al ynfante don Pedro que, so pena de obidiençia e del amor de la
Santa Eglesia, que non posiese pazes con los enemigos de la cruz.
El qual mensaje plogo mucho al ynfante don Pedro. E quando fue
venida la carta del Papa, enbio el ynfante don Pedro su mensaje al
rrey de Granada en que le enbiaua dezir que las pazes que pusiera
con el que las non podia tener nin guardar por fecho del Papa, que
gelo defendia en vertud de obidiençia e so temor de descomunion,
e que tomase el auer que le diera en rreconosçimiento de parias, que
el non podia salir del mandado del Papa e de la Santa Eglesia, que
es saluaçion de los christianos. E quando el rrey de Granada vido
el mensaje del ynfante don Pedro, ouo ende muy grand pesar, e
dixo: Yo, moro so, e el ynfante christiano; yo quiero guardar la
verdat que Dios establesçio, e el auer que yo di al ynfante don Pedro
non lo quiero tomar, mas quiero guardar la carta de la fieldat que el
me dio por esta rrazon. E el ynfante don Pedro me tiene tuerto, ca
me corrio mis tierras e matome mis moros, e sobre este mal que
me fizo le di parias, por que me dexase beuir en mis tierras en paz,
e agora quiere quebrantar la fe e la verdad que puso comigo. E yo
pongo a Dios en el medio que sea juez medianero e demuestre justiçia e milagro entre mi e el ynfante don Pedro, e por que todos los
del mundo sepan que es fe e verdad. E con este rrecabdo se tornaron los mensajeros e contaron la rrespuesta del rrey de Granada
al ynfante don Pedro. E quando el ynfante don Pedro oyo la rrespuesta del rrey de Granada, con fortaleza de su coraçon dixo que
non queria oyr mas rrespuesta del rrey de Granada, e el que non

seria fijo del rrey don Sancho sy en dos años, dandole Dios vida, non fiziese que la casa de Granada fuese torrnada a la corona d'España, e que los fijos dalgo labrasen todos e criasen. E destas palabras que dixo el ynfante don Pedro peso mucho a los castellanos. E el ynfante don Pedro fuese luego para Toledo. E vinieron luego y a el los maestres de Santiago e de Calatraua. — 29 fuerte casa *H*, fuerte villa *F*. — 32 *N* omite por homoiographon con engeños... conbatian. — 34 viespra *H*. — 39 fuerça e tomar e catyuar todos los moros e quanto y auia pero *M*; de fazer por que lo estaua esperando el ynfante don Iohan en Vaena *M*. — 40 Basta *N*, Baeça *H F M*. — 43 *M*, *por omisión de una línea dice*: Maria con el rrey para Toro. — 44 e torna a. l. e. a contar d. (*omite F*) lo que fizo despues (*omite F*) e. i. *H F;* e agora (*omite N*) torna la estoria (l. e. *omite M*) a contar d. l. q. fizo despues (*omite M*) e. i. *N M* (*y omiten el resto*).

* * *

[XVIII] ¹Titulo de commo morioron los jnfantes don Pedro et don Johan en la Vega de Granada ²et de las otras cosas que acaesçieron adelante en Castiella.

³Estando en Tiscar este jnfante don Pedro, llegol mandado en commo el infante don Joan, que estaua en Baena, que queria entrar a la Vega de Granada. ⁴Et commo quier que consejauan al jnfante don Pedro quantos con el eran que fuesse çercar a [Uelma] et segun estaua que la tomaria **et dende que yria a Montexicar e que la tomaria**, ⁵et non lo quiso fazer, sinon entrar a la Vega, pues que don Joan queria alla entrar.

⁶Et desque ouo puesto recabdo en Tiscar et en otros castiellos enderredor que tomara, ⁷veno se con toda su hueste a Jahen, ⁸et dende fuesse para *Alca*u*dete*; ⁹et veno y

---

3 alli estando este i. *HF*, Estando alli (a. con sus huestes *M*) este i. *NM*. — 4 *enmiendo el texto*: Belma *EH*, Belmar *F*, Huelma *NM*; *enmiendo el texto*: tomaria et non *E*, tomaria e dende que yria a Montexicar e que la tomaria e non *HFNM*. — 8 *enmiendo el texto*: Alcante

el jnfante don Johan. [10] Et dende mouioron amos a dos
su camino para la Vega de Granada; [11] et leuo la delantera
el jnfante don Joan.

[12] Et llegaron a Alcala de Bençayde [13] et moraron y otro
dia; [14] et otro dia fueron / a Moclin; [15] et otro dia fueron a   f. 21 v
Yldora, et conbatieron la, et entraron el arraual et la villa,
[16] et si fincaran y otro dia tomaran el castiello.

[17] Et otro dia fueron a la Puente de Pinos; [18] en otro dia
Sabbado viespera de Sant Johan fueron çerca de Granada,
[19] et moraron y otro dia Domingo dia de Sant Johan. [20] El
jnfante don Pedro quisiera que fueran mas adelante [21] et
el jnfante don Johan non quiso; [22] et ouieron se de tornar
otro dia Lunes. [23] Et este dia Lunes tornaron se, [24] et finco
el jnfante don Joan guardando la çaga; [25] et los moros afincaron le mucho, tanto que se vido en muy grand priessa,
[26] asi que enbio dezir al jnfante don Pedro que yua adelante
quel acorriesse. [27] Et el jnfante don Pedro torno luego a
acorrerle; [28] et quando llego açerca do estaua el jnfante don
Joan, quiso parar a los sus caualleros et a la su gente para
acometer los moros, et nunca pudo; [29] et fueron le esse dia
aquella ora tan mal mandados todos los suyos, que les
nunca pudo endereçar contra los moros.

[30] Et los caualleros fueron esse dia tan mal mandados et
tan enbaçados, / que non ouieron poder en las armas. [31] Et   col. *d*
el jnfante don Pedro metio mano a la espada para acabde-
llar los, et nunca pudo. [32] Et a golpe se tollio *de* todo el
cuerpo et perdio la fabla, et cayo del cauallo muerto en
tierra.

[33] Et toda la gente de la caualleria que estauan con el
non lo sopieron sinon muy pocos, et fueron lo luego dezir
al jnfante don Joan. [34] Et desque lo sopo el jnfante don

E, Alcaudete *HM*, Alcabdete *FN*. — 32 *enmiendo el texto*: tollio t. *E*,

Johan, tan grand pesar tomo, que perdio luego el entendimiento et la fabla; [35] et touieron lo assi desde medio dia
fasta ora de viesperas, que nin muria nin biuia.

[36] Et los maestres de Santiago et de Calatraua et de Alcantara et el arçobispo de Toledo et los de Cordoua que
eran ydos en la delantera que estauan a media legua dellos
atendiendo que llegassen los jnfantes don Johan et don Pedro: [37] et ellos quando sopieron que el jnfante don Pedro
era muerto tan grand desmayamiento tomaron que fuxieron
todos.

[38] Et los moros desque vieron toda la caualleria ayuntada
et que estauan todos quedos, [39] et non sabiendo en commo
f. 22 el jnfante don / Pedro era muerto et el jnfante don Joan
estaua en passamiento, [40] cuydando que querian lidiar con
ellos, fueron se para el real de los christianos [41] et robaron
et tomaron quanto y fallaron, [42] et fueron se con ello para
Granada.

[43] Et desque vieron esto los christianos, tomaron al jnfante don Joan, que non era avn muerto et posieron lo en
vn cauallo, [44] et al jnfante don Pedro posieron lo en vn mulo
atrauessado; [45] et fueron se su camino. [46] Et desque fue la
noche, morio el jnfante don Johan; [47] et en leuando lo, perdieron lo commo era de noche, et finco en tierra de los
moros.

[48] Et los que trayen al jnfante don Pedro aportaron con
el a Priego; [49] et dende fueron se para Baena, [50] et de Baena
leuaron lo *Ariona*. [51] Et enbiaron lo luego dezir a la jnfante doña Maria su muger que era en Cordoua, que estaua
en dias de encaesçer; [52] et por que era peligro de la traer a su
enterramiento, non la quisieron atender sus vassallos del

toll(i)o de t. *HFNM.* — 36 en la de la delantera *E.* — 50 Arrona *E*,
Arjona *HFNM*

jnfante don Pedro, [53] et leuaron lo a enterrar al monesterio de las Huelgas de Burgos a do se mando enterrar.

[54] Et quando don Joan fijo del jnfante don Joan, que / estaua en Baena, sopo en commo su padre era muerto et col. *b* quel non trayan sus vassallos, tomo ende muy grand pessar, [55] et enbio luego a catar lo por todas essas tierras, et non lo fallaron; [56] et despues enbio al rrey de Granada a rrogar le que lo feziesse el catar por toda su tierra. [57] Et el rey de Granada fizolo catar, et fallaron lo [58] et leuaron lo a Granada; [59] et fizol poner en vna morada muy buena, [60] et posieron lo en su ataud cubierto de muy buenos paños de oro, [61] et mando y poner muchas candelas derredor del, [62] et mando y venir todos los christianos catiuos; [63] et enbio dezir a don Joan fijo del jnfante don Johan que fallara el cuerpo de su padre, et que enbiasse por el, [64] et que gelo daria de muy buena miente ca nunca del reçibiera enojo nin pesar. [65] Et luego don Joan enbio por el a sus caualleros; [66] et el rey de Granada diogelo, [67] et dio grand gente de caualleros que veniessen con el cuerpo fasta que llegassen a tierra de christianos. [68] Et dende aduxioron lo a Cordoua, [69] et dende a Toledo; [70] et de / Toledo aduxieron lo a Burgos, [71] et enterra- f. 22 v ron lo en la yglesia de Sancta Maria de Burgos a do se el mando enterrar.

[72] Et quando la noble reyna doña Maria, que era en Toro con el rey su nieto, le llego este mandado de commo el jnfante don Pedro su fijo era muerto et el jnfante don Joan esso mesmo, [73] tomo ende muy gran pesar et muy grand quebranto por la muerte de su fijo et el mal que venia en la tierra [74] et otro si por el infante don Joan, [75] por el grand desanparo et daño que venia en la tierra por la muerte dellos. [76] Et recelando que avria algunos mouimientos en la tierra, enbio luego su mandado a todos los de las villas del reygno, [77] en que les enbio dezir, [78] que pues tan grand

desauentura acaesciera en la casa de Castiella en la muerte de los jnfantes don Joan et don Pedro, [79] que commo quier que toda la tutoria fincaua en ella, asy commo fuera puesto en las cortes de Burgos et segund sabian que se conteñia en los quadernos que cada vno dellos leuo en esta razon,

col. d [80] que les enbiaua rogar et mandar que guardassen / las villas para seruicio del rey, [81] et que se guardassen de poner pleito nin postura con jnfante nin con rico omne nin con otro omne poderoso; [82] et desque fuessen los cuerpos enterrados de los jnfantes don Johan et don Pedro, que luego enbiaria por ellos et por los perlados et por los otros omnes bonos de la tierra que se ayuntasen con el rrey, [83] et que ally acordaria con ellos lo que fuesse mas seruicio de Dios et del rey et pro de la tierra. [84] Et esto les enbiaua dezir por que el su acuerdo della et de los concejos fuesse todo vno, [85] ca desque ella et ellos fuessen de vn acuerdo, non abria departimiento nenguno en la tierra. [86] Et los conçejos le enbiaron su respuesta que gelo tenian en merçed, [87] et que tenian que les enbiaua mandar lo que cumplia a ellos et que era seruicio del rey, [88] et quel assegurauan que lo cunplirian et lo guardarian assy. [89] Et desto le enbiaron cada vno de los concejos sus cartas.

[90] Et agora la estoria dexa de contar desto, et contara commo algunos de los conçejos non guardaron lo que les

f. 23 enbio dezir / la reyna, et tomaron por tutor a don Johan fijo del jnfante don Manuel.

---

79 contenia *E.*

XVIII: 1-2 Capitulo De como el infante don Pedro estando en Tiscar que auya ganado de los moros le llego mandado del infante don Iohan *H,* Capitulo Xº De commo el infante don Pedro e el infante don Joan entraron a la Vega de Granada e de la desauentura

que ouieron estos infantes en sus muertes *F, sin titular en N,* De
commo el ynfante don Pedro queria entrar a tierra de moros e sopo
commo el ynfante don Iohan venia otrosy para entrar a la Vega e
de commo murieron alla por grand desuentura *M. — 14 omiten H F.*
18 viespra *H. — 29* mal andantes *H F. — 30* a golpe *E H,* a golpes *F,*
al golpe *N,* subita mente *M. — 71* enterrar. E en este tienpo que estos
ynfantes eran en la frontera don Iohan fijo del ynfante don Manuel,
que era adelantado en el rreyno de Murçia, entro por aquella parte
dos vezes a correr a tierra de moros, e fizoles mucho mal e mucho
daño. E los de la frontera que vieron este mal tan grande que avia
acaesçido en ser muertos aquellos dos ynfantes, e ayuntaronse todos
los rricos omnes e ynfançones e caualleros e procuradores de las
çibdades e villas de los rreynos de Seuilla e de Cordoua e de Jahen
e posieron postura de non tomar tutor sy non todos en vno a vn
acuerdo; e enbiaron sus mandaderos al rrey de Granada a poner
treguas con el fasta que el rrey fuese de hedad. E las treguas otorgolas
el rrey de Granada con jura e pleito que le fizieron que aquel que
tomasen por tutor que otorgase primera mente esta tregua. E quando
M. — 89 cartas. E en este tienpo que estos infantes eran en la frontera
don Iohan fijo del infante don Manuel, que era adelantado de Murçia,
entro por aquella parte dos vezes correr a tierra de moros e fizole
mucho daño. E los de la frontera que vieron este mal tan grande
que auia acaesçido en ser muertos aquellos dos infantes, ayuntaronse
todos los rricos omes e infançones e caualleros e procuradores de
las çibdades e villas de los rregnos de Castilla e de Cordoua e de
Jahen, de non tomar tutor synon todos en vno a vn acuerdo; e enbiaron sus mandaderos al rrey de Granada a poner treguas con el
fasta que el rrey fuese de hedad. E las treguas otorgo el rrey de
Granada con jura e pleito que fizieron que aquel que tomasen por tutor
otorgase primera mente esta tregua *N. — 90 omitenlo F N M.*

XII

GRAN CRÓNICA DE ALFONSO XI

(EDICIÓN CRÍTICA DE NUEVE CAPÍTULOS)

PROPÓSITO

En esta edición crítica de la *Gran Crónica de Alfonso XI* me he propuesto dar a conocer el mejor texto de ella a mi alcance. Por lo general, ese texto se identifica con el prototipo de los mss. *P, A*, los dos únicos manuscritos de la *Gran Crónica* que conozco. Sólo para algunos pasajes contamos con un tercer manuscrito representativo de la *Gran Crónica*, el ms. *M.*

El prototipo de *P, A* tenía algunos errores notables. Por ello, he creído conveniente utilizar el testimonio de otros textos relacionados con la *Gran Crónica* para corregir algunas de esas lecciones viciosas. Los pasajes corregidos son pocos y van siempre señalados entre **.

CRITERIOS DE LA EDICIÓN

a) Texto. Comúnmente sigo a los mss. *P, A;* pero, dado que estos dos manuscritos son muy hermanos entre sí, que ambos son tardíos y que uno y otro ofrecen numerosos errores particulares, no he considerado aconsejable el basar mi edición en el texto de uno de ellos, y he preferido «reconstruir» el prototipo de ambos, seleccionando libremente las lecciones que me han parecido más respetables. Esta tarea, en apariencia comprometida y peligrosa, resultó ser, en realidad, bastante sencilla y, desde luego, nada arriesgada, pues la semejanza entre los dos manuscritos es muy grande, y una mayoría de los errores, simples erratas.

En los capítulos o pasajes heredados de la *Crónica de Alfonso XI* la selección de las lecciones me ha sido dada por la confrontación con la fuente: He considerado preferibles las variantes de *P* o de *A* que se acercaban más al texto de la «Versión vulgata» de la *Crónica*. En los pasajes exclusivos de la *Gran Crónica*, el conocimiento de las características y comportamiento general de los mss. *P* y *A* me ha permitido aplicar criterios objetivos de selección en una mayoría de las ocasiones en que *P* y *A* ofrecían variantes de importancia.

Por otra parte, siempre que los resúmenes de la *Gran Crónica* contenidos en *R* y *B* permitían la comparación, he tenido en cuenta el testimonio de estas dos obras al seleccionar las variantes. También he acudido, cuando la confrontación resultaba ilustrativa, al *Poema de Alfonso XI*.

En los casos dudosos, he dado preferencia a las lecciones de *P*, el manuscrito más antiguo de los dos, pues, a diferencia del ms. *A*, es una copia mecánica de un solo manuscrito de la *Gran Crónica*, realizada por un copista poco cuidadoso, pero que no tuvo la pretensión de mejorar el original que transcribía.

Teniendo en cuenta que los dos manuscritos *P* y *A* son tardíos, siempre que sus textos ofrecían diferencias de carácter puramente lingüístico, he considerado preferibles las formas más conservadoras a las más innovadoras. Como casos particulares problemáticos citaré *-ié* preferido a *-ía*, *vio* a *vido*, *Portogal* a *Portugal*, *e* a *y*. También he dado preferencia a la ortografía más antigua con respecto a la más moderna en los casos de *sç* : *ç* : *z*; *ss* : *s*; *x* : *j*; *f* : *h* : *cero*; *b* : *v* : *u*; *h* ortográfica : *cero*; *omne(s)* : *ome(s)* : *hombre(s)*, etc. y me he decidido por *rr-* frente a *r-*, *nb* frente a *mb*, *ynfante* frente a *infante*, *pleyto* frente a *pleito*.

En los limitados casos en que el ms. *M* de la *Crónica de Alfonso XI* reproduce un capítulo o pasaje de la *Gran Crónica*, he tomado ese manuscrito como base, pues su texto es más antiguo y estimable que el de *P*, *A*; sin embargo, he eliminado algunos retoques propios del formador de esta versión, introduciendo en su lugar las lecciones correspondientes de *P*, *A*.

Fuera de los casos en que contamos con un tercer texto de la *Gran Crónica* (el ms. *M*), rara vez me he entremetido a enmendar el prototipo de *P, A* tomando como apoyo a *R* o a *B*.

Siempre que he aceptado una lección que se aparta del prototipo de *P, A,* la he destacado entre * *.

Las secciones del texto derivadas de la *Crónica* van en redondo y conservan la numeración de párrafos de la fuente; los detalles, pasajes o capítulos originales de la *Gran Crónica* van destacados en cursiva y tienen una numeración de párrafos independiente (a la cual se remite en las notas usando números cursivos).

b) Variantes a pie de página. Se incluyen aquí las variantes de los manuscritos de la *Gran Crónica* que podrían competir en excelencia con las aceptadas en texto; y, entre [ ], la información proporcionada por otros textos conexionados con la *Gran Crónica*, que consideramos ilustrativa.

c) Variantes al fin de los capítulos. Se relegan a este lugar las variantes de los manuscritos que no ayudan al conocimiento del texto original de la *Gran Crónica*.

* * *

¹*Capitulo XIII.* ¹De las cosas que se fizieron en las cortes de Carrion desque fueron ay ayuntados.

²En el quarto año del rreynado deste rrey don Alonso, ³que fue en el año de mill e trezientos e çinquenta años, ⁴quando andaua el año del nasçimiento de nuestro salvador Ihesu Christo en mill e trezientos e doze años, ⁵en este dicho año, despues que los perlados e los rricos omnes e los procuradores de los conçejos fueron todos ayuntados en Carrion en el mes de Setienbre, començaron a tomar la quenta; ⁶y estuuieron en la tomar qua/tro meses; ⁷e desque la ovieron tomado no fallaron ninguna cosa en que travar a los tutores. ⁸E estonces, ante todos los conçejos de la tierra, afinaron la quenta, ⁹e fallaron que non montaron mas las rrentas del rrey e de toda su tierra sin la frontera mas de vn quento

A f. 22

---

c. XIII *P, A.* — 2 [En el segundo año *R*]. — 3 çinquenta e vn *A.* — 4

e seysçientas vezes mill maravedis, a diez dineros el maravedi, [10] e esto era martiniegas e portalgos e juderias e morerias e derechos e calupnias e almojarifazgos e salinas e
ferrerias. [11] E la rrazon por que las rrentas del rrey eran
tan apocadas era por las muchas villas e lugares que los
rreyes avian dado por eredamientos a los rricos omes del
rreyno; [12] e otrosi por muchas guerras que avian fecho en
toda la tierra a muchas villas e lugares; [13] e otrosi porque
avian abatido la moneda muchas vezes [14] en tienpo del rrey
don Fernando que gano a Cordoua y a Sevilla [15] e en tienpo
del rrey don Alfonso su hijo, [16] e en tiempo del rey don
Sancho su hijo que gano a Tarifa fue abatida vna vez, [17] y
otra vez fue abatida en tienpo del rrey don Fernando su
hijo del rrey don Sancho y padre deste rrey don Alonso /
de quien habla esta Coronica.   **P f. 13 v**

[18] E estando ellos en esto, e veyendo que por aquella
manera no podian acabar ninguna cosa de lo que querian
contra el ynfante don Pedro, [19] mouio el ynfante don Joan
otro pleyto, que dexasen la tutoria todos tres, la rreyna y el
ynfante don Pedro e el, e ellos todos que escogiesen vn
tutor. [21] E los que estauan ay por la rreyna e por el ynfante
don Pedro dixeron que non consentian en esto en ninguna
manera, [22] ca mayor daño e mayor escandalo seria en la
tierra en fazer vn tutor nueuamente que no era en ser todos
tres, e pues que fechos eran que lo fuesen todos tres.

[23] E des que el ynfante don Joan e ellos vieron esto, enbiaron a pedir por merçed a la rreyna, que era en Palençia,
que llegase a Ca/rrion. [24] E la rreyna fuese para alla, e dexo **A f. 22 v**
al rrey en Valladolid. [25] E desque ay fue, ouo de otorgar
todas las cosas que ellos demandaron. [26] E todos los procuradores acordaron de les dar çinco seruiçios, e que todos

---

e treze *A* [y doze *R*, e treze *B*]. — 13 o. que a. *P.* — 35 hijos d. estando

fuesen a la guerra de los moros a do estaua el ynfante don Pedro. [27] E por que fallaron que las quantias que devian a los rricos omes e a los caualleros, [28] e lo que era menester para rretenencia de los castillos, [29] e otrosi para mantenimiento del rrey e de los sus ofiçiales de su corte, [30] montaua todo lo que ansi hera menester nueueçientas e sesenta mill maravedis, [31] e fallaron que con la guerra e con lo al que era menester ocho quentos, [32] e para aquello dieron al rrey çinco seruiçios que pechasen los labradores. [33] E non fallaron que montauan todos sino çinco quentos, y esto por las muchas guerras que eran menester en la tierra. [34] E sobre la particion de los dineros que se non avenian, por la mengua que avia, [35] començose vna pelea entre los fijos dalgo todos en los palaçios del rrey a do posaua la rreyna en su camara que era muy grande, e posaua ay el ynfante don Joan con ella, [36] que salio e lo partio; e si atan ayna no saliera el, todos se mataran vnos a otros; [37] e fue muy gran maravilla a do tantas armas ovo sacadas, estando todos tan çerca vnos de otros, como non fue ninguno muerto nin ferido; [38] e demas desto que la gente que estaua en la villa del ynfante don Joan rrecudieron todos a los palaçios armados diziendo que matauan al ynfante don Joan; [39] e quiso P f. 14 Dios guardallo asi que non ouo ay muerto nin ferido / ninguno.

[40] E la rreyna, viendo que le non guardauan su honra y A f. 23 que le perdieron verguença e que pelearon en su pala/çio, [41] partiose otro dia dende e vinose para Palençia. [42] E vino ay el ynfante don Joan, y alli acabaron el libramiento de los dineros.

[43] E dende vinieronse para Valladolid al rrey. [44] E este dia que ay llegaron era el plazo cunplido de vn rriepto que

---

t. *A;* de la reyna estando la reyna en s. c. *A.*

avian a lidiar dos cavalleros; [45] e metiolos el rrey en el canpo
de la verdad, e lidiaron, e mato el rieptador al riptado.
[46] En esto vino mandado a la rreyna en como el ynfante
don Pedro era en Cordoua, e que se guisaua para entrar a
la Vega de Granada.

XIII. — 1 ayuntados, y de como tomaron cuenta a los tutores *A.*
2 en otra historia dize en el VI año *nota marginal A.* — 5 *omite* todos
ayuntados... Setienbre *A.* — 7 las obieron *A.* — 8 hizieron la cuenta *A.*
9 montauan cada año las r. *A.* — 10 martiniengas e portatazgos *A;* al-
moxarafizgos *A.* — 15-16 d. Alonso s. h. q. gano a Tarifa (*laguna por
homoiographon*) *P.* — 16 don Sancho su nieto e en el tiempo del r.
d. F. padre *A.* — 19 e. todos tres q. e. *A.* — 21 consintirian *A.* — 22
omite (*por homoiographon*) e pues... todos tres *P.* — 24 y al rey dexo
en *A.* — 26 a todo estaua *P.* — 28 de todos los *P.* — 30 ansi avia m.
A. — 32 aquellos *A.* — 33 e hallaron q. no m. t. çinco seruicios sino
A; omite esto *A;* era *A.* — 34 non avian *P.* — 36 e salio y despartiolos
A; el y todos *A.* — 37 *omite* muy *P;* t. vnos tan çerca de otros *A.* — 38
desto la *A.* — 39 guardallos a todos ansi *A.* — 40 con su p. *A.* — 41 dende
otro dia *A.* — 44 ese d. *P.*

* * *

[1] *Capitulo XIIII.* [1] Commo el ynfante don Pedro entro
e mando talar la Vega de Granada. [2] E de las cosas que
acaesçieron adelante.

[3] Estando la rreyna doña Maria en Valladolid con el rrey
su nieto, [4] supo como [2] *el ynfante don Pedro avia enbiado a
pedir al Papa* [4] las terçias e las deçimas e la cruzada para
la guerra de los moros. [5] E desto peso mucho al ynfante
don Joan; [6] e con el gran pesar que ende ovo, dexo la su yda

c. XIIII *P, A.* — 6 *omite* la de *P.* — 9 *omite* pero *A.* — 2-5 [y los
pendones de Sevilla, de Cordova y Jaen y Andujar y Ubeda y Baeça

que avia de yr a la frontera a ayudar al ynfante don Pedro
a fazer guerra a los moros e la de don Joan su hijo; e otrosi
estoruo que no fuesen alla tanpoco a la guerra de los moros
el ynfante don Felipe [7] e don Fernan Rruyz de Saldaña e
don Rrodrigo Alvarez e don Gutierre e don Garçia de Villa
Mayor e todos los otros fijos dalgo de Castilla y de Leon,
e a todos los estoruo que no fuesen alla.

[8] E desque esto supo el ynfante don Pedro, pesole mucho;
[9] pero des que vio que de Castilla non venia acorro ninguno
ni de otra parte para la entrada de la Vega de Granada, no
dexo por eso de entrar alla. [10] Y entraron con el estonçes los
maestres de las ordenes de Santiago e Calatraua e Alcantara,
e los del Espital, [12] e el arçobispo [3] *e caualleros e omes bue-*
A f. 23 v *nos / e vallesteros y peones de la muy noble çibdad* [12] de
Seuilla; [13] e el obispo [4] *y los caualleros e omes buenos y va-*
llesteros y peones de la çibdad [13] de Cordoua; [5] *e el obispo e*
omes buenos del obispado de Jaen; [6] *e el conçejo de Eçija,*
e el conçejo de Carmona, [11] e todos los otros conçejos de la
frontera; [7] *e don Joan Alonso de Guzman, e don Gonçalo de*
Aguilar, e los vasallos de don Pero Ponçe, por quanto el
dicho don Pero Ponçe era moço menor de edad. [14] E fizo
P f. 14 v en esta entrada muy gran daño en la tierra/ de los moros,
que les talo las viñas e los panes e las huertas de toda la
vega de Granada. [15] E de ay se torno [8] *el ynfante don Pedro*
e todas sus conpañas a saluo con muy grande honrra e prez,
[9] *haziendo muy grande serviçio a Dios e al rrey don Alonso*
su señor y su sobrino, e muy gran daño a los moros; [10] *e*
desta guisa se fue [15] hasta en Cordoua.

[16] E estando ay de morada con toda su gente, llegole mandado de como los moros se ayuntauan todos para yr a çercar

---

R]. — *3* ballesteros A. — *15* alli P. — *8 omite* a saluo A. — *9 omite* su

a Gibraltar; [17] e luego que este mandado ovo, dexo toda la gente en Cordoua, y fuese para Seuilla; [18] e saco ay muy gran quantia de aver; [19] e fizo ay armar flota, e mandoles que se fuesen luego los que avian de yr por la mar; [20] e el vinose para Cordoua, e dio grandes quitaçiones a todos estos que con el eran para yr por tierra a desçercar a Gibraltar. [21] E desque los moros supieron que el ynfante don Pedro querie yr alli, no fallaron por su pro de estar mas alli, por rreçelo que ouieron del ynfante don Pedro, e dexaron la çerca e fueronse.

[22] E desque el ynfante don Pedro ovo este mandado e supo por çierto que eran ydos, por no perder lo que avie dado a los caualleros, partio luego dende e vinose para Jaen. [23] E dio talegas para seys dias; [24] e / partio luego de Jaen *A f. 24* e fuese luego para Canbil, [25] e de Canbil fuese para la sierra, [26] e llego a tres leguas de Granada, cuydando que los moros saldrian a el. [27] E los moros entendieronlo, e fallaron de su pro de no salir a el. [28] E dende fue a Asnallos, e conbatiola, e entro el arrabal, e quemo mucho pan que fallo ay e fizo ay muy gran daño. [29] E dende fue a otra villa que dizen Prima, e entro el arrabal e fizo eso mesmo ay muy gran daño. [30] E dende vino a Montexicar, e entro el arrabal e quemo ay vna huerta que avie muy buena. [31] E dende tornose para Canbil e para Jaen [32] e para Vbeda.

[33] E el estando en Hubeda, ovo sabiduria que Belmez, vn lugar en que avie vna villa e vn castillo muy fuerte del qual venia muy gran daño a tierra de christianos, e es ocho

---

señor e *A.* — 25 *omite* de Canbil *A.* — 26 *añade* (*tomándolo de* **M'*) *G.* e echose en çelada e embio correr a Granada c. *A* [hasta tres leguas de Granada pensando que salieran a dalle batalla los moros *R,* hasta tres leguas de Granada pensando que los moros saldrian *B*]. — 28 fue a [*blanco*] e c. *P,* fue a Castiallos alias Asnallos (alias Asnallos *tachado y convertido en nota marginal*: als Asnallos) e c. *A* [Asnallos *B*].

leguas de Granada, que non estaua ay tanta gente que lo pudiese defender. ³⁴ E fuese luego para alla, y çercola; ³⁵ e el dia que ay llego conbatiola, y entro la villa por fuerça; ³⁶ e la gente que era ay acogiose al castillo. ³⁷ E el ynfante don Pedro enbio luego por los yngenios que tenie en Jaen, e conbatio el castillo muy fuerte con ellos. ³⁸ E desque supo esto el rrey de Granada, tomo ende muy gran pesar y muy

P f. 15 gran quebranto, / e mando luego salir toda su cavalleria para venir acorrer aquel castillo; ³⁹ e vinieron ay, e maguer era muy gran gente, nunca se atreuieron a venir a pelear con el ynfante don Pedro. ⁴⁰ E acabo de veynte e vn dias

A f. 24 v que el ynfante don Pedro llego a aquel castillo, / a tan afincados fueron los moros que dentro estauan, que le ovieron de dar el lugar. ⁴¹ E desque lo ovo cobrado, dexo en el buen rrecabdo, e partio dende e vinose para Vbeda el e toda su conpaña.

XIV. — 6 fuese *P.* — 7 Albarez de Asturias *A; omite* otros *A.* — 13-4-13 y el obispo de Jaen y cavalleros... Cordoua *P.* — 7 e don Diego de Aguilar *A.* — 15 *omite* en *A.* — 18 *omite* ay *P.* — 20 Giblaltar *P.* — 28 entro e rrobo (*enmendado interlineando* en la ...abal) e quemo *A.* — 33 *omite* el *A;* Veemez vn l. *A;* pudiesen *P.* — 35 en la v. *A.* — 37 fuerte mente *A.* — 38 *omite* luego *P.* — 41 con el *P.*

* * *

¹ *Capitulo XV. De la tregua que el ynfante don Pedro puso con los moros de Granada; e el se torno para Castilla.*

² **Muy* grande fue el miedo quel rrey de Granada con sus moros ovieron del ynfante don Pedro, ³ e veyendo el mal que del rresçebian, fizieron mucho por auer con el amor e avenen-*

c. XV *P, A;* — [7º] *M. Tomo como base el texto de M.* — 1 Commo el ynfante don Pedro fizo pazes con / el rrey de Granada *M.* — 2 *omiten* muy *P, A,* muy *M, G.* — 3 viendo *P, A;* avenençia de *P, A;* en cada

*çia *e* de le dar tributo çierto *de* cada año por que los
dexase beuir en paz en sus tierras.* ⁴ *E andudieron mensajeros sobre esta rrazon,* ⁵ *e el ynfante don Pedro *ouo de* fazer
grand parte de lo que los moros quisieron.* ² E esto fue
por que llego mandado al ynfante don Pedro de la rreyna
su madre de commo el ynfante don Iohan an/daua *bolli-* M f. 23 b
çiando* quanto podia con los de la tierra contra el; ⁶ *asi que
por esto, e otrosi por que algunos rricos omnes e caualleros
gelo consejaron, deziendo que tomase algo de los moros e
pusiese pazes con ellos,* ⁷ *pues sabia çierto quel ynfante don
Iohan le fazia mal en la su tutoria,* ⁸ *e que por esta rrazon
era bien de se avenir con el rrey de Granada* ⁹ *e yrse para
Castilla *a* poner paz e concordia en la tutoria que tenia del
rrey.* ¹⁰ *E quando esto oyo el ynfante, quiso conplir su
rruego, e fizo avenençia con los moros,* ¹¹ *e dieron se fieldat
de amas las partes;* ¹² *e por las pazes estar mas firmes, fue
Die/go Garcia de Toledo, mayordomo que era del ynfante* M f. 23 v
don Pedro, al rrey de Grana/da, ¹³ *e por señal e creençia* A f. 25
destas pazes leuo çertedunbre del ynfante las *sus* sobre
señales e vna carta con su sello.*

¹⁴ *E quando el rrey de Granada vio el mensajero del ynfante plogo le mucho con el,* ¹⁵ *e rresçibio las fieldades,* ¹⁶ *e
enbio el auer al ynfante que con el auia puesto en rrazon
de parias.* ¹⁷ *E rresçibio el ynfante el aver del rrey moro.*
¹⁸ *E partio luego de la frontera* ³ e fuese para Castilla a Valladolid a do era el rrey e la rreyna doña Maria su madre.
¹⁹ *E fue rresçebido con muy grand onrra / e grand fiesta,* P f. 15

P, A; les P, A. — 4 -uvie- P, -ubie- A. — 5 omite don Pedro P; vino a f.
P, A. — 2 andaua alborotando P, A; podie P. — 6 con ellos pazes P, A.
9 C. e (~ y) p. P, A. — 10 ynf. don Pedro M. — 11 dieron le M. — 12 don
D. G. A, don G. P. — 13 de las p. lleuo por çertid. P, A; omiten sus
P, A. — 14 vido P; muy mucho P, A. — 15 fialdades P, A. — 16 ynf.
don Pedro M. — 3 e fuera p. M; C. e llego a V. P, A; donde M. — 19

M f. 23 d [20] *ca las gen/tes lo presçiauan mucho por que era noble señor e muy buen cauallero, e manparaua muy bien la tierra.*

honrra *fin de cap. en* P. — *20* tierra *fin de cap. en* A, tierra de los enemigos de la fe e estaua el rreyno mucho bien anparado e defendido con el M [tierra de los enemigos de la fe, e estaua todo el rreyno muy bien defendido con el et la justiçia era executada e no padesçia fuerça et todos eran señores de lo suyo e biuian quietamente en la possesion dello Q, O].

XV. — 1 de la guerra q. *P.* — 7 por çierto *P.* — 8 *omite* se *P.* — 12 Granada por firmar estas pazes entre ellos e p. *A.* — 15 las cartas e fialdades *A.*

* * *

[1] *Capitulo XVI. De como el ynfante don Pedro, despues que vino de tierra de moros, quisiera aver contienda con el ynfante don Joan.*

[2] *Luego que el ynfante don Pedro llego a Castilla, quiso aver contienda con el ynfante don Joan, por el mal que contra el avie andado haziendo mientra que el estaua en tierra de moros;* [3] *e la noble rreyna doña Maria su madre asosego este fecho lo mas que pudo, e contole* [4] todos los fechos como avien pasado entre ella y el ynfante don Joan, e de como avie puesto con el e asosegado por que no pusiese bulliçio en la tierra, [4] *que si el Padre Sancto le otorgase* [5] las terçias e las deçimas e la cruzada, [4] *que le avie enbiado a demandar el ynfante don Pedro,* [5] que ella que le faria que le diese parte

A f. 25 v en todo ello; e que / fuese a la guerra de los moros.

[6] El ynfante don Pedro quando esto oyo, pesole mucho; e como quiera que fue muy malo de venir a esto, pero por conplir la voluntad de la rreyna su madre, ouo a consentir

c. XVI P, A. — *2* domientra *P.* — *6* que le fue *P.* — *6* enxenplo *P.*

en ello. ⁷ E luego la rreyna enbio por el ynfante don Joan, e el vino a Çigales; ⁸ e ella fue a el, e asosego este pleyto. ⁹ E luego vino el ynfante don Joan a Valladolid, e la noble rreyna puso entre el y el ynfante don Pedro ⁵ *pazes e avenençias, e fizo los quedar por amigos;* ⁶ *mas como quiera que no de uoluntad,* ⁷ *ca dize vn exenplo que malquerençia de coraçon no puede poner buen ni leal amor, e vn señor grande no querria otro mayor que a si.* ⁹ E desque fueron abenidos, pusieron su pleyto en ¹⁰ como uviese su parte el ynfante don Joan en las terçias y en las deçimas y en la cruzada, e que fuesen amos quando oviesen de yr a la guerra de los moros.
¹² E otrosi acordaron de fazer cortes. ¹³ E por que los de Estremadura estauan desavenidos con los de Castilla por algunos sinsabores e escatimas que avian rresçebido dellos en el ayuntamiento de Carrion, pusieron con los de la tierra de Leon que se non ayuntasen con ellos; ¹⁴ e por esta rrazon, llamaron a los de Castilla que viniesen a cortes a Valladolid, e los de Estremadura e de tierra de Leon que viniesen a cortes a Medina / del Canpo. ¹⁵ E dieron les ay al rrey e *P f. 16* a los tutores çinco seruiçios e vna moneda forera. ¹⁶ E en estas cortes entregaron al rrey a Moya e a Cañete, que fueron de don Joan Nuñez, por que non dexo fijo heredero. ¹⁷ E desque ovieron librado en Valladolid con los castellanos, fueron luego para Medina del Canpo, e libraron eso mesmo con los de Estremadura y de tierra de Leon /.

---

12 e ansi a. *A.*

XVI. — *1* Joan, y de como se concordaron e ajuntaron cortes *A.* — 4 deziendo le que si *A.* — 8 a asosegar *A.* — 9 entre el y el y. d. Juan *P.* — *6* y no *P.* — 7 pudo p. *P;* queria *P;* assi *P.* — 10 dambos *A.* — 13 *omite* e escatimas *P; falta* non *A.* — 16 N. que non *A.*

A f. 26   ¹ *Capitulo XVII. De como llego a Valladolid el arçobispo de Sanctiago que venie del Papa.*

³ Estando la reyna e los ynfantes en Valladolid, ⁴ llego don fray Berenguel arçobispo de Sanctiago, a quien diera el Papa nueuamente el arçobispado; ⁵ e traya cartas del Papa vn procurador de don Alonso hijo del ynfante don Fernando para este arçobispo, ⁶ en que le enbiaua a mandar, que por rrazon de la heredad quel tomara el rrey don Fernando, que aquellos que fizieran la jura que los escriviese sin alongamiento de juyzio por que le entregase el rrey y los sus tutores la su heredad. ⁷ E por que este fecho atañia a señorio del rrey, ⁸ e por que todos los de la tierra fizieron pleyto e omenaje al rrey de guardar todo lo que su padre le dexara; ⁹ e por que el rrey don Fernando lo tomo a don Alonso con rrazon y con derecho segund el pleyto que con el avie, ¹⁰ dixeron al arçobispo que se non entremetiese en este pleyto que se lo non consintirian por cartas que truxese del Papa, ¹¹ ca ellos eran aquellos que guardarian su rrey e su señor e todo lo que su padre le dexara. ¹² E como quiera que non plugo al arçobispo, pero ovo de dexar este fecho. ¹³ E luego la rreyna e los ynfantes don Pedro e don Joan enbiaron sus mensajeros sobre este fecho al Papa, ¹⁴ en que le enbiaron a suplicar que non quisiese mas afincar este fecho nin quisiese fazer mas en el ninguna cosa, ¹⁵ ca non podian estar que ellos non guardasen al rrey todo lo suyo e su señorio segund que el rrey su padre se lo dexara, ¹⁶ e asi commo lo avian prometido todos los de la tierra e avien fecho pleyto

A f. 26 v   e omenaje al rrey fasta que fuese / de edad.

¹⁷ E por que este arçobispo avie poder del Papa de despensar con el ynfante don Joan e con doña Maria Diaz su

---

c. XVII *P, A.* — 6 que los constriñese (tomado de **M'*) *A.* — 7 conviene *P.* — 8 de le g. *P.*

muger, e con don Joan su hijo e con doña Ysabel su muger, en rrazon de los sus casamientos, [18] fuese para Toro con ellos, [19] e despenso / con el ynfante don Joan e con doña Maria Diaz su muger, e con don Joan su hijo e con doña Ysabel su muger, segund el poder que el Papa le dio.

P f. 16 v

XVII. — 1 viene *P*. — 3 *omite* la reyna e. — 4 Belengel *A*. — 5 tray c. *A*. — 6 enbio *P;* por la r. *A;* que el t. *P*, que t. *A;* fizieran *P;* j. que *A*. — 9 por que lo que el *A;* le tomara *A*. — 13 *omite* enbiaron *P; omite* al Papa *P*. — 14 afincar sobre este *A;* mas hazer *A*. — 15 y todo *P;* segund el *P*. — 16 *omite* todos *P;* a. p. e o. fecho al *P*.

* * *

[1] *Capitulo XVIII. Como el ynfante don Pedro y el ynfante don Joan ovieron su acuerdo con los onbres buenos de la tierra para yr a entrar a talar la vega de Granada.*

[2] *Cuenta la estoria que pues que todos estos fechos fueron asosegados, segund que avedes oydo,* [3] *el ynfante don Johan e el ynfante don Pedro, por fazer seruiçio a Dios e al rrey don Alfonso su señor, ovieron acuerdo con los omnes buenos de la tierra para entrar a correr e ta/lar la Vega de Granada.* [4] *E ordenaron commo fuesen todos ayuntados en el mes de Junio syguiente, que fue en la era de Çesar de mill e trezientos e çinquanta e siete años, en la çibdad de Cordoua.* [5] *E en todos *los* fechos que fizo este ynfante don Pedro non fallan los omnes que le *rreptar* sy non esto *solo*,* [6] *en quebrantar las pazes que auia puesto con el rrey de Granada*

M f. 25 d

c. XVIII *P, A;* [9º] *M. Tomo como base el texto de M.* — *1* Commo el ynfante don Pedro quebranto la tregua que avia con los moros *M.* — *2* despues *P, A.* — *3* Alonso *P, A;* su acuerdo *P, A.* — *4 anticipa* en la çibdad de Cordoua *entre* ayuntados y en el mes *M;* e çinco a. *M*, VII a. de Christo de mill e CCCXIX años *A* [que para el mes de junio deste año de mill y trezientos y treze *R*]. — *5* todos estos *P, A;*

*e su verdad, ⁷ e pasar la fe e *la* fieldad que Dios establesçio
entre los omnes en comunal mente. ⁸ Et avn sospechan los
omnes que esta fue la ocasion por que este ynfante don Pedro
fue muerto, segund adelante oyredes a do fuere su lugar.*

A f. 27

M f. 26

q. le (~ se) rretraygan sino este *P, A.* — *7* fee y fieldad *P*, fe fialdad
A. — *8* en su l. *M*; lugar *acaba el cap. P*, lugar magu/er que / esta
fe e verdad nunca los moros la guardaron a los christianos cada que
tienpo ouieron, ca muchas vezes la quebrantaron, segund que veredes
por las coronicas d'España *M, A* (*este ms. lo tomaría de *M'*).

XVIII. — *3* para hazer *P;* r. su s. don A. *A.* — *4* Junio segund q.
P. — *5* e de t. *A;* el ynf. *P.*

* * *

¹ *Capitulo XIX. Como el ynfante don Pedro enbio sus
mensajeros al rrey de Granada sobre la tregua que avie con
el, ² e de la rrespuesta que le enbio el rrey de Granada.*

³ *Ya oystes, segund vos conto la estoria, en commo el ynfante don Pedro auia enbiado a pedir al Padre Santo las terçias e las deçimas e la cruzada de España para la guerra de
los moros, ⁴ por onrra e rremenbrança de la santa fe catolica
e ensalçamiento de la santa eglesia de Rroma. ⁵ E quando*

M f. 26 b   *el Papa Clemente vio las cartas del ynfante don / Pedro,
⁶ por conplir su rruego, otorgole lo que le demandaua, ⁷ e enbio vna carta al ynfante que, so pena de obidiençia e del
amor de la Santa Eglesia, que non posiese pazes con los ene-*

P f. 17   *migos de la cruz. ⁸ El qual mensaje plogo / mucho al ynfante don Pedro.*

c. XIX *P, A;* [10º] *M. Tomo como base el texto de M.* — *1* De
commo el ynfante don Pedro tomo la peña de Martos de poder de los
moros *M.* — *3* oystes dezir *P, A.* — *5* Clemeyte *M;* vido *M.* — *7* ynf.
don Pedro *M, A.* — *8* del qual *P*, de aquel *A;* pluego *P.* — *9* enbio el

⁹ *E quando fue venida la carta del Papa, enbio su mensaje al rrey de Granada,* ¹⁰ *en que le enbiaua dezir que las pazes que pusiera con el que las non podia tener por fecho del Papa, que gelo defendia en vertud de obidiençia e so temor de descomunion,* ¹¹ *e que tomase el auer que le diera en rreconosçimiento de parias,* ¹² *que el non podia salir del mandado / del Papa e de la Santa Eglesia, saluaçion de los chris-* M f. 26 v *tianos.*

¹³ *E quando el rrey de Granada vio el mensaje del ynfante ouo *ende* muy grand / pesar, e dixo:* ¹⁴ *Yo moro so, e el* A f. 27 v *ynfante christiano;* ¹⁵ *yo quiero guardar la verdat que Dios establesçio,* ¹⁶ *e el aver que yo di al ynfante non lo quiero tomar, mas quiero guardar la carta de la fieldat que el me dio por esta rrazon.*

¹⁷ *E el ynfante me tiene tuerto, ca me corrio mis tierras e matome mis moros,* ¹⁸ *e sobre este mal que me fizo le di parias por que me dexase beuir en mis tierras en paz,* ¹⁹ *e agora quiere quebrantar la fe e la verdad que puso comigo.* ²⁰ *E *yo* pongo a Dios en el / comedio que sea juez medianero* M f. 26 d *e demuestre justiçia e milagro sobre tal fecho, por que todos los del mundo sepan que es fe e verdad.*

²¹ *E con este rrecabdo se tornaron los mensajeros e contaron la rrespuesta del rrey de Granada al ynfante don Pedro.*

---

ynfante don Pedro M. — *10* enbio a d. P, A; q. el p. P, A; tener nin guardar M, [al rrey Esmil de Granada / su mensaje enbiaron / que non ternian las pazes / por fecho del Padre Santo *Poema de Alfonso XI*]. — *12* e (~ y) q. P, A; que es saluaçion M. — *13* vido M; omite del ynfante A, del ynf. don Pedro M; omiten ende P, A. — *14* soy P, A. — *16* ynf. don Pedro M; fialdad A. — *17* ynf. don Pedro M; corriome (~ destruyome) mis t. e corriome e matome P, A. — *20* omiten yo P, A; en el medio M, en el encomedio P; [entre ambos R]; amuestre P, administre A; e milagro entre mi e el ynfante don Pedro e p. q. M, [Ayude Dios el derecho / entre moros e christianos / et sea joez deste fecho / yo lo pongo en las ssus manos *Poema de Alfonso XI*].

XIX. — *1* XIX *P*, XVIIII *A*. — *4* remenblaça, *A*. — *5* el sancto padre
de Roma que era el papa Clemente quinto vio *A* [Clemente sexto *B*].
7 santa madre yglesia *P*; paçes *P*; santa cruz *P*. — *11* q. el t. *P*. — *17*
omite ca *P*. — *20* milagro *P*.

* * *

[1] *Capitulo XX. Como el ynfante don Pedro entro a tierra
de moros e tomo el castillo de *Tiscar*.*

[2] *Quando el ynfante oyo la rrespuesta del rrey de Granada,
con fortaleza del su coraçon, dixo:* [3] *que non *seria* fijo del
rrey don Sancho, sy en pocos años, dandole Dios vida, non
fiziese que la casa de Granada fuese tornada a la *corona*
d'España,* [4] *e que los fijos dalgo de Castilla *labrasen* todos*
M f. 27 *e *criasen*.* [5] *E destas pa/labras que dixo el ynfante don
Pedro peso mucho a los castellanos.*

[20] E luego el ynfante don Pedro fuese para Toledo; [21] e
vinieron ay a el los maestres de Sanctiago y de Calatraua, e
mandoles que se guisasen e se fuesen para la frontera a do
el estuuiese, [22] e esto mesmo dixo al arçobispo don Gutierre
A f. 28 de Toledo que estaua ay. [23] E dende fuese a Tru/xillo; [24] e
vino ay el maestre de Alcantara, que tenia ay enpeñado el
alcaçar de Truxillo por tres mill doblas, que le enpeñara el
rrey don Fernando a otro maestre que fue antes que el que
dezian Gonçalo Perez; [25] e el ynfante don Pedro diole estas

----

c. XX *P, A; sigue* [10º] *M. De 2 a 5 tomo como base el texto de
M.* — *1 No hace cap. M;* en t. *A;* Tistar *P, A.* — *2* E quando *M,* Como
P; ynf. don Pedro *M;* de su c. *P, A.* — *3* que non queria oyr mas
rrespuesta del rrey de Granada e el que non s. *M;* n. (h)era *P, A,* [no
sere *R*]; dos años *M,* [pocos años *R*]; G. no fuese *P, A;* a la casa
d'E. *P, A.* — *4 omite* de Castilla *M;* nonbrasen todos *P,* se nombrasen
todos *A;* y creyesen destas (~ estas) palabras e d. p. *P, A.* [y hago
que los hijos dalgo de Castilla se ocupen en arar la tierra *R*]. — *5*

tres mill doblas de lo del rrey e cobro el alcaçar para el
rrey; [26] e mando al maestre que se / guisasse e se fuese para P f. 17 v
el a la frontera.

[27] E dende fuese luego el ynfante don Pedro para Seuilla;
e mando fazer ay muchos picos, e labro ay quatro yngenios
e fizolos cargar y lleuar a Cordoua. [28] E dende fuese para
Vbeda, e llegaron ay los maestres, el de Sanctiago y de
Calatraua y de Alcantara, e los arçobispos de Toledo y de
Seuilla. *[6] E ovo su consejo con ellos. [7] E partio dende e
fuese con aquellas conpañas para Vbeda. [8] E alli le vinieron
todas las gentes de la frontera. [9] E en quanto el ynfante don
Pedro estaua en Vbeda, llego el ynfante don Joan a Cordoua,
[10] e enbio a dezir con sus mensajeros al ynfante don Pedro
que le enbiase a dezir en como tenie por bien de fazer en
fecho de la entrada de la Vega, que bien sabia el en como
quedara ordenado, [11] e que se lo enbiase a dezir, e que fuese
commo el tuuiese por bien.*

[12] *E dize la ystoria que entanto que los mensajeros yvan
e venien, aquel ynfante don Pedro enbio dezir a vn cauallero
que avie nonbre* [30] *Mahomad Handon, que era señor de* [12] *vn
castillo que dezian* [29] **Tiscar**, [13] *que tuuiese por bien de ser
vasallo del rrey don Alonso su señor,* [14] *e ansi que el seria
anparado e defendido por el.* [15] *E los mensajeros que fueron
alla eran Pero Joan de Berrio e Rramos de Xerez / adalides.* A f. 28 v
[16] *E como quier que esto le enbiaua a dezir, mas enbiara el
a estos mensajeros por rrazon que parasen mientes al castillo
por qual lugar se podia mejor conbatir.* [17] *E aquel cavallero
moro Mahomad Handon enbio a dezir al ynfante don Pedro*

---

omite los *P.* — 27 añade (*tomándolo de *M'*) picos y açadones e l.
A. — *10* el fecho *A;* el en como *A.* — *12* quel infante *A;* caballero moro
A. — 29 Tistar *P, A.* — *13* q. obiese *A.* — *15* omite que *y* eran *P;* po
Juan de B. *P*, Pero Juan de Uerrio *A,* [dos adalides llamados Juan
de Berrio y Pedro de Rramos *R*]. — *16* embiara *A.* — *17* o. el a m.

que bien sabia el en como no obedesçia a moro ni a christia-
no, [18] *e que mas queria el ser libre y sin tributo ninguno que*
non tributario. [19] *E los mensajeros tornaron con esta rres-*
puesta. [20] *E el ynfante don Pedro mando luego pregonar*
talegas para doze dias, e que se aparejasen todas las sus
gentes para yr a do quier que el fuese. [21] *E ansi fue luego*
fecho; [22] *e hizo ynfinta en boz que yva a otro lugar e tomo*
otro camino, por que no entendiesen las gentes que yvan
alli. [23] *E despues boluio el su camino derecho, e sin sospecha*
fuese a echar sobre el dicho castillo de *Tiscar*, [24] *e sobre*
aquel cauallero Handon que lo tenie e estaua dentro.

[31] E quando el ynfante vio el castillo fue mucho marauillado e espantado de quan fuerte era; [32] e çercolo, [25] *e fizo*
luego traer e armar [32] yngenios, e conbatio lo de pie muy
fuertemente, los caualleros [26] *con abarcas de esparto calça-*
das; e el mesmo ynfante con ellos, sus abarcas calçadas de

P f. 18 *esparto, e de pie conbatiendo al dicho / castillo treze dias.*
[32] Y tan fuerte era que lo non podian entrar; [33] pero al cabo,
quiso Dios que vn ome muy pequeño que dezian Pero Fidalgo, e era del maestre de *Calatraua*, que subio de noche

A f. 29 por mandado del ynfante don Pedro / en vna peña muy mala
que dezian la Peña Negra, que esta çerca de las fortalezas
que ay avia, e estauan la guardando diez moros; [34] e sobio
suso, con pocos omes que con el yuan, Sabbado vispera de
çinquesma; quando amanesçio, rrecudio con los moros que
la belauan e matolos, [35] e tomo la peña e apoderose della.
[36] E quando esto vio el ynfante don Pedro, mando armar toda

---

A. — 22 e saco luego su hueste e hizo enfinta *A;* e boz *interlineado P;*
[salio la buelta de Baça y luego bolvio sobre el *R*]; no lo e. *P.* — 23
(29) [fue secretamente a çercar el castillo de Tiscar que es la cosa
más fuerte que ay en el reino de Granada *B*]; Tistar *P, A.* — 25 armar
y traer *A,* t. e (*tachada*) armas *P.* — 26 infante don Pedro *A;* conbatieron *A.* — 33 del maestre de Alcantara *P, A* [del maestre de **Cala-**

la su gente de su hueste e hizo conbatir toda la villa, e en-
trola luego por fuerça. [37] E el moro Handon, señor de la
villa, que dezian Mahomad Handon, des que vio perdida la
peña e la villa, e que lo afincauan mucho a do estaua en el
castillo, mouio pleytesia al ynfante don Pedro [38] que le dexase
salir a el e a todos los otros moros con todo lo suyo, e que
le dexaria el castillo. [39] E como quiera que el ynfante don
Pedro lo pudiera tomar por fuerça, pero por no se detener
ay, ovolo de fazer; [40] e los moros salieron dende, e fueron
quatro mill e quinientas personas, e pusolas en saluo fasta
en Baza.

[27] *E segund dize la historia, que estando el ynfante don
Joan en la çibdad de Cordoua, con los rricos omes e caualleros de Castilla e de Leon,* [28] *sopieron en commo el ynfante
don Pedro avia ganado el castillo de *Tiscar*;* [29] *e segund
dize la ystoria, que non plugo dello al ynfante don Joan.*
[30] *E luego partio de la çibdad de Cordoua con todas sus conpañas e fuesse para Baena.*

[3] E estando en *Tiscar* el ynfante don Pedro, llegole mandado en como el ynfante don Joan estaua en Baena e que
queria entrar a la Vega de Granada. [4] E como quier que
todos quantos eran con el ynfante don Pedro le aconsejauan

---

traua *R*]. — 40 Vaza. E ansi gano el infante don Pedro este castillo
muy fuerte de Tistar en el mes de junio del año de la era de Çesar
de mill y CCCLII y del nasçimiento de Christo de mill CCCXIIII (que
tachado) *y continúa* (*tomándolo de *M'*) [41] En este tiempo la noble
reyna doña Maria vinose con el rey don Alfonso su nieto para Çiudad
Rodrigo, [42] e fue a Fuente Guinaldo / aldea de **Çiudad Rodrigo a** *A f. 29v*
verse con el infante don Alfonso heredero de Portugal e con la infanta doña Veatriz su muger, fija desta reyna doña Maria; [43] e desque
las vistas fueron pasadas tornose la reyna doña Maria con el rey
para Toro.[27] E segund dize *A*. — 40-30-3 [fueron puestos en salbo en
Baça. Teniendo el ynfante aqui su real, el ynfante don Juan le hizo
saber que hera salido de Cordoua *R*]; — 28, 3, 6 Tistar *P*, Tistan *A*. — 4
(*por seguir a *M'*) Huelma (*con la* e *interlineada*) *A*, [Biedma *R*]. — 8

que fuese a çercar a Biedma, e diziendole que segund estaua
que la tomarie, [5] pero el no lo quiso hazer, sino entrar a la
Vega, pues que el ynfante don Joan la queria entrar.

[6] E desque ovo puesto rrecabdo en *Tiscar* e en los otros
castillos alderredor que avie tomado, [7] vinose con toda su
gente a Jaen, [8] e dende fuese para Cañete; [9] e vino ay el ynfante don Joan. [10] E dende mouieron amos a dos [31] *para la*

P f. 18 v *Vega / de Granada.* [32] *E yvan con ellos grandes gentes de*
los rreynos de Castilla e de Leon e de Estremadura e de
Galizia e del Andaluzia, e gentes de allen los puertos de Aspa
que vinieron en su ayuda por saluar sus almas; [33] *e con estas*

A f. 30   *grandes conpañas / entraron los ynfantes por tierra de mo-*
ros, [10] *e levaron su camino para la Vega de Granada.* [34] *Mas,*
segund quenta la ystoria, llenos yvan de ponçoña el vno con
el otro, ca pensauan e entendian cada vno dellos que qual-
quiera dellos que quedase a vida sin el otro, seria señor de
Castilla; [35] *mas Dios, que es padre e poderoso señor e es*
fazedor e desfazedor de todas las cosas, no quiso que se cun-
pliese ninguna cosa de lo que ellos tenian propuesto en sus
coraçones.

[12] E llegaron a Alcala de Bençayde, [13] e moraron ay otro
dia; [14] e luego otro dia despues fueron a Moclin; [15] e otro
dia fueron a Yllora e conbatieron la y entraron el arrabal
e la villa, [16] e si quedaran ay otro dia, entraran el castillo,
[36] *sino por el ynfante don Pedro que non quiso que se ay*
mas detuviesen, que el su coraçon no era sino yr sobre la
villa grande de Granada, e conbatilla e tenella çercada fasta
que la ganasen, o morir sobrello.

[37] *E los ynfantes partieron de Yllora, sus pendones tendi-*
dos, [17] e fueron a la Puente de Pinos; [18] e otro dia Sabado,
vispera de Sant Joan, fueron çerca de Granada, [19] e moraron

---

(*por seguir a* *M'*) Alcaudete *A*, [Alcaudete *R*, Cañete *B*]. — *31* fasta
la Bega *A*. — *32* de allende de los p. *A*. — *33* en tierra *A*. — *34* Y mas

ay otro dia Domingo e dia de Sant Joan. [20] E el ynfante don Pedro quisiera que fueran mas adelante [38] *a fincar las tiendas a las puertas de Granada;* [21] mas el ynfante don Joan no quiso, [39] *ni los otros que ay yvan non consintieron en ello;* [40] *de la qual rraçon ovo el ynfante don Pedro gran saña, e encubrio su coraçon lo mejor que pudo por aver los coraçones de las gentes para do le fuese menester.* [22] E ovieronse de tornar otro dia Lunes./

A; los dos infantes llenos *A;* contra el o. *A.* — 18-19 [Granada donde llegaron Viernes en la noche a veynte y tres del mes de Junio *R*].

XX. — 21 *omite* a el *A.* — 24 ay a el el *P;* al m. q. *A.* — 28 fue p. *A;* y el de C. y el de A. *A.* — *11* c. estuuiese por b. *A.* — *15* adolides *A.* — 32 conbatio de *P;* f. con los c. *A.* — 33 Sidalgo que era *A;* q. enbio de noche *P;* fortalezas que ay abia estaua sobre la villa çerca del castillo que era vna de las fortaleças e estauan la g. *A.* — 34 e tomolos e matolos *A.* — 36 entrole *A.* — 37 la fincaban *A.* — 40 hasta Baeça *P.* — 28 Tistan *A.* — *30* C. el dicho infante don Joan con *A;* para Baeça *P.* — 3 esto esta desde aqui en otra historia capitulo por si y tiene diferencia en contar el hecho y en muchas palabras y por eso se pondra al fin del libro con tal señal [*sigue el signo*] *nota marginal A.* (*Al final de la Crónica* [A, ff. 611-613] *se copió efectivamente el capítulo de* *M* *a que esta nota hace referencia*: Estos capitulos se pusieron aqui porque en esta historia en las margenes se remite a ellos, o porque estan differentemente de como alli se contiene, o porque faltan y se sacaron de otra historia antigua. / CAP⁰ onze de como el infante don Pedro y el infante don Joan entraron a tierra de moros y murieron alla amos a dos por gran desauentura. / 3 Estando alli con sus huestes este infante don Pedro llegole mandado de como el infante don Joan estaua en Baena que queria entrar a la Vega de Granada. 4 Y como quiere que le consejauan al infante don Pedro quantos con el estauan que fuessen a çercar a Huelma y que segun ella estaua que la tomaria y dende que yria a Montexicar y que la tomaria, 5 pero non lo quiso hazer, sinon que queria entrar a la Vega, pues que el infante don Joan queria entrar alla. 6 E desque ouo puesto en recaudo a Tiscar y a otros castillos de enderredor que tomara, 7 vinose con toda su hueste a Jaen, 8 y dende fuesse para

Alcaudete; [9] e vino ay el infante don Joan. [10] E dende mouieron ambos su camino para la Vega, [11] e llebo la delantera el infante don Joan. [12] E llegaron a Alcala de Bençayde [13] e moraron ay esse dia; [14] e otro dia siguiente fueron a Moclin; [15] e otro dia fueron a Yllora, e combatieronla, e entraron el arraual e la villa; [16] e otro dia estubieron ay y otro dia tomaron el castillo. [17] Y otro dia fueron a la Puente de Pinos; [18] y otro dia Sabado vispera de Sanct Joan fueron çerca de Granada, [19] y moraron ay vn dia. Y otro dia de San Joan [20] el infante don Pedro quisiera que fueran mas adelante [21] y el infante don Joan no quiso; [22] e ouieronse de tornar otro dia Lunes. [23] Y finco el infante don Joan / guardando la çaga; [25] e los moros affincaron lo mucho, tanto que se vio en muy gran peligro, [26] y imbio a dezir al infante don Pedro que yba adelante que lo acorriesse. [27] Y el infante don Pedro torno luego a acorrerlo; [28] y quando llego açerca donde estaua el infante don Joan, el infante don Pedro quiso partir sus caualleros y sus gentes para acometer los moros, mas non pudo; [29] e fueron le en esse dia atan mal mandados todos los suyos, que los nunca pudo adereçar contra los moros. [30] Otrosi los caualleros fueron esse dia tan enflaqueçidos, que non ouieron poder en las armas. [31] Y el infante don Pedro metio mano a la espada para acaudillarlos, y nunca pudo. [32] Y supitamente se tollio de todo el cuerpo y perdio la habla, y cayo del cauallo muerto en tierra. [33] E toda la gente de la caualleria que estauan con el non lo supieron sinon muy pocos, y fueronlo luego a dezir al infante don Joan. [34] Y tan grande pesar houo el infante don Joan, que perdio luego el entendiminto y la fabla; [35] y touieron lo assi desde medio dia fasta hora de visperas, que nin moria nin viuia. [36] Y los maestres de Sanctiago y de Calatraua y de Alcantara y el arçobispo de Toledo y los de Cordoua, que querian yr en la delantera, que estauan a media legua dellos attendiendo que llegassen los infantes don Joan e don Pedro, [37] quando supieron que el infante don Pedro era muerto, tan gran desmayo houieron que fueron todos. [38] Y los moros, desque vieron que toda la caualleria ayuntada estauan todos quedos, [39] non sabiendo en como el infante don Pedro era muerto nin como el infante don Joan estaua en passamiento, [40] cuydando que querian lidiar con ellos, fueron se para el rreal de los christianos [41] y robaronlo todo e tomaron todo quanto ay / [f. 612] fallaron, [42] y fueronse con ello a Granada. [43] E desque esto vieron los christianos, tomaron al infante don Joan, que non era aun muerto, y pusieronlo en vn cauallo, [44] y al infante don

Pedro pusieron lo atrabesado en vn mulo; [45] e fueronse su camino.
[46] Y desque fue la noche, murio el infante don Joan; [47] y en llebando
lo perdieron como era de noche, y finco en tierra de moros. [48] Y
los que trayan al infante don Pedro aportaron con el a Priego, [49] y
dende fueronse para Baena, [50] y llebaronlo a Arjona. [51] E imbiaronlo
luego a dezir a la infanta doña Maria su muger que era en Cordoua,
que estaua en dias de encaesçer; [52] y por que fuera muy gran peligro
de la traer a su enterramiento, non la attendieron sus vasallos del
infante don Pedro, [53] y llebaronlo a enterrar al monesterio de las
Huelgas de Burgos a donde el se mando enterrar. [54] Y quando el
infante don Joan fijo del infante don Joan, que estaua en Baena, supo
en como su padre era muerto y que lo non trayan sus vasallos, tomo
ende muy gran pesar, [55] e imbio luego a buscarlo por todas esas
tierras, e no lo fallaron; [56] y despues al rey de Granada a rogarle
que lo fiziesse buscar. [57] Y fizolo buscar, y fallaronlo [58] y llebaronlo a
Granada; [59] y fizolo poner en vn ataud en vna morada muy buena,
[60] y pusieron ençima del ataud muy nobles paños de oro, [61] y mando
poner ay muchas candelas enderredor del, [62] e otrosi mando ay venir
a todos los christianos captiuos; [63] e imbio a don Joan fijo del infante
don Joan que fallara el cuerpo de su padre, y que imbiase por el,
[64] y que el gelo daria de muy buena mente ca nunca reçibiera del
enojo ni pesar. [65] Y luego don Joan imbio por el a sus vasallos;
[66] y el rey de Granada diogelo, [67] y mando yr gran gente de caualleros
que fuessen con el cuerpo fasta tierra / de christianos; [68] y dende
truxeron lo para Cordoua, [69] y dende a Toledo; [70] y traxeronlo a Burgos, [71] y enterraron en la yglessia de Sancta Maria a do se el mando
enterrar. Y en este tiempo que estos infantes eran en la frontera,
don Joan hijo del infante don Manuel, que era adelantado en el
rreyno de Murçia, entro por aquella parte dos vezes a correr a tierra
de moros y fizoles mucho mal y mucho daño. Y los de la frontera
que vieron este mal tan grande que hauia acaesçido en ser muertos
aquellos dos infantes, ayuntaronse todos los ricos hombres e infançones e caualleros y procuradores de las çiudades y villas de los reynos
de Seuilla e de Cordoua y de Jaen, y pusieron postura de non tomar
tutor sinon todos en vno a vn acuerdo; y embiaron sus mandaderos
al rey de Granada a poner treguas con el fasta que el rey fuese de
edad. Y las treguas otorgolas el rey de Granada con jura e pleito
que le fizieron que aquel que tomassen por tutor que otorgase primeramente esta tregua. [72] E quando la reyna doña Maria, que era en

Toro con el rey su nieto, le llego este mandado de como el infante
don Pedro su hijo era muerto y el infante don Joan esso mesmo,
73 tomo ende muy gran pesar e muy gran quebranto por la muerte
de su fijo y por el mal que venia en la tierra, 74 e otrosi por que el
infante don Joan 75 y por el desamparo y daño que venia en la tierra
por la su muerte dellos. 76 Y ella, recelando que hauria algunos
mouimientos en la tierra, imbio su mandado luego a todas las çiudades y villas, 77 en que les embio a dezir, 78 que pues tan grande
desauentura acaesçiera en la muerte de aquellos dos infantes, 79 que
como quier que toda / [f. 613] la tutoria fincaua en ella, assi como
fuera puesto en las cortes de Burgos, segund sabian que se contenia
en los quadernos que cada vno dellos llebo en esta razon, 80 que les
imbiaua a rogar y mandar que guardassen las villas para el seruiçio
del rey, 81 y que se guardasen de poner pleito nin postura con infante nin rico home poderoso; 82 e desque fuessen enterrados los
cuerpos de los infantes de don Pedro y don Joan, que luego imbiaria
por ellos e por los perlados y por otros ricos hombres de la tierra
que se ayuntasen con el rey, 83 y alli acordarian con ellos todo lo
que fuese seruiçio de Dios y del rey y pro de la tierra. 84 Y esto imbiaua a dezir por que el su acuerdo della y el de los conçejos fuesse
todo vno, 85 ca desque ella y ellos fuessen de vn acuerdo, non hauia
departimento ninguno en la tierra. 86 Y ellos imbiaronle su respuesta
que gelo tenian en mucha merced, 87 y que tenian que les imbiaua
a mandar todo lo que cumplia a ellos y lo que era seruiçio del rey,
88 y que le aseguraban que lo cumplirian y guardarian assi. 89 Y desto
les imbiaron cada vno de los conçejos sus cartas). — 3 Tistan *A; e.* en
Baeça e q. *P.* — 4 aconsejaran *A.* — 5 lo queria fazer *P.* — 6 de alrede-
dor *A;* avian *A.* — *31* fasta la Bega *A.* — 13 ay un dia *A.* — 15 en el a.
en la *A.* — 16 e. en el c. *A.*

* * *

A f. 30 v   1 *Capitulo XXI. Como Ozmin salio de la çibdad de Granada con çinco mill caualleros moros,* 2 *e como fueron muertos los ynfantes don Pedro e don Joan sin feridas ningunas.*

3 *Gran pesar ovo el rrey de Granada quando supo que
los ynfantes estauan atan çerca del, entendiendo que en la*

su vezindad no ganaua ninguna cosa. ⁴ *E dio la su seña e el su poder a Ozmin su vasallo, e mandole so el temor de la su espada que fuese frontero contra los ynfantes.* ⁵ *E Ozmin tomo la seña e el poder del rrey, e fuese contra do estauan los ynfantes;* ⁶ *e hizo hazes de çinco mill caualleros que tenie con sigo.* ⁷ *E de parte de los ynfantes eran nueue mill / caualleros, e los de pie muy gran conpaña.* P f. 19

²³ En este dia Lunes, en tornando se, ²⁴ quedo el ynfante don Joan a guardar la çaga; ²⁵ e los moros afincaron le mucho, tanto que se vio en muy gran priesa, ²⁶ asi que enbio a dezir al ynfante don Pedro que le acorriese. ²⁷ Y el ynfante don Pedro vino luego; ²⁸ e quando llego çerca de donde estaua el ynfante don Joan, quiso rreglar e ordenar los caualleros e la otra gente para yr a ferir en los moros, e nunca pudo; ²⁹ e fueronle essa vez tan mal mandados, que nunca los pudo bien rreglar ni adereçar como el quisiera contra los moros. ⁸ *Y el ynfante don Pedro, quando vio venir çerca el poder de los moros, mando a Joan Martinez Guerrero, que tenie el su pendon, que fuese con el adelante, e dixo a los fijos dalgo que fuesen a la batalla.*

⁹ *E ellos callaron todos, e estauan oteando con malos ojos. /* ¹⁰ *E vn cauallero de la frontera que dezien Joan Ponçe de* A f. 31 *Cordoua salio de las hazes de los christianos, en su cauallo ginete e su adarga enbraçada e la espada en la mano, e dixo a grandes bozes:* ¹¹ *Hijos dalgo de Castilla, que rroedes el hueso e traçades el fierro, vedes aqui los moros, vayamos los ferir, que mas vale morir por Dios muerte honrrada faziendo bien, que bibir por sienpre vida deshonrrada.* ¹² *Dichas estas rrazones, salio de la conpaña de los moros vn*

XXI *P, A.* — 8 J. Nuñez G. *A*, [Joan Martinez Aguero *R*]; en la b. *P.* — *10* [Pero Ponçe de Cordoua *R*]. — *11* r. e. h. e traçades el ffiero *P*, r. e. gueso e traçades e. yerro *A*, [rroedes el hueso y tragades

cauallero, armado de todas armas en su cauallo muy ligero, e llego a la haz a do estaua el ynfante don Pedro, [13] e denosto al ynfante e dixole que de muerto o preso que no podie escapar; [14] e echo su azagaya, e tornose para los moros.

[15] E quando esto vio el ynfante, con gran saña que ovo de los moros, puso las espuelas al cauallo, llamando Sanctiago e Castilla por esforçar los suyos e las conpañas. [16] E queriendo salir contra los moros, parose delante del don Joan Alfonso de Haro e Diego Gomez de Castañeda, e rrespondieron le al ynfante diziendo [17] que no saliese de la haz, ca gelo non consintirian, e que si al quisiese fazer que le matarian el cauallo. [18] E quando esto oyo el ynfante, puso las espuelas al cauallo; y ellos trauaron le de las riendas, [19] y el infante saco la espada de la vayna para ferir al que lo detenie, [20] e dio con la espada en la rrienda suya e tajola; e el cauallo salio adelante; [21] e el ynfante, por se apoderar del

A f. 31 v
P f. 19 v

cauallo, tiro le / de la otra rrienda [22] e cayose le la espada de la otra mano por se apoderar / del cauallo; [23] y el cauallo alço la cabeça, e el ynfante, avnque no quiso, cayo contra el arçon detras, ansi que la cabeça del ynfante cayo en las ancas del cauallo, [24] e quedo el ynfante muy quebrantado y fuera de seso que no supo si era de noche ni de dia, [25] e por fuerça ovo de caer del cauallo en el canpo sin fabla, e salio le la sangre por las narizes e por la boca. [26] E desarmaron lo luego de todas sus armas e cubrieron lo de vna capa de escarlata bermeja. [27] Ansi que la ora fue llegada, e el ynfante cunplio sus dias e murio. [28] En aquel lugar e desta manera se provo la muerte del infante don Pedro, hijo del rrey don Sancho e de la rreyna doña Maria.

---

el hierro *R*]. — *12* cauallero moro a. *A;* haz donde *A*. — *13* quel m. *A*. — *16* [don Diego *R*]; deziendole *A*. — *19* lo tenia *A*, [lo detenia *B*]. — *25* sin ablar *A*. — *26* desarmaronle *A;* cubrieronle *A*. — *30* de le

³³ E toda la gente de la caualleria que estauan con el no lo supieron que el era muerto si non muy pocos, e fueron lo luego a dezir al ynfante don Joan. ²⁹ *E ovo muy gran pesar; pero encubriolo su coraçon como cabdillo fijo de rrey, diziendo a los christianos que non temiesen nada, que con el ayuda de Dios non les faria mengua el ynfante don Pedro;* ³⁰ *e nonbrauase por su nombre diziendo que el era el ynfante don Joan, e que touiesen por bien de lo non desanparar en poder de los moros.* ³¹ *E el, que los vio a todos* ³⁰ atan mal mandados e tan enbaçados, ³⁴ atamaño fue el pesar que tomo ³² *e otrosi el desmayo por la muerte del ynfante don Pedro,* ³⁴ que perdio el entendimiento e la fabla; / ³⁵ e tovieron lo asi desde medio dia hasta ora de visperas, que non moria nin bibia.

³³ *Rrazon perlongada e non he por que dezir, si non atanto que ya Dios tenia dada su sentençia contra los christianos, e la rrueda de la ventura era ya buelta de mala manera,* ³⁴ *de guisa que sin contienda e sin pelea e sin feridas ningunas de christianos nin de moros — e si fue por la boluntad de Dios, o por los pecados de los christianos o por las malas yntençiones de los dichos ynfantes — fueron amos a dos estos ynfantes muertos;* ³⁵ *e ansi se entiende que fue milagro e justiçia de Dios, ca Dios, en que es el poder todo cunplida mente, nunca se pago si non de verdad e nunca fizo justiçia sin meresçimiento, e por ende el supo que hizo e consintio.*

³⁸ E los moros, desque vieron toda la caualleria ayuntada e que estauan todos quedos, ³⁹ e non sabiendo en como el ynfante don Pedro era muerto e en como el ynfante don

---

non *A.* — 30 enbaraçados *A.* — 35 ni viuia. ³⁶ E los maestres de Sanctiago e de Calatraua e Alcantara e el arçobispo de Toledo e los de Cordoua, que querian yr en la delantera, que estauan a media legua de ellos attendiendo que llegasen los infantes don Joan e don Pedro, ³⁷ quando sopieron que el infante don Pedro era muerto, tan gran desmayo ouieron que fuyeron todos. *33* Raçon (*pasaje tomado de* *M') *A,* [*el pasaje no se refleja en los resúmenes de R y B*]. — *35*

A f. 32

P f. 20 Joan / estaua en pasamiento, [40] e cuydando que querian
pelear con ellos, fueronse para el rreal de los christianos
[41] e rrobaron e tomaron todo quanto ay hallaron, [36] *e mataron*
e prendieron aquellos christianos que ay hallaron; [37] *e ansi*
fue el rreal de los christianos rrobado; [42] e fueronse con ello
a Granada.

    [43] E desque vieron esto los christianos, tomaron al ynfan-
te don Joan e subieronlo en vn cauallo, que non era avn
A f. 32 v muerto, [44] e el yn/fante don Pedro pusieronlo en vn mulo
atrauesado; [38] *e ansi fueron los christianos arrancados, que*
non los siguio moro ninguno; [39] *e dexando los pendones de*
los ynfantes perdidos e desanparados en el canpo, [45] fueron
se su camino. [46] E desque fue noche, murio el ynfante don
Joan; [47] e lleuandolo, perdieronlo los que lo llevavan, como
era de noche, e quedo en tierra de moros.

    [40] *E esta muerte de los ynfantes fue Lunes otro dia si-*
guiente de la fiesta de Sant Joan, a veynte e çinco dias del
mes de Junio, que fue en la era de mill e trezientos e çin-
quenta e siete años.

    [48] E los que trayan al ynfante don Pedro aportaron con
el a Priego; [49] e dende fueron se para Vaena, [50] e de Vaena
leuaronlo a Arjona. [51] E enbiaronlo a dezir a la ynfanta
las Huelgas de Burgos do se mando enterrar.

dias de encaesçer; [52] e por que era peligro de la traer a su
enterramiento, non la quisieron atender los vasallos del ynfante don Pedro, [53] e leuaronlo a enterrar al monesterio de
las Huelgas de Burgos do se mando enterrar.

---

miraglo *P*; paga *A.* — *38* les s. *P.* — *39 omite* dexando *P.* — *45 omite* se
P. — *40* destos infantes fue en el noueno año del reynado deste rey
don Alonso, Lunes *A;* [Lunes a veynte y çinco dias del mes de Junio
R, a 24 de Junio *B*]; años e año del nasçimiento de Christo de mill
e trezientos y XIX e los q. *A,* [año de mill e trezientos e diez e siete

⁵⁴ E quando don Joan hijo del ynfante don Joan, que estaua en Vaena, supo que el ynfante don Joan su padre era muerto e que lo non trayan sus vasallos, tomo ende muy grande pesar, ⁵⁵ e enbio luego a catarlo por todas esas tierras, e non lo fallaron; ⁵⁶ e despues enbio al rey de Granada a rrogarle que lo fiziese catar por toda su tierra. ⁵⁷ E el rrey de Granada hizolo catar, e fallaronlo ⁴¹ *muerto sin feridas ningunas;* ⁵⁸ e lleuaronlo a Granada; ⁵⁹ e fizolo poner / en vna morada muy buena, ⁶⁰ e pusieronlo en vn ataud cubierto de muy nobles paños de oro, ⁶¹ e mando ay poner muchas candelas alderredor del, ⁶² e mando ay venir todos los christianos catiuos; ⁶³ e enbio a dezir a don Joan hijo deste ynfante don Joan en como fallara el cuerpo de su padre, e que enbiase por el, ⁶⁴ e que gelo daria muy de buena mente ca nunca del rresçibiera enojo ni pesar. ⁶⁵ E luego don Joan enbio por el a sus caualleros; ⁶⁶ e el rrey de Granada diogelo, ⁶⁷ e dio gran gente de caualleros que fuesen con el cuerpo fasta / que llegasen a tierra de christianos; ⁶⁸ e dende truxeron lo a Cordoua, ⁶⁹ e dende a Toledo; ⁷⁰ e despues a Burgos, ⁷¹ e enterraron lo en la yglesia de Santa Maria de Burgos a do se el mando enterrar.

A f. 33

P f. 20 v

años B].— 54 q. su padre el infante d. J. era A.— 71 enterrar. E en este tiempo que estos infantes eran en la frontera, don Joan fijo del infante don Manuel, que era adelantado en el reyno de Murçia, entro por aquella parte dos vezes a correr (*enmendado sobre* coger) a tierra de moros, e fiço les mucho mal e mucho daño. E los de la frontera que vieron este mal tan grande que abia acaesçido e ser muertos aquellos dos infantes, ayuntaron se todos los ricos homes e ynfançones e caualleros e procuradores de las çiudades e villas de los reynos de Seuilla e de Cordoua e de Jaen e pusieron postura de non tomar tutor si non todos en vno a vn acuerdo. E embiaron sus mandaderos al rey de Granada a poner treguas con el fasta que el rey fuese de edad. E las treguas otorgolas el rey de Granada, con jura e pleyto que le fizieron que aquel que tomasen por tutor que otorgase primera mente esta tregua. E quando (*pasaje tomado de *M'*) A, [*el pasaje propio de A no se refleja en los resúmenes de R y de B*].— 42

A f. 33 v [72] E quando la rreyna doña Maria, que era en Toro con el rrey / su nieto, le llego este mandado de como el ynfante don Pedro su hijo era muerto e el ynfante don Joan eso mesmo, [73] tomo ende muy grande pesar e quebranto [42] *quanto podedes entender que avrie madre por hijo que ansi perdia,* [74] e otrosi por el ynfante don Joan, [75] pensando quanto mal e daño era por la muerte de tales dos omes e el mal que venia a la tierra.

[76] E rreçelando que avria algunos mouimientos en la tierra por estas cosas que avien acaesçido, enbio luego su mandado a todos los de las villas del rreyno, [77] en que les enbio a dezir, [78] que pues atan gran desaventura acaesçiera en la casa de Castilla por la muerte de los ynfantes don Pedro e don Joan, [79] e como quiera que toda la tutoria quedaua en ella, ansi como fuera puesto en las Cortes de Burgos, segund sabian que esto se contenia en los quadernos que cada vno dellos leuo en esta rrazon, [80] que les enbiaua a rrogar e mandar que guardasen las villas para seruiçio del rrey, [81] e que se guardasen de poner pleyto nin postura con ynfante ni con rrico ome ni con otro ome poderoso; [82] e desque fuesen enterrados los cuerpos de los ynfantes don Pedro e don Joan, que luego ynbiaria por ellos e por los perlados e por los otros omes buenos de la tierra que se ayuntasen con el rrey, [83] e que alli acordaria(n) con ellos lo que fuese mas seruiçio de Dios e del rrey e pro e guarda de la tierra. [84] E esto les enbiaua a dezir por que el su acuerdo della e el de los conçejos fuese todo vno, [85] ca desque ella y ellos fuesen de vn **A f. 34** acuerdo, non avria ningund / departimiento en la tierra.

[86] E los conçejos le enbiaron su rrespuesta que selo tenian en merçed, [87] e que tenian que les enbiaua a mandar lo que cunplia a ellos en que era seruiçio de Dios e del rrey, [88] e

---

qual p. *A.* — 76 q. le avian *A.* — 79 eso *A.*

que la asegurauan que lo cunplirian e que lo guardarian ansi. [89] E desto le enbiaron cada vno de los conçejos sus cartas /.

XXI. — 29 fueronse *A.* — *13* h. donde e. *A;* quel m. *A.* — *17* que se lo *P.* — *18-19* oyo el ynfante saco (*laguna, por homoiographon*) *P.* — *21* se apear del *P.* — *23* de atras *P.* — *24* n. u de *A.* — *34* dichos infantes muertos (*laguna, por homoiographon*) *A.* — 40 ellos para el rreal se fueron de los c. *P.* — 44 e el cuerpo del infante *A.* — 47 lleuandolo asi muerto perdieron el su cuerpo l. q. l. trayan *A;* q. muerto e. t. *A.* — 49 f. con el a V. *A.* — 50 l. a Cordoua e e. *P.* — 53 lleuaron su cuerpo a lo e. *A.* — 54 ynfante don Manuel *P.* — 59 hizieron lo *A.* — 60 vnataua c. *P.* — 61 *omite* ay *A; omite* del *P.* — 71 le *A.* — 75 p. que quanto *P; omite* o *P.* — 82 e que desque *A.* — 83 con ella *P.* — 84 e que esto *A.* — 86 *omite* le *A.*

LA LAGUNA DE 1321-1323 EN LA "VULGATA" Y EN LA "GRAN CRÓNICA"

El más importante entre los defectos comunes a la *Versión vulgata* de la *Crónica* y a la *Gran Crónica* es la laguna existente en la historia de la menor edad de Alfonso XI inmediatamente antes del capítulo que comienza (*CrA°XI*, XXXII) «Et commo quier que los de Çamora fizioron esto contra don Johan...» [1].

Gracias a la *Crónica de cuatro reyes* podemos conocer los capítulos omitidos, referentes a la muerte de la reina doña María de Molina (30 de junio de 1321), a las cortes de Valladolid en que fueron reconocidos por tutores el infante don Felipe, don Juan Manuel y don Juan el Tuerto (mayo-junio de 1322), a la sorpresa traicionera de Villaóñez perpetrada contra don Juan Manuel (junio de 1322) y a la sublevación de Zamora contra don Juan el Tuerto (1323?) [2].

---

[1] Véase atrás I, *b* (p. 20); II, *e* (pp. 55-56); IV, *i* (p. 169); VII, *i* (p. 228).

[2] Véase atrás I, *b* (pp. 20-21); II, *e* (pp. 56-60); y, sobre todo, IV, *i* (pp. 169-172, 177); VII, *i* (pp. 229, 232-233) y X (p. 279).

XIII

LOS SUCESOS DE 1321-1323 SEGÚN LA *CRÓNICA DE CUATRO REYES*

TEXTO INÉDITO

PROPÓSITO

Dado que la *Versión vulgata* ofrece aquí una extensa laguna, intento reconstruir el texto que figuraría en el arquetipo de la *Crónica* a partir de los manuscritos derivados de la *Crónica de cuatro reyes*.

CRITERIOS DE LA EDICIÓN

a) *Texto*. Acerca de la transcripción del ms. *E* véase lo dicho en el cap. XI (p. 285).

b) *Enmiendas*. En la extensa laguna de la *Versión vulgata* sólo contamos con los textos derivados de la *Crónica de cuatro reyes*. Al no existir aquí ni F_1 ni *N*, sigo fundamentalmente al ms. *C*, basado en **G'*. Corrijo su versión con la ayuda de los mss. *M*, **M'* (éste a través del ms. *A* de la *Gran Crónica*) y *Ñ*.

Puesto que toda esta sección falta en *E* y en la *Versión vulgata* la destaco en cursiva y entre [], según lo dicho arriba (p. 285).

c) *Variantes al pie de página*. Consigno las variantes de *M*, *A* y *Ñ* que pudieran remontar al arquetipo, y también las lecciones de *Q*, *O* y *ed. 1551* que ayudan a evaluar las variantes de los otros manuscritos.

d) *Variantes al fin de capítulo*. Relego a este lugar las variantes de *C*, *M*, *A*, *Ñ*, claramente erróneas, y las de carácter individual; anoto también las lecciones especiales de *Q*, *O* y *ed. 1551*.

[XXXI]

... [25] Et luego que don Joan ouo esto librado, veno se para Cuellar, et fuesse veer con el Cardenal çerca de Portiello. [26] Et el Cardenal diol vna carta del Papa quel enbiaua, et fablo con el, [27] et dixol commo fezieran entender al Papa que quanto mal et daño et escandalo auia en la tierra que todo era por la boz que tomara por aquella partida de aquellos conçejos quel tomaron por tutor non seyendo fecho por cortes nin commo deuia assy commo se fiziera ya otras vegadas. [28] Et don Johan rrespondiol que esta boz de la tutoria que la tomara el con acuerdo de aquellos conçeios de aquella comarca, [[29] *e de los maestres de Vcles e de Calatraua.* [30] *E desy el Cardenal afincolo mucho* [31] *que pues todos los otros de la tierra eran contra esto,* [32] *que auia menester que el que dexase la boz de la tutoria que auie tomado,* [33] *e que veniese a las cortes a Palençia a do eran llamados /* todos los de la tierra* [34] *e que estonce el e ellos que acordarian lo que fuese mas seruicio de Dios e del rey e pro de la tierra.* [35] *E don Iohan dixo que la boz de la tutoria que la non dexaria en ninguna manera del mundo.* [36] *E sobre esto fablo con el el Cardenal mas braua mente deziendo que sy esto non / feziese que se le tornaria en daño.* [37] *E don Iohan* M f. 43 v

A f. 51 v

---

25 e viose con *M,Ñ.* — 26 carta del Papa de creencia e (*omite Ñ*) desy dixole (d. e *Ñ*) que le enbiaua e f. *M, Ñ.* — 27 le fizieran *H, F, Ñ,* le feziera e. el P. *M;* aquella b. *M, Ñ;* tomaua con *M, Ñ;* s f. y otras v. *H, F* (*pero M como E*). — 29 *enmiendo el texto: los mss. E, H, F, etc. saltan desde* de aquella comarca *a XXXI-ter* 27 Et de las otras cosas en commo passaron la estoria las contara. *Sigo la versión de C y anoto las variantes de M, Ñ, Q, O, ed. 1551, Ñ₂.* — 30 E [de]pues *C + G;* -le *M, A, Ñ.* — 32 quel a. m. *M, A.* — 34 *omiten el segundo* que *M, A, Ñ, Q, O, ed. 1551, Ñ₂.* — 35 dixole *M, A, Ñ, Q, O, ed. 1551, Ñ₂.* — 36 diziendole *M, A, Ñ, Q, O, ed. 1551, Ñ₂;* quisiese fazer (ha-) *M, Ñ,*

dixo que avn avria su acuerdo sobre esto e que llegaria fasta
Segouia e que avn se veria otra vez con el. [38] *E despues*
desto viose el cardenal otra vez con el e fablo con el [39] *e dixo*
que pues el que fuera ocasion de quanto mal avia en la
tierra que partiese mano de la tutoria [40] *e que se ayuntasen*
todos los de la tierra en vn lugar e que fiziesen tutor. [41] *E*
don Iohan, viendose afincado del fablo con el en sv cabo e

C f. 34 v *dixole asy:* [42] *que sy todos los de la tierra / lo querian, que*
se ayuntasen a cortes e que rrenunçiaria a la tutoria rrenun-
M col. d *ciandola don Felipe.* [43] *E el Cardenal fue ende / muy alegre*
por esta rrespuesta que le dio don Juan [44] *e vinose luego para*
el rey e para la reyna que eran en Valladolit [45] *e contoles*
todo este pleyto que pasara con don Iohan e que mandase
llamar a cortes. [46] *E la rreyna acordo de llamar a todos los*

A f. 52 *de la tierra que veniesen / a Palencia a cortes.*]

[[47] *E a la reyna començo la vna dolençia que se alongo*
mucho [48] *e creyendo que mejoraria fuese el Cardenal ade-*
lante a Palencia. [49] *E afinco mucho a la rreyna la dolençia*
atanto que entendio ella muy bien que era de muerte. [50] *E*

---

quisiese *A*, determinaua de fazer (ha-, a-) *Q, O, ed. 1551, Ñ₂;* grand
d. *M, A, Q, O, ed. 1551,* grandisimo d. *Ñ.* — 37 dixole *M, A, Ñ, Q, O,*
ed. 1551, Ñ₂; e avn que se *M, Ñ,* y halli que *A,* e se *Q, O, ed. 1551,*
Ñ₂. — 39 dixole *M, A, Ñ, Q, O, ed. 1551, Ñ₂; omiten el segundo* que
M, A, Ñ, Q, O, ed. 1551, Ñ₂. — 41 teniendose por afyncado del Cardenal *M, A, Ñ;* t. por muy aquexado del *C. Q, O,* viendose muy aquexado del *C. ed. 1551.* — 42 *omiten* a Cortes *M, A, Ñ, Q, O, ed. 1551;*
que el r. *M, A, Ñ, Q, O.* — 47 E aquesto (esto *A, ed. 1551*) asy ordenado rrecresçiole a la rreyna doña Maria (*omite* d. *M. ed. 1551*) *M, A,*
Ñ, Q, O, ed. 1551; vna muy (*omiten A, Q, ed. 1551*) gran (grand) d.
M, A, Q, O, ed. 1551, vna grandisima d. *Ñ;* la qual se le (*omite Ñ*)
a. *M, A, Ñ, Q, O, ed. 1551.* — 48 e el (al *ed. 1551*) Cardenal c. (p. *Ñ, Q, O,*
y p. *ed. 1551*) q. m. f. a. para (a *Ñ, ed. 1551*) P. *M, A, Ñ, Q, O, ed.*
1551. — 49 *anticipan* a (*omite M*) la rreyna *delante de* afincole (agrauo
se le) *y omiten* mucho *M, A, Ñ, Q, O, ed. 1551;* su d. tanto *Ñ,* tanto
la d. (enfermedad *ed. 1551*) *M, A, Q, O, ed. 1551;* q. ella e. *M, A, Ñ,*
Q, O, ed. 1551; mortal *M, A, Ñ, Q, O, ed. 1551.* — 50-51 *son trasladados*

*tomo todos los sacramentos de la Santa Yglesia commo
rreyna muy catolica* [51] *e mandose soterrar en el monesterio
que ella / fizo en Valladolit que dizen Santa Maria la Rreal* A f. 52 v
que es de dueñas de la orden de Çistel. [52] *E ante que finase
mando llamar ante sy a todos los caualleros e omes buenos
de Va/lladolit* [53] *e dixoles commo ella estaua en la merced* M f. 44
de Dios [54] *e que les dexaua al rey su nieto que lo tomasen e
lo criasen en la villa e lo non diesen a ome del mundo fasta
que el fuese de hedat e mandase el por sy,* [55] *e eso mesmo a
la infanta doña Leonor su hermana. /* [56] *E despues que este* Ñ f. 25 v
mandamiento ovo fecho, tomo el avito de los freyres / pe- M col. b
dricadores en que morio e dio el alma a Dios. [57] *E fino
Martes postrimero dia de junio a ora de medio dia en casa*

---

más adelante M, A, Ñ, Q, O, *ed. 1551.* — 52 E por ende m. ll. M, E
por tanto m. ll. Ñ, E por esto m. ll. Q, O, *ed. 1551;* c. e rregidores
e o. M, A, Ñ, Q, O, *ed. 1551.* — 53 en commo M, A, Ñ, Q, O, e ya en
las manos de D. M, A, Q, O, e. en las manos de nuestro señor D. Ñ,
e. muy al cabo y en las manos de D. *ed. 1551.* — 54 e por tanto q.
M, A, Ñ; e que por tanto q. Q, O, por tanto q. *ed. 1551;* rr. don Alfonso su n. para (e *ed. 1551*) q. M, A, Ñ, Q, O, *ed. 1551;* c. ellos en
aquella v. e que les rrogaua e mandaua commo a buenos e leales
(*añaden* vassallos Q, O) que lo (le Ñ) non (no lo Q, O) d. nin entregasen a o. M, A, Ñ, Q, O, c. ellos en aquella v. e q. no lo entregassen
a omes *ed. 1551;* q. f. de hedad conplida e m. por sy (sus tierras e
añade ed. 1551) a (*omiten* Q, O, *ed. 1551*) sus rreynos M, A, Ñ, Q, O,
ed. 1551. — 55 E que e. m. les encomendaua a (*omite* Ñ) la M, A, Ñ,
Q, O. — 56 q. la noble rreyna doña Maria les ouo fecho (*omite* O)
este (aqueste Ñ) rruego e m. (*ed. 1551 omite* e m. *y sigue con una
adición*) confesose muy (mucho Ñ) debota mente e tomo (rreçibio
Q, O, *ed. 1551*) ... (*incluyen aquí* 50) ... catolica e vistiose el abito M,
A, Ñ, Q, O, *ed. 1551; omiten* en que morio M, A, Q, O, *ed. 1551;* luego
dio M, A, Ñ, dio luego Q, O; D. nuestro señor (su criador *ed. 1551*)
e (*omite ed. 1551*) mandose (*incluyen aquí* 51 *con las siguientes variantes*): enterrar en el (*omiten* A, Q, O, *ed. 1551*) su m. q. e. mando
fazer (h-) en V. ... de las d. ... Ç. M, A, Ñ, Q, O, *ed. 1551.* — 57 E
aquesta noble bendita (y b. A) e virtuosa rreyna de quien tantos
bienes e noblezas e grandes fechos que (*omite* A) avedes oydo

*de los frayles de Sant Francisco de Valladolit era de mill
e trezientos e çinquenta e nueve años.* [58] *E touieronla por
enterrar en la yglesia del monesterio ocho dias.* [59] *E en-
terrola don Fray Guillen obispo de Savina e delegado de la*
M f. 44 v *yglesia de Rroma / en todos los señorios del rrey de Castilla.* [60] *E el Cardenal veyendo en commo esta reyna feziera
muchos bienes en toda la tierra e en las ordenes* [61] *e feziera
los monesterios de los pedricadores de Valladolit e de Toro
e el monesterio de Santa Agostin de Toledo e este monesterio
en que se ella enterro,* [62] *e que fizo muchas obras en otros
monesterios en quales fizo los dormitorios e en otros los
rrefetorios e en otros los cabildos e en otros las claustras,*
[63] *dio perdones a quantos dixiesen çinco Pater Noster e çinco
Ave Maria con rrequien eterna vn año e çiento e çinquenta
dias de perdon cada dia que dixiesen esta oraçion por ella
fasta vn año./*]

fyno *M, A,* e aquesta noble e bendita rreyna doña Maria de quien
tantas noblezas e grandes hechos auedes oido fino *Ñ,* e aquesta noble
e muy virtuosa reyna (r. doña Maria *O*) de quien tantos bienes avedes
oydo (-i-) e grandes fechos (h-) fino *Q, O,* e esta noble e muy virtuosa
señora fallecio *ed. 1551;* d. m. dia en el monesterio de S. F. de la dicha
villa de (*omiten* v. de *M, Ñ, omite* de la d. v. de *ed. 1551*) V. que fue
en la (*omite* q. f. en la *ed. 1551*) *M, A, Ñ, Q, O, ed. 1551.* — 59 E despues e. *M, A, Ñ,* despues de los quales la e. *Q, O; omiten* de Castilla
M, A, Ñ, Q, O. — 61 Santa [*blanco*] *M, A, Ñ, Q, O; omite párrafo ed.
1551.* — 63 e terrna *M,* eterna(n) *con la -n tachada A,* eternan *Ñ, Q,
O.* E agora la historia dexa de contar desto por contar de commo
despues de la muerte de la noble rreina doña Maria los ynfantes
e rricos honbres de Castilla ovieron grandes contiendas sobre quien
avia de ser tutor del rrey don Alfonso e commo el Cardenal de
Portello partio al ynfante don Felipe que no peleasse con don Juan
fijo del ynfante don Juan e con don Juan Manuel fijo del ynfante
don Manuel *Q, O.*

XXXI: 25 aquesto *Ñ.* — 27 en commo *Ñ; omiten el primer que M,
Ñ;* m. e quanto d. *M;* e quand grande esc. *Ñ;* nin eso mesmo como
deuia *Ñ;* otras vezes *M, Ñ.* — 28 aquesta *Ñ.* — 29-30 *margen* desde

aqui todo esto de este capitulo hasta el fin falta en algunos libros *A*,
aqui falta la muerte de la noble Rreyna doña Maria de Meneses
F. — 29 m. de Vques *Ñ*, m. (maestros *ed. 1551, Ñ₂*) de Sanctiago (-nt-)
Q, O, ed. 1551, Ñ₂. — 30 *omite* e *C;* de su parte *Q, O, ed. 1551, Ñ₂;*
apretole *Q, O, ed. 1551, Ñ₂;* muy mucho *Ñ.* — 31 diziendo q. *Ñ, Q, O,
ed. 1551, Ñ₂;* e. de opinion contraria desto (*omiten ed. 1551, Ñ*) *Q, O,
ed. 1551, Ñ₂;* aquesto *Ñ.* — 32 que era necçessario (-sç-, -ç-) q. *Q, O,
ed. 1551, Ñ₂.* — 33 *omite* e *C; omiten* que *Q, O, ed. 1551, Ñ₂;* Valençia
corr. en Palençia *M;* P. d. e. convocados, *omitiendo* l. d. l. t. *Q, O,
ed. 1551, Ñ₂;* a donde *Ñ; omite* todos *Ñ.* — 34 q. alli *Q, O, ed. 1551,
Ñ₂;* D. nuestro señor *Ñ; omite* pro *Ñ;* p. (por *Ñ₂*) de todos los de
su t. *Q, O, ed. 1551, Ñ₂.* — 35 no la *Q, O, ed. 1551, Ñ₂.* — 36 aquesto
Ñ; esto el C. f. con el muy *ed. 1551, Ñ₂;* muy braua e ferozmente *Ñ*,
mas (muy *ed. 1551, Ñ₂*) rigurosamente (rr-) *Q, O, ed. 1551, Ñ₂;* aquesto
Ñ. — 37 *omiten el primer* avn *Ñ, Q, O, ed. 1551, Ñ₂; omite* su *Ñ;*
aquesto *Ñ; omiten* sobre esto *ed. 1551, Ñ₂; omiten el segundo* que
Q, O, ed. 1551, Ñ; omiten que avn *Q, O, ed. 1551, Ñ₂.* — 38 [E d. d.
v. el C. otra vez con el e f. con el] *al margen G*, e d. d. v. el C. con
don Juan otra vez e f. con el *M*, y d. d. v. el C. otra vez con el y f.
con el *A*, e d. d. v. el C. otra vez e hablo con el *Ñ*, e d. d. v. don
Juan con el C. otra vez despues desto *Q, O*, y d. d. v. el C. con don
Juan *ed. 1551, Ñ₂.* — 39 e el Cardenal d. *Q, O;* de todo el m. *ed. 1551,
Ñ₂.* — 40 *omiten el primer* que *Q, O, ed. 1551, Ñ₂;* juntasse (-s-) con t.
Q, O, ed. 1551, Ñ₂; logar *acaba el f. 28 v de Ñ, que sigue en el f. 29
con CrAºXI* XXXIV.25-26; e alli eligiessen (-ge-, -je-) *Q, O, ed. 1551;*
tutores *O.* —41 con el aparte *Q, O, ed. 1551; omiten* asy *Ñ, Q, O, ed. 1551.*
42 *omiten* lo *Q, O, ed. 1551;* ayuntasen todos *Ñ, omite* q. se a. a c. e *ed.
1551;* e que el *A;* r. la t. *A;* rrenunciasse la t. que le plazia con tal que
la rrenunciasse el infante d. F. (Ph.) *Q, O, ed. 1551.* — 43 *omiten* ende
Q, O, ed. 1551; aquesta *Ñ.* — 44 *omite el segundo* para *ed. 1551;* r. q.
era en V. *M*, r. q. estauan entonçes en V. *Ñ*, r. q. estauan en V. *Q*,
r. a V. *ed. 1551.* — 45 e c. mucho por entero t. el caso ansi como auia
pasado con *Ñ*, e c. t. esto q. avia acabado con *Q, O*, y dixoles lo q.
auia passado con *ed. 1551;* mandassen (-s-) *Q, O, ed. 1551.* — 46 *omite*
e *ed. 1551;* r. a. de ll. a cortes a los de la t. q. v. (ouiesen de uenir
Ñ) a P. a c. *M, A, Ñ,* r. llamo a todos (*omite* a todos *Q*) los de la
t. (*añade* todos *Q*) q. se juntassen a c. en P. (Plasençia *O*) *Q, O, ed.
1551.* — 47 alargo *Q, O, ed. 1551.* — 48 pensando *Ñ, Q, O, ed. 1551*, cuydando *A;* q. se m. su dolençia *M, A*, qu'ella m. en su dolençia *Ñ;*

Plasençia *O.* — 49 ca la r. *ed. 1551;* agrau(i)o se le *Q, O, ed. 1551;* t. la
d. (enfermedad *ed. 1551*) *A, Q, O, ed. 1551,* su d. t. *Ñ; omiten* muy *Q,
O, ed. 1551.* — 50-51 *trasladados:* Véanse sus variantes en medio de
56. — 52 *omite* a *Q.* — 53 *D.* e que su vida seria muy poca *Q, O,
ed. 1551.* — 54 dexaria *Q, O,* queria dexar en su encomienda *ed. 1551;*
q. lo tomassen (-s-) e lo guardassen (-s-) e criassen (-s-) *Q, O, ed.
1551.* — 55 otro si a *ed. 1551.* — 56 ovo fecho este ruego aquellos señores y caualleros que estauan presentes tuuieron en mucha merçed
la fiança que dellos fazia y todos otorgaron e prometieron de fazer
muy conplidamente lo que por ella les era mandado como por su
Rey y señor como buenos y leales y luego la rreyna se confeso *ed.
1551.* — 50 rreçibio *Q, O, ed. 1551;* sanctos s. *Q; omite* la *M; omiten*
santa *Q, O, ed. 1551,* santa madre yglesia *A, Ñ.* — 56 los f. pidiendole
e luego dio *Ñ;* p. e asi (ansi) estando *Q, O,* p. y assi *ed. 1551;* anima
Ñ. — 51 m. en *S. omitiendo* q. e. f. en *V.* q. d. *ed. 1551;* dizen de *Q, O;*
de la orden de las dueñas *ed. 1551;* Çister *Ñ,* C. agora se llama las
Huelgas de Valladolid *ed. 1551.* — 57 fallescio *ed. 1551;* postrero *Q,*
primero *ed. 1551; omite* a *Q, omite* a o. d. m. d. *ed. 1551.* — 57-59
omite desde era de *hasta* ocho dias e *ed. 1551.* — 58 por la *O; omite* del
monesterio *Ñ.* — 59 Salina *M, Ñ, O;* d. del Papa en *O,* legado del
Papa en *Q, ed. 1551; omite* en t. l. s. d. r. d. C. *ed. 1551.* — 60 *omite*
e *Ñ; omite* el C. *ed. 1551; omiten* en *Q, O, ed. 1551;* aquesta *Ñ; omite*
e en las ordenes *ed. 1551.* — 61 ca *ed. 1551;* aqueste *Ñ;* ella se *A, Ñ,
Q, O; omite* e el m. de S. A. de T. e e. m. en q. se e. e. *ed. 1551.* — 62
e q. f. muchos monesterios en los quales *C,* f. otras muchas obras en
otros m. en quales *M,* en q. f. muchas buenas obras y en otros m.
en que les *A,* en q. hizo muchas buenas obras e en otros m. en que
les *Ñ,* e f. otras muchas obras e en estos e otros m. *Q, O,* e otros
monesterios e muchas buenas obras *ed. 1551; omiten desde* en quales
fizo *hasta* las claustras *Q, O, ed. 1551;* en los o. los r. *C.* — 63 e dio
Ñ, otorgo *ed. 1551;* p. muchos *Q, O,* muchos p. *ed. 1551;* a quien *ed.
1551;* q. dixeron *C,* q. le dixesen *Ñ,* q. le (la) rrezassen *Q, O, ed. 1551;*
omite çinco *C;* ç. vezes el P.n. e ç. vezes el A.m. *Ñ,* nostres *Q, O,*
Marias *M, Q, O,* ç. A. M. con ç. P. N. *ed. 1551; omite* çiento e ç. d. de
p. c. dia q. *Q, O, omite desde* eterna vn año *hasta* esta oracion
ed. 1551; por su anima *ed. 1551; omiten* fasta vn año *Q, O, ed. 1551.*

[*XXXI - bis:* [1] *De commo despues de la / muerte de la* M col. d
noble rreyna doña Maria ovieron grandes contiendas los
rricos omes por quien seria tutor del rrey.]

[[2] *En el dozeno año del rreynado deste rey don Alonso* C f. 35
[3] *que fue en el mes de Setienbre de la era de mill e trezientos*
e çinquenta e nueve años [4] *e andaua el año de la nasçencia*
de nuestro señor Ihesu Christo en mill e trezientos e veynte
e vn años [5] *e los caualleros e omes buenos de Valladolit que*
tenian al rrey, veyendo en commo los de la tierra andauan
departidos [6] *los vnos en que tomaron por tutor a don Juan*
fijo del infante don Manuel [7] *e los de la frontera que tomaron*
por tutor al infante don Felipe [8] *e los de Castilla que fezieron*
pleito / con don Juan fijo del infante don Juan de non con- M f. 45
sentir en estos tutores nin tomar a el nin a otro ninguno por
tutor fasta que estos rrenunçiasen la tutoria, [9] *e por esta*
discordia que era entre estos omes buenos acordaron de les
enbiar dezir que touiesen por bien que ellos e todos los de
la tierra que fuessen llamados a cortes para Valladolit a do
el rey era. [10] *E ellos touieronlo asi por bien* [11] *e luego dieron*
cartas del rrey para todos los perlados e para todos los con-
çejos de las çibdades e de las villas del señorio del rrey que
veniesen a cortes para primero dia de Enero era de mill e
trezientos e sesenta años.]

[[12] *E a este plazo venieron todos a Valladolit.* [13] *E poso*
el infante / don Felipe en Oterdesillas e don Iohan Manuel M col. b
en Mojados e don Iohan fijo del infante don Iohan en Çiga-

---

3 *omiten* el m. de S. de *M, A, Q, O;* nueve *tachado y corr.* ocho
en letra distinta C + G, VIII Q. — 4 nasçimiento *M, A, Q, O; omite*
nuestro señor *C;* vn *tachado* C + G. — 5 *omite* caualleros e omes
buenos *C;* r. don Alfonso *M, A, Q, O.* — 6 los vnos de los otros en
M, A, Q, O. — 7 e los otros de *M, A, Q, O.* — 8 q. todos estos *M, A,*
Q, O; r. esta tituria *C,* r. la t. *M, A, Q, O.* — 9 entre estos rricos omes
M, A, Q, O. — 13 Iohan *acepto la grafia de M.* — 14 de las çibdades

les ¹⁴ e los perlados e los personeros de las villas posaron
en la villa con poca gente cada vno ¹⁵ e con pleito que les
demandaron los de Valladolit en commo fuesen en guardar
al rey e a la infanta su hermana dentro en Valladolit e de
los non sacar dende nin ser en ello, ¹⁶ del qual pleito fezieron
juramento de lo tener e conplir asy.]

[¹⁷ E desque las gentes fueron asosegadas cada vnas en
sus posadas començaron a tratar que manera tomarian para
sosiego del ynfante don Felipe e de don Iohan Manuel e a
don Juan fijo del ynfante don Juan. ¹⁸ E commo quier que
los castellanos querian quel ynfante don Felipe e don Iohan

M f. 45 v Ma/nuel rrenunçiasen la tutoria e despues que entrasen todos
a esleyr vn tutor, nunca quisieron rrenunçiar. ¹⁹ E veyendo
en commo estos omes buenos estauan apoderados en muchas
çibdades e villas del reyno e que por premia ninguna non
los podrian leuar, acordaron los de las villas de Castilla que
fiziesen tutor a don Iohan fijo del ynfante don Iohan. ²⁰ E
ante quel tomasen por tutor acordaron todos los mas que
eran en la corte, que ante que se nonbrasen por tutores por

C f. 35 v corte cada vno destos, que / fuese puesta e firmada abenençia entre todos tres, por que despues que todos tres se nonbrasen por tutores que non ouiese discordia nin contienda /

M col. d entrellos; ²¹ e algunas conpañas que eran de parte de don
Iohan fijo del ynfante don Iohan nunca quisieron fasta que
fuese tutor. ²² E andando los pleitos en esta manera, ave-
nieronse el e don Iohan fijo del ynfante don Manuel contra
don Felipe. ²³ E porque los de la villa de Medina del Canpo
querian tomar por tutor a don Felipe e otrosy algunos dende

e villas M, A, Q, O; omiten posaron en la villa M, A, Q, O. — 15 h. en
V. C. — 17 cada vno M, A, Q, O; omite el ynfante C; e don Juan
(omitiendo el resto) C. — 18 omite el ynfante C; elegir M, A, Q,ʹO;
pero ellos nunca M, A, Q, O. — 19 leuar grafía de M. — 20 quel M,
que lo C; ordenaron t. M, A, Q, O; cada vno destos tres M, A. — 22-23

querian a don Juan Manuel cada vno dellos enbiaron por ellos. [24] *E el ynfante don Felipe llego y ante que don Juan.* [25] *E don Juan llego a Valdestillas.* [26] *E el ynfante don Felipe que venia a lidiar con el, el arçobispo de Toledo fijo del rey de Aragon partiolo e por su rruego del dexolo.* [27] *E don Juan auia enviado por el otro don Juan que le viniese ayudar.* [28] *E luego otro dia fue con el con grandes gentes.* [29] *E el ynfante don Felipe estaua muy presto para lidiar con ellos anbos sy non por el Cardenal e doña / Maria e los perlados* M f. 46 *todos que eran en la corte que fueron y e los partieron e pusieron treguas entrellos por ocho dias.* [30] *Pero que don Felipe finco con la tutoria de Medina.*

[31] *E con tanto partieronse de alli todos e venieronse cada vno para sus posadas.* [32] *E alongaron la tregua quinze dias para tratar en su avenençia dellos.* [33] *E ovieronse a nonbrar por tutores cada vno de aquellos lugares que los tomauan.* [34] *E despues que se nonbraron por tutores todos tres, maguer que trataron avenencia entrellos, nunca se podieron avenir,* [35] *e fueron ocasion de la discordia los de las villas,* [36] *e estan-do despues el pleito en peor / lugar que ante;* [37] *e non falla-* M col. *b* *uan ninguna cosa por que se aveniesen,* [38] *lo vno por esto de los concejos,* [39] *lo otro por doña Sancha muger de Sancho Sanchez de Velasco e Juan Aluarez Osorio, que andauan con don Juan, que desamauan a Garcia Laso de la Vega e a Juan*

---

laguna en M, A (por homoiographon): f. d. y. d. Manuel cada vno dellos enbiaron por ellos. — 22-26 *laguna disimulada en Q, O:* conçer-taronse en vno contra don Felipe (Ph.) el qual venia con su gente para pelear con don Juan fijo del ynfante don Juan e llego y (ay) ante que don Juan llegasse a Valde astillas (Valdestillas). — 24 *omite* el ynfante *C.* — 25 Val deastillas *M.* — 26 *omite* el ynfante *C;* l. con el arç. ... p. el por s. r. del e dexaronlo *C.* — 29 *omite* el ynfante *C;* e por los p. *M, A, Q, O.* — 32 q. dias demas (mas *Q, O*) de los ocho dias *M, A, Q, O.* — 33 *omite* lugares *C;* tomauan por tutores *M, A, Q, O.* — 34 *omite el segundo* que *C.* — 35 discordia de (*omite A*) los de las çibdades e villas *M, A, Q, O.* — 36 *omite* el pleito *C.* — 39 Sancha

*Rrodriguez de Rrojas, que andauan con el ynfante don Fe-
lipe.* [40] *E por la discordia destos era la ocasion de se non
fazer la avenencia entre estos tres tutores.*]

[[41] *E seyendo don Juan Manuel en Villavañez estando y
seguro, estos cavalleros Garcia Laso e Juan Rrodriguez e Alvar
Nuñez Osorio fizieron al ynfante don Felipe que fuese de
noche sobrel por que le matase o le prendiese.* [42] *E desque
y llegaron, salio don Juan del lugar e souiose en vn cabeço
muy alto que estaua y cerca.* [43] *E las gentes rrobaron quanto
fallaron de don Juan.* [44] *E don Juan fijo del ynfante don*
C f. 36 *Juan quando lo sopo que era en Çigales vino le / luego acorrer quanto pudo.* [45] *E desque el ynfante don Felipe vio que
le non podia tomar en aquel lugar do estaua, partiose dende*
[46] *e vino se para Symancas.* [47] *E quando don Juan llego fallo
alla al Cardenal e a doña Maria su madre que eran ydos
adelante,* [48] *e el ynfante don Felipe que se era tornado para
Simancas e dende para Oterdesillas.*]

[[49] *E a cabo de tres dias vinieron a posar a los arrabales
de Valladolit don Juan e don Juan,* [50] *e los de la villa sen-*
M col. d *tien/dose del mucho mal e daño que les fazian en los panes
e en las huertas e en las viñas ouieronles de afincar que se
fuesen dende.* [51] *E fueronse amos a dos a Dueñas.* [52] *E
dende fuese don Juan Manuel a Cuellar.*]

[Osorio] *C* + *G*, Sancha Osorio *A;* Rodriges *C.* — 40 *omiten* la *M, A,
Q, O.* — 41 algunos c. de G. L. e de J. R. e de A. N. O. *M, A, Q, O;*
faziendo a don F. *C; omite* de noche *C;* matasen o le prendiesen
C. — 42 e d. y llego el ynfante don Felipe (*omiten* d. F. *Q, O*) *M, A,
Q, O;* don Juan salioles del *C;* otero alto *M, A,* çerro alto *Q, O.* — 44
J. que era (estaua *Q, O*) en Ç. quando l. s. *M, A, Q, O;* con (c. todo
Q, O) quanto mas pudo *M, A, Q, O.* — 45 *omite* el ynfante *C.* — 48
omite el ynfante *C.* — 49 V. donde don *C.* — 50 de mucho m. *M, A,
Q, O.* — 52 C. que era de su tutoria. E don Juan quedose en Dueñas
por entonçe. — 53 E agora la historia dexa de contar d'esto e contara
lo que en este tiempo fizieron los de Çamora *Q, O.*

XXXI-bis *no figura en* Ñ *ni en ed. 1551.*—1 *omite* C; *omite* de commo A; M. los r. hombres de Castilla o. g. c. Q, O; quien (*sin* por) s. A, sobre quien avia de ser Q, O; t. del rrey don Alfonso Q, O.—2 dezeno Q, dozeno *corr.* con tinta posterior trezeno O.—3 q. començo en Q, O.—4 de mill A.—5 departidos e muy desconformes Q, O.—6 t. al infante d. Joan f. d. i. d. Joan M. O.—8 q. pusieron su p. Q, O; *omiten* a el Q, O.—9 a dezir A, Q, O; y los de la t. todos f. Q, O; donde A, Q, O; estaua Q, O.—11 e d. l. c. Q, O; v. del rreyno q. Q, O; el primero M, A, Q, O; *el año enmendado con tinta posterior* CCCXXI O.—12 e a e. tiempo v. Q, O.—14 e las personas M, e procuradores Q, O; villas dentro de Valladolid con Q, O; *omiten* cada vno Q, O.—15 e con juramento e p. omenage Q, O; demandaran A; V. que f. a g. Q, O; ynf. doña Leonor su h. Q, O; h. que estauan dentro A; de no los Q, O; de alli Q, O.—16 e asi lo juraron de lo complir Q, O.—17 m. ternian Q, m. tendrian O; p. asosegar al inf. Q, O; e a don J. M. Q, O; y de d. J. f. del i. d. J. A.—18 *omiten* e Q, O; los de Castilla Q, O; querrian A; *omiten* don Felipe Q, O; terminasen *corr.* renunçiasen A, rreçibiessen Q, rreçibie-se *corr. en tinta posterior* rrenunciase O; e que d. Q, O.—19 *omiten* en Q, O; estos cavalleros Q, O; les M; de fazer t. Q, O; *la ortografía de* Iohan *según* M.—20 *omiten* que ante que se n. p. t. p. c. cada vno destos Q, O; entre estos tres Q, O.—21 algunas personas q. estauan de la p. Q, O; n. consintieron que esto se assentasse fasta Q, O.—22 los tratos Q, O; avenierose el ynfante don Juan fijo del infante don Manuel c. C, don Juan (Manuel) e don Juan conçertarose en vno contra Q, O.—26 a lidiar con el arçobispo A.—27 a socorrer Q, O.—28 *omite* e A; *omiten* luego Q, O; *omite* con O.—29 pelear Q, O; con ellos amos a dos A, con entramos Q, O; e sy M, A; e por doña M, A; e d. Maria Diaz Q, O; todos q. estauan ay e los Q, O; tregua por Q, O.—30 e don Felipe (Ph.) quedo toda via con Q, O.—31 *omiten* con tanto Q, O; sus casas Q, O.—32 e alargaron Q, O; las treguas A; para tyrar M; *omiten* para t. e. s. a. dellos Q, O.—33 e despues desto ovieron se Q, O; vnos M.—34 *omiten* por tutores Q, O; tres e tractaron Q, O; *omite el segundo* que A; concordar Q, O.—35 villas del rreyno Q, O.—36 e estuuo el p. Q, O; peor estado A, Q, O.—37 f. n. manera por q. se a. A, f. manera para se conçertar Q, O.—39 e lo M, A, Q, O; otros O; don Sancho Q, O; Alu. de O. M; andaua A; e querian mal a Q, O.—40 d. y enemistad Q, O; de no se Q, O; f. concierto Q, O; tres rricos omes e t. M.—41 Villa vanes

M, O, Villa vañes *Q,* Villa bañes *A;* e. ay seguros *A, omiten* e. y s.
Q, O; faziendo a don Felipe *C;* sobre don Juan *A;* lo ... lo *A, omiten
el segundo* le *Q, O.* — 43 la gente *M.* — 44 a socorrer *Q, O.* — 45 lo
non *A,* no le *Q, O;* donde *A;* apartose d. e *M, A; omiten* partiose
dende e *Q, O.* — 47 fallo al C. ende *A,* f. a. al C. de Portello *Q, O;*
d. M. su m. del infante don Joan *A,* d. M. Diaz su m. *Q, O.* —48
omiten don Felipe *Q, O;* a T. *A.* — 49 *omite* e *A;* d. J. Manuel e d. J.
fijo del ynfante don Juan *M, A,* d. J. fijo del ynfante don Manuel
e d. J. fijo del ynfante don Juan *Q, O.* — 50 *omiten* e daño *Q, O;*
huertas e viñas *Q, O;* vinieronles *O;* de alli *Q, O.* — 51 entramos a
dos *Q, O.* — 52 e de alli *Q, O;* fue *C.*

[*XXXI - ter:* ¹*Del mal que fezieron los rricos omnes en
la çibdad de Çamora por las tutorias que non se avenian
quien avien de ser tutores.*]

[² *En este tienpo non quisieron los de la çibdat de Çamora
tomar por tutor a ninguno* ³ *e pusieron entre sy que qual
fallasen que mas villas avian tomado por tutor al ynfante
don Felipe e a don Juan que aquel tomasen por tutor.* ⁴ *E
sobre esto enbiaron sus personeros antel rrey para saber*

M f. 47 *qual auia mas / villas que tomaron al ynfante don Felipe o
a don Juan.* ⁵ *E ellos eran seys personeros, e los çinco tenian
con don Juan e el vno con el ynfante don Felipe.* ⁶ *E porque
fallaron que el ynfante don Felipe avian tomado mas villas
por tutor, punaron por partir el pleito e tornaronse a su
villa los çinco.* ⁷ *E desque y llegaron andudieron catando
manera los caualleros por que tomasen por tutor a don Juan*
⁸ *e nunca quisieron consentir en ello los del pueblo que tenian
con el ynfante don Felipe.* ⁹ *E quando vieron los caualleros
que lo non podian acabar con los del pueblo, enbiaron por
don Juan que viniese a la villa.* ¹⁰ *E don Juan vino y luego*

3, 4, 5, 6, 8 *omite* el ynfante *C.* — 6 los ç. personeros *M, A,* los ç.
procuradores *Q, O.* — 7 maneras *M, A, Q, O.* — 8 q. consentirlo los

[11] *e el otro don Juan con el.* [12] *E don Juan fijo del ynfante don / Juan poso en las casas del temple* [13] *e don Juan Manuel* M col. b
en las casas de los pedricadores [14] *e Ferran Rruyz de Sal-
daña e Diego Gomes de Castañeda pasaron de la otra parte
de la villa faziendo mucho mal e mucho daño en quanto y
auia e por el termino.* [15] *E desque y llego cometioles de
pleytesia que le tomasen por tutor,* [16] *e ellos non lo quisieron
fazer* [17] *e todo el conçejo fizo pleito de non tomar por tutor
a ninguno fasta el dia de Sant Martin.* [18] *E quando vio don
Juan que non podie acabar con ellos ninguna cosa fablo con
Rodrigo Yanes del Follente que tenia el alcaçar del rrey que
gelo diera Diego Gomez de Barrientos, que lo tenia por el
rrey e que gelo diese cada que gelo demandase,* [19] *e aviendo
desto fecho omenaje / al rrey diole el alcaçar a don Juan e* M f. 47 v
acogiolo y a el e a toda su gente. [20] *E don Iohan entro en
el alcaçar* [21] *e mando a todas sus compañas que entrasen en
la villa a fazer quanto mal podiesen.* [22] *E los de la villa
pelearon con ellos* [23] *e echaron los fuera de la villa e firieron
e mataron dellos muchos.* [24] *E quando don Juan esto vio,
por grand saña que ende ovo, mando a todas sus gentes que
feziesen quanto mal podiesen a los de Çamora,* [25] *e el mismo
mando poner fuego a las azeñas / e en los otros lugares de* C f. 36 v
la villa. [26] *E los rricos omes que y auia estrañaron gelo*

M, A, Q, O. — 9 non lo *C, Q, O,* la non *A.* — 12 casas [del Tenple e
don Juan fijo del ynfante don Manuel en las casas] *C + G.* — 14
posaron *M* (*la* o *es dudosa*), *A;* en el t. *M, A, Q, O.* — 17 fizieron
M, A, Q, O. — 18 Rodrigianes (-guyañ-) de los [*blanco*] *M, A, Q, O;
omiten también* del Follente *Q, O;* Barranos *C.* — 19 e a. f. pleito e
(*omiten Q, O*) omenaje *M, A, Q, O; omiten* -le *M, A, Q, O; omite* toda
C. — 21 e m. a sus gentes q. e. a la v. *M, A, Q, O;* mal e daño p.
M, A, Q, O. — 22 p. muy de rrezio con ellos *M.* — 23 muchos dellos
M, A, Q, O. — 24 mal e daño p. *M, A, Q, O.* — 25 e avn el mesmo
M, A; en las açeñas *M, A, Q, O;* en o. muchos l. (l. m. *A*) de la
çibdad *M, A.* — 26 e los otros r. o. *M, A, Q, O;* q. y eran con el
M, A, q. con el eran *Q, O;* en ninguna de aquellas cosas que don

mucho por que era cosa que tañia en el señorio del rey e
M col. d *non quisieron ser / con el en ninguna cosa desto.*]
 [27] Et de las otras cosas en commo passaron la estoria las
contara.

Juan fazia e mandaua fazer *M, A*, en aquel daño que hazia e mandaua
hazer *Q, O.* — 27 *omite M, A*, e agora la historia dexa de dezir desto
(*omite O*) por contar lo que despues fizieron los de la çibdad de
Çamora *Q, O*.

XXXI-ter: 1 De lo que *Q, O;* r. (h)o. de Castilla *Q, O;* quien avia de
ser tutor del rrey don Alonso *Q, O.*— 2 t. los de la ç. de Ç. no q. t.
Q, O. — 3 que el que f. *Q, O;* avia *M*, le avian *Q, O;* omite el segundo
a *A; omiten* al y. d. F. e a d. J. *Q, O;* tomassen e eligiessen *Q, O.* — 4
procuradores al r. *Q, O;* q. tomasen *M*, q. tomaran *A*, q. le tomaron
por tutor el (al) ynfante don Felipe o (o a) don Juan *Q, O.* — 5 procuradores e los ç. *Q, O;* y el otro con *Q, O.* — 6 al y. *Q, O;* avian
Q, O; las menos v. *A;* trabajaron de p. este p. *Q, O; omite* e *A;* t. a
Çamora *Q, O.* — 7 ay *A, Q*, alli *O;* c. maneras con los *Q, O;* para que
le t. p. t. (*omitiendo* d. J.) *Q, O.* — 8 e los de la çibdad nunca q.
consentirlo q. t. el partido del y. *Q, O.* — 9 a la çibdad *Q, O.* — 10
d. J. fijo del infante don Juan v. *Q, O.* — *anticipa* 12 luego e poso ...
T. *Q.* — 11 e con el d. J. fijo del infante don Manuel *Q, O.* — 13 d. J.
M. poso *A*, el qual poso *Q;* en el monesterio de *Q, O.* — 14 Dia Gomez
Q, O; p. por la *Q, O;* çibdad *Q, O;* faziendo todos *A; omiten el se-*
gundo mucho *Q, O;* en todo q. fallauan en el *Q, O.* — 15 e luego que
Q, O; acometiolos *A; omiten* de pleytesia *Q, O;* p. qual t. *A.* — 17
c. de la çibdad fizieron juramento e p. omenaje (*omite* e p. o. *Q*)
Q, O. — 18 d. J. fijo del ynfante don Juan *Q, O;* a. por el r. q. *A.* —
19 *omiten* desto *Q, O;* este Rrodrigo Añez dio *Q, O;* e acogiole en el
con t. *Q, O.* — 21 e fiziesen *Q, O.* — 23 çibdad *Q, O.* — 24 e d. J. ovo
desto g. enojo e m. a todos los suyos *Q, O;* sus conpañas *M, A.* — 25
omite el mismo *Q, O;* e en muchas casas de la çibdad *Q, O.* — 26 es-
trañaronselo esto mucho *Q, O;* m. todo aquel mal que fazia *A;* por
quanto era c. *M, A;* q. tocaua mucho *A*, que tomaua mucho *M*, que
tocaua *Q, O*.

DOS HAZAÑAS DE DON JUAN MANUEL

(RELATO DE LA "GRAN CRÓNICA")

La hostilidad del Canciller mayor de Alfonso XI Fernán Sánchez de Valladolid hacia el más alto representante de la nobleza, don Juan Manuel, se manifiesta sin interrupción a todo lo largo de la *Crónica*. El traslado de 1376, a pesar de haber sido escrito «a la merced... de la muy alta et muy noble et mucho onrrada señora rreyna Donna Iohanna... que fue fija del muy noble Don Iohan fijo del Infante Don Manuel», no palió en lo más mínimo las graves acusaciones del cronista regio, ni se preocupó de compensarlas con información de otra procedencia. El amplificador de la *Crónica* que elaboró la *Gran Crónica*, aunque no se propuso desarticular la argumentación anti-manuelina de Fernán Sánchez, incorporó a la historia del reinado de Alfonso XI varios pasajes con una orientación política muy disimilar a la que presidía la labor historiográfica del Canciller. Entre esos pasajes interpolados hallamos dos relatos de extraordinario interés para la biografía de don Juan Manuel, pues nos lo muestran en su calidad de caudillo militar y de estratega —dos facetas de su personalidad mal conocidas, sobre las que, sin embargo, llama él mismo la atención en el *Libro de los estados*. Debo advertir, que el valor «histórico» de los pasajes cronísticos editados sólo podrá ser establecido después de estudiar mejor el problema de las «fuentes» de la *Gran Crónica*.

XIV

BATALLA DE GUADALHORCE
(29 de agosto de 1326)

PROPÓSITO Y CRITERIOS DE LA EDICIÓN

Acerca de mi edición de la *Gran Crónica*, véase lo dicho arriba en el capítulo XII.

* * *

[1] *Capitulo LVIII.* [1] De las cosas que paso don Joan hijo del ynfante don Manuel en este tienpo con los moros.

[2] Dicho auemos en como el rrey don Alfonso dio el adelantamiento de la frontera a don Joan fijo del ynfante don Manuel, e que lo enbio a fazer guerra con los moros; [3] e como quier que el rrey era moço pequeño de edad, fuera a la
A f. 82 guerra por si mis/mo antes que enbiar por si a otro ninguno
P f. 48 v sino por estos enbargos que fallaua / en el rreyno. [2] *E por esto avia enbiado alla a este don Joan por adelantado, como la ystoria lo a ya contado.*

---

c. LVIII *P*, LX *A.* — *4* l. malas voluntades e discordias de *A.* — *8*

³ *E este don Joan, por dar honrra al su estado, aviendo*
boluntad de seruir bien al rrey su señor, ⁴ *luego que llego*
a la frontera, puso en la tierra gran paz e concordia e tiro
las boluntades de las çibdades e villas que eran en ellas de
luengo tienpo. ⁵ *E despues que las tierras fueron asosega-*
das e los bandos partidos, saco hueste para yr a los moros.
⁶ *E ayuntaron se ay a el conpañas honrradas de rricos omes*
y caualleros e de omes fijos dalgo del rreyno, por hazer ser-
uiçio a Dios e al rrey; ⁷ *e eranle bien mandados a do los avia*
menester. ⁸ *Lo vno por esto, e lo otro por la boz del rrey*
que lleuaua, ayuntaron se con el en la çibdad de Cordoua
⁹ *don Joan Alfonso de Guzman e don Enrrique Enrriquez e*
don Alvar Perez de Guzman e don Gonçalo de Aguilar, ¹⁰ *e*
don Joan Nuñez ⁸ maestre de Calatraua ¹⁰ *e don Suer Perez*
⁸ maestre de Alcantara e los freyres de Sanctiago, e el maestre no fue ay por quanto era muy viejo e non podia yr alla;
e ⁷ fue/ron los concejos ¹¹ *de la muy noble çibdad de Sevilla* A f. 82 v
e de Cordoua e de Xerez e de Costantina e de Carmona e de
Jaen con el obispo. ⁹ E pues que la hueste fue ayuntada,
partio don Joan de Cordoua con estas conpañas que avemos
dicho; ¹² *e anduuieron tanto por sus jornadas, que entraron*
por tierra de moros sus pendones tendidos, ¹³ *e llegaron sobre*
Antequera; ¹⁴ *e quisieron la combatir, sino que se temieron*
del lugar que era fuerte e que se perderian muchas gentes
en el conbatimiento; ¹⁵ *e fueronse de aquel lugar a fincar sus*
tiendas çerca del rio que llaman Guadalferez, ¹⁶ *e dormieron*
alli aquella noche, ¹⁷ *e dieron çebada e pensaron de sus ca-*

---

e a. *P.* — *13-14* [y çerco la villa de Antequera y visto que tenia un
çerro sobre ella que hera grand padrasto para la çercar quiso la
ccombatir y paresçio a los del exerçito que no se hiziese por que
perderian mucha gente en ello *R*]. — *15* t. çerca del rio que llamauan
de Guadaerça *A*, t. a do llaman Guadalferez *P* [junto a vn rrio llamado Guadalfoz que quiere dezir el rrio de la alhoz o termino de aquel
pueblo *R*]. — *17* omite de *A;* los m. *A.*

vallos lo mejor que pudieron para se aprovechar dellos quando menester oviesen./

LVIII. — *2 omite* en *P; omite* e *A.* — *3* quiera *P;* sino a poner estos *P.* — *2* para a. *P.* — *4* luengo(s) tiempo(s) (*con las dos* -s *tachadas*). — *6 omite* ay *A; omite* y *P.* — *9* e don Garzia de Aguilar *A* [don Gonçalo señor de la casa de Aguilar *R*]. — *7* f. e los *P.* — *11* obispado *P.* — *9* despues *A.* — *12* j. a q. *P.* — *13-14* e de [*blanco*] muchas *P* (*que omite desde* ll. *a* se p.). — *17* echaron c. *A.*

P f. 49   ¹*Capitulo LIX. Como don Joan fijo del infante don Manuel ovo batalla con los moros ²e como fueron vençidos e desbaratados.*

³*Otro dia, cuando salio el alua, fizo don Joan alçar el rreal e fizo armar toda la gente e ordenolos,* ⁴*e mando que* A f. 83 *fuesen ordena/dos en sus batallas dende adelante,* ⁵*e tomaron dende su camino e fueron contra Teba Hardales, que en aquel tienpo era de moros.* ⁶*E ellos estando vn poco arredrados del lugar, vieron gran caualleria de moros de parte de Antequera,* ⁷*e dieron en la haz postrimera, que lleuaua don Sancho Manuel e otros muchos e muy buenos que ay yvan,* ⁸*y los moros dexaron se yr a ellos, e asi llegaron denodados, que derribaron yaquantos christianos* ⁹*e fizieron perder tierra a don Sancho Manuel e los que con el ivan,* ¹⁰*de guisa que muchos de los que yvan en aquella haz fueron contra la delantera llamando: Santa Maria val,* ¹¹*e diziendo que tornasen a acorrer a don Sancho Manuel que estaua en gran priesa con los moros e en punto de se perder.* ¹²*E quando esto uio don Joan, derribose del cauallo en tierra,* ¹³*e tomo la espada Lobera, que en aquel tienpo*

---

c. LIX *P,* LXI *A.* — *6 omite* estando *P.* — *8* dexandose los moros

era suya, e besola en rremenbranza de la Cruz en que nues-
tro Señor puso las sus espaldas, [14] *e fizo su oraçion diziendo:*
[15] *Señor, miembre sete de mi e de los christianos que aqui*
son ayuntados por loor e rreuerençia de la Santa Vera Cruz
en que Jhesu Christo tomo muerte / e pasion en el monte A f. 83 v
Caluario. [16] *E acabando su oraçion, cabalgo,* [17] *e llamo a*
altas bozes Dios e Santa Maria que fuesen en su ayuda, e
hizo bolber la delantera; [18] *e llamando al bienaventurado*
Sanctiago escudo de la christiandad, fue ferir en los moros. /
[19] *E pararonlos de tal manera e atan rrezio firieron en ellos,* P f. 49 v
que les fizieron bolber las espaldas e perder tierra; [20] *e fuye-*
ron fasta vna gran çelada que tenian.

[21] *E quando los moros llegaron a aquel lugar vençidos,*
salio la gran çelada, e con ella vn cauallero bueno armado
de sus armas cabdillo de los moros —[22] *e si me alguno pregun-*
tase quien era, yo le diria que fue Ozmin, el buen moro, a
quien Dios dio dicha e aventura sobre los ynfantes en la
Vega do fueron muertos, segund lo avemos contado en esta
historia—; [23] *e tan rrezio firio en los christianos, que a pieça*
dellos hizo bolber las espaldas, e derribo yaquantos, [24] *e paso*
por gran poder de caualleria, e ferio en el pendon de Baeça
e quebranto lo por fuerça por los terçios de la vara e mato
al alferez que lo tenia. [25] *E quando esto vio don Joan, es-*
forço / los christianos e puso su cuerpo en aventura, e llamo A f. 84
a Santiago e a Castilla, [26] *e de tal guisa ferio en los moros,*
que mal de su grado les fizo bolber las espaldas; [27] *e fue*
saliendo entre los moros cuydando fallar en el canpo el buen
cauallero moro; [28] *e don Joan llegose tanto a el, ansi que lo*
oyo el moro, e no lo quiso atender, [29] *e con gran verguença*
fue siguiendo de la pelea por mengua de sus moros. [30] *E*

---

vr *A; omite* se *P. — 19* f. entrellos *A.* — *24* paso con g. *P;* de los t.
de la v. *P,* por los tiros del asta *A* [quebraron la vara *R*]. — *25* vido
P. — 29 s. la huida *A* [e se rrecojo con los suyos la buelta de Ante-

fizo tornada contra los christianos, como lobo rravioso, e echo vna lança contra ellos [31] *e fizo detener e rreboluer en las sillas bien dozientos caualleros de la frontera, que conosçian su caualleria e dubdauan la su lança.* [32] *Mas desto no presto al buen moro Ozmin ninguna cosa, ca los christianos los siguieron en tal manera que jamas Ozmin ni su caualleria no osaron bolber rrostro contra los christianos.* [33] *E fueron todos huyendo contra Antequera* [34] *e Ozmin con*

P f. 50 *ellos, mesando su barba / blanca e muy luenga que avia;* [35] *e, con gran saña de su mala ventura, echo su espada en tierra e juro que por vn año no la traeria.*

[36] *E los christianos, con su caudillo don Joan, les fueron siguiendo gran pieça de tierra, que non fazian si non ferir e derribar;* [37] *e desque vieron que mas non podian ya fazer, tornaronse del alcançe en que yvan, alçando las manos a*

A f. 84 v *Dios y dandole muchas graçias y / prometiendo le ayunos e limosnas por la merçed que les fiziera.* [38] *E bolbieronse por el canpo do era la batalla,* [39] *e fallaron ay que yazian por la matança muy muchos caualleros moros muertos, tanto que ellos mesmos se maravillauan; e de los christianos fallaron que murieron fasta ochenta o pocos mas.* [40] *E cogieron el canpo e partieron muy bien la ganançia que les Dios avia dado.*

[41] *E tornaronse para Guadalferez e fueron fincar sus tiendas en el lugar do antes estauan;* [42] *e en aquel lugar estovieron fasta en otro dia, esperando lid a quantos la quisiesen venir a dar, cuydando que Ozmin saldria contra ellos a vengar su desonrra.*

---

quera *R*]. — *32* no p. al moro n. *P*. — *35* no la toviese *P* [de no se la ceñir *R*]. — *37* omite ayunos e *P*.

LIX. — *1* la b. (*con el* la *interlineado*) *P.* — *2* d. con su capitan Ozmın çerca del rio de Guadal herça. — *4* d. en a. *P.* — *7* d. con la boz p. *P.* — *9* e a los *A.* — *10* m. l. q. *P.* — *11* e d. a don Juan q. (Juan *interlineado*) *P;* a correr *P;* l. m. en *A.* — *13* las espaldas *P,* sus espaldas *A.* — *15* S. pidote por merçed que se te miembre *A.* — *18* f. a f. *P.* — *20* e fueron hasta *P.* — *21* omite bueno *A.* — *23* las espuelas *P.* — *26* omite e *P.* — *27* muertos (*corregido sobre* mueros) *P;* al b. *P.* — *28* omite tanto *P;* e si q. *P.* — *31* c. christianos *A;* conozçian *P.* — *32* ch. lo oyeron e siguieron *P.* — *36* c. y don *P.* — *37* ya que f. *P;* las merçedes *P.* — *39* omite ay *A;* q. fazian *P; omite* moros *P;* dellos m. *P.* — *40* q. les D. les *P.* — *41* Guadalerza *A;* fueronse *P.* — *42* deshonrra. Esta uatalla fue en el quatorçeno año deste rey don Alonso de Castilla en el berano del año del señor de mill y trezientos y sesenta y tres años *A.*

[1] *Capitulo LX. Como don Joan hijo del infante don Manuel se partio de la frontera.*

[2] *Quando vio don Joan que no salian contra el ningunos moros que le fiziesen enojo, fizo aquella noche bien rrondar su hueste por se guardar de rrebate,* [3] *e fizo pensar muy bien los cauallos, que aquel dia avian pasado muy grande afan,* [4] *e mando a todos que se velasen / e se guardasen muy* A f. 85 *bien, de guisa que non resçibiesen daño ninguno.*

[5] *E pasaron asi aquella noche,* [6] *e quando fue la noche salida e el dia venido, / armose don Joan e hizo armar* P f. 50 v *toda su hueste* [7] *e fizo rreglar las conpañas lo mejor que el entendio,* [8] *e alço su rreal de Guadalferez,* [9] *e tomo su camino descontra Teba Hardales.* [10] *E quando vieron los moros de Antequera que se yva don Joan e los christianos, salieron en pos dellos a ver si les podrian dar rrebate en la rrastra, para ganar dellos alguna cosa;* [11] *e fueron tras los christia-*

c. LX *P,* LXII *A.* — *6* su gente *A.* — *15* [Antequera. Don Juan Manuel

nos muy gran pieça de tierra dando muy grandes alaridos.
[12] *E don Joan defendio que no saliese ninguno contra ellos fasta que gelo el mandase,* [13] *e que los dexasen llegar.* [14] *E esto no quisieron fazer los moros,* [15] *e tornaronse para Antequera.*

[16] *E don Joan con los christianos fueron por sus jornadas fasta que llegaron a la çibdad de Cordoua, do fueron rresçebidos con muy gran honrra.* [17] *E en este lugar se partieron los vnos de los otros* [18] *e fueron se para sus tierras muy pagados e alegres con gran plazer, loando mucho el nonbre de Dios padre poderoso verdadero Jhesu Christo fijo de la bien aventurada rreyna y madre Santa Maria.*

A f. 85 v   [13] E des que el rrey / supo estas nuevas, plugole muy mucho, e loo el nonbre de Dios por la buena dicha que diera a sus vasallos; [14] pero quisiera el averse acaesçido en ello, ca tenia que si el ay fuera, o algunas mas gentes de las suyas, que mayor daño ovieran los moros; [15] e avia gran mal talante a los que le estoruauan de yr a la frontera.

---

quisiera çercar a Teva, mas fue avisado que los que governavan al rrey tratavan de lo deshazer a el y a don Juan señor de Vizcaya y antes que se partiesen de Cordoua escrivio a don Juan que le faboresçeria si le quisiesen quitar su estado. Y por estas y otras cosas don Juan se vino a C. R]. — *18* Dios todo p. A.

LX. — *1* f. y fue su camino para Castilla A. — *3* gran P. — *9* contrate bahardaues A. — *10* s. los moros en p. A. — *12* el se lo P. — *14* m. ni llegarse mas A. — *17* se partio P; e los A. — *18* r. virgen madre suya nuestra señora (madre) [*tachado*] S. A. — *13 omite* muy A. — *15* contra los A.

XV

EL CONSEJO DE DON JUAN MANUEL EN LA BATALLA DEL SALADO
(1340)

PROPÓSITO Y CRITERIOS DE LA EDICIÓN

Sobre mi edición de la *Gran Crónica,* véase lo dicho en el capítulo XII.

* * *

[1] *Capitulo CCCXXI. Como el rey don Alonso, dixo muchas e buenas palabras de grand esfuerço a los suyos que ay eran con el ayuntados.*

[2] *Quando el rrey don Alonso de Castilla, supo por çierto que los moros lo querian atender sobre Tariffa, ouo muy grand plazer,* [3] *e fizo ayuntar todos los altos omes de Castilla fijos dalgo e de las villas.* [4] *E el rrey de Castilla entro en vna tienda, e posose en su estrado, e açerca del el rrey don Alonso de Portogal* [5] *e enderredor del estrado muchas personas honrradas de que los rreys estauan aconpañados.* [6] *E el rrey don Alfonso de Castilla fablo como rrey de grand*

entendimiento, [7] *e dixo a todos los que ay estauan muchas*
rrazones e muy buenas, con que ellos tomaron / grand es-
fuerço e abiuaron los coraçones para bien fazer. [8] *Fizoles*
perdonar los vnos a los otros, de guisa que se perdonaron
todos; [9] *e alli partio los vandos e los omezillos, que eran de*
luengo tienpo en algunos que los non querian perdonar; [10] *e*
dio sentençia, con consejo e otorgamiento del rrey de Por-
togal e de todos los otros, que el dia de la batalla que fuesse
traydor el que *fuese arrancado*.

[11] *E en aquel lugar conbido don Joan Manuel a los rreyes,*
[12] *e dixoles que el dia de la batalla, con el ayuda de Dios e*
del apostol Sanctiago, les queria dar de comer a estos rreyes
de Castilla e de Portugal en la tienda del rrey de Benamarin.
[13] *El qual conbite los rreyes le touieron en grado por las*
palabras buenas que dezie e el grand esfuerço / que daua
a las gentes.

[34] E luego otro dia partieron dende, e fueron a posar los
rreyes con sus huestes çerca de Medina Sidonia, do dizen
el Barrueco; [35] e otro dia fueron a vn arroyo que dizen *Bar-
bate* [36] e otro dia allende el rreyo que dizen Çelemin, a la
mesa de Benalu; [37] e el dia que de alli partieron, fueron
posar a Almodouar.

[31] E desde alli enbiaron los mensageros moros que auian
venido a ellos de parte del rrey Alboaçen de Marruecos et

---

c. CCCXXI *P*, CCCXLVIII *A.* — *10* que fuese traydor *P* (*que omite
el resto*), que fuesse traydor el que no perdonase *A* [la persona que
bolviese las espaldas a los enemigos el dia de la batalla por el mismo
caso yncurriese en aleve y trayçion *R*, e dieron por traydores los que
fuesen arrancados *Poema*]. — 34-37 y 31-32 < *CrAºXI*, CCLIII. — 35
Barute *P*, *A* [Barbate *R*, Barbate *CrAºXI*]. — 36 mesta de Bençibi *P*,
cuesta de Bençibi *A* [mesa de Benavi *R*, mesa de Benalu *CrAºXI*; *cfr.*
Molinos de Benalud (*junto a la entrada del Barbate en la laguna
de La Janda*), F. COELLO, *Atlas de España: Cádiz*]. — 37-31 [y de allí
Almodovar donde rrespondieron los embaxadores de los rreyes de
Marruecos y Granada *R*]. — *17* e desque alçado *A.* — 38 < *CrAºXI*,

del rrey de Granada; ³² e enbiaron a dezer a aquellos rreyes moros con aquellos sus mensageros que les agradesçian mucho por que alli los querian esperar.

¹⁴ *E otro / dia alçaron sus tiendas e su rreal de Almodouar,* A f. 459 v *do fuera su albergada;* ¹⁵ *e caualgaron los christianos con vna niebla muy escura que fazie* ¹⁶ *y fueron assy toda la mañana, hasta que se tiro toda aquella escuridad e el sol salio,* ¹⁷ *e desque se fue alçando, quebranto su fuerça a la grand niebla que fazie e el dia esclaresçio,* ¹⁸ *assy que los christianos ouieron muy grand plazer e deuisaron la tierra de cada parte,* ¹⁹ *e con sus pendones tendidos abrieron grandes caminos.* ²⁰ *E assi llegaron hasta la mar a do llaman la Torre de los Vaqueros;* ²¹ *e finco el rrey don Alfonso sus tiendas,* ²² *e la su delantera puso rreal contra la Peña del Çieruo.* ³⁸ E esto fue Domingo ²³ *veynte y siete dias de Otubre.* ³⁹ E quando alli llegaron eran partidos de alli de la **Peña** del Çieruo la gente de los moros que alli solian estar.

²⁴ *E en aquel dia que alli llegaron caualgo el rrey don Alonso de Castilla, con pocas gentes, por ver la su villa de Tariffa;* ²⁵ *e llego a la Peña del Çieruo, e vio los moros en la sierra,* ²⁶ *e ouo muy grand plazer como rrey de grand esfuerço e noble,* ²⁷ *e por dar esfuerço a los suyos, dixo que le plazierie mucho que fuessen alli ayuntados quantos moros auie en el paganismo, que con el ayuda de Dios el los cuydaua a todos vençer.* ²⁸ *E tornose para sus / tiendas dando* A f. 460 *muy grande esfuerço a todos los suyos.* ²⁹ *E mando a todos que estouiesen prestos para en otro dia en la mañana fazer a Dios seruiçio.*

³⁰ *E en aquel / dia allano Seuilla vnos pasos peligrosos* P f. 318 *que los moros tenian fechos en la Peña del Çieruo.* ³¹ *E ouieron los christianos vna señal buena en el comienço,*

CCLIII. — 23 veynte y siete P [R], veinte y ocho A. — 39 < CrAₒXI, CCLIII.

³² *que del rreal del rrey de Benamarin salio vna caualleria*
de moros por ver como los christianos tenien su rreal; ³³ *e*
salio contra ellos Garçi Jufre Tenorio e mato vn cauallero.
³⁴ *E otras señales buenas ouieron los christianos aquel dia.*

CCCXXI.— *1* d. A., desque oyo la respuesta del rey Alboaçen de
como queria pelear con el dixo *A;* ayuntados con el *A.*— *2* C. por el
mensage que el rey Alboaçen le embio *A;* los q. *P.*— *3* a t. *A;* C. e
hijos de a. *A.*— *4* estrado a. *P; omite* del *A.*— *7* aviuaron *A,* abibar
P.— *12* con a. *P.*— *34* Çidonia (*omite* do dizen el Barrueco) *P* [fueron
al Barrueco qu'es çerca de Medina Sidonia *R*].— *32* q. se lo a. *A;*
omite alli *A.*— *22* y a la su *P.*— *23* O. del año del señor de mill y trezientos y quarenta *A.*— *24 omite* e *P.*— *27 omite* suyos *A;* plazia
A.— *28 omite* todos *A.*— *29* a f. *A.*— *30* hallaron los de la çiudad de
Seuilla *A,* allano su villa *P* [mando al pendon de Sevilla que lo allana-
se *R*].— *32* sallio *A.*

¹ *Capitulo CCCXXII.* ⁴⁰ Mas agora dexa la ystoria de
contar desto por contar lo que hizieron los rreyes moros
quando supieron que venian los christianos çerca.

² Alboaçen, rrey de Marruecos, e el rrey de Granada, que
tenian çercada la villa de Tariffa, desque llegaron a ellos
sus mensajeros, supieron dellos çierto como el rrey de Castilla e de Portogal yuan acorrer aquella villa de Tariffa que
ellos tenien çercada e a lidiar con ellos sy los ay fallasen.
³ E por esto, el rrey Alboaçen mando leuantar los rreales que
tenien puestos en derredor de la villa, ⁴ e mando poner fuego
a todos los yngenios que ay tenien, ⁵ e mando poner el su
alfaneque en que el posaua en vn otero alto e arredrado de
A f. 460 v la / villa, ⁶ e todos los suyos posaron çerca del alderredor;
⁷ e el rrey de Granada fizo poner rreal aparte, pero çerca del

1 CCCXXII *P,* CCCXLVIIII *A.*— 40 < *CrAoXI,* CCLIII.— 2-8 <
CrAoXI, CCLIV.

otro rreal del rrey Alboaçen. [8] E alli esperaron fasta que
llegaron el rrey de Castilla e el rrey de Portogal.

CCCXXII. — 40 q. l. ch. v. ya ç. *A.* — 2 *omite el primer* rrey *A;* a
socorrer *A;* y lidiar *P.* — 3 tenie *P.* — 4 tenie *P.*

[1] *Capitulo CCCXXIII.* [9] Mas agora dexa la historia de
contar destos rreyes moros que estan esperando en sus rreales por contar lo que hizieron los rreyes christianos, en
como estauan en el rreal que pusieron çerca de la Peña del
Çieruo.

[2] *Contado vos a la historia* [2] de como llegaron los rreyes
de Castilla e de Portogal a la Peña del Çieruo, [3] domingo
XXVII dias del mes de Otubre, [4] e desque ouieron asosegado
sus rreales, [5] el rrey de Castiella uio el logar a do estauan
los moros, [6] e auiendo grand uoluntad de llegar / la batalla P f. 318 v
con ellos, mando llamar a todos los rricos honbres y perlados y maestres de las hordenes que ay eran con el, [3] *para*
auer su consejo. [4] *E entraron los rreyes en vna tienda* [7] para
hordenar en qual manera harian otro dia en la batalla que
auien de auer con los moros. [4] *E el rrey de Castilla dixo en*
como estauan en la marisma, e que se llegaua el ynuierno
e que por esta rrazon non podien estar en el rreal nin tener
hueste en tal lugar como aquel; [5] *e otrosy que si alli* / *qui-* A f. 461
siessen estar algunos dias, que les fallesçerian las viandas
e non ternian que comer, [6] *e que por esto que rrogaua mucho*
al rrey de Portogal e que mandaua a todos los otros que
fuessen prestos e aparejados para otro dia en la mañana

---

1 CCCXXIII *P,* CCCL *A.* — 9 < *CrAºXI,* CCLIV. — 2-6, 7, 8-13 <

como diesen batalla a los moros e conpliesen sus rromerias
por que ay eran todos ayuntados.

⁸ E como quiera que desde alli paresçian los rreales de
los moros como estauan, ⁹ pero mas çierto lo sopieron de
que guisa estauan asentados de vn moro que vino a la hueste
e dixo la manera en como estava el rrey Alboaçen en como
posaua en vn otero contra Tariffa, ¹⁰ e el rrey de Granada
en como posaua en el rreal que estaua çerca de la sierra,
¹¹ e que eran los moros çinquenta y tres mill caualleros,
¹² e que auia seys çientas mill vezes peones, ¹³ ca maguer que
en la çerca de Tariffa murieron algunos de los moros, el
rrey de Granada truxera ay muchos mas que los que fueron
muertos.

⁷ *E el rrey don Alfonso dixo que pues los moros eran*
muchos que pornien hazes para la batalla, ⁸ por lo qual el
mandaua que los suyos no hiziessen hazes, mas que fuesen
cada tropel, segund que fuessen hordenados, todos en vno.
⁹ *E esta fue buena maestria para los christianos, por que si*
A f. 461 v *el rey don Alonso hiziera hazes, / no se pudieran ygualar con*
las de los moros, ¹⁰ por que non eran los christianos mas
de treze mill homes de cauallo o pocos mas, e de la parte de
los rreyes moros pasauan de çinquenta e tres mill, como la
historia a dicho, omes de cauallo. ¹¹ E otrosy les mando el
P f. 319 *rrey don Alonso, que quando fuessen contra los / moros,*
que a la entrada de la batalla que sufriesen las armas de los
moros, que les echarian las lanças luego como solian fazer;
¹² *e que luego que los moros las lanças echasen, que los chris-*
tianos entrasen por ellos segund caualleros, las cabeças de
los cauallos ayuntadas; ¹³ e la entrada primera, que leuasen
los cauallos a galope e las lanças a sobre mano, ¹⁴ e quando

CrAºXI, CCLV. — *10* poco A; e tres mill homes de c. moros como
la h. lo ha d. A. — *11* çufriesen A. — *17* apartasen A, apartasen (?)
corregido en apretasen (?) P.

*fuessen entre los moros, que aguijasen los cauallos lo mas
rrezio que pudiesen,* [15] *e que non echasen las lanças por ninguna manera fasta que fuessen quebradas por fuerça de
caualleria;* [16] *e quando las lanças fuesen quebradas que luego
fuessen nenbrados de las espadas,* [17] *e que se apartasen con
los moros de tal manera que les fiziessen perder tierra por
fuerça e bondad de caualleria,* [18] *e que en aquel lugar pares-
çiese el esfuerço e bondad de cada vno.* [19] *E a la entrada
del rreal que se non parasen ningunos al despojo, / mas que*   A f. 462
firiesen en los moros hasta que los echasen del canpo; [20] *e
que si los moros subiesen por las sierras, que ellos anssy
lo fiziessen;* [21] *e que si ellos entrasen en la mar, que ellos
e el a bueltas fuesen en pos dellos a quebrar en la mar, por
fazer a Dios seruiçio.* [22] *E que si los christianos anssy lo
fiziessen, que bien çierto era el, que con el ayuda de Dios e
del* *sancto* *apostol Santiago, que los moros serian vençidos* [23] *e los christianos aurian la honrra del vençimiento,*
[24] *e farian del buen rrey e de si buenos e leales caualleros, e
ganarian honrra y fama de que fablarian por tienpos del
mundo que quedase por eredades a los que dellos veniesen,*
[25] *e quando fuesen deste mundo que ganarian el otro perdurable.*

CCCXXIII. — 9 con el rreal *P.* — 3 veinte y ocho dias *A* [XXVII dias
CrA∘XI]. — 5 en el l. *P.* — 6 ll. a la *A;* maestros *P.* — *4 omite* e *P.* — 7
la su *A.* — *4* morisma *A;* razon que non *A.* — *5* e que non *A.* — *6 omite
el primer* que *A;* fuesen todos p. *P;* en otro *A;* por la m. que d. *A;*
alli *A;* a todos *A.* — 9-10 r. *A.* en c. posaua [*laguna*] çerca de la s.
P. — 12 seisçientos mill p. *A.* — 13 e que m. *A; omite* algunos *A;* que
el *A;* fueran m. *P.* — *7 omite el segundo* que *P.* — *8* fuese *A.* — *10* e
pocos *P.* — *13* e que a la *A.* — *15* l. en n. *A;* quebrantados *P.* — *16* l.
quebrassen *A;* nombrados *A.* — *19* real de los moros *A;* hiriesen *A,*
ffiguiesen *P.* — *21* m. ellos a las b. *A.* — *22 omite* lo *P;* la a. *P;* Rico
P, rico *A* (*enmiendo el texto en vista del contexto*). — *24* m. e q. *P.* —
25 e que q. d. m. f. *A.*

¹ *Capitulo CCCXXIIII. Como el rrey don Alonso horde-*
no sus hazes para en otro dia entrar en la santa batalla.

² *Quando el rrey de Castilla acabo su rrazon, dixo el rrey*
de Portogal e todos los otros que ay estauan que el rrey
don Alonso dixera bien e cordura natural, e que todos serien
bien prestos para lo hazer.

³ *E fablo luego don Joan Manuel, e dixo al rrey que fuesse*
la su merçed de enbiar aquella noche a Tariffa vnos mill y
P f. 319 v *quinientos omes a cauallo; /* ⁴ *e que estos, con los que esta-*
A f. 462 v *uan en / la villa, serian vna buena conpaña,* ⁵ *e otrosy que*
los de la mar que estauan ay con la flota que saldrian contra
tierra; ⁶ *e que estos estarian en vna haz al rrostro del rrey*
de Benamarin, ⁷ *e quando firiessen la batalla, que estos po-*
drien ferir en los moros e les fazer muy grand daño e al
rrey muy grand seruiçio.

⁸ *E el rrey, quando oyo esto, dixo que dezia bien, e agra-*
desçiole aquel consejo que le daua.

¹⁴ Et en fin del consejo quedo el acuerdo que el rrey don
Alonso de Castilla fuese otro dia que auia de ser la batalla
por la parte do estaua el rrey de Marruecos; ¹⁵ e el rrey de
Portogal que fuesse por la parte do estaua el rrey de Gra-
nada. ¹⁶ E por que de las gentes deste rrey de Portogal non
eran avn llegados ⁹ *syno pocos;* ¹⁰ *los quales eran estos:* ¹¹ *don*
Aluar Gonçalez Pereyra prior de San Joan de Portogal, ¹² *e*
Esteuan Gonçalez Leyton maestre de Avis, ¹³ *e don Garcia*
*Perez de *Avreu* maestre de la horden de Santiago de Por-*

---

1 CCCXXIIII *P,* CCCLI *A. — 8* [y dieron el abanguardia de la
batalla a don Juan Manuel *R*]. — *14-16* < *CrA*º*XI,* CCLV. — *13* de
Rren *P,* de [*blanco, y completado después*] d'AnRen *A* [d'Anrreu *M,*
Anrren *R,* Arreu *B*]; de Santiago de Portogal *P,* de Cristus de Portugal [*y en glosa:*] alias de Santiago de Portogal *A* [de Christus *M*
por omisión del siguiente personaje, de Santiago *R,* de Santiago de

togal, [14] *e don Gonçalo Vazquez *Cautiño* maestre de Christos,* [15] *e don Diego de *Sousa*,* [16] *e Lope Fernandez Pacheco
señor de Ferrera,* [17] *e Rruy Garçia de Castil,* [18] *e Pay de Mey-
ra,* [19] *e Fernan Gonçalez Cogomiño,* [20] *e otros caualleros vasallos de aquel rrey,* [16] e podrien / ser todos fasta mill de A f. 463
cauallo e non mas; e el rrey de Granada tenie siete mill de
cauallo. E por tanto, ouole a dar el rrey de Castilla al rrey
de Portogal de las sus gentes que fuessen con el; [17] e los que
le dio fueron estos: el pendon e los vasallos del ynfante don
Pedro primero heredero en Castilla, [21] *e el su pendon llevaua
Nuño Fernandez de Castrillo;* [18] e otrosy yua ay don Pero
Fernandez de Castro, [19] e don Joan Alfonso de Alburquerque
amo et mayordomo mayor del ynfante don Pedro, [22] e don
Diego de Haro, [23] e don Gonçalo Rruyz Giron, [24] e Gonçalo
Nuñez Daça, [20] e don Joan Nuñez Maestre de Calatraua, [22] *e
don Pero Alonso de Sequera, *()* obispo de Astorga,* [23] *e otros
altos omes de Castilla,* [25] e los conçejos de Salamanca, e
Çiudad Rrodrigo, e de Badajoz, e de Ayllon, e de Olmedo,
e de Carrion, e de Bilhorado, [26] e el conçejo de Saldaña;
[27] que eran estas conpañas hasta tres mill de cauallo. [24] *E
levaua el su pendon deste rrey de Portogal vn su vasallo que
dezien / Gonçalo Gomez de Azeuedo.* P f. 330 (s

[28] E fecho este hordenamiento desta manera, el rrey don
Alonso de Castilla hordeno y mando [29] que don Joan Manuel,
[30] e don Joan Nuñez de Lara señor de Vizcaya, [31] e don Alonso
Mendez de Guzman maestre de Santiago, / [32] e don Joan A f. 463 v
[25] *señor de Gibraleon* [32] hijo de don Alfonso, [26] *e el pendon*

Portugal *B*]. — *14* don Gonçalo Vazques [*blanco*] maestre de [*blanco*] *P*, e don Hernan Vazquez Cataño [*enmendado*: Coatiño] maestre
de Christos *A* [*omítelo M*, don Gonçalo Vazquez Cautiño maestre de
Cristus *R, B* (Vasq.)]. — *15* Sonsa *P*, Sosa *A* [*M, R, Sousa B*]. — *16-17,
18-20* < *CrAºXI CCLV*. — *22* de Sequera e el obispo *P, A* [de Sequera
obispo *R*]. — *24 El ms. P se salta una decena al numerar los folios.* —

e los vasallos de don Fernando el ynfante de Aragon sobrino deste rrey don Alonso de Castilla, [33] e don Joan Alonso de Guzman, [34] e don Pero Ponçe de Leon señor de Marchena, [35] e don Enrrique Enrriquez con los del obispado de Jaen de quien era caudillo, [36] e don Fernan Rrodriguez señor de Villalobos, [37] e don Joan Garçia Manrrique, [38] e don Diego Lopez de Haro hijo de don Lope el Chico, [39] e Fernan Gonçalez de Aguilar con los del conçejo de Eçija de quien era caudillo, [40] e Joan Rrodriguez de Çisneros, [41] e Garçi Fernandez Manrrique, [42] e Aluar Rrodriguez d'Aça; [43] e Seuilla [27] *la muy noble con su rreynado,* [28] *e el pendon de la cruzada que enbio el Padre Santo al rrey don Alonso,* [43] e los conçejos de Xerez e de Carmona, a todos estos mando que fuessen en la delantera.

[44] E otrosy ordeno [45] que los arçobispos e obispos, [46] e los pendones e los vasallos de sus fijos don Enrrique e don Fadrique e don Fernando e don Tello, [47] e don Rruy Perez Ponçe de Leon, [48] e los caualleros de la su mesnada, [49] e todos los otros conçejos del su señorio que ay eran, saluo los conçejos que enbiaua con el rrey de Portogal [29] *e los que enbiaua con la delantera, e a todos / los otros que ay estauan,* [50] e a todos los fijos dalgo del su rreyno que vinieron a esta lid [51] mando que fuessen todos con el su cuerpo mesmo e con el su pendon. [52] E mando que leuase el su pendon de la cruzada vn cauallero françes que dezian don Yñigo; [54] e este cauallero era buen christiano e cauallero de buena vida, e moraua en Vbeda, [55] e el rrey lo armara cauallero ante desto e lo casara.

A f. 464

[56] E mando que don Gonçalo de Aguilar, e con el el conçejo de Cordoua de que el era caudillo, [30] *e otros muchos e*

28-32, 33-43, 43-48 < *CrA⁰XI,* CCLV. — *29* e todos *A,* a todos *P.* — 50-56,

*muy buenos que aqui no nonbramos por no prolongar la
historia,* [56] mando que fuessen a las sus espaldas del rey,
[57] e que se non partiesen del. [58] E por que tenia ay gentes
de pie de las montañas de Vizcaya, e de Lepuzcoa, e de Alaua,   P f. 330 v
e / de Asturias de Santillana, e de Asturias de Ouiedo, el
rrey les auie dado a todos en Seuilla escudos e baçinetes e
lanças e vallestas, [59] e otrosy eran ay gentes de las de pie
del rrey e de las de la tierra de las ordenes, [60] dioles por
caudillo a don Pero Nuñez de Guzman, que moraua en las
montañas de Leon, [61] e mando que todas las gentes de pie
que guardasen al pendon de aquel don Pero Nuñez; [63] e otrosy
mando el rrey a don Pero Nuñez que aquellas gentes de pie
lleuase otro dia çerca de su tropel del rrey por que se pudiese acorrer dellos quando los ouiesse menester.

[64] E estos ordenamientos fechos en esta manera, algunos   A f. 464 v
de los caualleros e escuderos, / e todos los mas por do
quiera que estauan, fazian botos e juras et prometimientos
de muchas maneras departidas. [65] E los vnos prometian
que otro dia passasen el rrio del Salado luego que llegasen,
e que lo non dexasen por los moros que estouiesen de la
otra parte; [66] e otros prometian que en aquella lid que nunca
se rretraerian, mas que sienpre estarian firmes con el rrey
su señor do quiera que estoviese; [67] otros prometian que por
miedo de muerte no dexasen de yr adelante desque fuessen
en la batalla; [68] e otros prometian a sus amigos o sus parientes que en qual quier lugar que los viesen en quexa que por
miedo de muerte non los dexasen de acorrer. [69] E estos botos
e juras e prometimientos e otros muchos se fizieron en
aquel dia.

[31] *E don Joan fijo del ynfante don Manuel e Alfonso Fernandez Coronel entraron aquel dia en vna galera e fueron a
Tariffa;* [32] *e non vos podria contar ningund ome el grand*

56-69 < CrA°XI, CCLV. — 35 omite e real *P.* — 38 n. gran c. *A.*

plazer que los de la villa ouieron quando los vieron. [33] *E don Joan dixo a Joan Alfonso de Benabides e a todos los otros que ay eran muchas buenas rrazones,* [34] *conozciendoles por el rrey la grand lealtad que auien fecho;* [35] *e por les dar esfuerço e auer plazer con ellos, dixo les que le demostrasen*

A f. 465 / *la posada e real del rrey de Benamarin, por que tenia alli conbidados a los rreyes de Castilla e de Portogal para otro dia.* [36] *E ellos gelas mostraron, e ouieron con aquellas palabras gran plazer.* [37] *E don Joan les dixo que estouiesen todos prestos para otro dia, que ansy selo enbiaua a mandar el rrey don Alonso;* [38] *e otrosy les dixo en como el rrey auia acordado en su consejo de enbiar aquella noche alguna caua-*

P f. 331 *lleria para / que se viniesse a poner con ellos en aquella villa,* [39] *por que quando otro dia auie de ser la batalla, ouiesen ellos las primeras heridas con la haz que el rrey de Benamarin touiesse contra Tariffa.* [40] *E ellos dixeron que prestos estauan para fazer seruiçio al rey su señor, anssy como lo verian con el ayuda de Dios el otro dia que auia de ser la batalla,* [41] *E acabadas estas rrazones, tornose don Joan e Alfonso Fernandez Coronel para el rrey don Alfonso,* [42] *e contaron lo que passaron en Tariffa, segund el cuento a dicho.*

CCCXXIV. — *1 omite el primer* en A. — *4 seria* A. — *7 e que q.* A; en la b. A; f. los m. P. — *11 [glosa a* San Joan] alias de Ucrato A [prior d'Ocrato M]. — *12 de Abis* A, *de Aves* P [d'Auis M, de Avis R, B]. — *16* Hernandez P, A, [B] [*en glosa:* Fernandes A, Ferrnandes M, Fernandez R]. — *20 e basallos* A. — 16 fasta mill P, A [hasta tres mill R, traia mill B, fasta mill CrAºXI]; *de dar* A. — *17 omite le* P. — *21* p. que ll. A; Castrillo P [R], Castillo A. — *24* Martinez P. — *24* llebauan A. — *32* hijo de don Alfonso de la Çerda [*en glosa:* als nieto] A [*tomándolo de* *M', cfr.* fijo de don Alfonso de la Çerda M]. — *26* d. Her. inf. A. — *43 a estos* P, *de todos estos* A. — *29 e a los* A. — *50* viniesen P. — *52 omite* vn cauallero françes que dezian P. — *56* f. con sus e. P. — *58* Santillan P. — *63* las ll. A. — *65* passarian A; *omite* e

A; dexarian A; estouieran P. — 66 rretruxesen P; rey don Alonso de Castilla su A. — 67 las batallas A. — 68 e a sus p. A; dexarian A. — 69 *omite el primer e P; omite se P;* hazien A. — 31 *omite a* A. — 34 reconociendoles en nombre del r. e dandoles graçias por la A. — 35 les demostrasen A. — 40 a su señor el rrey A. — 41 don Joan Manuel A. — 42 c. al rey lo A.

1 *Capitulo CCCXXV. Como el rey enbio de noche mill omes a cauallo e quatro mill omes a pie dentro en la villa de Tariffa.*

2 *Assy passo aquel dia el rrey don Alonso en el rreal de la Torre de los Vaqueros dando grande esfuerço a los christianos,* 3 *por la qual rrazon ellos tomauan gran plazer e cobrauan co/raçones para fazer bien,* 4 *e todos eran de vna bolun-* A f. 465 v *tad para morir o quedar vençedores.* 70 E el rrey no quedaua, pensando e catando todas las cosas que auia menester e que le cunplian para en ayuda de aquel fecho en que estaua. 71 E por que aquel otero en que estaua el rrey Alboaçen llegaua fasta Tariffa, penso que le cunplia de enbiar aquella noche a la villa de Tariffa algunas conpañas de las que estauan alli con el, 5 *segund auia acordado en el su consejo, como la ystoria lo a ya contado; ca entendio que le conplia mucho,* 72 por que otro dia de la batalla fuesen por çima de aquel otero ferir en los rreales de los moros.

6 *E el buen rrey escogio caualleros de la su conpaña para que en aquella noche fuessen a Tariffa.* 73 E como quiera que el tenia hordenado que los pendones e los vasallos de sus fijos don Enrrique 7 *e don Fadrique,* 73 e don Tello fuesen otro dia con el, 74 e otrosy que don Pero Ponçe e don Enrrique Enrriquez con los del obispado de Iahen fuessen en la delantera, 75 pero por que vio que era mas su seruiçio que

_____

1 CCCXXV P, CCCLII A. — 2 grandes esfuerços A. — 4 m. o ser v. A. — 70-71, 72, 73-76 < *CrAºXI,* CCLV. — 75 s. esto que tenian orde-

lo que tenian ordenado, mando e touo por bien que Alfonso
Fernandez Coronel que tenia en aquel tienpo la casa de don
Enrrique e era su mayordomo mayor e Martin Ferrandez
de Porto Carrero que era mayordomo de don Tello que estos
con los pendones e los vasallos de aquellos sus fijos [76] e don

A f. 466 Pero / Ponçe [7] *de Leon señor de Marchena,* [76] e don Enrrique
Enrriquez con los del obispado de Jaen, [8] *e los de Xerez de
la Frontera* [9] *e otros muchos e muy buenos que aqui no son*

P f. 331 v *nonbrados* / *que* [76] fuessen en aquella noche a entrar en la
villa de Tariffa. [77] E otrosy enbio a mandar a los caualleros
e escuderos que estauan en aquella villa, e al prior de San
Joan que estaua en la mar en logar del almirante [10] *con
aquella poca de flota que auia escapado de la tormenta,* [77] e
otro sy enbio a dezir a don Pedro de Moncada almirante del
rrey de Aragon, que se ayuntassen todos con los pendones
destos sus fijos e con los rricos omes que ay enbiaua, [78] e
que otro dia fuessen ferir en el rreal do tenia el rrey Alboaçen el su alfaneque, [79] por que quando los moros viessen dar
en el su rreal, que por lo acorrer, avria rrazon de se enauersar de las hazes en que estouiesen.

[80] E desque fue llegada la noche partieron del rreal para
yr a Tariffa estos a quien el rrey lo auia mandado, [81] e podrian ser fasta mill omes de cauallo y quatro mill homes a
pie; [11] *e pasaron aquella noche entre la Peña del Çieruo e la
mar.* [12] *E el ynfante Aboamar rrondaua aquella noche la
hueste del rrey Alboaçen su padre,* [13] *e plugo a Dios que el
ynfante, con la rronda,* [83] que podrian ser fasta tres mill
caualleros, [13] *llego contra la Peña del Çieruo, e dexo de llegar*

A f. 466 v *a la mar, e hizo tor/nada contra çima de la sierra;* [14] *e en
aquesta ora plugo a Dios que passaron los christianos al
mayor andar que pudieron;* [85] e passaron el rrio del Salado

---

nado m. *P*, s. que lo tenia m. *A*; E. que era *A*. — 76, 76-77, 77-81, 83, 85

e fueron a entrar en Tariffa commo el rrey gelo auia mandado; [15] *como quier que atan encubierta mente non fue la*
passada que lo non supiessen los moros, [16] *e vinieron a grand*
priesa contra la mar todo el poder de la caualleria del yn-
fante, [17] *e non fallaron ay sino doze christianos que non pu-*
dieron atender con ellos, [18] *e mataron los.*

[19] *E el rruydo de la entrada destos caualleros christianos*
sonaron por el rreal de los moros, [20] *e avn dixeron al rrey*
de Benamarin que el rrey don Alonso con toda su gente eran
salidos del rreal e que ya auian passado la Peña del Çieruo,
[21] *e que se aperçebiessen, que por çierto el rrey don Alonso*
lo querie acometer de noche. [22] *E quando esto oyo el rrey*
Alboaçen de Benamarin mudosele la color, [23] *como quiera*
que lo non dio a entender, mas mando luego tañer sus ata-
bales; [24] *anssy que la buelta fue muy grande en los rreales*
de los rreyes moros; [25] *e atales auia ya de los moros que*
dezian que llegauan ya los christianos, e desmanparauan el
rreal e yuanse la sierra arriba.

[26] *E el ynfante Aboamar venia en contra la Peña del Çier-*
uo, / do andaua con la rronda, [27] *e llego al rrey e dixole que* P f. 332
non temiese ninguna cosa, ca el rrey don Alonso / estaua A f. 467
asosegado en su rreal, [28] *e que aquel rroydo non era al sino*
fasta treynta almogauares que salieron de la hueste del rrey
de Castilla e que se fueron por entre la Peña del Çieruo e la
mar, [87] *pero que non pudieron pasar el Salado para entrar*
en Tariffa. [29] *E quando esto oyeron los moros fueron mas*
seguros; [30] *e el rrey Alboaçen les dixo que se fuesen para sus*
tiendas, [31] *ca bien tenia que el rrey don Alonso non le ossaria*
dar batalla de noche nin de dia, [32] *e que lo mas que por alli*

<CrAºXI, CCLV. — *16 omite* todo A; *omite el segundo* la P. — *17* con
los otros P. — *25* yvan P. — *27 omite* en su rreal A. — *28* sino que f.
P. — *87* < CrAºXI, CCLV.

era venido era por hazer con el alguna pleytesia de le entre-
gar a Tariffa por que se tornase para Algezira, ³³ *mas tal*
pleytesia que el non la faria, ca Tariffa por suya la contaua
e bien anssy a toda España.

CCCXXV. — 70 r. estaua p. *A.* — *5* hauian *A; omite* el *A.* — 72 ençima
P; o. a f. *A.* — 75 [y don Juan Manuel mando a Alonso Fernandez Coronel ... *R*]. — *8 omite* los *P.* — 77 ayuntase con todos los p. *P.* — 78
f. a f. *P.* — *79 omite* el *P;* enauersar *P,* hauer dar *A* [enauessar *E*]. —
80 T. e estos *P.* — 81 *omite* e *P;* m. peones a pie *P.* — *13* llegaron *A.* —
14 esta *P;* ch. e al *P.* — *85 omite el primer* e *P.* — *15* q. no a. e. m.
fue *A.* — *20 omite el segundo* que *A.* — *23* su atabal *P.* — *24* rebuelta
A. — *26 omite* en *A;* andauan *A.* — *27* sosegado *A.* — *31* tenian *A;* les
A; osara *P.* — *32* m. porque a. *A;* p. para le *A.* — *33* a T. ca p. *P.*

APÉNDICE

DESCRIPCIÓN DE MANUSCRITOS Y EDICIONES

En las notas que siguen no pretendo describir sistemáticamente los manuscritos y ediciones. Mi propósito es tan sólo identificar los textos citados y aportar algunas observaciones útiles para el estudio de la transmisión manuscrita de la Crónica.

I. «VERSIÓN VULGATA» DE LA «CRÓNICA DE ALFONSO XI»

C: Ms. *213* de la Bibl. de la Academia Española, Madrid. Este ms., que perteneció a la familia Coronel y Zayas (cfr. *El Poema de Alfonso XI*, ed. Yo ten Cate, Madrid, 1956, pp. VII-VIII), contiene una copia de la *Crónica de Alfonso XI*, seguida de una copia (= *M*) del *Poema de Alfonso XI* hecha sobre el ms. *E* del *Poema* cuando este códice se hallaba ya tan deteriorado como en la actualidad (cfr. D. Catalán, «Las estrofas mutiladas en el ms. *E* del *Poema de Alfonso XI*», *NRFH*, XIII, 1959, 325-334). El manuscrito no es tan antiguo como afirma Yo ten Cate («principios del siglo xv»). Comienza por la Tabla incompleta: «cap° VI de como el infante don Pedro talo la vega de Granada...». El texto, también mutilado, empieza: «muy noble e muy santa e muy fermosa e mucho honrrada e muy poderosa e muy piadosa señora Virgen Santa Maria su madre». Después de los prólogos, en que se da noticia del «traslado» en pergaminos realizado en 1376, faltan tres folios. El primero conservado comienza: «se ayuntasen e acordasen todos como criasen al rey e quien lo touiese. E con este acuerdo fuese don Juan Nuñez para Auila (a continuación falta, por *homoiographon*, «et la reyna enbio su mandadero adelante a don Sancho eleyto de Auila») que era dende natural e mucho enparentado...» (*CrAoXI*, V.12-14). Para más detalles, véase VII, *i*.

Ch: Ms. *12372* (ant. *Cc 117*) de la Bibl. Nacional, Madrid. Dice en él que fue trasladado por Francisco Hurtado, vecino de Guadalaxara, por mandado de Sebastián Ruiz, alguacil mayor de la villa. Se acabó el 7 de junio de 1550 (pero su ortografía más parece del s. XVII). «Comienza la Coronica del mui noble y virtuoso Rey don Alonso onceno deste nonbre que gano las Algeciras, que fue Padre del Rey don Pedro a quien llamaron el Cruel, la qual mando sacar el Rey don Anrique su hijo y deste nonbre segundo, bien y fielmente sacada sin añadir en la antiguedad de los vocablos de aquel tienpo. Esta es la mui alta y mui noble y mucho honrada, mui nonbrada y muy virtuosa e mui santa Coronica...». Siguen los prólogos del traslado riosecano (dejando en blanco el año del reinado de Enrique II y el año en que se empezó el traslado). Entre XXXV y XXXVIII de *CrAºXI*, cambia de carácter, dejando de compartir las variantes de *E*. Al final, continúa la *Crónica* con aditamentos muy interesantes: detrás de la frase (f. 598 v) «...e iban seguros los vnos e los otros», sigue un loor de Algeciras semejante al que figura en los mss. *S* (de mano de un continuador), *Pa-adic.* y *F*. La versión del ms. *Ch* es independiente, pues en bastantes casos coincide con *S* y *Pa-adic.* (4 «e el Alcaide finco por Alcalde mayor con el Alcaidia»; 9 «e dos cavas en ellas, la primera bien fonda e chapada de cal e canto»; 15 «esta ciudat esta en la cruz de todo el Mundo»; 19 «mas que en otro lugar del Andalocia»; 27 «pues de naranjas, limas, cidras e limones e su natura no hay tantas en parte de España»; 32 «Mycer Bartolome»; 33 «no se pueden contar las noblezas de esta ciudad que el noble rrey conquisto»), pero en otros apoya las lecciones de *F* (1-2 «e el Rey puso por Alcaide... e dexo con el omes suyos»; 13 «e los suelos dellas con azulejos e de obra musayca»; 18 «e otras cosas si han nescesario»; 29 «que de todas las cosas que la condicion de los omes desean»; 32 «Boca negra») y alguna vez parece mejor que una y otra versión (1 «e el Rey puso por Alcaide a Pero Gonzalez Orejon»; 32 «Mycer Bartolome Boca negra Ginoves pariente del Almirante»). Tras el loor (rematado con la acción de gracias breve: «Gracias sean dadas a Dios e a nuestra señora su Madre»), sigue la lista de los muertos en Algeciras, las mercedes que el rey hizo a los ricos hombres, una noticia sobre su devoción a San Bernardo, una referencia a los ordenamientos que le copiló el obispo don Alfonso de Burgos y los capítulos referentes al cerco de Gibraltar, a la muerte del rey, a su entierro y a la ida de su alma a paraíso.

E: Ms. *Y-II-10* de la Bibl. de El Escorial. Letra gótica de privilegios del s. XIV, a dos columnas, en pergamino. Véanse las descripciones de F. Cerdá y Rico, en su edición de la *Crónica de D. Alfonso el Onceno* (Madrid, 1787), pp. VIII-XI, de J. Zarco y Cuevas, *Catálogo de los manuscritos castellanos de la Real Biblioteca de El Escorial*, III (San Lorenzo, 1929), pp. 28-29, y de D. Catalán, *Un prosista anónimo*, pp. 239-240. Es, según creo, el manuscrito que comenzó a trasladar en pergaminos Ruy Martínez de Medina de Rioseco el miércoles 28 de julio de 1376 para el tesoro de Enrique II, por orden de Juan Núñez de Villazán. Véase aquí VI, *a*. Lo he tomado como manuscrito base en mi edición de Fernán Sánchez de Valladolid, *Crónica de Alfonso XI*.

E': Ms. *821* (ant. *F-3*) de la Bibl. Nacional, Madrid (s. XV). Cfr. *Un prosista anónimo*, pp. 231-232.

F: Ms. *829* (ant. *F-31*) de la Bibl. Nacional, Madrid. De letra del s. XV. Acabado el 20 de marzo de 1489. Procede de la primitiva biblioteca de Felipe V. Fue de Pellicer y del marqués de Mondejar (*Memorial*, pp. 571-573). Hasta el año 3º del reinado de Alfonso XI (*CrAºXI*, XI) es una *Crónica de cuatro reyes* (Alfonso X, Sancho IV, Fernando IV, Alfonso XI), sin solución de continuidad (cfr. más adelante, en los mss. de esta *Crónica de cuatro reyes*, ms. *F*, y atrás en VII, *a*). Pero en el resto del reinado de Alfonso XI es ya una *Versión vulgata* (cfr. VIII, *a*). Sobre sus interesantes singularidades y en especial sus notas marginales (de mano del propio copista) véase VIII, *b*. Su final es muy curioso: acabada la *Crónica* («...e yuan seguros e venian los vnos e los otros») continúa con un loor de Algeciras, que dice así: «1 E el rrey dexo alli por alcayde a [*en blanco*], 2 e dexo con el omes suyos que diesen las vezindades e rrepartiesen las heredades a los pobladores de la çibdad segund que cada vno lo deuiese auer e le pertenesçiese, 3 e dexo por alguazil mayor de amas las villas e de toda la tierra e de la mar a vn cauallero su criado que fuera su donzel, que se dezia Juan Alonso de Cordoua, 4 e dio el alcaldia mayor al alcayde, 5 e puso ende alcaldes ordinarios de la justiçia e oficiales e jurados los que entendio que cunplia, e de otros ofiçios asaz; 6 ca se poblaron amas las villas muy bien de muchas gentes naturales de Castilla e de Leon e del Andaluzia, e de los rreynos de Aragon e de Portogal, e ginoueses asaz, e de otras muchas tierras [7] que se vinieron alli poblar por la nobleza de la çibdad e de su asiento; [8] ca ella era muy fuerte en si e bien asentada e de fuertes muros e bien torreados, [9] e sus barreras muy bien fechas, e bien fondas las cauas e labradas de cal e canto las cauas, lo qual non ay en toda la tierra. [10] Ay en esta çibdad muy nobles moradas e mucho bien fechas e bien altas e muchas torres en ellas [11] obradas rrica mente con madera de alerze e de pino cosa marauillosa de ver; [12] e de dentro de las casas muchas jesserias menudas lauores rricas, e los suelos de las casas muchos dellos labrados de obra musayca de pieças menudas de azulejos, cosa marauillosa de ver. [13] E ay mucha agua dulçe dentro; [14] e muy noble puerto de mar, e grande e bueno para todos nauios de nauegar; [15] e este puerto, [17] commo esta en el Estrecho, [16] todos los nauios que pasan de todo el mundo, de Leuante a Poniente e de Poniente a Leuan, han de rreconosçer la çibdad de Algezira, [18] por que de alli toman agua dulçe e las otras prouisiones que han neçesarias para su mantenimiento. [30] Tiene esta çibdad sus ataraçanas muy grandes e buenas a do se fazen nauios e fustas para navegar. [19] Es esta çibdat muy abastada de pescados de todas maneras mas que otra que sea en el mundo; [20] tiene muchos rrios e fuentes, [21] e muchos montes çercanos para leña e para madera; [22] tiene muchas labranças para pan e para vino, [24] e muchas huertas [26] de todas las frutas que se pueden fallar en el Andaluzia [25] e muchos rregadios; [28] tiene muchas moliendas, [29] e mucho abastamiento de todas las cosas que los onbres han neçesario. [31] Quiso tomar casa en esta çibdat el capitan del rrey de Castilla de las sus galeas [32] al qual dezian Miçer Gilio Boca Negra, que era ginoues. E despues quel rrey ouo despedidas las gentes de Castilla e de Leon que auian estado con el en el çerco e los enbio desde Tarifa, boluiose el para Algezira e acabola de poblar, e rreformo e ygualo todos los vezinos della. E moro alli dos meses e desende partiose para Seuilla». Cito otras versiones de este loor al describir los mss. *S*, *Pa-adic.* y *Ch* (los numeritos sobrescritos tienen por objeto facilitar la confrontación de las varias versiones). Detrás de este loor de Algeciras, el ms. *F* incluye un capítulo (el 340) «De los que murieron en este çerco de las Algeziras de feridas y de dolençia» (comienza: «Estos son los condes e los rricos omes e caualleros e escuderos fijos dalgo...»), al final del cual anuncia: «Agora dexa

la estoria de contar desto por fablar de commo este noble rrey
don Alfonso torno a Castilla e fizo muchas cosas buenas en ella,
e de commo se torno a la frontera a çercar la villa de Gibraltar
e commo estando sobrella le llamo Dios e lo lleuo para sy al su
santo rreyno». El relato anunciado se articula en seis capítulos:
el 341, muy breve, trata de las Cortes de Alcalá (comienza: «Despues que este noble rrey don Alfonso ouo poblado las Algeziras
e ouo rreformado toda la frontera, vinose para Castilla e anduuo
por ella çinco años faziendo grandes justiçias en todas sus çibdades. E deste camino fizo cortes en Alcala de Henares...»); el
342 cuenta ya la venida del rey a Sevilla para ir a cercar Gibraltar («En el comienço del mes de março en el año de la encarna-
çion del nuestro saluador Ihesu Christo de MCCCXLIX años este
noble rrey don Alfonso, despues que ouo sosegados todos sus
rreynos, con acuerdo de sus rricos onbres de Castilla e de Leon
acordo de yr çercar la villa de Gibraltar, e mando llamar sus rricos
omes...»); el 343 incluye la muerte de Alfonso XI (comienza: «Contado ha la estoria commo el noble rrey don Alfonso ayuntaua sus
gentes...», e incluye los sincronismos «En este año quel rrey don
Alfonso murio era apostolico... et en Nauarra el rrey don Carlos»);
el 344 empieza: «Luego que el rrey don Alfonso murio en el
real...», y acaba: «...ni escaramuça saluo que mirauan commo los
christianos mouian su rreal»; el 345 trata del entierro (comienza:
«El ynfante don Fernando fijo del rey de Aragon et sobrino...»), y
en el 346 («Commo haze fin la coronica») se asegura la bienaventu-
ranza de Alfonso XI («Bien es de creer et non de dubdar...»).

H: Ms. *10132* (ant. *Ii-174*) de la Bibl. Nacional, Madrid, s. xv, a dos
cols. (en la encuadernación: *Heredia. Cronica de España*). Contiene
las crónicas de Alfonso X, Sancho IV y Fernando IV (H_1) y la de
Alfonso XI (H_2). Las dos obras fueron copiadas con independencia
(cfr. VIII, *a*, n. 7). H_1 empieza: «*Aqui comiença la coronica del
muy noble rrey don Alfonso fijo del muy noble rrey don Fernando
que gano a Seuilla que fue a ser emperador* [rojo]. Cuenta la estoria que...». Termina: «...en parayso sea la su anima. Amen/fol./
*Aqui se acaba la segunda parte de la Coronica de España e viene
luego en post della la Coronica del rrey don Alfonso su fijo del
rrey don Fernando e padre que fue del rrey don Pedro*» [rojo].
El resto del recto y todo el vuelto de este folio en blanco. El
reinado de Fernando IV comprende los 16 años que le atribuye

esta *Crónica de cuatro reyes* (dividiendo malamente en dos el año 3º y agrupando en el mal llamado año 14º los sucesos de los años 13º, 14º, 15º y 16º), en vez de los que en realidad reinó. El ms. H_2 empieza con el anuncio: «*Aqui comiença la Coronica del muy noble rrey don Alfonso el Onzeno, que comiença en la muerte del noble rrey don Fernando su padre* [*rojo*]. En el diez e sezeno año del rreygnado deste rrey don Fernando...». Termina: «...e yuan seguros los vnos de los otros. A Dios e a Santa Maria demos gracias. Amen» (fin de la col. *d*).

I: Ms. *1823* (ant. *G-15*) de la Bibl. Nacional, Madrid. Letras del s. xv. Comienza (f. mod. 2): «Capitulo XXX commo don Joan fue a Burgos e mato a don Garçia de Villa Mayor e a Juan Rodriguez de Rojas e prendio a Juan Martinez de Leyua. Don Juan, desque partio de Çamora, fue a Burgos e fizo ay ayuntamiento...» (*CrAºXI*, XXXIII). Entre el f. mod. 2 («... en como Çamora era de su tutoria e que tenia quel») y el f. mod. 3 («era omne que auia trabajado en su seruiçio desde luengo tiempo...») falta un folio (*CrAºXI*, XXXIII.13/XXXV.6). Cerca del final del cap. CLXXVIIIº, en el f. 143 mod. cambia la letra («les fiziessen guerra...»), después que la primera mano ha escrito dos líneas (hasta: «...que eran fronteros de Portogal por que»). Noto otros cambios de mano o tinta en la mitad de la col. *d* del f. 161 v; en 162 v; en medio de la col. *b* del f. 180; etc. Entre *CrAºXI*, CCCXIX.24-25 y CCCXXVII. 5-6 hay una extensa laguna («por quemar e anegar aquellas galeas de los moros e al // flota, enbiaron dezir al rrey que la paga que les deuia de quatro meses...»). El final de este ms. *I* es muy interesante, pues parece relacionarse con el resumen incluido en la *Estoria del fecho de los godos* (cfr. D. Catalán, «El *Toledano Romanzado* y las *Estorias del fecho de los godos* del s. xv», *Estudios dedicados a J. H. Herriott*, Madison, 1966, pp. 81-82), que creo ser una prosificación de las últimas estrofas del *Poema de Alfonso XI*. Dice así: «...et el rrey de Granada fuese su vasallo e le diese las parias; e la tregua que gela non daria mas tienpo de por diez años, con tal condiçion que le diesen luego la çibdat de Algezira, e que los moros que estauan en ella que los dexaria biuos e que saliesen a salua fe, et los cristianos que en ella estauan catiuos que gelos dexasen al rrey don Alfonso. E los mensajeros del rrey de Granada fueron contentos desta rrepuesta, et dixieron al rrey: Señor, pues nuestro rrey vos pide pazes, dadgelas, que el

fara vuestro mandado e vos dara parias /col. *b/*. Entonçe el rrey
otorgo las pazes por los diez años e quedo asy el fecho sosegado.
Et los mandaderos del rrey de Granada boluieron se al rrey su
señor. Et el rrey Albohaçen e el rrey de Granada fueron contentos
desta rrepuesta e asy mismo otorgaron las pazes, e el rrey de
Granada otorgose por vasallo del rrey de Castilla. Et los mandaderos del rrey de Granada boluieron luego a entregar la çibdad
de Algezira al muy noble rrey don Alfonso, e fuele entregada
biespera de Rramos era de mill e trezientos e ochenta e dos años.
Et el rrey entro ese dia en la çibdad. E todos los moros e moras
que en ella estauan la desanpararon, e salieron della saluos e
seguros segund el rrey lo auia prometido. Et otro dia Domingo
de Rramos el rrey fizo consagrar la mesquita mayor que los moros
tenian en aquella çibdad e cantar misa en ella, et puso le nonbre
Santa Maria de la Palma; e asy mesmo fizo consagrar e poner
nonbres de yglesias a todas las otras mesquitas que auia en
aquella çibdad de Algezira. E es (*sic*) fecho fizo ordenar plaças
para vender /col. *c/* las mercadurias e otras cosas. Et fizo poblar
la çibdad lo mejor quel pudo de los caualleros e escuderos que
alli tenia, e dio a cada vno segund su estado cosa çierta que
oviese del en que se mantouiesen. E mando muy bien labrar la
villa lo que della estaua derrocado, e asy mesmo las baruacanas
e casas e todas las otras cosas que eran menester. Et partio dende
e vinose a Seuilla con muy grant plazer» (fin del ms.). Es de notar
que el texto de *I* se aparta más de la versión poética que el de la
Estoria del fecho de los godos.

K: Ms. *K-I-13* de la Bibl. de El Escorial. La crónica fue escrita por
dos manos, en letra gótica, a dos columnas. La primera, de finales
del s. xiv, escribe en cuads. de 12 folios, salvo el último, que
tiene la siguiente estructura: fols. 73-76/77-80 y cuyo último folio
está ya escrito por la mano segunda. Esta otra mano, del s. xv,
después de escribir el f. 80 («voluntad de lo yr acorrer e quel
rrogaua...»), que acaba con reclamo, sigue en un nuevo cuaderno;
curiosamente, los nuevos cuadernos parecen tener la estructura
81-85/86-92 con reclamo, 93-97/98-102 + 103/104 con reclamo, etc. Sigue
hasta el f. 217 a (en cuyo vuelto se copió una genealogía de los
Ayala en letra cortesana del s. xv). Falta el f. I del ms. *K;* el II
empieza: «*Aqui comiença la coronica del muy alto e muy noble
rrey don Alfonso fijo del muy noble rrey don Ferrando el qual*

*venço a los rreyes de Marruecos e de Granada en la batalla que
dizen de Benamarin e gano la çibdat de Algezira* [*rojo*]. Dios es
comienço medio e acabamiento de todas cosas e sin el non se puede
seer, ca por el su poder son fechas e por el su saber son goberna-
das...» (no se incluye la invocación a la Trinidad ni el prólogo riosecano). La crónica acaba: «...seguros vnos de otros» (f. 217 *a*).

Ñ: *Véase Apéndice*, II.

O: *Véase Apéndice*, II.

O': *Véase Apendice*, II.

Pa: Ms. de la biblioteca particular de José Pacheco y Muñoz de
Baena (Goya, 75, Madrid). Está constituido por un manuscrito del
s. xv, a dos columnas, muy mutilado (= *Pa-orig.*), completado
por una mano posterior (*Pa-adic.*). El adicionador utilizó un manuscrito de familia muy diferente a la del original. *Pa* comienza
de mano del adicionador: «dia despues de la bista comio el rrey
con don Alfonso su tio hermano de la rreyna» (*CrAºXI*, I.20), y
acaba, de la misma mano (f. CCCCV v): «...don Gaston de Bearte
conde de Fox que vino morir en Seuilla et desanparo al rrey don
Alfonso en el tiempo que lo mas el avia menester. Deo gracyas».
El texto viejo comienza (f. V): «otrosi casamiento de don Jaymes
fijo primero heredero del rrey de Aragon con la infanta doña
Leonor fija del rrey don Ferrando...» (*CrAºXI*, II.36), y acaba
(f. CCCXCIII v) «...con el rr[ey de] Mallorcas [en que y] entonces
estaua. E» (*CrAºXI*, CCCXXXII.16); pero si tenemos presente que
los ff. 379-381 se encontrarían originalmente entre los ff. 393 y
394 y no donde hoy figuran, el final del texto viejo se halla en la
frase «...en guarda contra Cepta otros contra Gibraltar, et» (*CrAºXI*,
CCCXXXVIII.23. Describimos el manuscrito viejo (aquí a continuación) bajo la sigla *Pa-orig*. Respecto a *Pa-adic*, véase *Apéndice*, II.

Pa-orig.: Parte antigua del ms. *Pa*. Comprende las siguientes secciones: 2) f. V «otrosi casamiento de don Jaymes...» (*CrAºXI*, II.36)
a f. VII v «... et el eleyto quando oyo esto» (*CrAºXI*, V.18). — 4)
f. X «E dende veno para Burgos e çerraronle las puertas...»
(*CrAºXI*, VI.14-15) a f. XIII v «...Et desque estodieron asy» (*CrAºXI*,

VIII.57).—6) f. XVII «en esto llegaron el obispo...» (*CrAºXI*, X.44) a f. XXIIII v «...E commo quier que el infante don Pedro la pudiera» (*CrAºXI*, XVII.39).—8) f. XXIX «les enbiaua dezir...» (*CrAºXI*, XVIII.84) a f. XXXIIII v «... sienpre pusieron» (*CrAºXI*, XXIII.9).—10) f. XXXVIII «en apellido: Leon, Leon...» (*CrAºXI*, XXVI.14) a f. XXXIX v «...y alcaldes e alguaziles commo» (*CrAºXI*, XXVIII.22).—12) f. XLII «enbiaron por el infante don Felipe e lo rrescibieron por tutor. Los del rregnado de Sevilla e los del rregnado de Jahen...» (*CrAºXI*, XXX.1) a f. XLVI v «...e otrosi que Dios e el non tomase tan grand deserviçio commo» (*CrAºXI*, XXXV.8). Todo el final de esta sección es bastante caótico: detrás de XXXIII.10 («que veniesen ally a el a Burgos») sigue (en letra algo menor) XXXIV.9 («Et don Juan desque sopo que el infante don Felipe venia a Çamora...»); acabado el c. XXXIV.48, se inicia el nuevo capítulo en XXXV.22 (con el comienzo arreglado), hasta XXXV.48 («...fablaron con ellos los mandaderos»); luego sigue un nuevo capítulo con XXXV.2 («El rey don Alfonso que estaua...»).— 14) f. LI «vinieron entre los grandes omnes...» (*CrAºXI*, XXXVII.2) a f. LXVIII v «...E otrossy dioles todos los mas de sus castiellos del Regno que los» (*CrAºXI*, LXVI.9).—16) f. LXXV «a Escalona e porque al tienpo que el Rey...» (*CrAºXI*, LXVIII.27-28) a f. CLVI v «...et que non fuera a seruir los dineros» (*CrAºXI*, CXL.18). En esta sección falta el f. CXVII que parece arrancado; también se presentan dañados los ff. CI-CV, que sufren mutilaciones importantes. La tinta es notablemente más oscura del f. CXXXIII «arredrado de la hueste...» (*CrAºXI*, CXXX.47) al f. CLII (hacia la mitad de la col. *b*) «el Rey de Nauarra su señor» (*CrAºXI*, CXXXV.16).— 18) f. CLXII «rrogar a este rrey don Alfonso...» (*CrAºXI*, CXLIII.10) a f. CLXVII v «...e los freyles de aquella orden fezieron maestre a don» (*CrAºXI*, CXLVIII.45).—20) f. CLXXIIII «-ente el e otros tres con el e llegaron ally los gascones...» (*CrAºXI*, CLIV.12) a f. CLXXXIII v «...cosa les enbio dezir el yerro e mal en que eran caydos. Et» (*CrAºXI*, CLXIV.16).—22) f. CXC «de la parte del rrio commo de la otra...» (*CrAºXI*, CLXVIII.23) a f. CXC v «...que el entrase a pelear con aquellas» (*CrAºXI*, CLXVIII.52).— 24) f. CXCIII «a contar de commo en este tienpo fue entregada Busto a las conpañas...» (*CrAºXI*, CLXIX.27) a f. CXCVIII v «...don Juan Nuñez enbio dezir al rrey que le pedian por merçet que le non» (*CrAºXI*, CLXXVII.16).—26) f. CCII «Aquel rrey Felipe de

Françia...» (*CrAºXI*, CLXXIX.2) a f. CCXI v «...Alfonso Jufre enderesço lluego contra» (*CrAºXI*, CLXXXVI.29). — 28) f. CCXIIII «que el que enbiaua mandar al arçobispo de Rremes...» (*CrAºXI*, CLXXXVII.10) a f. CCCLXIX v «...venian las galeas de los moros» (*CrAºXI*, CCCXXIV.11). — 30) f. CCCLXXIX «que leuara alli el almirante de Çepta...» (*CrAºXI*, CCCXXXVI.10) a f. CCCLXXXI v «...en guarda contra Cepta otros contra Gibraltar, et» (*CrAºXI*, CCCXXXVIII.23). Los ff. 370-381 se hallarían originalmente detrás del f. 393. — 32) f. CCCLXXXVI «los vnos que fuesen en la delantera que eran estos don Iohan Nuñes...» (*CrAºXI*, CCCXXVI.43) a f. CCCXCIII v «...que le enbiase aquella paga el n... pudo fazer por la grant [gue]rra que auia con el rr[ey de] Mallorcas [en que] entonce estava» (*CrAºXI*, CCCXXXII.16).

Q: Véase *Apéndice*, II.

S: Ms. *317* de la Bibl. Menéndez Pelayo, Santander (s. xiv?). Cfr. M. Artigas, *Catálogo de los manuscritos de la Biblioteca Menéndez y Pelayo* (Santander, 1930). Sobre la *Crónica de tres reyes* que encabeza el manuscrito, véase mi trabajo «El Toledano romanzado», pp. 75-77 y nn. 248-252. La *Crónica de Alfonso XI* es, en realidad, un manuscrito independiente (cfr. VII, *j*, n. 66). Después de la Tabla particular de esta crónica, copiada a posteriori (que está incompleta y empieza: «Cap XXVII de otras razones que en las cartas quel rey de Benamarin enbiava dezia...»), siguen las invocaciones y prólogos de la versión riosecana (contando como capítulos dos de los principios). Sobre lo añadido, de mano posterior (= S -*cont*), al final de este ms. S, cfr. *Un prosista anónimo*, pp. 241-242 y, sobre todo, el apartado VII, *j* del presente libro. El loor de Algeciras copiado por el primer adicionador dice así (los numeritos sobrescritos tienen por misión facilitar la confrontación de este texto con las versiones del mismo loor contenidas en los mss. *Pa-adic.*, *F* y *Ch*, editadas en sus lugares correspondientes): «[1-2] Et el rrey dexo con el alcayde omes suyos que diesen las vezindades et partyesen las heredades a los pobladores de la çibdat segunt que cada vno deuiese e le pertenesçiese; [3] et dexo por alguazil mayor el rrey don Alfonso de amas las villas, asi de la tyerra commo de la mar, a vn cauallero su criado que fuera su donzel que llamauan Johan Alfonso de Cordoua; [4] et el alcayde fynco por alcalle mayor con el alcaydia, [5] et puso y alcalles ordenarios e de la justiçia e ofi-

çiales e jurados los que entendio que cunplian et otros ofiçios
asas, [6] ca se poblaron amas las villas muy bien de muchas gentes
naturales de los rregnos de Castilla et de Aragon e de Portogai e
de Genoua e de otras tyerras e señorios [7] que y vinieron a poblar
por la nobleza de la çibdat e del su asiento, [8] ca ella era muy
fuerte en sy e bien asentada e de fuertes muros e bien torreados,
[9] e sus barreras muy bien fechas, et la su primera caua labrada
de cal e de canto qual la non ay en toda la tyerra atal, e bien
fonda. [10] Et ay en ella muy nobles moradas muy bien fechas e
bien altas con muchas torres en ellas, [11] e obradas con madera de
alerze e de pino et de otras maderas buenas, [12] e con geseria e
azulejos, e soladas rrica mente; [13] e mucha agua dentro. [14] Et el
su puerto de la mar muy noble e muy grande e muy bueno para
todos nauios de nauegar por las mares; [15] et este su puerto esta
en tal paraje que es cruz del mundo, [16] ca todos los naujos que
pasan de todo el leuante e van a todo el poniente e del ponjente
a todo el leuante an a rreconoçer a Algezira, [17] por rrazon del
Estrecho que es ally que han a pasar, [18] e por tomar ally agua
e leña e bituallas para su mantenjmiento si les faze menester, ca
lo fallan y abastada mente. [19] Et este puerto e mar desta çibdat
de Algezira es muy abastado de todos los pescados que ay en la
mar de toda natura e muy çerca cabo de la çibdat e de muy mucho
marisco mas que otro lugar en toda la Andaluzia e avn en todas sus
comarcas. [20] Et demas desto tyene la çibdat de Algezira muchas
buenas aguas duçes de rrios e fuentes muy muchos e muy çercanos, [21] e muchos montes para leña e para madera para prouecho
de los moradores della, [22] e mucha tyerra e buena para labrar por
pan e para criar todos ganados de qualquier natura, [23] e sierras
e montañas muy çerca et mucha caça de venados e aues e toda
caça de canpo mas que otro lugar de toda la tyerra, [24] et muchas
huertas e vyñas [25] e muchos rregadios [26] e muchas frutas [27] e muchas
naranjas e lymones e lymas e çidras a marauilla; [28] et tenja mas
esta çibdad muchas molyendas asaz; [30] su ataraçana en que se
fazian galeas e se armauan quando era meester. [31] E ay en la
çibdat de Algezira era vezino e moraua el capitan del rrey de
Castilla de la mar, [32] al qual dezian Mjçer Bartolome Botafogo,
qu'era genoues. [33] E todas estas cosas e otras muchas buenas (?)
auja en la çibdat de Algezira que serian muy luengas de contar
e fazeria mucha escriptura. [34] Gracias e loores...».

V: Ms. *84-7-34* de la Bibl. Colombina, Sevilla. Letra del s. xvi; gran folio. Es una crónica que abarca desde Alfonso X a Alfonso XI, el reinado de Enrique III y el de Enrique IV. Reproduce las crónicas particulares (*Crónica de tres reyes, Crónica de Alfonso XI*, etc.). Termina copiando el comienzo del prólogo de Pulgar a su crónica de Isabel la Católica. Es la obra de un erudito, llena de anotaciones marginales de la misma letra (en que se copian documentos, se dibujan mapas, se hacen observaciones críticas, etc.); a propósito del testamento de Alfonso X se advierte al margen: «Este testamento se ha de empremir luego tras la historia deste rey don Alonso, pero sea de letra algo menor que la de la historia». Hablando de «don Apostol», hijo de don Pedro de Castilla y de la reina, el autor comenta: «al Apostol conosci yo siendo niño en casa del duque del Infantazgo». Otra nota marginal nos precisa la personalidad del autor: «En este año 1474 por el mes de hebrero murio el mariscal Diego de Valencia mi ahuelo, primo hermano del maestre don Juan Pacheco. Su madre, llamada dona Beatriz de Acuña, y el padre del maestre don Juan Pacheco, llamado don Alonso Tellez, eran hermanos, hijos del conde don Martin Vazquez de Acuña, conde de Valencia». La *Crónica de Alfonso XI* empieza: «COMIENCA LA HYSTORIA Del buen señor Rey don Alfonso de Castilla y de Leon fijo del Rey don Fernando y padre de los Reyes Don Pedro e don Anrrique. EN EL NONBRE de Dios e de la mui alta e mui noble e mui santa e mui fermosa e mui honrrada e mui poderosa e mui piadosa señora Virgen Santa Maria su madre...». Se incluyen las noticias sobre el «traslado» en pergaminos (orden de Enrique II; Juan Núñez de Villazán; Ruy Martínez de Medina de Rioseco; «en el XII año del reynado»; miércoles 28-VII-1414 = 1376) y demás piezas introductorias de la versión riosecana; pero, lógicamente, se suprimieron los capítulos del reinado de Fernando IV: «COMIENCA LA HISTORIA. LVEGO QVE FVE MVERTO el rey don Ferrando en Jaen, el infante don Pedro hermano del rey tomo luego a la ora el pendon del rey e llamo rey al infante don Alfonso su fijo primero heredero deste rey don Fernando [*enmendado*: Ferrando] que el dexo en Avila, e començo asi a reynar este don Alfonso...». Percatándose de la existencia de la laguna (característica de la *Versión vulgata*) antes del capítulo que comienza: «Los de la çiudad de Çamora...» (*CrAºXI*, XXXII), comenta: «Aqui falta algo puesto que todos los libros que he visto vayan como este» (otra mano posterior interpoló el relato de la muerte de la reina doña María). La crónica de Alfonso XI abarca hasta la lista de los que murieron en el cerco de Algeciras («...Don Gaston de Bearne conde de Fox que morio en Seviella» [*sic*, más adelante dirá: «la viella e castiello de Gibraltar»]), y a continuación el formador de la compilación comenta: «Fasta aqui escreuio el coronista del señor Rey don Alfonso et non pudo pasar adelante enbargado de una dolençia quel vieno en el çerco de Algezira donde el fue presente de la qual dolençia fino pocos dias adelante. En paraiso sea la su alma, ca era home bueno, mucho sesudo e leal e verdadero. Faltan para conprimiento desta coronica, fasta el fallescimiento deste nobre rey don Alfonso de Castiella e de Leon cuya es, seys años e siete dias cauales de cuento, tomados desde veinte y siete dias de março que entro el rey en Algezira quando la gano, ca este muy nobre rey don Alfonso aviendole los moros quebrantado las treguas que con ellos tenie, vienoles luego çercar a Gibraltar...». Este remate acaba: «...santo parayso aya la su buen alma pues fu tan praziente rey, e tan buen señor, amigo leal e verdadero de los sus naturales e vasallos», y va seguido de una «RELACION BREVE Y SVMARIA DE COMO acaescio la muerte del buen señor rey don Alfonso de Castiella e de Leon escrita por el virtuoso cauallero Pero Lopez de Ayala, la qual relaçion breve puso por prinçipio de las coronicas que ordeno de los reyes de Castiella...».

Y: Ms. *82-I-3* de la Bibl. Colombina, Sevilla. Letras varias del s. XV, en papel, folio menor, encuad. en pergamino. Comienza en medio de la Tabla (incompleta, de 8 fols.): «Capitulo sesenta e nueve de los fechos que acaesçieron...». El texto se inicia (en una hoja rasgada por un ángulo) con la invocación a la Trinidad, a Santa María, a la Cruz y a Santiago: «En el nonbre de la muy alta [] e Fijo e Espiritu Santo nuestro sen[]...». Entre esta invocación y su desarrollo (semejante al de *E*, salvo en su comienzo: «En el nonbre de Dios soberano que todas las cosas sabe e vee e oye antes que sean e las que son e seran jamas, e de la muy alta e muy noble e muy santa e muy fermosa...») el ms. *Y* interpola un prólogo: «Los sabios antiguos... dignos de notar». Este prólogo figura en la edición de 1551, en redacción modernizada, y en el ms. *Z*, añadido por un interpolador (variantes de *Y* respecto al texto de *Z* publicado por J. Zarco, *Catálogo de los manuscritos castellanos de...* El Escorial, III, San Lorenzo, 1929, p. 137: *omite* puestas en escripto porque a los vinientes fuesen; proezas e famas; lo oyesen; las almas de los nobles e buenos; *omite*: en su vida). Después, el ms. Y concuerda con E en las noticias sobre el «traslado» en pergaminos (orden de Enrique II; Juan Núñez de Villazán; Ruy Martínez de Medina de Rioseco; año 10º del reinado; miercoles 28-VII-1414 = 1376) y en comenzar la historia en el año 15º de Fernando IV. La composición del ms. Y requiere un estudio cuidadoso, pues las varias manos que en él colaboran no escribieron la crónica en su orden natural; pero por el momento, sólo he hecho observaciones sueltas: cambia la letra en el f. 32 (después se han perdido bastantes, quedando sólo dos y rotos antes del f. 40); los ff. 66-75 son de letra distinta y fueron escritos después del cuad. 7º, que empieza en el f. 76; el cuad. 14, aunque de la misma letra que el 13, parece escrito antes que este o independientemente; el cuad. 15 empieza tras un blanco; etc. El ms. Y acaba (f. 255 v) incompleto: «...cuydando que todos los moros pasavan el rrio e» (CrAºXI, CCCXXX.16), por pérdida de los folios finales; pero la Tabla nos aclara que la crónica acababa en el «Capitulo CCCXL de commo la çibdad de Algezira fue entregada a este rrey don Alfonso de Castilla». (El ms. Y no presenta el desorden ocasionado en el ms. Z por la intercalación de dos folios fuera de lugar, y que se perpetuó en Z' y Z", otros dos textos con el prólogo de «Los sabios antiguos»).

Z, Z' y Z": Respectivamente, mss. Z-III-8 (s. xv), Y-III-10 (s. xvi) e Y-II-12 (s. xvi) de la Bibl. de El Escorial. Véase J. Zarco y Cuevas, *Catálogo de los manuscritos castellanos de la Real Biblioteca de El Escorial*, III (San Lorenzo, 1929), pp. 137-138, 50 y 31, y *Un prosista anónimo*, pp. 240-241. De esta familia sólo interesa tener presente el ms. Z, pues tanto Z', como Z", son copias de Z. El ms. Z, de letra gótica del s. xv, a plana entera, comienza con la Tabla de los capítulos (ff. II-IX), incompleta, que es antigua. Detrás de ella se interpoló una hoja, de letra más moderna, en la cual se incluye la invocación («En el nonbre de la muy alta y muy santissima Trinidad... Santiago apostol, ruega por nos e ayudanos todos tienpos. Amen»), el prólogo que comienza «Los sabios antiguos, conosçiendo que como quier que ellos heran algund tanto de larga vida e murian... (que puede leerse completo en la citada descripción de J. Zarco, p. 137), la invocación caracte-

rística del ms. *E* («En el nonbre de Dios soberano... me ayuda a
escreuir esta muy alta e muy honrrada et famosa Coronica del
muy alto e muy noble señor rrey don Alfonso de Castilla e de
Leon») y el prólogo de la versión riosecana: «Esta es la muy
alta e muy noble e muy honrrada e muy nonbrada e muy virtuosa
e muy santa coronica... e mandola trasladar el muy noble señor
rey don Enrique su fijo deste noble Rey don Alfonso de quien
fabla esta Coronica por el su muy honrrado e largo e franco e
muy noble tesoro. El muy noble señor rrey don Enrrique de Castilla». En este punto empalma el texto viejo: «e de Leon mando
a Juan Nuñez de Villazan...». Al final de la crónica se incluyen tres
capítulos tomados a la letra (y no resumidos, como en otros textos)
de la *Crónica del rey don Pedro* del canciller Ayala («...por las
treguas que eran puestas, seguros. E otrosi en su tienpo deste
rrey don Alfonso paso el infante Picaço fijo del rrey Albohaçen...»).
Entre el f. mod. 281 (ant. CCLXXXI [*cortado*]), que acaba «...sa-
lieron luego et los» y el f. mod. 284, que empieza «e acaescio
asi que vn dia, en amanesçiendo...» (respectivamente, *CrA⁰XI*,
CCLXXVIII.139 y CCLXXX.25) se interpolaron, malamente, dos
folios (282 y 283 mod.), que abarcan desde *CrA⁰XI*, CCXCIII.25-26:
«que labravan, e los moros derribaron lo que fallaron fecho...»,
hasta CCXCV.23: «...sobre esto que le enbiase sus mandaderos».
Estos folios no fueron arrancados de otra parte de este manuscrito,
pues en el f. 299 se repite, en su propio lugar, la materia incluida
en ellos. Tanto *Z'* como *Z"* reproducen el prólogo interpolado por
el adicionador de *Z* («Los savios antiguos...», etc.) y copian los dos
folios colocados fuera de lugar, sin percatarse de la incongruencia: «...y el rey enbio a mandar a don Juan Alonso que saliese el y
sus vasallos, e salieron luego e los / que labrauan, y los moros
derriuaron lo que hallaron hecho...» (*Z'*, f. 216), «...el rrey enbio
mandar a don Joan Alonso que saliese el y sus basallos, y salieron
luego y los / que labraban, y los moros derribaron lo que hallaron
hecho...» (*Z"*, f. CCXXII).

ed. 1551: véase *Apéndice, II.*

II) Versión de la «Crónica de Alfonso XI» procedente de la «Crónica de cuatro reyes»

F: Ms. *829* (ant. *F-31*) de la Bibl. Nacional. Acabado el 20 de marzo de 1489. Ya hemos tratado de él entre los mss. de la *Versión vulgata* (véase atrás en la descripción de manuscritos y lo dicho en texto VIII, *a*, *b*). Hasta CrAºXI, XI, es, sin embargo, una *Crónica de cuatro reyes* (cfr. c. VII, n. 5). Esta *Crónica* va precedida de una Tabla, acéfala: «enbio sus mensajeros a los rricos omes que estaua en Granada». El texto comienza: «Por muchas guisas e por muchas maneras los antiguos que ante fueron...». Los reinados de Alfonso X y Sancho IV llevan una sola numeración de capítulos; los de Fernando IV y Alfonso XI tienen su propia numeración. En la col. *b* del f. CXXX (mod. 135) se anuncia: «Coronica del noble rrey don Alfonso», y en el verso del folio (col. *c*) dice: «Aqui comiença el rreynado del muy noble e bien auenturado rrey don Alfonso que vençio la batalla del Salado, fijo del rrey don Fernando e nieto del rrey don Sancho». Véase VII, *a*.

G: Enmiendas realizadas sobre el ms. *C* (de la *Versión vulgata*, cfr.), teniendo presente un ms. **G'* de características bastante semejantes a *M*. Véase VII, *i*.

*G: Véase VII, *i*.

J: Ms. *10209* (ant. *Ji-118*) de la Bibl. Nacional, Madrid. Letra del s. xv. Los primeros 35 ff., los 25 finales y 2 en el cuerpo del ms., en distinto papel, fueron añadidos en el s. xvii (copiando del texto de la crónica impresa; cfr. *Un prosista anónimo*, p. 236). La parte vieja comienza (f. mod. 36) en CrAºXI, L: «en la su merced. E otrosi por que el rrey le diera el adelantamiento de la frontera cato otras maneras para deseruir al rrey dando a entender a las gentes que por su cabo lo podia fazer sin ayuda del otro don Johan...». En las secciones viejas el ms. *J* se singulariza por engarzar los varios capítulos de cada año de reinado en uno solo. Por ejemplo, empalma desde L a LII, desde LIII a LXII, LXIII y siguientes (en LXV.8 falta un folio detrás del f. 45), etc. Véase atrás VII, *i*.

M: Ms. *323* de la Bibl. Menéndez Pelayo, Santander. Letra del s. xv, a dos columnas. Véase VII, *a-e, j*.

*M': Véase VII, *g*.

N: Ms. *N-III-12* de la Bibl. de El Escorial. En papel, de letra cortesana del s. xv, a dos columnas. Es una *Crónica de cuatro reyes*, que acaba, por pérdida de los cuadernos siguientes, en *CrAºXI*, XXXI.8 (f. 159). Entre el f. 157 y 158 faltan hojas; por lo cual desconocemos la narración de la crónica entre *CrAºXI*, XXII.20 y XXVI.18. A pesar de lo poco que nos conserva de la crónica de Alfonso XI, tiene el interés de ser el mejor representante conocido de la *Crónica de cuatro reyes*. Véase VII, *a-d*, IX, *b-c*.

Ñ: Ms. *X-II-3* de la Bibl. de El Escorial. Letra del s. xvi; el texto primitivo, que ofrecía muchas lagunas, fue completado por otra u otras manos (copiando de la crónica impresa). Comienza, en letra muy garrapatosa, con la invocación del texto impreso: «En el nonbre de Dios padre todopoderoso e del fijo e del spiritu santo que son tres personas y vn solo Dios verdadero sabidor de todas las cosas que fueron son y seran ab eterno y de la bien aventurada virgen e madre suya que es medianera entre nos e su hijo preçioso, por cuyo rruego...», e incluye el prólogo que comienza: «Los sabios antiguos conoçiendo la brevedad de la vida que tenian pensavan que las jentes que despues viniesen avian de tenerla mas breve y que no podian fuir esta carrera...». En medio de este prólogo (4 líneas y media) la letra cambia, convirtiéndose en una redonda muy clara; pero la transcripción del texto impreso continúa (entre los ff. 6 y 7 hay un pequeño pasaje escrito en letra garrapatosa). Esta adición inicial concluye en el f. 7, cuyo final está escrito apretando la letra para que quepa en él todo el capítulo. Más adelante, la letra garrapatosa y la redonda (que quizá sean de una sola mano) completan pequeñas lagunas del texto original (en el f. 8 v, *CrAºXI*, X; al final del f. 14 r y en su vº, *CrAºXI*, XIV.27, continúa la frase «...los rricos hom» diciendo: «bres e cavalleros...» etc.). No obstante, aun después de completada, la crónica sigue teniendo lagunas: Al empalmar con el f. 8 (primero del texto antiguo) se omite el c. VIII de *CrAºXI*; al enlazar con el f. 15, se prescinde de los cc. XV y XVI; etc. Sobre las secciones originales, véase VII, *j* y, en especial, nn. 29-31.

O: Ms. *1660* (ant. *G-13*) de la Bibl. Nacional, Madrid (s. XVI). Al comienzo de él se declara: «Esta es la Coronica... fue trasladada de otra Coronica original... qu'estava en la camara del Enperador don Carlos nuestro señor que santa gloria aya. Es de Pero Mexia». Termina (f. 385 v) con la subscripción: «Este libro fue sacado de otra coronica original del muy noble Rey don Alonso que Dios perdone. E acabose a X dias del mes de março año de mill y quinientos e diez y nueve años. Reynante el Rey don Carlos en Castilla y en Leon hijo del Rey don Felipe e de la Reyna doña Juana Reyna de Castilla e nieto del Rey don Fernando e de la Reyna doña Ysabel de gloriosa memoria syendo por el governadores destos Reynos». Después de arreglar el manuscrito, que estaba deteriorado, se añadió por otra mano: «Es este libro de don Francisco Mexia hijo de Pero Mexia». En el f. 386 sigue, de la misma letra que la subscripción, la Tabla. En el verso de la última hoja original consta: «es de Pero Mexia». Sobre su estructura, véase VII, *f* y nn. 23 y ss. y 64.

O': Ms. *M-I-8* de la Bibl. de El Escorial. Letra procesal del s. XVI. Muy incompleto. Véase *Un prosista anónimo*, p. 237. Créolo copia de *O*.

*Pa': Ms. utilizado por la mano (*Pa-adic.*) que completó el ms. *Pa-orig.* Sólo conocemos los trechos incorporados a este manuscrito. Véase *Pa-adic.*

Pa-adic.: Partes adicionadas del ms. *Pa*. Comprenden las secciones siguientes: 1) f. II «dia despues de la bista...» (*CrAºXI*, I.20) a f. IIII v «...fijo del rrey de Aragon» (*CrAºXI*, II.36). — 3) f. VIII «Et lo que la rreyna le enbio tomo al rrey et pusolo en la yglesia catredal...» (*CrAºXI*, V.19) a f. IX v «...et partiolos et quitoles dello» (*CrAºXI*, VI.13). — 5) f. XIIII «asonados amos fallaron por su pro...» (*CrAºXI*, VIII.57) a f. XVI v «...y estando» (*CrAºXI*, X.44). — 7) f. XX v «tomar por fuerça...» (*CrAºXI*, XVII.39) a f. XXVII v «...y esto les» (*CrAºXI*, XVIII.84). — 9) f. XXXV «y esta condiçion que lo tomaua por tutor con la rreyna...» (*CrAºXI*, XXIII.9) a f. XXXVII v «...llamando todos» (*CrAºXI*, XXVI.14). — 11) f. XL «ellos quisiesen y la rreyna dioles por rrespuesta que ella fallara que...» (*CrAºXI*, XXVIII.22) a f. XLV v «...llego y don Juan et fallo el alcaçar desanparado et tomolo. Y agora dexare-

mos de contar desto e contarvos hemos en commo los de los
rreynos de Seuilla et de Jahen ovieron gran pesar por quanto
supieron que don Juan Manuel estava en la çibdad de Cordoua»
(*CrA°XI*, XXIX.19). — 13) f. XLVII «tomarian si ellos peleasen de
consuno...» (*CrA°XI*, XXXV.8) a f. Lv «...et las contiendas que
ovo» (*CrA°XI*, XXXVII.2). — 15) f. LXIX «toviesen del et por que
quando los enbiase a algunos lugares en su seruiçio...» (*CrA°XI*,
LXVI.9-10) a f. LXXIIII v «...Et salio luego de Toledo et fue
cercar» (*CrA°XI*, LXVIII.27). — 17) f. CLVII «que del avia tomado.
Et otrosi mostrole las cartas que el enbiaua a don Juan...» (*CrA°XI*,
CXL.18) a f. CLXI v «...en los tienpos que heran por venir et enbiol
rrogar» (*CrA°XI*, CXLIII.9-10). — 19) f. CLXVIII «Rruy Perez su
hermano. Et agora la ystoria dexa...» (*CrA°XI*, CXLVIII.45-46) a
f. CLXXIII v «...asi fuyendo detovose en la pu-» (*CrA°XI*, CLIV.12).
21) f. CLXXXIIII «Gomez Gutierrez et Gutierre Diaz no lo quisieron hazer...» (*CrA°XI*, CLXIV.17) a f. CLXXXVIII v «...que levaban
el ganado et don Juan Manuel en» (*CrA°XI*, CLXVIII.15). A continuación falta el f. CLXXXIX. — 23) f. CXCI «gentes que asaz
cunplian...» (*CrA°XI*, CLXVIII.52-53) a f. CXCII «...dexamos de
fablar deste et tornaremos» (*CrA°XI*, CLXIX.27). — 25) f. CXCIX
«quisiese matar et que lo quisiese...» (*CrA°XI*, CLXXVII.16-17) a
f. CCI v «...don Carlos su hermano» (*CrA°XI*, CLXXVIII.15). — 27)
f. CCXII «la otra galea en qu'estaba Carlos» (*CrA°XI*, CLXXXVI.
29) a f. CCXIII v «en que enbiaba a dezir el rrey de Castilla»
(*CrA°XI*, CLXXXVII.10). — 29) f. CCCLXX «Por esto aquellas beyn-
te galeas de Aragon...» (*CrA°XI*, CCCXXXII.17) a f. CCCLXXVIII v
«...y esta galera hera delas» (*CrA°XI*, CCCXXXVI.10). Los ff. 370-
381 se hallarían originalmente entre el f. 393 y el 394. — 31) f.
CCCLXXXII «se los que estaban en la mar...» (*CrA°XI*, CCCXXIV.
12) a f. CCCLXXXV v «...con ellos et hordeno los de la hueste en
tres partes» (*CrA°XI*, CCCXXVI.42). — 33) f. CCCXCIIII «vna noche
que fue en este mes de febrero las galeas...» (*CrA°XI*, CCCXXXVIII.
24) a f. CCCCV v «...lo mas el avia menester. Deo gracyas». — Modifica el final tradicional de la Crónica («...et moro el rrey don
Alonso en la çibdad de Algueçira fasta que paso la Pascua florida.
Et el Jueves de las ochavas partio dende para Tarifa, et dexo y
por alcayde de amas las villas a don Albar Perez de Guzman. Et
el rrey se partio dende porque los christianos de la hueste no
querian salir de la çibdad ni podian dar veçindad a los vezinos

que avian y de fincar et de morar. Y en todo este tiempo que el rrey don Alfonso alli en Algueçira estovo los moros venian del su rreal de çerca de Gibraltar al rreal de los christianos e eso mesmo los christianos yban al su rreal de los moros por rrazon de las treguas que heran puestas et seguros los vnos de los otros. Et el rrey dexo con el alcayde...») para incorporar el ordenamiento y el loor de Algeciras. Su versión coincide con la del ms. *S-cont*, frente a *F* y *Ch*. Cito sólo las variantes respecto a *S-cont* (véase *Apéndice*, I): 3 *deja un hueco de casi una línea entre* de amas las villas y de la tierra y *otro entre* llamavan y Cordova; 5 *deja blanco de casi una línea entre* et puso y alcallde y de la justiçia; que conplian et otros omes buenos; 6 que poblaron; rreynos de Castilla et Leon et de Portogal; 7 *deja un blanco entre* que y y la nobleça; 8 ella es; et muy bien; 12 et con açolejos; 14 la mar; 18 tomar y; 20 dulçes; fuentes muchas et muy çercanas; 22 todos qualquier ganados; 25 muchas rregadias; 30 tatana *corregido* atarana; 32 Bocavoca-fogo que hera ginoves; 33 de contar et fazer y mucha. — Después de la acción de gracias extensa (cfr. VII, nn. 59 y 67) sigue la subscripción. Anoto sólo sus variantes respecto a la de *S-cont* (citada en texto VII, *j*): Yo Alfonso Fernandez escriuano (?) e criado de; oreginal; et començo lo; diez y sieys dias; el rrey don Joan su fijo; veinte et nueve dias de Mayo de la; Christo de mill. — En el folio siguiente se copia la lista de los caídos en Algeciras.

Q: Ms. de la Biblioteca de la Universidad de Salamanca (ant. *2'-B-2* de la Bibl. de Palacio Real, Madrid). Letra del s. XVI, a dos columnas (tres tintas). Véase *Un prosista anónimo*, pp. 243-244, y aquí VII, *f* y nn. 24-26 y 64.

S-cont: Adición, de mano posterior, al ms. *S*. Véase *Apéndice*, I y VII, *j* (pp. 241-246).

ed. 1551: «*Chronica* del muy esclarescido *Princi/pe e Rey* don *Alfonso el Onzeno* deste nonbre de los reyes que reynaron en *Castilla y / en Leon* Padre que fue *del rey* don Pedro. // *Con preuilegio Imperial* // Esta tassado este libro por los señores del consejo / real de su *magestad* en *cinco reales y medio*. // *MDLI* (lo impreso aquí en cursiva se halla en rojo). El f. 1 v comienza: «El Rey Por quanto por parte de vos Pedro de Espinosa librero vezino de la villa de medina d'l campo y Antonio de çamora

vezino de la villa de valladolid, nos fue hecha relacion, diziendo que vosotros teniades la coronica d'l rey don alonso que
gano las algeziras...» [Ejemplar en la Bibl. Nacional, Madrid,
R 4784]. Después de la Tabla, de CCCXLII caps. (ff. II-V), en el
f. V vuelto, se halla la Invocación («En el nombre de Dios, padre
y fijo y spiritu sancto, que son tres personas y vn solo Dios,
sabidor de todas las cosas que fueron, e son, y seran abeterno,
e de la bienauenturada virgen y madre suya, que es medianera
entre nos y su fijo precioso. Por cuyo ruego alcançamos la graçia
del spiritu sancto: por lo qual todos aquellos que han de fablar
de alguna cosa deuense encomendar e socorrer a esta señora...»)
y a continuación el prólogo que comienza «Los sabios antiguos
conosciendo la breuedad de la vida que tenian, pensauan que las
gentes que despues viniessen aun auian de tenerla mas breue, e
que non podian fuyr esta carrera...». Acabado este prólogo (semejante al de los mss. *Y, Z*, pero modernizado en la expresión),
siguen las habituales noticias acerca del traslado en pergaminos
realizado en 1376 (cfr. arriba VII, n. 35). Finalmente, se incluyen las
palabras: «Dios es comienço, medio y fin de todas las cosas e
sin el no pueden ser...», etc. El «CAPITVLO PRIMERO QVE empieça en
el quinzeno año del reynado del rey don Fernando» (según advierte
el titular) marcha de acuerdo con la *Versión vulgata*, en su texto
riosecano, y asimismo todos los capítulos siguientes hasta finalizar
la menor edad de Alfonso XI. Más adelante (cfr. n. 37), deja de
acordar con el texto riosecano; y no mucho después (cfr. n. 38)
se aparta de la *Versión vulgata* y reproduce una versión de la
crónica análoga a la del ms. *M*. Sobre su final, véase la p. 239 y
n. 63, así como las pp. 245-246.

III. Manuscritos de la «Gran Crónica» o influidos por ella

a) *Manuscritos de la «Gran Crónica»*

A: Ms. *1015* (ant. *E 229*) de la Bibl. Nacional, Madrid, finales del
s. XVI o comienzos del s. XVII, 613 fols. Comienza: «CAPITVLO primero de como en el quinçeno Año del rreynado del rrey don
Fernando... En el año quinzeno del muy noble rrey don Fernando...». Acaba (f. DCXIII) «...y lo que era seruiçio del rey y que
le aseguraban que lo cumplirian y guardarian assi y desto les imbiaron cada vno de los conçejos sus cartas». La Crónica termina:

«...y esso mismo los christianos yban al su real de los moros por las treguas que eran puestas, e por esto yvan seguros los moros y los christianos. E a Dios e / [f. DCVII vuelto] sancta Maria su madre demos muchas gracias y sea loado el su sancto nombre por siempre jamas Amen por tanta victoria como siempre houo con su ayuda este noble rey don Alonso. Finis»; pero va seguida de una «Adicion» (cc. CCCCXLVI y CCCCXLVII) hasta f. DCX: «...e fue enterrado en Sancta Maria la mayor de Cordoua en la capilla donde yazia el rey don Fernando su padre de gloriosa memoria al qual Nuestro Señor ponga en su gloria Amen». Finalmente, se copia una nueva versión del «CAPº onze». Según el *Inventario General de la Biblioteca Nacional*, III, Madrid, 1957, p. 245, procede de la Biblioteca de Jerónimo Zurita, de don Fernando José de Velasco y del Marqués de la Romana, y tiene «notas marginales de mano de Zurita». Véanse los cc. I, *d-f* y, en especial, II, *a-g*.

P: Ms. *Esp. 329* (class. de 1860: *329; Saint Germain franç 1575)* de la Bibl. National, Paris, fines del s. XV o comienzos del XVI. Empieza: «En el nombre de Dios Padre e Hijo y Spiritu Santo...» La crónica propiamente dicha acaba en el f. CCCCXVIIIº v «...e por esto yvan seguros los vnos de los otros. E a Dios e a santa Maria su madre demos muchas gracias e sea loado el su santo nonbre por syenpre jamas. Amen». Pero, a continuación, se la completa con un «CAPº CCCCXVIIIº. Como el rrey don Alonso dexo la villa de Algezira bastesçida e a muy buen rrecabdo e fue a la villa de Tarifa, e despues çerco a la villa de Gibraltar en el qual çerco murio». Este capítulo acaba (f. CCCCXX v) «...a donde el se avia mandado enterrar. E fue enterrado en Santa Maria la mayor de Cordoua, en la capilla do yazia el rrey don Fernando su padre de gloriosa memoria, al qual Nuestro Señor ponga en gloria. Amen». A continuación siguen (de la misma letra) un capítulo sin numerar sobre «Como despues de la muerte del rrey don Fernando llamado el Santo, el terçero deste nonbre que gano a Sevilla, e rreyno en los rreynos de Castilla e de Leon su hijo don Alonso el dezimo rrey que ouo este nonbre en la casa de Castilla» y tres capítulos enumerando los reyes que hubo en Navarra, Aragón y Portugal hasta los días de Alfonso XI. Finalmente, se incluye un capítulo dedicado a Fernando IV con énfasis en el último año de su reinado. Acaba (f. CCCCXXVI): «...e tomo luego en ese punto el pendon rreal del rrey e llamo rrey al ynfante don Alonso hijo deste rrey don Fernando primero heredero que dexo en Avila». Acerca de su contenido, véase II, *a-h* y III, *a.*

b) *Historias influidas por la «Gran Crónica»*

R: *Historia en Décadas,* volumen II, ms. *1342* (ant. *F 57;* Bibl. Real *2-J*) de la Bibl. Nacional, Madrid, escrito por dos manos de la primera mitad del s. xvi, 368 fols. Comienza: «Por lo escripto en los cinco libros qu'es la primera Parte de las Coronicas d'Espana...». Acaba: «...en Oriente o Constantinopla ymperaron Androonico y Juan Palegolo y en Turquia Otomano su origen y su hijo Orcano». Procede de la Bibl. del Duque de Uceda. Véanse los cc. I, *h* y, en especial, III, *a-d.*

B: Pedro Barrantes Maldonado, *Ilustraciones de la casa de Niebla (1541),* ms. del duque de Medinasidonia, ed. [P. Gayangos] en *Memorial Histórico Español,* IX-X; Madrid, 1857. Véanse los cc. I, *h* y, en especial, III, *e-g.*

c) *Manuscritos y ediciones de la «Crónica» con pasajes procedentes de la «Gran Crónica»*

G': Véase en el *Apéndice,* I y II, las descripciones de *C* y *G,* y en texto, el c. VII, *i.*

J: Véase *Apéndice,* II y el c. VII, *i.*

M: Véase *Apéndice,* II y el c. VII, *b.*

M': «Coronica antigua» citada en el ms. *A.* Ms. desconocido, hermano de *M.* Véase el c. II, *b-e.*

Ñ: Véase *Apéndice,* II y el c. VII, *f.*

O: Véase *Apéndice,* II y el c. VII, *f.*

O': Véase *Apéndice,* II y el c. VII, *f.*

Q: Véase *Apéndice,* II y el c. VII, *f.*

ed. 1551: Véase *Apéndice,* II y el c. VII, *h.*

ÍNDICE GENERAL

APÉNDICE

DESCRIPCIÓN DE MANUSCRITOS Y EDICIONES

BIBLIOTECA ROMÁNICA HISPÁNICA

Dirigida por: DÁMASO ALONSO

I. TRATADOS Y MONOGRAFÍAS

1. Walther von Wartburg: *La fragmentación lingüística de la Romania.* Segunda edición aumentada. 208 págs. 17 mapas.

2. René Wellek y Austin Warren: *Teoría literaria.* Con un prólogo de Dámaso Alonso. Cuarta edición. Reimpresión. 432 págs.

3. Wolfgang Kayser: *Interpretación y análisis de la obra literaria.* Cuarta edición revisada. Reimpresión. 594 págs.

4. E. Allison Peers: *Historia del movimiento romántico español.* Segunda edición. Reimpresión. 2 vols.

5. Amado Alonso: *De la pronunciación medieval a la moderna en español.* 2 vols.

6. Helmut Hatzfeld: *Bibliografía crítica de la nueva estilística aplicada a las literaturas románicas.* Segunda edición, en prensa.

9. René Wellek: *Historia de la crítica moderna (1750-1950).* 3 vols. Volumen IV, en prensa.

10. Kurt Baldinger: *La formación de los dominios lingüísticos en la Península Ibérica.* Segunda edición corregida y muy aumentada. 496 págs. 23 mapas.

11. S. Griswold Morley y Courtney Bruerton: *Cronología de las comedias de Lope de Vega.* 694 págs.

12. Antonio Martí: *La preceptiva retórica española en el Siglo de Oro.* Premio Nacional de Literatura. 346 págs.

13. Vítor Manuel de Aguiar e Silva: *Teoría de la literatura.* 550 págs.

14. Hans Hörmann: *Psicología del lenguaje.* 496 págs.

II. ESTUDIOS Y ENSAYOS

1. Dámaso Alonso: *Poesía española (Ensayo de métodos y límites estilísticos).* Quinta edición. Reimpresión. 672 págs. 2 láminas.

2. Amado Alonso: *Estudios lingüísticos (Temas españoles).* Tercera edición. Reimpresión. 286 págs.

3. Dámaso Alonso y Carlos Bousoño: *Seis calas en la expresión literaria española (Prosa - Poesía - Teatro).* Cuarta edición. 446 págs.

4. Vicente García de Diego: *Lecciones de lingüística española (Conferencias pronunciadas en el Ateneo de Madrid).* Tercera edición. Reimpresión. 234 págs.

5. Joaquín Casalduero: *Vida y obra de Galdós (1843-1920)*. Cuarta edición ampliada. 312 págs.
6. Dámaso Alonso: *Poetas españoles contemporáneos*. Tercera edición aumentada. Reimpresión. 424 págs.
7. Carlos Bousoño: *Teoría de la expresión poética*. Premio «Fastenrath». Quinta edición muy aumentada. Versión definitiva. 2 vols.
9. Ramón Menéndez Pidal: *Toponimia prerrománica hispana*. Reimpresión. 314 págs. 3 mapas.
10. Carlos Clavería: *Temas de Unamuno*. Segunda edición. 168 págs.
11. Luis Alberto Sánchez: *Proceso y contenido de la novela hispanoamericana*. Segunda edición corregida y aumentada. 630 págs.
12. Amado Alonso: *Estudios lingüísticos (Temas hispanoamericanos)*. Tercera edición. 360 págs.
16. Helmut Hatzfeld: *Estudios literarios sobre mística española*. Segunda edición corregida y aumentada. 424 págs.
17. Amado Alonso: *Materia y forma en poesía*. Tercera edición. Reimpresión. 402 págs.
18. Dámaso Alonso: *Estudios y ensayos gongorinos*. Tercera edición. 602 págs. 15 láminas.
19. Leo Spitzer: *Lingüística e historia literaria*. Segunda edición. Reimpresión. 308 págs.
20. Alonso Zamora Vicente: *Las sonatas de Valle Inclán*. Segunda edición. Reimpresión. 190 págs.
21. Ramón de Zubiría: *La poesía de Antonio Machado*. Tercera edición. Reimpresión. 268 págs.
24. Vicente Gaos: *La poética de Campoamor*. Segunda edición corregida y aumentada, con un apéndice sobre la poesía de Campoamor. 234 págs.
27. Carlos Bousoño: *La poesía de Vicente Aleixandre*. Segunda edición corregida y aumentada. 486 págs.
28. Gonzalo Sobejano: *El epíteto en la lírica española*. Segunda edición revisada. 452 págs.
31. Graciela Palau de Nemes: *Vida y obra de Juan Ramón Jiménez (La poesía desnuda)*. Segunda edición completamente renovada. 2 vols.
34. Eugenio Asensio: *Poética y realidad en el cancionero peninsular de la Edad Media*. Segunda edición aumentada. 308 págs.
36. José Luis Varela: *Poesía y restauración cultural de Galicia en el siglo XIX*. 304 págs.
39. José Pedro Díaz: *Gustavo Adolfo Bécquer (Vida y poesía)*. Tercera edición corregida y aumentada. 514 págs.
40. Emilio Carilla: *El Romanticismo en la América hispánica*. Segunda edición revisada y ampliada. 2 vols.

30. José Agustín Balseiro: *Expresión de Hispanoamérica*. Con un prólogo de Francisco Monterde. Segunda edición revisada. 2 volúmenes.

31. José Juan Arrom: *Certidumbre de América (Estudios de letras, folklore y cultura)*. Segunda edición ampliada. 230 págs.

32. Vicente Ramos: *Miguel Hernández*. 378 págs.

33. Hugo Rodríguez-Alcalá: *Narrativa hispanoamericana. Güiraldes Carpentier - Roa Bastos - Rulfo (Estudios sobre invención y sentido)*. 218 págs.

VIII. DOCUMENTOS

2. José Martí: *Epistolario (Antología)*. Introducción, selección, comentarios y notas por Manuel Pedro González. 648 págs.

IX. FACSÍMILES

1. Bartolomé José Gallardo: *Ensayo de una biblioteca española de libros raros y curiosos*. 4 vols.

2. Cayetano Alberto de la Barrera y Leirado: *Catálogo bibliográfico y biográfico del teatro antiguo español, desde sus orígenes hasta mediados del siglo XVIII*. XIII + 728 págs.

3. Juan Sempere y Guarinos: *Ensayo de una biblioteca española de los mejores escritores del reynado de Carlos III*. 3 vols.

4. José Amador de los Ríos: *Historia crítica de la literatura española*. 7 vols.

5. Julio Cejador y Frauca: *Historia de la lengua y literatura castellana (Comprendidos los autores hispanoamericanos)*. 7 vols.

OBRAS DE OTRAS COLECCIONES

Dámaso Alonso: *Obras completas*.
   Tomo I: *Estudios lingüísticos peninsulares*. 706 págs.
   Tomo II: *Estudios y ensayos sobre literatura*. Primera parte: *Desde los orígenes románicos hasta finales del siglo XVI*. 1.090 págs.
   Tomo III: *Estudios y ensayos sobre literatura*. Segunda parte. *Finales del siglo XVI, y siglo XVII*. En prensa.

Juan Luis Alborg: *Historia de la literatura española.*
Tomo I: *Edad Media y Renacimiento.* 2.ª edición. Reimpresión.
1.082 págs.
Tomo II: *Epoca Barroca.* 2.ª edición. 996 págs.
Tomo III: *El siglo XVIII.* 980 págs.
Homenaje Universitario a Dámaso Alonso. Reunido por los estudiantes de Filología Románica. 358 págs.
Homenaje a Casalduero. 510 págs.
Homenaje a Antonio Tovar. 470 págs.
Studia Hispanica in Honorem R. Lapesa. Vol. I: 622 págs. Vols. II y III, en prensa.
José Luis Martín: *Crítica estilística.* 410 págs.
Vicente García de Diego: *Gramática histórica española.* 3.ª edición revisada y aumentada con un índice completo de palabras. 624 págs.
Graciela Illanes: *La novelística de Carmen Laforet.* 202 págs.
François Meyer: *La ontología de Miguel de Unamuno.* 196 páginas.
Beatrice Petriz Ramos: *Introducción crítico-biográfica a José María Salaverría (1873-1940).* 356 págs.
Los «Lucidarios» españoles. Estudio y edición de Richard P. Kinkade. 346 págs.
Vittore Bocchetta: *Horacio en Villegas y en Fray Luis de León.* 182 páginas.
Elsie Alvarado de Ricord: *La obra poética de Dámaso Alonso.* Prólogo de Ricardo J. Alfaro. 180 págs.
José Ramón Cortina: *El arte dramático de Antonio Buero Vallejo.* 130 págs.
Mireya Jaimes-Freyre: *Modernismo y 98 a través de Ricardo Jaimes Freyre.* 208 páginas.
Emilio Sosa López: *La novela y el hombre.* 142 págs.
Gloria Guardia de Alfaro: *Estudios sobre el pensamiento poético de Pablo Antonio Cuadra.* 260 págs.
Ruth Wold: *El Diario de México, primer cotidiano de Nueva España.* 294 págs.
Marina Mayoral: *Poesía española contemporánea. Análisis de textos.* 254 págs.
Gonzague Truc: *Historia de la literatura católica contemporánea (de lengua francesa).* 430 págs.
Wilhelm Grenzmann: *Problemas y figuras de la literatura contemporánea.* 388 págs.
Antonio Medrano: *Lingüística inglesa.* 408 págs.
Veikko Väänänen: *Introducción al latín vulgar.* 414 págs.